Das Buch

Angela Merkel ist heute auf dem Höhepunkt der steilsten und unge-
wöhnlichsten politischen Karriere Deutschlands: Die Pfarrerstochter aus Templin und promovierte Physikerin wurde gleich nach dem
Mauerfall stellvertretende Sprecherin der ersten frei gewählten
Regierung der DDR. Im wiedervereinigten Deutschland war sie zunächst Bundesministerin für Frauen und Jugend, dann Umweltministerin, Generalsekretärin, Partei- und Fraktionsvorsitzende der
CDU und schließlich Bundeskanzlerin. Aus dem »Mädchen«, wie
Helmut Kohl sie gern nannte, ist die mächtigste Frau der Welt geworden. Was aber hat das »Mädchen« in dieser Zeit mit der Macht
angestellt und was die Macht mit ihr?

Die Autorin

Die Politologin, Theodor-Wolff-Preisträgerin und Buchautorin Eve-
lyn Roll arbeitet als Reporterin, Kolumnistin und leitende Redakteu-
rin der *Süddeutschen Zeitung* in Berlin. Sie beobachtet und begleitet
Angela Merkel seit vielen Jahren und drehte 2006 zusammen mit
Claudia Bissinger für das *ZDF* den Film »Die Kanzlerin – Das erste
Jahr«.

Evelyn Roll

Die Kanzlerin

Angela Merkels Weg zur Macht

Ullstein

Besuchen Sie uns im Internet:
www.ullstein-taschenbuch.de

Umwelthinweis:
Dieses Buch wurde auf chlor- und säurefreiem Papier gedruckt.

Erweiterte und aktualisierte Neuausgabe im Ullstein Taschenbuch
1. Auflage Mai 2009
3. Auflage 2009
Die Originalausgabe erschien 2001 unter dem Titel »Das Mädchen
und die Macht«.
© Ullstein Buchverlage GmbH, Berlin 2009
© Evelyn Roll
Umschlaggestaltung: HildenDesign, München
Titelabbildung: © ullstein bild – BPA
Satz: Pinkuin Satz und Datentechnik, Berlin
Gesetzt aus der Life PostScript
Druck und Bindearbeiten: CPI – Ebner & Spiegel, Ulm
Printed in Germany
ISBN 978-3-548-37269-3

INHALT

Erstes Kapitel
DIE MUSTERSCHÜLERIN DER DEMOKRATIE

Templin 2001   **9**
Die Liebe und der Osten   **12**
Austern essen im Kempinski   **19**
Der Vater, die Kirche und die Stasi-Deppen   **21**
An der Mauer auf der Lauer   **30**
Club Der Ungeküssten   **34**
Angies Agitprop   **37**

Zweites Kapitel
1968

Buße tun mit Joschka   **45**
Häuser besetzen mit Angela   **62**

Drittes Kapitel
DIE PHYSIKER

Als Bardame in Leipzig   **69**
Bericht von einer Akademie   **78**
Der Fluch der blauen Hemden   **92**
Und wenn Geschichte wie Wetter geht?   **101**

Viertes Kapitel
BEI DEN TOTENGRÄBERN DER DDR

Probealarm in der Gauck-Behörde   **113**
Novemberrevolutionäre   **124**
Wir sind ein Volk   **134**
Die 181 Tage der freien DDR   **140**

Fünftes Kapitel
MIT ALICE IM WUNDERLAND

Herrliche Zeiten **149**
Schwestern, zur Sonne, zur Freiheit **158**
100 Mark für einen Krollekopf **172**

Sechstes Kapitel
DIE TRÄNEN DER CASTOREN

Frösche im Wasserbad **177**
Spracherkennung **188**
Umweltministerin beißt Hund **194**
Westerwelle sagt Ja! **201**

Siebtes Kapitel
POLITJUNKIES

Das Merkel-Programm – Krauses Version **209**
Aufsteigen oder abstürzen **217**
Sprungtuch Provinz **220**

Achtes Kapitel
KAMPF UM DIE MITTE

Die Konsensfalle **227**
Die Hessenfalle **236**

Neuntes Kapitel
DER DEMOKRATISCHE AUFBRUCH DER CDU

Willkommen im Club **245**
War was? **251**
Tanz auf der Eisscholle **257**
Wer Angst hat, stürzt ab **264**

Zehntes Kapitel
«SONST WERDE ICH NIE CHEF»

Königin ohne Land   **271**
Mut, Macht und Misstrauen   **279**
Einer wird es machen müssen   **289**

Elftes Kapitel
STOIBERS CHANCE

Andenpakt schmiedet Alpenpakt   **297**
Last Exit: Wolfratshausen   **310**

Zwölftes Kapitel
AUF DEM WEG INS KANZLERAMT

Im Oktobersturm   **319**
Der Kaltstart zur Krönungsmesse   **335**

Dreizehntes Kapitel
DIE MÄCHTIGSTE FRAU DER WELT

Damenwahl   **353**
Vom Zauber des Anfangs   **360**
Im Zentrum der Macht   **372**
Ein Sommermärchen   **383**

Vierzehntes Kapitel
POLITIK IN DER KRISE

Eisverkäufer am Strand   **393**
Das Zeitalter der Mavericks   **399**
Im Auge des Taifuns   **408**
No! We! Can't!   **413**

Nachsatz   **419**
Danksagung   **421**
Namenregister   **423**

DIE MUSTERSCHÜLERIN DER DEMOKRATIE

TEMPLIN 2001

Sie ist immer schon von draußen gekommen, aus einer anderen Welt. Und immer schon musste sie deswegen die Beste sein. Auf der anderen Seite der Mauer lebten Menschen, die sich für modern und fortschrittlich hielten, für klüger sowieso. Also galt es, die Regeln dieser Menschen zu analysieren und zu durchschauen, ihnen nicht zu verraten, was man sonst noch alles wusste, und: besser zu sein als alle anderen. So hat sie es gelernt als Kind. Tag für Tag. Und seither wiederholt sie das Muster dieser Kindheit. Man muss Angela Merkels Heimatort Templin gesehen haben, um das zu verstehen.

Trotzdem ist es seltsam, ausgerechnet an diesem Morgen noch einmal hinzufahren. Es ist der 29. Januar 2001. In Berlin haben sich Angela Merkel und Friedrich Merz zum Frühstück verabredet. Sie treffen sich im Büro der Parteichefin und versuchen zu retten, was noch zu retten ist. Nachher müssen sie vor das Parteipräsidium, erklären, wie die Sache mit dem Plakat und vor allem das große Durcheinander und Gezeter seither zustande gekommen ist. Sie müssen, das ist das Perverse an der Situation wie am politischen Geschäft in der Berliner Republik überhaupt, es also genau den Menschen erklären, die das Durcheinander und Gezeter selbst angerichtet haben.

Die Journalisten sind über das Wochenende wieder einmal fleißig gewesen. Und jeder der CDU-Granden, dem sie ein Mikrofon oder ein Ohr hingehalten haben, hat noch einmal etwas gesagt zu diesem Plakat und zum Führungsduo, das nicht funktioniert. Auf dem Plakat war der Kanzler der Republik als Ren-

tenbetrüger von drei Seiten wie für ein Verbrecheralbum abge-
bildet. Es war der geschmacklose Fehlgriff eines Generalsekre-
tärs, der in diesen Tagen selber von den meisten seiner Parteifreunde als Fehlgriff bezeichnet wird. Angela Merkel hat viel
später einmal gesagt, dass es wohl ihr größter Fehler im ersten
Jahr als Parteivorsitzende gewesen ist, dieses Plakat durchgehen zu lassen. Zur politischen Katastrophe, zum Sinnbild für
Führungsschwäche im virtuellen Durchlauferhitzer einer Ereignisdemokratie aber wurde dieses Plakat erst durch die anhal-
tende, öffentliche Empörung der eigenen Partei und der CDU-
nahen Medien.

Angela Merkels Popularitätswerte im Politbarometer stürzen dramatisch ab. Friedrich Merz kommt unter den zehn be-
liebtesten Politikern gar nicht mehr vor. Und auf den Fotos
vom 29. Januar des Jahres 2001 sehen beide sehr unglücklich
aus, nicht wirklich so, wie man sich die Parteichefin und den
Fraktionsvorsitzenden einer großen deutschen Volkspartei vorstellt. Zwei brave Schulsprecher, die Krach bekommen haben
mit den Großen und mit den Rüpeln in der eigenen Klasse,
denen sie doch eigentlich nur gefallen wollten.

Man sollte in Berlin bleiben an so einem Tag und zuschauen,
wie die Ventile des Dampfdruckkessels geöffnet werden, wie
die Reflexe wieder einmal funktionieren. Mit der Meute würde
man im Foyer der CDU-Parteizentrale an der Klingelhöferstraße lungern, warten, wer wann rauskommt und welches Gesicht er macht. Auch müsste man mit den Kollegen dringend
durchsprechen, warum Angela Merkel wohl in der Pressekonferenz nach der Präsidiumssitzung mit diesem feinen, maliziösen Lächeln erzählt, Friedrich Merz habe in der Sitzung gesagt,
dass die Fraktion eine dienende Funktion hat.

Vielleicht könnte man auch seinen Lieblingsinformanten
kurz ansprechen oder ihm wenigstens signalisieren, dass man
ihn nachher anrufen wird. Bestimmt sagt er doch noch etwas
genauer als die Lieblingsinformanten der Konkurrenz, ob die

Beschimpfungen des bisher so zurückhaltenden CDU-Schatz-meisters Ulrich Cartellieri am Ende als Rücktrittsdrohung interpretiert werden müssen. Oder doch nur als Unvorsichtigkeit. Am Ende weiß so ein Mann, der seine Lebenserfahrung in der verlässlichen Welt der Wirtschaft gemacht hat, einfach nicht, dass man hinter den verschlossenen Türen des internen Führungskreises der Christlich Demokratischen Union noch nicht zu Ende gesprochen hat, schon ist alles draußen und im dpa-Ticker. Und dass man deswegen immer schön darauf achten muss, wer als Erstes zum Klo geht.

Wie lächerlich und unwichtig das alles wird, wenn man durch traurige, graue Ortschaften fährt, die Zehdenick heißen und Röddelin oder Hammelspring und Hindenburg. Der traurige, graue Osten beginnt gleich hinter dem traurigen, grauen Norden von Berlin. Im Winter, wenn die alles mildernde Natur sich karg gemacht hat und den Blick freigibt auf verwahrloste Höfe und Gärten, sieht man nur umso genauer: Hier ist die Zeit stehen geblieben. Die Menschen haben kein Geld. Sie haben keine Arbeit. Und sie haben keine Perspektive. Sie scheinen nicht einmal Farbe zu haben, um ihre Häuser zu streichen.

Berlin, das hochbeschleunigte, glitzernde, politische Berlin mit seinen virtuellen Skandalen und Sensationen, ist weit weg, wie auf einem anderen Stern mit einer anderen Geschwindigkeit. Sogar das Auto ist langsamer geworden. Weil der Lärm der Winterreifen auf dem alten Kopfsteinpflaster sonst den Sprecher von *InfoRadio* überdröhnen würde, der gerade berichtet, dass auch Volker Rühe von einem «großen strategischen Schaden» spricht, den das Plakat angerichtet hat.

Zwei Realitäten, die gleichzeitig geschehen und bloß achtzig Kilometer Autostraße voneinander entfernt sind. Und die doch nichts miteinander zu tun haben. Nur am Wahltag, wenn die Menschen aus Zehdenick und Hammelspring wieder einmal nicht hingegangen sind, wird es eine kleine Überschneidung geben. Ein kurzes Innehalten dahinten in Berlin, ein paar trocken

11

hingeweinte Krokodilstränen. Und die für diesen Augenblick möglicherweise sogar ernst gemeinte Frage, was man tun könnte, um die Bürger draußen im Land und vor allem die jungen Menschen im Osten wieder für die Demokratie zu begeistern.

Um sich dann mit noch größerer, besinnungsloser Wollust ins Laufrad zu stürzen. Und an Themen zu drehen, die mit den Menschen hier draußen überhaupt nichts mehr zu tun haben.

DIE LIEBE UND DER OSTEN

Templin ist anders als Röddelin und Hindenburg. Templin ist eine der schönsten Städte Brandenburgs, die *Perle der Uckermark*. So steht es auf dem Schild am Ortseingang. Und so sagt es Angela Merkel. Einmal habe ich sie nach dem Ort ihrer Kindheit gefragt, da leierte sie wie für den Heimatkundeunterricht auswendig gelernt herunter: «Templin ist die Perle der Uckermark, hat ungefähr 12 000 Einwohner, ist früher so eine Art Beamtenstädtchen gewesen mit seinem berühmten Joachimsthaler Gymnasium, hat eine wunderschöne Lage, hat neben Rothenburg ob der Tauber die besterhaltene Stadtmauer, ist ein Wegkreuz und hat für Kinder vielseitige Freizeitmöglichkeiten und viel Natur.»

Und dann schaut sie einen an, als sollte man jetzt sagen: Setzen. Danke.

So wie man über sie aufsagen könnte: Angela Merkel. Die steilste politische Karriere im Nachkriegsdeutschland. Von null auf hundert in fünfzehn Jahren. Von der anonymen Doktorin der Physik zur Pressesprecherin des Demokratischen Aufbruchs und zur stellvertretenden Sprecherin der de-Maizière-Regierung. Von der einfachen Bundestagsabgeordneten zur Frauenministerin, zur ersten stellvertretenden Parteivorsitzenden der Bundes-CDU, zur Landesvorsitzenden der CDU in Mecklenburg-Vorpommern, zur Umweltministerin, zur Generalsekretärin und schließlich zur ersten Chefin und Kanzlerkandidatin einer deutschen Volkspartei, mit guten Aussichten, die erste Frau in der Geschichte zu werden, die Deutschland regiert.

Hier also ist sie aufgewachsen. Am besten kann man die Topographie ihrer Kindheit von oben erklären, als Anflugskizze oder über dem Stadtplan: In einer wunderschönen Landschaft aus sanften Wiesen, dunklen Wäldern und geheimnisvollen Seen, auf einer Art Halbinsel zwischen Kanal und Stadtsee, umgeben von einer dicken und gut erhaltenen Stadtmauer, liegt die Altstadt von Templin. Sechs gerade Straßen längs, drei gerade Straßen quer, macht 24 preußische Karrees aus geduckten, hübsch renovierten und bemalten Fachwerkhäusern mit Blumenkästen vor den Fenstern. Auf dem frisch gepflasterten Marktplatz in der Mitte schön und frei stehend das Rathaus, drum herum beschauliche Läden und Cafés. Wirklich ein schmuckes Städtchen, vor allem gemessen an der Tristesse der umliegenden Dörfer. Als hätte jemand in all dem DDR-Elend einen Mittelalter-Baukasten ausgepackt und sich große Mühe gegeben, vor allem mit den prächtigen Stadttoren und Türmen der Mauer und den hölzernen Segelschiffchen auf dem Stadtsee.

Wie ein Belagerungsfort mit einigem Sicherheitsabstand unterhalb der alten Stadtmauer und so groß wie ein eigenes, kleines Stadtviertel liegt der Waldhof, das Reich von Angela Merkels Vater, Pfarrer Horst Kasner. *Stephanus-Stiftung Waldhof, Heimschule, Werkstatt für Behinderte, Röddeliner Straße 36* steht auf dem Schild. Ein überraschend weitläufiges Gelände aus lang gestreckten Steinbauten. Das verwinkelte Haupthaus aus dem groben Steinmauerwerk des vorletzten Jahrhunderts sieht ein bisschen aus wie ein alter Märklin-Bahnhof, auch die Frakturschrift auf dem Emailleschild über dem Eingang *Waldhof* könnte zu einer Bahnstation gehören. Es gibt eine *Förderschule für Geistigbehinderte* – sie schreiben das dort tatsächlich in einem Wort: Geistigbehinderte –, es gibt eine Schreinerei, Ställe mit Pferden, eine Gärtnerei, Gärten und

Werkstätten. Es gibt Hühner, einen gewaltigen Misthaufen, Seminarräume, eine Art Tagungshotel mit Unterkünften und einem Saal aus den zwanziger Jahren, der aussieht wie eine Pole-Poppenspäler-Bühne.

Das Reich des Vaters war ein Kirchenreich. Kein volkseigener Betrieb mit Planwirtschaft und Parteisekretär. Ein unabhängiger Kirchenbetrieb mit einem Fortbildungszentrum der evangelischen Kirche für Pfarrer und Prediger, das der Vater leitete, und einer Einrichtung der Inneren Mission für etwa 200 behinderte Menschen. Eine Art exterritoriales Gelände also zu DDR-Zeiten.

Mochten innerhalb der Stadtmauer von Templin die DDR-Kommunisten das Sagen haben. Mochten die anderen Kinder keine Ahnung haben, wer diese seltsame Leiche am Kreuz ist. Mochte es dort Lehrer geben, die sich über Pfarrerskinder lustig machten, weil christlicher Glaube doch reine Volksverdummung war, wissenschaftlich widerlegt und so was von unfortschrittlich. Einmal hat eine Schulfreundin der kleinen Angela vorgeschlagen, sag doch in Zukunft einfach immer: Fahrer. Dein Vater ist Fahrer, du bist die Fahrerstochter. Das wäre ja nicht direkt gelogen, nur ein bisschen anders betont.

Hier, im Reich des Vaters, galten die Werte des christlichen Abendlandes: Glaube, Ethik, Moral, Bildung. Hier gab es Bücher und Gespräche, die innerhalb der Stadtmauer verboten waren und die man deswegen geheim halten musste. Hier war von der Eigenverantwortung des Einzelnen die Rede und von bürgerlichen Werten, in denen humanistische Bildung, Geschichte und Kultur eine Rolle spielten. Von hier aus wurden die drei Kasner-Kinder jeden Morgen losgeschickt mit dem Auftrag der Mutter: Ihr müsst besser sein als alle anderen, sonst lassen sie euch niemals studieren.

Hinter der Mauer waren die anderen, denen man nicht sagen durfte, was man im Fernsehen erfahren hatte und welche Bücher die Eltern besaßen.

Auch dieses rätselhaft unschuldige, inzwischen schon beim Münchner Starkbieranstich besungene Pokergesicht der Angela Merkel, das im Fernsehen immer ein bisschen doof und arglos aussieht, lässt sich möglicherweise aus der Topographie ihrer Kindheit ableiten.

«Man durfte ja dem Lehrer auf keinen Fall erzählen, dass bei Pfarrers zu Hause der Westsender gesehen und auf Honecker geschimpft wurde, und auch nicht, was für Witze am Abendbrottisch erzählt wurden.»

Also hielt man dieses Gesicht bereit: Mein Name ist Kasner, sonst weiß ich von gar nichts.

Die Lebensphilosophie der Kasners war: Wir sind besser als die anderen. Wir haben die eigentlichen, die christlichen Werte. Mag sein, dass wir geächtet werden dafür. Mag sein, dass Mutter an deren Schulen nicht unterrichten darf, obwohl sie studierte Lehrerin ist für Latein und Englisch. Aber: Wir sind besser als die anderen. Was heute wie das frühe Übungsmantra für eine werteorientierte CDU im postmodernen Nirwana klingt, war damals das Muster einer Kindheit, das Muster einer Musterschülerin.

Als ein Lager würde sie der nächsten Generation die DDR beschreiben, hat Angela Merkel einmal gesagt: «Man konnte sich Freiräume suchen. Wer betreut werden wollte, fand Betreuung. Wer aber rauswollte aus dem Lager, der wurde daran gehindert.»

Und wenn man nun noch einmal von oben und mit Kinderblick auf die kleine Templiner Welt der kleinen Pfarrerstochter schaut, könnte man an Asterix und Obelix denken. Ganz Brandenburg war von den Ulbrichts und Honeckers besetzt. Ganz Brandenburg? Nein! Ein von unbeugsamen Christen bewohnter Waldhof vor der Stadtmauer von Templin hielt sich wie eine Rettungsinsel im roten Meer des DDR-Sozialismus.

«Wir sind immer die Außenseiter gewesen», sagt Angela Merkel.

Sie wuchs auf in dem Bewusstsein, von außen zu kommen, nicht wirklich dazuzugehören. Doppelt gehörte sie nicht zu denen da drinnen hinter der Stadtmauer. Sie war ja nicht einmal Templinerin. Sie, Angela Dorothea Kasner, war am 17. Juli 1954 in Hamburg geboren, eine Westdeutsche also bitte schön, darauf hat sie schon als Kind immer sehr viel Wert gelegt. Sie erzählt, dass sie «praktisch nie DDR-Klamotten getragen» und die DDR auch nicht als ihr Heimatland empfunden hat. Sie wusste schon mit neun Jahren die Namen aller westdeutschen Minister auswendig. Sie sammelte Kunstpostkarten. Und an den Westpaketen von der Tante und der Großmutter aus Hamburg, sagt sie, «hing unsere ganze Hoffnung».

Eine kleine Westdeutsche, die zu ihrem großen Kummer im Alter von drei Wochen in den Osten verschleppt worden war, in einer Tragetasche. Aus Liebe! Mutter Herlind Jentzsch hatte sich in ihrer Heimatstadt Hamburg in diesen gut aussehenden Berliner Theologiestudenten verliebt, der leider entschlossen war, nach dem Studium wieder zurückzugehen zu seiner brandenburgischen Landeskirche.

«Er war aufgewachsen in Pankow, das gehörte zur sowjetischen Besatzungszone», erzählt die Tochter. «Dann ist er nach Heidelberg und später nach Hamburg gegangen, weil man im Osten nicht Theologie studieren konnte. Und er war in den Westen gegangen mit der festen Absicht wiederzukommen, so wie das Bischof Forck und viele andere auch gemacht haben. Er hat es immer so empfunden, dass er als Pfarrer eine Aufgabe hatte, es müsse eben auch Pfarrer geben in der DDR. Dass ich in Hamburg geboren bin, verdanke ich meiner Mutter, die nicht sechs Wochen vor der Geburt noch umziehen wollte.»

Warum geht ein junger, evangelischer Theologe im Herbst 1954 freiwillig zurück vom Westen in den Osten, in die *Sowjetisch Besetzte Zone*? Der Terror mit Namen «Aufbau des Sozialismus» hatte seit dem 17. Juni 1953 doch längst erkennbare Konturen angenommen. Allein in den ersten fünf Monaten des

Jahres 1954 flohen deswegen 180 000 Menschen aus der Ostzone in den Westen. Horst Kasner aber ging den umgekehrten Weg.

«Man wollte nicht bei den Fleischtöpfen Ägyptens rumhängen», sagt er. «Man wollte dahin gehen, wo man gebraucht wurde.»

Zum Dank schreiben sie in seine Stasi-Akte: *Kasner kam 1954 aus Hamburg/Westdeutschland und ist ein Gegner unseres Arbeiter- und Bauernstaates.*

Das Jahr 1954, in dem Horst Kasner seine erste Stelle als Jugendpfarrer in der brandenburgischen Prignitz antrat, in Quitzow bei Perleberg, ist das Jahr des 6. Deutschen Evangelischen Kirchentages in Leipzig, bei dem es zum ersten Mal seit langer Zeit wieder Kontakte zwischen ost- und westdeutschen Politikern gibt. Es ist das Jahr, in dem die Londoner Außenministerkonferenz die Wiederbewaffnung und Aufnahme der Bundesrepublik in die NATO beschließt. Innenminister Gustav Heinemann, der führende Repräsentant der evangelischen Minderheit in der Union und Präses der Synode der Evangelischen Kirche in Deutschland, war der Einzige im Kabinett gewesen, der Adenauers Wiederbewaffnungsplänen widersprochen hatte. Er war deswegen schon am 9. Oktober 1950 zurückgetreten und hatte ein Jahr später die Gesamtdeutsche Volkspartei (GVP) gegen die Remilitarisierung gegründet.

Nach dem 10. März 1952, an dem Moskau den Westalliierten die Ausarbeitung eines Friedensvertrages unter unmittelbarer Beteiligung Deutschlands anbot, hatte Adenauer – wie man heute weiß, zu Recht – bei den Westmächten massiv dagegengehalten. Dadurch verfestigte sich nicht nur bei linken Protestanten und dem *FAZ*-Herausgeber Paul Sethe, sondern bis tief ins bürgerliche Lager hinein der Eindruck, Adenauer sei an einer Wiedervereinigung nicht interessiert. Er lasse eine historische Chance möglicherweise allein deshalb verstreichen, weil sich durch eine Wiedervereinigung die konfessionelle Balance zu Lasten der Katholiken ändern könne und sich so die Wahlchancen der Union verschlechtern würden. Außerdem hatten viele im Westen und Osten des Landes nicht verstanden, warum die Amerikaner am 17. Juni 1953 nichts unternommen hatten, um den aufständischen Arbeitern in Ost-Berlin zu helfen.

Wenn man Eltern oder Großeltern hat, die erzählen können, wie das war mit der Debatte um die Remilitarisierung und um die von Adenauer scheinbar verpatzte Wiedervereinigungschance, die sich erinnern, wie verzweifelt sie damals diskutiert haben, ob nicht das ursprünglich so viel sozialistischere Ahlener Programm der sicherere Weg zu Nie-wieder-Krieg und Bald-wieder-ein-Land gewesen wäre und warum sie damals zum ersten und seither einzigen Mal nicht CDU gewählt haben, dann kann man Horst Kasners Entscheidung nachvollziehen. Gute Geschichtsbücher helfen auch. Sonst ist das aus heutiger Sicht ja sehr schwer zu verstehen, wie so vieles aus der jüngeren deutschen Geschichte.

Aber offenbar umso leichter zu verurteilen: Auf einer der Regionalkonferenzen im März des Jahres 2000, die als «Angies Roadshow» in den Parteijargon eingingen und auf denen Angela Merkel von der CDU-Basis zur Jeanne d'Arc der Spendenaffäre, zur Hoffnungsträgerin und schließlich zur Parteichefin hochgejubelt wurde, stand ein distinguierter Herr auf und fragte seine Generalsekretärin mit investigativem Vibrato in der Stimme, warum ihre Mutter in den fünfziger Jahren mit dem Vater aus Hamburg in die *Sowjetisch Besetzte Zone* übergesiedelt sei und nicht umgekehrt, wie es sich gehört hätte für die Eltern einer CDU-Generalsekretärin.

«Aus Liebe», hat Angela Merkel da stolz geantwortet.

Und in dem Stolz schwang mit, dass die Tochter den Preis für diese Liebe wohl immer als sehr hoch eingeschätzt hat, möglicherweise als zu hoch.

Das Kind Angela Dorothea Kasner lief nicht. Es konnte schon erstaunlich früh sprechen, aber es lief nicht. Und als die kleine Angela schließlich anfing, sich aufrecht auf zwei Beinen zu bewegen, dauerte es noch Jahre, bis sie auch einen Berg oder eine Treppe hinuntergehen konnte. Sie sei ein «kleiner Bewegungsidiot» gewesen, hat sie der Fotografin und Journalistin Herlinde Koelbl für das Projekt «Spuren der Macht» erzählt.

«Meine geduldigen Eltern mussten mir immer sagen, wie man einen Berg hinuntergeht. Rein technisch. Was ein normaler Mensch ganz von selbst kann, musste ich erst geistig verarbeiten und mühsam üben.»

Sie haben sie, als die Geburt des Bruders anstand, eine Weile zur Großmutter nach Hamburg gegeben. Da war sie drei Jahre alt.

Und als sie zehn Wochen später wieder nach Hause kam, sagte sie in schönstem Hamburgisch zu ihrer Mutter: «Könnten Sie mir bitte einmal die Treppe runterhelfen?»

Noch Jahre später thronte sie im Laufstall und schickte den drei Jahre jüngeren Bruder, wenn sie etwas haben wollte. Der wetzte dann natürlich auch jedes Mal los, um es ihr zu holen. Und noch im Alter von zwölf Jahren hat sie jeden Gang umständlich geplant, um nur nicht einmal zu oft eine Treppe hinabsteigen zu müssen.

Man nennt so etwas eine Bergabphobie. Und wer eine Bergabphobie hat, bleibt ja möglicherweise schon allein deswegen sehr gerne und mit großer Zähigkeit oben. Wenn er erst einmal oben ist.

Als Angela Merkel anfing, die Welt innerhalb der Templiner Mauer zu erobern, als sie sieben Jahre alt war und jeden Tag zur Schule gehen musste, da bauten böse Erwachsene in Berlin eine ganz neue Mauer.

Der 13. August 1961 war ein Sonntag. Pfarrer Kasner hielt den Gottesdienst, und es wurde an diesem Morgen viel geweint in der Kirche. Vor allem die Frauen weinten. Und am meisten weinte die Mutter. Das Kind versteht nicht wirklich, was passiert ist, nur, dass es etwas ganz Schreckliches und Trauriges sein muss, etwas sehr Einschneidendes. Ein großes Drama.

Bei Kasners zu Hause hieß es von nun an: Wenn die Mauer wieder fällt, gehen wir ins Kempinski Austern essen.

«Später hatte ich immer die Vorstellung, so im Jahr 2000 ziehen die Russen ab. Das war bei uns zu Hause die Diskussionsgrundlage. Gut, da hat man gesagt, 2000, dann bin ich 45. Und wann kann man wieder in den Westen fahren? Es hieß 2020. Da wäre ich dann 65 gewesen. Also habe ich mit meiner Mutter diskutiert, dass sie gut dran ist, weil sie schon lange vor mir so alt ist, dass sie in den Westen fahren kann. Es waren einfach so unendliche Perspektiven.»

Andererseits hat sie viel mit russischen Soldaten gesprochen, es gab ja viele russische Soldaten im Templiner Raum, und Angela Kasner hat sehr gerne Russisch gesprochen.

«Die standen ja manchmal tagelang an den Ecken herum, um auf irgendwas zu warten. Und die haben mir immer gesagt: Das Land wird viel früher wieder vereinigt. Für diese russischen Soldaten war es immer klar. So ein geteiltes Land ist ein unnatürlicher Zustand. Und man soll sich mal nicht solche Sorgen machen. Aber für uns war es keine Perspektive. Für uns gehörte zur Lebensperspektive zu diskutieren, dass man im Prinzip schon irgendwie in den Westen kommen würde, wenn es einem mal ganz schlecht geht.»

Darüber hat sie mit ihren Eltern oft gesprochen, weil die schließlich freiwillig in den Osten gegangen waren.

«Und meine Mutter hatte ihre Mutter ja nicht gefragt, sondern ist aus Liebe zu meinem Vater einfach mitgegangen. Umgekehrt war auch ich der Meinung, ich bin dieser DDR zu nichts verpflichtet, nur weil meine Eltern entschieden haben, dort leben zu wollen. Ich kann auch gehen, wenn es mir gar nicht mehr passt.»

Die Hamburger Mutter, die ihre Kinder zu den Kommunisten in die Schule schickte mit dem Auftrag, immer die Besten zu sein, und die am 13. August 1961 im Gottesdienst so sehr weinen musste, durfte erst 23 Jahre später zum ersten Mal wieder nach Westdeutschland fahren, nach Hause, nach Hamburg. Zur Beerdigung ihrer Mutter.

DER VATER, DIE KIRCHE UND DIE STASI-DEPPEN

Der 11. November 2000 ist für Templin der «Beginn einer neuen Zeit» gewesen. Jedenfalls hat die berühmte Tochter der Stadt, die Parteivorsitzende der CDU, es so gesagt, und die Lokalreporter haben es erst in ihre Blöcke und später in ihre Zeitungen geschrieben. Angela Merkel war an diesem Tag nach Hause gekommen, um die *Naturtherme Templin* einzuweihen. Für 29 Mark kann man jetzt mit der Bahn von Berlin nach Templin und zurück fahren, inklusive drei Stunden Aufenthalt in der Therme zum Baden im Wüstensand und in der Milch uckermärkischer Stuten, wenn man mag, oder eben in der jodhaltigen Sole, die in Templin aus 1630 Meter Tiefe sprudelt.

Während Angela Merkel sprach, machte ein gut aussehender Mann um die siebzig leise Bemerkungen zu den Menschen, die neben ihm standen und ehrfürchtig nickten. Wie man doch mal wieder merken könne, dass die Angela nicht aus dem hohlen Bauch heraus rede wie alle anderen, sondern wirklich tipptopp. Und als die CDU-Parteivorsitzende eine etwas konfuse Formulierung wagte, von Brettern, die in die Erde getrieben worden seien, schüttelte er irritiert, aber nachsichtig den Kopf.

Der Mann war Horst Kasner, Angela Merkels Vater, der «rote Kasner», wie sie ihn zu DDR-Zeiten in Brandenburg genannt haben. An der Art und Weise, wie die Umstehenden ihn und seine Frau ansahen, konnte man erkennen, dass beide in Templin hohes Ansehen genießen. Ein Ansehen, das sich nicht von der berühmten Tochter ableitet, sondern durch deren Erfolg nur noch vergrößert und bestätigt wird.

Der «rote Kasner» hat weiße Haare. Er ist ein großer, aufrechter Mann, der ein bisschen aussieht wie die DDR-Version von Richard von Weizsäcker. Offenbar denkt er auch so. 1992 schrieb er in einem Aufsatz für *Die Kirche*: «Wir bemerken nun, wie sich die etablierten Parteien den Staat zur Beute gemacht haben, und dass der Staat zum Selbstbedienungsladen für Politiker geworden ist. In der bequemen Proporzdemokratie wird der Klüngel zum System. Man schanzt sich wechselseitig Vorteile zu.»

1992 war die Tochter seit einem Jahr Frauenministerin im fernen Bonn und seit wenigen Monaten auch stellvertretende Parteivorsitzende der CDU. Wie sehr die schöne Bonner Republik tatsächlich in 25 Jahren Helmut Kohl zum Selbstbedienungsladen degeneriert war, wie machtversessen und machtvergessen, das konnte oder wollte 1992 so genau noch keiner in der Partei wissen, auch Tochter Angela nicht. Kohls Umgang mit Geld und Spenden waren zu der Zeit nur den unmittelbar Beteiligten bekannt. Und die große Krise der CDU, die Angela Merkel an die Spitze ihrer Partei katapultieren sollte, war nicht einmal am Horizont zu ahnen.

Es ist nicht schwer, Menschen zu finden, die die Familie Kasner zu DDR-Zeiten kannten. Jeder brandenburgische Pfarrer ist während seiner Ausbildung mindestens einmal für kurze Zeit im Waldhof gewesen, um bei Kasner das Predigen zu lernen. Zum Beispiel Rainer Eppelmann.

Als Theologiestudent ist er 1974 ein paar Wochen im Templiner Waldhof gewesen, zwischen seinem ersten und zweiten theologischen Examen, zum Predigerseminar bei Horst Kasner. Er erzählt, dass Vater Kasner auf ihn einen unangenehmen Eindruck gemacht hat.

«Der machte uns jungen Menschen, die sich da auf das Gemeindepfarramt vorbereiten sollten, nicht gerade Mut. Die Zukunft der evangelischen Kirche in einem sozialistischen Land werde vergleichbar sein mit der der Arbeiterpriester in Frankreich, hat der gesagt: ‹Also von Montag bis Freitag gehen Sie in irgendeinem Beruf arbeiten, und am Wochenende, wenn Sie mit Ihren bürgerlichen Tätigkeiten fertig sind, dann können Sie sich um die Gemeinde kümmern.› Und es werde nur wenige vollzeitbeschäftigte Theologen geben wie ihn, die entweder stark in der wissenschaftlichen Arbeit tätig sind oder in der Ausbildung wie er. So Sachen hat der uns erzählt. Da dachte ich damals natürlich, du Arsch. Ich fand das arrogant und herzlos.»

Eppelmann kam von der theologischen Fachschule Paulinum in Berlin. Er war also kein Volltheologe mit großem Latinum und allem, was sonst noch dazugehört. Und er hält es durchaus für möglich, dass er deswegen gegenüber studierten Kollegen besonders sensibel war, vor allem, wenn die arrogant auftraten.

«Möglicherweise hat der Kasner auch nur gemeint, er muss uns jungen Leuten sagen, auf was wir uns da einlassen. Und es war ja auch erst das Jahr 1974, also noch lange vor 1987, vor dem Spitzengespräch zwischen Bischof Schönherr und Honecker am 6. März, wo es zu einem Stück Gentlemen's Agreement gekommen ist und die Regierenden in der DDR zu erkennen gegeben haben: Wir haben uns mittelfristig damit abgefunden, dass es auch in der sozialistischen DDR eine Kirche gibt, also Leute, die immer noch ein Menschenbild vom Mittelalter haben.»

Ein Menschenbild vom Mittelalter. Eppelmann sagt so was nicht bitter und betont, eher belustigt und nebenbei. Dann hält er ein kleines Privatissimum über Pfarrer in der DDR. Der Pfarrer war, gemessen daran, wie lange er studiert hat, sehr schlecht bezahlt. Andere mit vergleichbaren Ausbildungsgraden haben deutlich besser verdient. Dafür hatten Pfarrer einen Freiraum, eine Unabhängigkeit, die es sonst in der DDR nicht gab. Pfarrer waren zwar seltsam, mussten deswegen auch genau beobachtet werden, galten aber doch als so etwas wie Elite, auch in den Augen der DDR-Oberen.

«Und die sind manchmal erschrocken gewesen, als sie feststellten, dass wir viel besser über ihre Bücher Bescheid wissen als sie über unseres.»

Eppelmanns alter Superintendent hat immer gesagt: Die Kirche ist das Loch im Fahrradschlauch DDR.

Und am Ende war der Schlauch dann leer. Nur dass nicht viele Pfarrer diese potenzielle Unabhängigkeit wirklich genutzt haben. Was in den letzten Jahren der DDR passierte, wurde nicht von *der* Pfarrerschaft veranstaltet. Es sind nur ganz wenige gewesen. Heute wird das ein bisschen verbrämt. Heute möchte man das zu gerne als *die* evangelische Kirche stehen lassen, die der DDR den Garaus gemacht habe.

«Das sind aber keine hundert gewesen, keine hundert unter uns allen. Und Kasner gehörte nicht dazu. Aus welchen Gründen auch immer. Ich weiß nicht, ob er einer war, der sich angepasst hatte, oder ob er gesagt hat, die DDR ist das Bessere.»

Wirklich angepasst hat Horst Kasner sich offensichtlich nicht. Und er hat auch die real existierende DDR nicht immer für das Bessere gehalten, obwohl er Mitglied des Weißenseer Kreises gewesen ist, der heute als SED-nah gilt, mit seinem linkselitären Anspruch aber sowohl die Kirche als auch die Partei immer wieder geärgert hat.

Auch Günter Nooke, der später, in der Wendezeit, mit Angela Merkel beim Demokratischen Aufbruch war, dann zum Bündnis 90 ging, um auf einigen interessanten Umwegen schließlich auch bei der CDU zu landen, ist oft auf dem Waldhof gewesen. Zwischen 1986 und 1991 haben sich dort bei Horst Kasner interessante und interessierte Menschen aus dem Osten zu privaten Diskussionsrunden getroffen, zu freien Gesprächen mit philosophischem und allgemeinem Hintergrund, erzählt er. Auch ein Professor aus Westdeutschland sei immer dabei gewesen.

«Sie dürfen nicht unterschätzen, wie viel es in einer Diktatur wert ist, über Räume zu verfügen, über die Möglichkeit, Kontakte in die freie Welt zu organisieren und offene Debatten zu führen, ganz andere Literatur im Schrank zu haben oder allein schon ein Kopiergerät.»

Kopierer waren kontingentiert in der DDR. Man musste sich jede Kopie genehmigen und stempeln lassen. Das ist ja nun alles vergessen. Obwohl es erst zwölf Jahre her ist.

«Wahrscheinlich würden unsere damaligen Debatten, wenn man aus heutiger, westlicher Sicht drauf schaut, als ziemlich linkslastig erscheinen», sagt Günter Nooke, der in den Schubfächern der neuen Zeit als ein konservativer Rechter einsortiert wird.

Es war in der DDR eben auch leichter zu rechtfertigen, wenn man die Gesellschaft von links und nicht frontal kritisiert hat, das sagt er auch noch.

Einmal, beim Treffen 1989, ist auch Angela Merkel dazugekommen, Doktor Angela Merkel, die Tochter von Horst Kasner, die inzwischen als Physikerin an der Berliner Akademie der Wissenschaften arbeitete und die an diesem Wochenende zufällig ihre Eltern besuchte.

Nooke erzählt es so: «Da gab es abends eine politische Diskussion mit etwa fünfzig Leuten. Und da war auch die Tochter von Pfarrer Kasner, die ich bisher nur aus Erzählungen des Bruders kannte, mit dem ich befreundet war und bin. Marcus Kasner ist Patenonkel meiner jüngsten Tochter.»

Und diese Angela Merkel hat an jenem Abend viel mutiger diskutiert als die anderen. Sie sagte, dass es nicht mehr darum gehen könne, wieder zu Besonnenheit und Ruhe aufzurufen, sondern darum, jetzt die Forderung für eine Öffnung nach Westen zu stellen.

Das war am 23. September 1989. Schon damals habe das bei Angela Merkel etwas mehr nach Wiedervereinigung als nur nach die DDR reformieren geklungen, sagt Nooke. Später im

Herbst haben ja dann viele so geredet. Im September 1989 sind das noch sehr ungewöhnliche und mutige Sätze gewesen.

Das ist etwas, was man als Westmensch unbedingt lernen muss, wenn man sich zwölf Jahre später noch einmal mit dem Ende der DDR beschäftigen will und wenn man das redlich tun möchte. Es kommt bei der Beurteilung von Geschichten aus der Geschichte der DDR immer ganz genau auf den Tag an. Was einer heute gesagt hat, kann irrsinnig mutig gewesen sein, so mutig, dass er noch fürchten musste, dafür in den Knast gesteckt zu werden. Drei Tage später war es dann möglicherweise schon Mainstream und freigegeben zum Nachplappern für jedermann.

Der 23. September, das war zwar nach der Öffnung der ungarischen Grenze und kurz nach der Veröffentlichung der Aufrufe vom Neuen Forum und von Demokratie Jetzt. Aber bis zum 9. Oktober, bis zur großen, friedlich verlaufenden Montagsdemo in Leipzig, war eben nicht klar, wie es ausgeht mit dem Bürgerprotest. Bis dahin war es relativ gefährlich, solche Sachen zu sagen.

Der Waldhof in Templin und der «rote Kasner». Wieder etwas aus der jüngeren Geschichte, was schwer zu verstehen ist, aber offenbar umso leichter zu verurteilen. Jedenfalls laufen einst bürgerbewegte CDU-Parteifreunde von Angela Merkel durch Berlin und erzählen einem, wie links und angepasst dieser Vater Kasner in der DDR gewesen sei und dass er sogar für die Stasi gearbeitet habe, wenn auch nur ganz kurz. Und sie erzählen ebenso unaufgefordert, aber mit dieser unangenehmen konspirativen Erregung in der Stimme, private Dinge aus dem Leben des Horst Kasner, die zwar möglicherweise in den Stasi-Akten stehen mögen, aber dort zu Recht geschwärzt, für die Öffentlichkeit also weder gedacht noch eigentlich zugänglich sind. Und sie tun das in einem Café Unter den Linden bei eingeschaltetem Tonband.

Der Tonfall solcher Mitteilungen hat etwas so befremdlich Indirektes, Denunziatorisches, in Bayern würde man schreiben,

Hinterfotziges, dass selbst einem Westmenschen ganz schwindelig wird davon. Als ob man im Jahr 2001 aus Versehen doch noch einmal selbst in das schreckliche alte System geraten wäre. Als liefen informelle Zuträger der Stasi immer noch ungehindert durch die Stadt.

«Sie werden aber doch hoffentlich in Ihre Biographie nicht hineinschreiben, dass Angela Merkels Vater für die Stasi gearbeitet hat?»

«Wenn man weiß, was der Vater so gemacht hat, versteht man, dass die Tochter Nägel kaut. Das werden Sie aber doch auch nicht schreiben, oder? Töchter können doch nichts dafür, wie ihre Väter sich benommen haben.»

Man hat das unwiderstehliche Bedürfnis zu duschen, wenn man von solchen Gesprächen in die Redaktion zurückkommt. Und doch hört man, wie vergiftet, diese Stellen immer wieder ab vom Tonband und stellt schließlich einen Antrag auf Akteneinsicht.

Horst Kasners Akte ist eine Betroffenenakte, eine Opferakte mit einer IM-Vorlaufakte aus dem Jahr 1972 und dem vorläufigen Decknamen «Waldhof». Sie wird von der Birthler-Behörde nur herausgegeben, weil Kasner als Leiter des Waldhofes und Mitglied der Kirchenleitung eine Person der Zeitgeschichte war, und wenn man behauptet, man arbeite gerade an dem Thema: Der Einfluss der Stasi auf die brandenburgische Landeskirche.

Sie haben versucht, ihn zu erpressen. Die alte Geschichte also. Nur dass Horst Kasner offenbar den Königsweg gewählt hat, um der Erpressung zu entkommen.

Bisher ist er vorwiegend negativ in Erscheinung getreten. Zur Zeit ergeben sich günstige Möglichkeiten einer Kontaktaufnahme steht mit Datum vom 8.11.1972 in der IM-Vorlaufakte. Sie hatten ihn vorgeladen, weil er einen Text von Sacharow besaß (*34 Seiten in dreifacher Ausfertigung*). Und für eine kurze Zeit haben sie offenbar auch geglaubt, dass es ihnen gelungen sei, ihn zu erpressen.

Im Gespräch soll erreicht werden, dass Pastor Kasner das Verwerfliche seiner Handlungsweise einsieht und die Broschüre übergibt.

Kasner hat in diesem Gespräch dann offenbar zugestimmt, den Sacharow-Text abzuliefern und sich in gewissen Abständen zu bestimmten Fragen konsultieren zu lassen, aber nur, wenn das offiziell und in seinem Arbeitszimmer geschehe.

Was die Helden der Staatssicherheit nicht gleich gemerkt haben, war, dass Kasner seiner Kirchenleitung von den Gesprächen berichtete und auch davon, womit sie ihn erpressen wollten. Als er schließlich vor der endgültigen Konfiszierung der Sacharow-Texte eine offizielle Quittung verlangte, und als bei dieser Gelegenheit die Stasi-Menschen kapierten, dass Kasner seine Vorgehensweise offenbar mit der Kirchenleitung und den Kirchenjuristen abgestimmt und überhaupt seinen Bischof von Anfang an informiert hat, da schreiben sie enttäuscht: Er hat eine *stark ablehnende Haltung zum MfS. – Er hat sich dekonspiriert.* Die Akte wird geschlossen.

Angela Merkel erzählt, dass sie es selbst auch immer so gemacht hat, wann immer Leute vom MfS etwas von ihr wollten. So war es mit den Eltern abgesprochen.

«Man musste einfach sagen, wissen Sie, ich kann wahrscheinlich den Mund nicht halten, ich könnte es ziemlich sicher nicht verhindern, dass ich meinem Mann davon erzähle, wenn ich für Sie arbeite.»

So hat sie es gemacht, als zwei Stasi-Offiziere sie an der Technischen Hochschule in Ilmenau ansprachen, an der Angela Merkel eigentlich ihre erste Arbeitsstelle gefunden hatte.

Die Leute von der Staatssicherheit haben ihre Werbungsversuche dann eingestellt. Aber den Job in Ilmenau hat sie auch nicht bekommen.

Das wirklich Interessante an diesen Akten ist also zum einen der inoffizielle Umgang damit im Jahr 2001. Dass *Parteifreunde* aus der CDU auch die geschwärzten Teile aus der Akte des

Vaters kennen und herumerzählen. Dass sie aus einem Erpressungsversuch und einer schnell wieder geschlossenen IM-Vorlaufakte eine *Stasi-Mitarbeit* machen. Und dass es gerade solche Parteifreunde sind, die wirklich besser wissen müssten, was mit diesem Stasi-Dreck angerichtet werden kann.

Und noch etwas ist interessant: der gewaltige Bildungsunterschied, der sich in der erbärmlichen Sprache der Akten manifestiert und noch einmal dokumentiert, auf was für einer Eliteinsel Angela Merkel aufgewachsen ist.

Hier Merkels Vater, der unabhängige Kopf, ein Mann der Kirche, der so recht in kein Schubfach passt, der gegen den Wehrdienst ist und gegen die Notstandsgesetze in der Bundesrepublik, also ein Roter, der zum Weißenseer Kreis gehörte, also fortschrittlich im Sinne der SED, der aber partout nicht wählen gehen wollte und auch gegen den Wehrdienst in der DDR war, der sehr freie Reden hielt, also doch ein Feind des Arbeiter-und-Bauern-Staates.

Dort die Deppen von der Stasi, die alles, was ihnen im Waldhof zu Ohren kam, in bedeutsamer Schwurbelsprache aufschrieben, am innigsten das, wovon sie am wenigsten verstanden. Nicht einmal auf die Schreibweise seines Namens konnten sich diese Analphabeten einigen, die der Arbeiter-und-Bauern-Staat sich für seine Spitzeldienste herangezüchtet hatte:

Am einflussreichsten in Templin ist der Pfarrer Kastner. *Dieser ist intelligent. Er übt einen solchen Einfluss aus, dass er Personen bewegen kann, an politischen Versammlungen, Aussprachen, oder NAW-Einsätzen teilzunehmen oder sie davon abzuhalten.*

Debiliushörig *ist Pfarrer* Kassner.

Er ist der obersten Kirchenleitung hörig und führt alle Weisungen derselben aus.

Kartner *lehnt in der Bundesrepublik auch die* Konzessionsschulen *ab und sagt ganz offen, dass, wenn sie dort leben wür-*

den, keineswegs ihre Kinder in eine Konzessionsschule *schicken würden.*

Pfarrer Kasner besitzt ein Material, ein Phamfleth *eines gewissen Sacharow.*

Wenn es nicht ein so finsteres Kapitel deutscher Geschichte wäre, gäbe es eben auch immer einiges zum Lachen in diesen Akten.

AN DER MAUER AUF DER LAUER

Die Mädchen, die heutzutage mit Schlaghosen und 30er-Jahre-Frisuren vor der Goethe-Schule in Templin stehen, sehen aus wie die Mädchen in Charlottenburg oder München. Die Jungs tragen Bomberjacken.

Staatssicherheit, Mauer und Schießbefehl, das war lange vor ihrer Zeit. Das ist für sie Geschichte, ungefähr so weit weg wie die alten Römer. Sie spüren möglicherweise, dass es da etwas gibt, über das manche Eltern nicht so gerne sprechen. Sie fragen nicht danach. Noch nicht.

Ein beeindruckend großer, neugotischer Backsteinbau zwischen Havel-Kanal und Stadtmauer ist diese Goethe-Schule von Templin. Je länger man drinnen über endlos lange PVC-Flure geht und unter weiß gekalkten Gewölbedecken, deren Bögen und Schlusssteine grün abgesetzt sind, desto mehr riecht es nach Bohnerwachs und Schulangst.

Der Direktor ist ein freundlicher Mann Anfang sechzig mit einem gut durchbluteten Gesicht, das im Laufe eines langen Gespräches immer freundlicher wird. Er trägt Flanellhosen und einen hellgrauen Lacoste-Pullover. Und wir haben uns schon einmal gesehen. In Berlin. Das war am 4. März des Jahres 2000 auf der Regionalkonferenz der CDU im Internationalen Congress Center (ICC). Da hat er sich zu Wort gemeldet und mit fester Stimme ins Mikrofon gesagt, er wünsche der

CDU, dass Angela Merkel es packt, dass sie Parteivorsitzende wird.

«Aber ich habe auch dazu gesagt, es wird nur klappen können, wenn sie eine Mannschaft hat, eine Mannschaft, die wirklich hinter ihr steht.»

Das erzählt er mit einem Gesicht, als wollte er sagen: Und genau das hat sie nicht. Und genau das habe ich schon damals befürchtet.

Jedenfalls kam dann im ICC der Moment, in dem die Generalsekretärin oben auf dem Podium sich zu Eberhard Diepgen gewandt hat, dem Eberhard Diepgen, der sie später bei der Abstimmung im Bundesrat über die Steuern so hinterhältig verraten hat.

«Und da konnte ich aus dem Saal an ihren Lippen ablesen, wie sie zu dem Diepgen sagt: ‹Der da eben gesprochen hat, das war mein Mathelehrer.›»

Er war ihr Mathelehrer. Jetzt ist sie seine Parteivorsitzende. Hans-Ulrich Beeskow ist nicht nur Direktor der Schule, sondern auch Vorsitzender der örtlichen Baptistengemeinde. Und er ist der Chef der CDU-Fraktion von Templin.

Und sie war also die Beste der Klasse?

«Beste der Klasse?»

Mathelehrer Beeskow kann wie alle Lehrer für Mathematik bei einer falschen Antwort oder Frage sehr routiniert so schauen, als höre er wohl nicht ganz richtig.

«Sie war die Beste überhaupt.»

Und dann erzählt er von Mathematik- und Russisch-Olympiaden. Da war sie ja sogar Weltspitze, die Angela. Ein Sprachgenie war Angela Kasner, hat Erika Benn gesagt, die damals die Leiterin vom Russisch-Klub war.

Mit den Olympiaden, das ging so: Die Besten aus allen Klassen nahmen an der Schul-Olympiade teil. Wer die, zum Beispiel an der Goethe-Schule in Templin, gewonnen hatte, fuhr zur Kreis-Olympiade. Die Gewinner dort durften zur Bezirks-Olympiade und schließlich zur DDR-Olympiade. Wer dort gewann, und Angela Kasner gewann natürlich, der fuhr zur Internationalen Russisch-Olympiade nach Moskau.

Was Beeskow sehr bedauert ist, dass seine Musterschülerin Angela Merkel nicht Landesvorsitzende von Brandenburg geworden ist. Kohl habe sie da im November 1991 viel zu spät ins Rennen gegen Ulf Fink geschickt. Und leider, leider hat der Ulf Fink gewonnen.

«Die Angela wäre ja für uns hier in Templin und für die ganze CDU Brandenburgs so viel besser gewesen.»

Die Fernsehbilder vom 23. November 1991 zeigen diese junge, unbekannte Frauenministerin aus Ostdeutschland, in deren Gesicht man jede Phase der Enttäuschung über die Wahlniederlage miterleben konnte.

Heute sieht man ihr nicht mehr an, was sie denkt. Wenn sie zum Beispiel sagt: «Natürlich wäre man in Templin froh, wenn ich mich mehr um die Stadt kümmern könnte. Ich kann das nicht. Meine politische Heimat ist Mecklenburg-Vorpommern, und fertig.»

Und fertig?

Auch ihr alter Mathelehrer fragt sich, was alle sich fragen. Warum gerade sie? Wie kam es, dass die Einserschülerin von Templin zur Musterschülerin der Demokratie wurde? Warum macht die CDU ausgerechnet diese Pfarrerstochter aus dem Osten, die sympathische Gewinnerin von Russisch- und Mathematik-Olympiaden, die später Physik studierte und dann acht lange Jahre vor sich hin promovierte, zur Hoffnungsträgerin? Warum wird gerade sie zur Jeanne d'Arc der Spendenaffäre, gerade in dem schauerlichen Augenblick, in dem die Parteimitglieder unter großer Anteilnahme des ganzen Landes einmal kurz in den Abgrund geschaut haben, der sich in den angeblich so vorbildlichen Jahren der Bonner Republik und in 25 Jahren Helmut Kohl aufgetan hatte? Und was bedeutet das für das Land? Was hat die Macht seither aus dem Mädchen gemacht und was das Mädchen mit der Macht?

Fragen, die sich in Templin finden, aber nicht beantworten lassen. Dafür kann man mit Schuldirektor Beeskow noch eine Weile darüber diskutieren, warum der Leistungswille der Schüler in der Demokratie so erbärmlich absinkt, warum die neue Freiheit von den Schülern nicht als Chance gesehen wird, warum sie faul und dumm bleiben wollen, warum er manchmal glaubt, ein bisschen mehr Druck wie früher würde ihnen gut tun. Obwohl doch gerade er nichts so gehasst hat wie diese Mischung aus Repression und Belohnung, die die DDR von ihren Lehrern verlangte und an ihnen vorführte.

Damals gab es für gute Leistungen ja sogar richtige Orden. Als am Ende von Angela Merkels erstem Schuljahr zum ersten Mal solche Auszeichnungen zum Anstecken verliehen wurden, rief die Lehrerin in die Klasse: Ihrke, du wirst als bester Schüler ausgezeichnet.

Eberswalde ist nicht sehr weit weg von Templin. Man muss nach Eberswalde fahren, um Bodo Ihrke, den besten Schüler der ersten Klasse, zu besuchen. Er ist heute Landrat des Kreises Barnim. Und er sagt sofort, dass er gar nicht der beste Schüler gewesen ist. Diese wirklich ungerechte Sache mit dem Orden ist die erste Erinnerung, die er an die Schulzeit überhaupt hat.

Und er ist heute noch ein bisschen stolz darauf, wie er damals gesagt hat: «Aber die Angela hat doch mindestens auch so ein Zeugnis wie ich.»

Die Lehrerin machte zwar so ein Gesicht, als fände sie das auch ungerecht, sagte dann aber nur ganz flau: «Aber du bist eben der beste Pionier.»

Kein Pionier, kein Orden. Damit das schon mal gleich klar war.

Angela Merkel erzählt: «Meine Eltern haben uns die Entscheidung, ob wir Pionier werden oder in die FDJ gehen, selbst überlassen. Sie haben gesagt, jeder Mensch muss in die Schule gehen, aber nicht jeder Mensch muss Pionier werden. Und deshalb durften wir in der ersten Klasse nicht Pionier werden. Am Ende der ersten Klasse wurde es dann noch einmal diskutiert.»

Und «als Schutzprogramm» durfte Angela Kasner dann schließlich doch zu den Pionieren und auch in die FDJ, aber nicht zur Jugendweihe.

Angela Merkels Leben in der DDR ist ein Schutzprogramm gewesen, kein Leben im Widerstand, höchstens im Abstand zur DDR. Und, was eines Tages noch einmal sehr wichtig werden könnte: Sie hat auch nie etwas anderes behauptet.

Bodo Ihrke blieb Angela Merkels Mitschüler von der ersten Klasse bis zum Abitur. Die besseren Noten in Ordnung, Mitarbeit, Betragen und Fleiß hatte sie von Anfang an. Hat sich ja jetzt auch für die Wiedereinführung von Kopfnoten eingesetzt. Dafür ist er heute in der SPD. Und im Sport war er besser.

Laufen und Springen konnte sie überhaupt nicht. Fünfundvierzig Minuten hat sie gebraucht, um einmal vom Dreimeterbrett zu springen. Sie ist gesprungen. Aber erst in der letzten Minute, als es schon geklingelt hatte. Später hat Angela Merkel ihren Dreimetersprung ein paar Mal in Interviews ausprobiert, um Journalisten zu erklären, wie sie funktioniert, wieso ausgerechnet sie so mutig war, den *FAZ*-Artikel gegen Kohl zu schreiben, als alle anderen sich noch gar nicht trauten, so weit zu denken.

«Ich bin, glaube ich, im entscheidenden Moment mutig. Aber ich brauche beachtliche Anlaufzeiten, und ich versuche, möglichst viel vorher zu bedenken. Spontan mutig bin ich nicht. Ich bin zu sehr kopfgesteuert.»

CLUB DER UNGEKÜSSTEN

Auf der EOS, der Erweiterten Oberschule, war sie dann *die* Einserschülerin. Sie hatte in allen Fächern einen Riesenvorsprung vor allen anderen.

«Was glauben Sie, auf was für Bücher die da im Waldhof zurückgreifen konnte», erzählt Bodo Ihrke.

Angela Kasner muss dieser besondere Typ Einserschülerin gewesen sein, der trotzdem nett ist, der dazugehört, der die anderen abschreiben lässt, der hilft, der Spaß daran hatte, seinen Vorsprung und sein Wissen weiterzugeben.

«In Russisch war es so», sagt Bodo Ihrke, «wir haben uns gefragt, was kann drankommen. Dann hat sie es für mich ausgearbeitet. Und ich habe es dann auswendig gelernt und bestanden. Sie hat in unseren Diskussionen immer Wert darauf gelegt, dass einer den anderen ausreden lässt. Sie hat uns alle vorangebracht.»

Eine gute Clique mit gutem Zusammenhalt ist das gewesen. Sie haben Feten gefeiert, auf denen Bier getrunken wurde und Kirsch-Whisky. Sie haben nächtelang über alles sehr offen diskutiert. Sie haben die Außenstelle für Segelsport der Gesellschaft für Sport und Technik unterwandert und Bootsfahrten unternommen mit einem großen Kutter. Nach dem Abitur sind sie einmal eine ganze Woche unterwegs gewesen auf diesem Holzkahn, bis Fürstenberg. Sie haben gelernt und gelebt und geliebt und getrunken. Und einige von ihnen haben später untereinander geheiratet. Doris Schulz zum Beispiel hat den Bodo Ihrke geheiratet. Silberne Hochzeit war auch schon.

«Nur die Angela hatte, ehrlich gesagt, nie was mit Jungen», sagt Bodo Ihrke.

Und Harald Löschke, der Klassenkamerad, der heute Polizeipräsident in Templin ist, sagt: «Sie war halt damals schon in der CDU, im Club der Ungeküssten.»

Ungeküsst, aber immer dabei. Die Clique traf sich ja auch sehr oft bei ihr zu Hause im Waldhof, da gab es Platz und Freiheit.

Und doch war sie anders. Sie war die Pfarrerstochter. Sie war die Beste. Sie sammelte Kunstpostkarten. Sie küsste nicht.

Bodo Ihrke sammelte keine Kunstpostkarten, das machte

überhaupt sonst kein Mensch damals. Er hat aus West-*Bravos*
die Bilder der Popstars abfotografiert und damit gehandelt.
Und er war Gitarrist bei den Piggies. Die spielten natürlich
Stones und Beatles, hatten aber auch eine DDR-Instrumental-
nummer auf der Pfanne, wenn sie mal offiziell vorspielen mussten. Das war ja dann schon unter Honecker, der Beatmusik zu-
gelassen hat, auch wenn das Verhältnis West- zu Ostmusik
immer genau festgelegt war. Angelas Lieblingssong war *Je
t'aime.* Ziemlich gewagt für eine, die nicht küsste.

Fast alle Jungs hatten Mopeds. Und einer der Väter konnte
Decoder bauen, mit denen man ZDF empfangen konnte. Auch
damit haben sie Geld verdient. Und wenn ihnen jemand gesagt
hätte, dass sie zwanzig Jahre später alle zusammen in der ZDF-
Sendung *Klassentreffen* auftreten würden, weil Angela im vereinigten Deutschland Vorsitzende der CDU geworden ist, hätten sie sich gleich noch einen Kirsch-Whisky eingegossen und
herzlich gelacht.

«Vor allem wegen Angela und CDU», sagt Ihrke.

Bodo Ihrke kann sehr schön aus Schülertagen erzählen. Und
es klingt auch alles ein bisschen wie im Westen zur gleichen Zeit.

War es aber nicht. Abends um acht wurden vor allen Fenstern des kleinen Ortes hinter der alten Stadtmauer die Jalou-
sien runtergelassen. Dann ertönte die Melodie der Tagesschau
und die FDJ war aufgefordert, herumzugehen und zu denunzie-
ren, wer Kanal Fünf sah, also DDR, und wer den verbotenen
Kanal Sieben.

Schuldirektor Gabriel war ein Hardliner.

«Wenn mein Bruder mir Pakete aus dem Westen schickt,
dann nehme ich sie nicht an», erzählte der immer. «Und wenn
der Ihrke nicht aufhört, mit seinen *Bravo*-Bildern zu schachern,
fliegt er von der Schule.»

Jeder Schüler, der es wagte, mit einer Karstadt-Tüte zur
Schule zu kommen, wurde nach Hause geschickt. Es war
schließlich eine saubere Schule. Da gab es keine Westreklame.

Noch als 17-Jährige mussten die Schüler morgens vor der ersten Stunde strammstehen. Einer machte Meldung, dann wurde
die Internationale gesungen oder *Brüder, zur Sonne, zur Freiheit*. Derjenige, der Meldedienst hatte, machte dann die Zei-
tungsschau. Und Zeitung, das war immer das *Neue Deutschland*.

ANGIES AGITPROP

Es war im Templiner Staatsbürgerkunde-Unterricht, und es war
interessanterweise genau in dem Jahr, in dem Joschka Fischer
in Frankfurt am Main Häuser besetzte und Steine schmiss.

1972, das Jahr, in dem die meisten westdeutschen Schüler
mit Leidenschaft ein Kulturprogramm für Vietnam veranstaltet
hätten, wenn die Lehrer es nur erlaubt haben würden. Im Westen konnte man in diesem Jahr beinahe von der Schule fliegen,
nur weil man aus Übermut in der Kunststunde den Papierkorb
angezündet und gerufen hatte: Dieses ist ein Happening. Weil
die Lehrer in der Provinz selber nicht ganz genau wussten, was
noch Happening ist, also Kunst, und was schon Agitprop oder
wie diese neuen linken Vokabeln so hießen. Das Anzünden von
Papierkörben jedenfalls war vorsichtshalber schon mal politisch, also links und bei Schulverweis verboten.

Im Osten war es umgekehrt: Angela Merkel flog im Jahr
1972 beinahe von der Erweiterten Oberschule in Templin, weil
sie sich weigerte, eine ordentliche Agitprop-Stunde für Vietnam
zu machen. Es sollte ein Kulturprogramm für den Vietkong
werden. Charly Horn, der Klassenlehrer, den sie sowieso alle
nicht mochten, hatte diese Agitprop-Aufgabe viel zu spät angesagt, hatte Druck von oben bekommen, und dann sollte es
plötzlich ganz schnell gehen.

Aber die Schüler weigerten sich. Für Vietnam sowieso nicht.
Und so plötzlich schon mal gleich gar nicht. Ein Riesenkrach

lag in der Luft. Da hat Vater Kasner, der sich Sorge um Angelas Studienplatz in Leipzig machte, gesagt: Mensch, macht das doch. Haut doch ein bisschen was zusammen. Riskiert doch kurz vor Schluss nicht alles.

«Damals musste man sich ja schon in der 11. Klasse für einen Studienplatz bewerben, und Angela hatte einen bekommen für Physik in Leipzig. Eine Pfarrerstochter und einen Studienplatz, das war schon eine tolle Sache.»

Also traf sich die Clique im Waldhof. Und in drei Stunden stand das Agitprop-Programm der etwas anderen Art. Erst haben sie Christian Morgensterns Gedicht vom Mopsleben aufgeführt. In diesem Gedicht sitzen die Möpse so gerne *auf Mauerecken, die sich ins Straßenbild hinaus erstrecken, um von sotanen vorteilhaften Posten die bunte Welt gemächlich auszukosten.* Dann haben sie nicht für Vietnam, sondern für die *Frelimo* gesammelt. Und am Schluss haben sie zwar die Internationale gesungen, aber auf Englisch.

Dann war die Hölle los. Christian Morgenstern galt als bürgerlicher Autor. Das Wort Mauer war in der DDR sowieso und in jedem Kontext eine eindeutige politische Provokation. Englisch war die Sprache des Klassenfeindes. Und weil keiner unter den Lehrern die durchaus marxistische Befreiungsorganisation Mosambiks *Frelimo* kannte, wurde sie kurzerhand zur imperialistischen, wahrscheinlich auch noch kirchennahen Organisation erklärt. Wozu hatte man schließlich den Kalten Krieg?

Richtig ernst wurde es, weil Direktor Gabriel am nächsten Tag tatsächlich die Staatssicherheit in die Schule holte. Alle wurden verhört. Allen wurde angedroht, dass sie keinen Studienplatz bekommen, wenn sie die Verantwortlichen für diese subversive Aktion nicht verraten. Klassenlehrer Charly Horn übte sich in öffentlicher Selbstgeißelung.

Die Schuldigen sind bald gefunden: Brigitte und Hartmut, noch ein paar andere Mädchen und natürlich Angela, die

Pfarrerstochter. In der Elternversammlung war dann der offene Hass der Lehrer gegen diese Schülerclique zu besichtigen, die immer mit Westkleidern und Nietenhosen in die Schule kam.

Aber dann kam es, ausgerechnet über die Klamottenfrage, in Templin zu etwas, was das Städtchen später erst wieder zu Wendezeiten erlebt hat, zu einer erstaunlich wehrhaften Aktion, zu einem Aufschrei der Eltern, fast schon so etwas wie Widerstand: Was die Lehrer sich eigentlich einbildeten? Unter größter Mühe besorge man den Kindern anständige Kleider, jetzt sei aber bald mal Schluss.

Vater Kasner ist es dann gewesen, der mit seinen guten Kontakten zur obersten Kirchenleitung die Angelegenheit von der «Stasi-Schiene zurück auf die Schulschiene geholt» hat. Er schaltet seinen Bischof Albrecht Schönherr ein. Es wird sogar eine Petition verfasst, die Angela Merkel selber zum obersten Kirchenjuristen der DDR, zu Manfred Stolpe nach Berlin ins Stephanusstift bringt.

Niemand fliegt von der Schule. Alle dürfen studieren. Die Täter kommen mit einem Verweis beim Fahnenappell davon.

Der Lehrer Charly Horn aber knallt noch heute jedem die Tür vor der Nase zu, der an seiner Wohnung klingelt und mit ihm über Angela Merkel und eine Agitprop-Stunde des Jahres 1972 sprechen will. Ganz ohne Schuldigen ging es eben nicht. Sie haben ihn bald nach dem Vorfall versetzt, weil er diese Propagandastunde zu spät angesetzt, nicht genug beaufsichtigt und damit den Eklat verursacht habe. Charly Horn ist heute nicht mehr Lehrer. Er trinkt, sagen die Menschen in Templin. Es ist eine traurige Geschichte.

Und es ist spät geworden an diesem 29. Januar des Jahres 2001. In Berlin werden längst die ersten Zeitungen des nächsten Tages ausgeliefert. Die Schlagzeilen heißen: *Das ungeliebte Führungsduo – Merkel sucht nach Profil – Harsche Kritik an Merkel und Meyer – Merkel erklärt Streit für beendet.*

Auf dem Rückweg über holpriges Kopfsteinpflaster geht mir noch einmal durch den Kopf, was die Lehrer und Mitschüler über die Wende erzählt haben, die Wende in Templin.

Seit Oktober 1989 gab es auch in dem kleinen, eingemauerten Städtchen Friedensgebete, Montagsveranstaltungen und ein *offenes Mikrofon* in der Kirche, wie überall. Nach Weihnachten entstand dann eine Pause, so eine Art Vakuum. Da hat Pfarrer Kasner in der Kirche losgepoltert, dass nichts vorbei ist, dass es jetzt erst losgeht: «Politik ist Schicksal. Jeder muss erkennen, dass Politik auch sein Schicksal ist. Wenn ihr wollt, dass sich wirklich was verändert, dann müsst ihr jetzt aktiv werden und kandidieren für die Wahl, ihr müsst jetzt in die Parteien gehen.»

Familie Kasner hat es dann vorgemacht. Der Vater schloss sich dem *Neuen Forum* an. Die Mutter trat in die SPD ein und wurde die hoch geachtete Präsidentin des Kreistages. Der Bruder, von dem immer geschrieben wird, er sei bei den Grünen, verließ im Gegenteil das *Bündnis 90* wieder, als dies sich mit den Grünen zusammentat. Wie sein Freund Günter Nooke. Nur dass der weitergemacht hat mit der Politik und schließlich bei der CDU gelandet ist.

Mathelehrer Beeskow ist gleich zur CDU, obwohl er große Probleme mit den Blockflöten hatte.

In frühen Interviews hat auch Angela Merkel noch recht freimütig erzählt, wie entsetzt ihre Eltern waren, als ihre Tochter mit dem *Demokratischen Aufbruch* zur CDU wechselte. Früher sei die Ost-CDU auch für sie eine schlimme Partei gewesen, hat sie noch 1994 dem *Spiegel* gesagt. Die Ost-CDU galt ja mehr oder weniger als Unterabteilung Kirche der SED. Dann habe sie gelernt, «dass diese Partei auch ein Hort war», was immer das heißt. Heute kann sie an das Thema Blockflöten nur schwer erinnern, ohne viele alte Mitglieder ihrer Partei im Osten zu kränken. Und im Berliner Lager-Wahlkampf gegen die PDS wäre eine Erinnerung an die Ost-CDU und deren Anteil an

Mauer und Schießbefehl auch eher hinderlich. Darum spricht sie nicht mehr so gerne darüber.

Lehrer Beeskow spricht darüber: «Da waren dann plötzlich Leute, die noch am 40. Jahrestag der DDR, am 7. Oktober 1989 also, heiße Reden gehalten haben gegen die Bundesrepublik und den bösen Kapitalismus. Und die wollten weiter in der ersten Reihe bleiben.»

Andererseits hatte Angelas Mutter auch mit der SPD so ihre Probleme. Bei Beeskow hat sie sich mal beklagt, dass die sich da alle duzen und mit Genosse anreden.

«Genosse, das muss man sich mal vorstellen, nach allem, was war.»

Beeskow hat dann ein bisschen zurückgeklagt über die Blockflöten in der CDU.

«Wir wollten doch beide, ich in der CDU, Frau Kasner in der SPD, etwas bewegen für Templin. Das war unser Anliegen. Und das haben wir auch erreicht.»

Und Lehrer Beeskow gerät fast noch ein bisschen mehr ins Schwärmen, wenn er von Angela Merkels Mutter erzählt, als wenn er über seine beste Schülerin spricht.

«Eine sehr kluge Frau, sehr direkt, zugänglich, ehrlich, offen. Es hat großen Spaß gemacht, mit dieser Frau zusammenzuarbeiten im Kreistag und im Stadtparlament.»

1993 gab es die Kreisgebietsreform. Der Altkreis Templin wurde aufgelöst. 1998, bei der letzten Wahl, hat Herlind Kasner noch einmal für das Stadtparlament kandidiert – da war sie schon über 70 – und ist nicht mehr reingekommen.

«Auf diese Weise ist sie jetzt weg», sagt der Fraktionsvorsitzende der CDU über die SPD-Mutter seiner Parteivorsitzenden.

Und er schaut traurig durch das Schulfenster in die Dunkelheit, noch trauriger als vorhin, als er davon berichtete, wie Angela Merkel nicht Vorsitzende der Brandenburger CDU geworden ist.

Die Schüler waren ja alle nicht mehr in Templin zur Wendezeit. Bodo Ihrke arbeitete inzwischen als Ingenieur in Eberswalde. Er hat die feurigen Reden des Pfarrers Kasner nicht gehört. Er wusste, dass Angela in Leipzig studiert hatte, vielleicht wusste er auch, dass sie verheiratet war und in Berlin an der Akademie der Wissenschaften gelandet war. Man hatte sich aus den Augen verloren.

Eines Abends im März 1990 saß er dann mit seiner Frau zu Hause in Eberswalde vor dem Fernseher, als die plötzlich rief:

«Guck mal Bodo, die Angela. Ich glaube es nicht.»

Der Chef des *Demokratischen Aufbruchs*, Wolfgang Schnur, war an diesem Tag als Informeller Mitarbeiter der Staatssicherheit enttarnt worden. Und die *Tagesthemen* zeigten das Haus der Demokratie in Berlin. Eine schwere Tür ging auf. Aus der Tür kam eine zornige junge Frau rausgelaufen, die diese Tür dann sehr wütend wieder zuschmiss.

Da hat Doris zu ihrem Bodo gesagt: «Siehst du, die Angela ist natürlich nicht so feige wie wir. Die tut jetzt was. Die macht jetzt mit. Die ist da beim *Demokratischen Aufbruch* dabei.»

Zufällig trat am selben Abend in Eberswalde der Vater von Stephan Hilsberg auf und stellte die neu gegründete SDP vor. Zwei Menschen sind an diesem Abend in Eberswalde in die SDP, die spätere Ost-SPD, eingetreten und haben einen richtigen Kreisverband gegründet. Einer von ihnen ist heute Landrat des Kreises Barnim.

«Die Angela ist also, wenn Sie so wollen, auch Schuld, dass ich jetzt hier sitze und Politik mache», sagt er.

Da war sie also wieder aufgetaucht, die Musterschülerin von Templin, und sie war mitten drin im Berliner Wendegeschehen, mitten unter Bürgerrechtlern und Dissidenten, mit denen sie vor dem Mauerfall noch nichts zu tun hatte. Wieder war sie von draußen gekommen, aus einer anderen Welt, zu Menschen, die sich für modern und fortschrittlich hielten, für klüger sowieso, die alle spät Dazugekommenen noch heute etwas abschätzig

Novemberrevolutionäre nennen. Und so wiederholte sich das Muster der Musterschülerin. Wieder galt es für Angela Merkel, die Regeln dieser Menschen zu analysieren und zu durchschauen, ihnen nicht zu verraten, was man sonst noch alles wusste, und: besser zu sein als alle anderen.

Sie war auf dem Weg, die Musterschülerin des vereinigten demokratischen Deutschlands zu werden.

Zweites Kapitel
1968

BUSSE TUN MIT JOSCHKA

Zwei Tage nach dem Ausflug in die Vergangenheit bin ich mit der Musterschülerin von Templin verabredet, ganz oben im Himmel über Berlin, im Telecafé vom Fernsehturm am Alexanderplatz. Sie ist ja jetzt selbst ganz oben: Parteivorsitzende der gesamtdeutschen CDU. Und in den letzten Tagen im Bundestag hatte es sich manchmal so angehört, als wolle sie uns deswegen nicht mehr nur die Musterschülerin, sondern am liebsten gleich auch noch die Oberlehrerin der Demokratie geben.

Als es unter Norman Fosters Reichstagskuppel um Joschka Fischers Vergangenheit als Häuserbesetzer und Straßenkämpfer ging, war sie aufgestanden, hatte den linken Zeigefinger gehoben und vollkommen ernst und unironisch belehrend gesagt: «Je länger diese Debatte dauert, umso mehr verstärkt sich mein Eindruck, dass wir wieder einmal die Grundzüge unserer Demokratie miteinander besprechen sollten.»

An den Schulbubengesichtern des Bundeskanzlers und des Außenministers, die der Parlamentskanal dankenswerterweise in diesem Augenblick in Großaufnahme zeigte, konnte man eine schon fast bestürzte Fassungslosigkeit ablesen: Da kommt so eine aus dem Osten, ist durch Helmut Kohls unappetitliche Spendenaffäre Parteivorsitzende der gesamtdeutschen CDU geworden und will ausgerechnet uns alten 68ern die Grundzüge der Demokratie erklären.

Die Gesichter wurden nicht viel anders, nur noch ein bisschen fassungsloser, als Angela Merkel dem deutschen Außenminister dann allen Ernstes nahe legte, Buße zu tun. Sie sagte wirklich: Buße tun. Sie sagte: «Herr Vizekanzler, ich erwarte von Ihnen nicht nur, dass Sie sich für das Werfen von Steinen auf einen konkreten Menschen entschuldigen. Ich erwarte von Ihnen vielmehr auch, dass Sie sagen: Ich hatte in der damaligen Zeit eine total verquere Sicht von der Bundesrepublik Deutschland. Ich habe mich geirrt. Ich habe eine falsche Sicht gehabt. Dies war nicht die richtige Sicht, und ich habe deshalb Buße zu tun und das anzuerkennen.»

Da war es für einen unterhaltsamen Moment im postideologischen Deutschland noch einmal so wie früher, in den guten alten Zeiten, als das Links- oder Rechtssein noch geholfen hat.

Die Linken jaulten auf wie Pawlowsche Hunde: Was glaubt die eigentlich, wer sie ist? Was erlaubt die sich? Gerhard Schröder sprach von einem «hochmoralisch aufgeladenen Kulturkampf».

Die Kommentatoren schrieben: «Die weiß doch gar nicht, was damals los war in Deutschland.»

Sie haben natürlich in Westdeutschland gemeint. Sie meinen immer Westdeutschland, wenn sie Deutschland schreiben.

Und die Rechten jubelten über den überraschend pastoralen Tonfall ihrer Parteivorsitzenden, hatten ja auch lange nichts mehr zum Jubeln gehabt.

Die Redakteure der Springer-Zeitungen probierten mit Unterstützung einiger 68er-Renegaten in diesen Tagen an Joschka Fischer und Jürgen Trittin ohnehin gerade etwas angeblich Neues aus, etwas, was sie «Thesenjournalismus» nannten. War aber dann doch nichts anderes als der alte, verlogene und verleumderische Kampagnenjournalismus des Kalten Krieges.

Man konnte hier zum ersten Mal, wie später im Wahlkampf um das Rote Rathaus von Berlin, den Eindruck gewinnen: Weil sie für die Entscheidungen von heute auf die Fragen von morgen noch keine Antworten und Programme haben, stellen sie erst mal die Schlachten von gestern noch einmal nach. Das lenkt eine Weile von der eigenen Unentschiedenheit ab und unterhält das Publikum. Das schließt auch die eigenen Reihen noch einmal so schön fest zusammen wie früher im gerade zurückliegenden Jahrhundert, als es noch klare Fronten gab und stabile Feindbilder.

Wenn da nicht dieser seltsam ernsthafte Tonfall der Angela Merkel gewesen wäre. Wenn man nicht den Verdacht gehabt hätte, die meint das möglicherweise sogar ernst. Vielleicht ist das bei der ja gar nicht nachgestellt. Am Ende geht es der tatsächlich noch einmal um die Grundzüge unserer Demokratie.

Man kann einen richtigen Schreck kriegen, wenn man Angela Merkel eine Weile nicht gesehen hat. Wie sie da im Maggie-Thatcher-Sturmschritt über den Alexanderplatz auf den Fernsehturm zukommt, eine Kampfmaschine im schwarzen Hosenanzug, den Kopf voraus, im Gesicht diese angestrengte, konzentrierte und unendliche Müdigkeit. Im Gehen redet sie auf ihre Pressesprecherin ein, die ihrerseits über Funktelefon auf jemand anderen einredet. Dahinter die Bodyguards. Der Gesichtsausdruck zur kurzen Begrüßung etwa: Und jetzt lassen Sie uns mal schnell diesen blödsinnigen Termin hinter uns bringen. Mir fliegt, wie Sie wissen, wieder mal der Laden um die Ohren.

Schon die Lektüre der Zeitungen muss an diesem Morgen ein Vergnügen gewesen sein. Der Dampfdruckkessel Berlin wartet auf das Urteil des Berliner Verwaltungsgerichts zur Millionenstrafe der CDU. Biedenkopf hat seinen bekanntesten Minister gefeuert und steuert zum Ende seiner glanzvollen Karriere auf ein politisches und persönliches Fiasko zu. Die Kampagnenjournalisten haben mutwillig, aber nachhaltig das Gerücht in die Stadt gesetzt, dass der Schatzmeister der CDU aus Ärger über das Schröder-Plakat das Handtuch werfen wollte. Die Angriffe auf Joschka Fischer haben sich nicht gelohnt. Im Gegenteil: Der Außenminister hat wunderbare Umfrageergebnisse. Jetzt erst recht. Dafür sind die Wahlprognosen für die CDU in Baden-Württemberg und vor allem in Rheinland-Pfalz eher schlecht. Und ein Parteifreund namens Stroetmann, der in Schröders Heimatstadt Hannover zur Bürgermeisterwahl kandidiert, hat sich selbst als Verbrecher plakatiert, um mit einem anbiedernden «Sorry, Gerhard» wenigstens noch einmal bundesweit in die Zeitungen zu kommen. Und um sich an Angela Merkel zu rächen. Es ist – was die meisten Beobachter im hochbeschleunigten Berlin vergessen haben – der Clemens Stroetmann, den eine junge Umweltministerin aus dem Osten einst zum Erstaunen des Publikums sehr zügig aus dem Amt des Staatssekretärs entfernt hatte.

Sie schaffen es nicht. – Sie sind vor die Pumpe gelaufen. – Sie können es nicht. Merz kann es nicht, Meyer kann es überhaupt nicht, und Merkel eben leider auch nicht. – Aus, das Merkel-Wunder. So steht es in den Kommentaren der CDU-nahen Blätter.

Es ist also, wenn man so will, ein ganz normaler Merkel-Morgen. Seit Beginn der Spendenaffäre sind ja nicht gerade sehr viele Tage im Leben der Angela Merkel sehr viel anders gewesen als dieser hier.

Umso erstaunlicher wieder einmal die Verwandlung, als wir oben im Telecafé angekommen sind. Wir bestellen Matjes mit Ofenkartoffeln und Schmand. Angela Merkel schaut hinunter auf Berlin. Die goldene Kuppel der Synagoge leuchtet im fahlen Winterlicht. Und die Vorsitzende der CDU Deutschlands sagt auf, was sie sieht, wie ein Kind:

«Da, die Spree. Der Dom. Die Museumsinsel. Der Palast der Republik. Der Reichstag, dahinter das neue Kanzleramt. Der Potsdamer Platz. Da war ja nun früher gar nichts. Und da, die goldene Else.»

Die Ränder der Stadt verschwimmen im Dunst.

Als sie sich wieder umdreht, hat sie plötzlich dieses verschmitzte Merkel-Lächeln angeknipst, das Fernsehzuschauer nur noch so selten zu sehen bekommen, und sagt ganz entspannt, fast schon behaglich: «Ich muss doch sagen, das ist wirklich ein sehr schönes und freiheitliches Gefühl, von hier oben einmal auf das freie Berlin zu schauen.»

Eigentlich ist sie genervt und unter Zeitdruck. Es ist bei ihr ganz offensichtlich eine Form von Aggressionsabwehr oder Übersprungshandlung, einfach sehr gut gelaunt zu tun und in die Pathosoffensive zu gehen.

Dass wir unten an der Kasse und am Fahrstuhl nicht eine Sekunde anstehen mussten, lag nicht an Angela Merkels Zeitdruck oder Berühmtheit, sondern am Untergang der DDR. Heutzutage fährt hier ja am frühen Morgen kaum noch jemand auf den Turm. Damals hat es immer mehr als eine Stunde gedauert, bis man an der Reihe war und den Aufzug betreten konnte. Damals wollten alle DDR-Insassen wenigstens einmal vom Berliner Fernsehturm aus fern sehen in den verbotenen und unerreichbaren Teil der Stadt. Deswegen war die Warteschlange immer sehr lang.

Damals, vor der Wende, ist auch Angela Merkel oft oben auf der Aussichtsplattform gewesen. Wenn zu viele Menschen vor dem Fernsehturm warteten, ist sie rüber ins Hotel *Stadt Berlin*. «Da konnte man kostenlos in die 35. Etage fahren. Das war der Geheimtipp, wenn man drüben nicht so lange anstehen wollte. Da hatte man auch einen guten Blick.»

Auf der Plattform vom Fernsehturm drängten sich damals alle immer nur auf der einen Seite, von der aus man in den goldenen Westen schauen konnte.

«Dann haben die Eltern oder die Westverwandten einem erzählt: Da, das Brandenburger Tor und dahinter ist der Tiergarten. Und dann hat man die goldene Else gesehen.»

Der Engel auf der Siegessäule wird eigentlich Goldelse genannt. Wie fremd und sehnsuchtsmächtig das heute noch klingt, wenn eine aus dem Osten sagt: Die goldene Else. Die goldene Else dahinten im einst unerreichbaren goldenen, freien Westen.

«Vielleicht hätte ich ja erst auf den Fernsehturm fahren und mir einen Überblick verschaffen sollen, bevor ich die Sache mit dem Plakat entschieden habe», sagt sie etwas später.

Und da mag man ihr wirklich nicht widersprechen.

«Es kann sein, dass ich nicht mehr genug Abstand hatte in dieser Rentensache. Das hat aber auch mit meiner Enttäuschung zu tun, weil ich mich sehr lange für den Riester stark gemacht und gesagt habe: Wir versuchen das im Konsens. Und dann musste ich erleben, dass er so ein schwacher Fachmann ist, der unglaublich viel Mist macht. Diese Erfahrung und Enttäuschung ist dann offensichtlich in eine zu große Härte und in mangelnde Distanz umgeschlagen.»

Das versucht sie immer: Einem die schärfsten Krallen aus der Fragepranke zu ziehen. Das geht bei ihr schmerzfrei, durch den Charme und die örtliche Betäubung eines freiwilligen Eingeständnisses. Das funktioniert auch in Sälen.

Wenn man ihr direkt gegenübersitzt, wie jetzt im Himmel über Berlin, stellt man sich immer wieder dieselben Fragen: Was ist das überhaupt für eine Frau? Wie macht sie das? Warum wirkt sie so anders, wenn man sie direkt vor sich hat, als wenn man sie im Fernsehen agieren sieht? Was für eine Art Charme ist das? Wieso erzählen die meisten, die sie einmal näher kennen gelernt haben, dass man Angela Merkel einfach mögen muss?

Kann es sein, dass sie ständig getarnt ist? Dass sie in Wirklichkeit genau weiß, was sie tut, was sie sagt, wem sie was sagt, wie sie es sagt und wann? Und dass es immer nur so naiv und offen, spontan und vollkommen ungeplant erscheint? Vieles wirkt so unentschieden und beeinflussbar. Dabei handelt sie, wenn man es genauer analysiert, sehr entschieden, strategisch kalkuliert und, wenn es sein muss, knallhart. Im Gespräch bildet sie ständig kategorische Hauptsätze, macht klare Ansagen. Und schaut einen dabei trotzdem so an, als sei ein «Oder-was-meinen-Sie?» immer mit gemeint. Sie wirkt so dünnhäutig. Dabei hat sie ja nun anscheinend wirklich ein dickes Fell.

Dazu diese kindlichen, tollpatschigen Bewegungen. Wie sie die Ellenbogen aufstützt und das Glas Mineralwasser mit beiden Händen ganz fest hält. Wie sie vor ein paar Wochen in Stuttgart auf dem Parteitagspodium saß und Erwin Teufel applaudierte: Zwei leicht nach außen gebogene Patschehändchen schlagen etwas ungeschickt und direkt vor dem strahlenden Gesicht aufeinander – backe, backe Kuchen.

Unten in der ersten Reihe sitzt dann möglicherweise Roland Koch, wie Django, breitbeinig die Füße links und rechts weit von sich ausgestellt, die Arme stramm vor der Brust verschränkt. Geballte Fäuste in den Achselhöhlen. Eine einzige Drohgebärde.

Und oben wieder sie, die immer noch ein wenig rot werden kann, wenn die Leute im Saal zu lange klatschen. Die ihre linke Hand zu einem kleinen Förmchen macht, wenn sie Vorträge hält – die Fingernägel übrigens männlich kurz, aber gepflegt und gefeilt. Eine Musterschülerin eben, aber eine, die auch abschreiben lässt. Eine mit Talent zur Oberlehrerin, die den anderen wieder und wieder geduldig und gerne erklärt, was sie offenbar immer noch nicht kapiert haben. Die verlegen ihre Ponyfransen aus der Stirn pustet, wenn der Applaus gar nicht mehr aufhören will. Die immer noch nicht in jeder Situation weiß, wohin mit ihren Händen.

So begeistert man keine Massen. Aber so gewinnt man die Einzelnen in einer Masse.

Es ist das genaue Gegenteil der Körpersprache von George W. Bush oder Roland Koch, deren Haltung und Gestik offenbar in jeder Situation Testosteronüberschuss und Aggressionsbereitschaft signalisieren sollen und dieses immer ein wenig lächerliche: Glauben Sie ja nicht, wen Sie vor sich haben.

Von Körpersprachenforschern und Verhaltenspsychologen kann man sich erklären lassen, wie nützlich so ein ganz anderer Auftritt in der Politik sein kann, vor allem, wenn er nicht aufgesetzt oder gespielt ist. Das funktioniert bei Angela Merkel wie ein Kindchenschema und weckt Schäferhundinstinkte, also den unbewussten Wunsch, beschützen zu wollen. Niemand hat das präziser gefühlt und besitzergreifender ausgedrückt als Helmut Kohl, der sie «das Mädchen» nannte oder gleich «mein Mädchen».

Die Psychologen sagen, dass Kindchenmuster nicht nur Beschützerinstinkte hervorlocken, und zwar bei Männern und Frauen, sondern außerdem Männer und Frauen dazu verführen, so einen Menschen unbewusst, also gegen jede Beobachtung und Erfahrung, immer wieder und weiter zu unterschätzen, selbst wenn er längst an allen anderen vorbei Generalsekretärin und Parteivorsitzende geworden ist.

Viele im politischen Betrieb der Berliner Republik haben beobachtet, wie machtbewusst, zielstrebig und zäh, politisch, rational, vom Ende her denkend und strategisch kühl kalkulierend Angela Merkel ihre Blitzkarriere von der unbekannten Ost-Abgeordneten zur Parteivorsitzenden der CDU angelegt hat. Und alle sind dann doch in konkreten Situationen immer wieder dieser Beißhemmung ausgeliefert, die als Angela Merkels geheime Defensivwaffe wirkt, vor allem im Nahkampf.

Schröders Leute geben zu, dass sie damit ein Riesenproblem haben. «So wie die den Kanzler angeht, können wir nicht mit ihr umgehen im Wahljahr. Das würden sogar die eigenen Leute uns übel nehmen», sagt Michael Donnermeyer, der Sprecher der SPD.

Heiner Geißler sagt: «Angela Merkel anzugreifen ist gefährlich. Sie mobilisiert Sympathien. Es würde ganz einfach von der Öffentlichkeit und von der Partei nicht akzeptiert oder auch nur geduldet, wenn man die Frau angreift, ohne dass ein erkennbar wichtiger, wirklich plausibler und triftiger Grund vorhanden ist.»

Edmund Stoiber hat das grandios begriffen. Es war noch völlig offen, ob er oder Merkel Spitzenkandidat der Union für die Wahl 2002 werden sollte, und Stoiber wollte es auch unbedingt noch eine Weile offen halten, als er sie bei ihrem ersten Auftritt auf einem CSU-Parteitag im November 2000 geradezu als Starkandidatin herausgestellt hat. Seine Partei hat er damals aufgefordert, ihr nur ja tüchtig zu applaudieren. Und als sie sich im Gedränge der Kameras durch die Münchner Messehalle zur Bühne vorarbeitete, ließ er den Tom-Jones-Hit «She's a Lady» spielen anstatt den Bayerischen Defiliermarsch. Den Journalisten sagte er gegen Ende des Parteitages zum ersten Mal, was er danach noch so oft versichert hat, er selbst wolle auf keinen Fall den Spitzenkandidaten machen. Stoiber hat instinktiv zur Wahrung seiner eigenen Chancen das einzig Richtige getan, weswegen, und das hat ja damals noch niemand beachtet, der Text bei Tiger Tom auch hoffnungsvoll weitergeht: «... and the Lady is mine».

Friedrich Merz hat diese Zusammenhänge möglicherweise nie, oder vielleicht auch einfach nur zu spät, begriffen. Je mehr er sich zu Merkels Antagonisten machte oder zuließ, dass die Hektiker seiner Fraktion ihn im Zusammenspiel mit noch hektischeren Journalisten dazu machten, desto rapider sanken seine Umfragewerte bei den Wählern und seine Popularität an der Parteibasis.

Manchmal sind die Erkenntnisse über den Zusammenhang von Psychologie und Politik eben nicht nur hochinteressant, sondern auch machtentscheidend.

Mittags auf dem Fernsehturm, das ist wie abends am Kamin oder auf einer Bank am See. Die Gespräche dürfen Pausen haben. Dann schaut man gemeinsam ins Feuer, auf den See. Oder eben auf Berlin. Dahinten, in der Wilhelmstraße, war eine von Angela Merkels vielen Berliner Wohnungen.

«Das Brandenburger Tor haben Sie? Dann gehen Sie mal rüber zu diesem grün bedachten Gebäude, das ist das Adlon. In dem Ausläufer einer der Neubauten, an der Behrenstraße ganz oben mit Ausblick, da habe ich gewohnt bis vor zwei Jahren.»

Und rechts unten, hinter der Museumsinsel am Kupfergraben, gegenüber vom Pergamonmuseum wohnt sie jetzt. Im Erdgeschoss hat Lothar de Maizière seine Anwaltspraxis. Nein, man sieht sich eher selten, sagt sie.

Angela Merkel wohnt im vierten Stockwerk mit ihrem Ehemann, dem Chemieprofessor, der es von dort aus nicht weit hat zur Humboldt-Uni. So, wie sie am Wochenende schnell mal eben zu Fuß zu den Hauptstadtstudios gehen könnte. Das tut sie aber nicht. Nicht mehr. Weil man nach einem flotten Fußmarsch im Kameralicht immer so fleckig und angestrengt aussieht.

Was der größte Unterschied zu früher ist, beim Blick auf Berlin?

«Dass ich mich heutzutage auch im Westen sehr gut auskenne. Und dass die Dächer so ordentlich repariert sind», sagt sie.

Man kann auf dem Fernsehturm des Jahres 2001 gar nicht mehr genau unterscheiden, wo der Osten aufhört und der Westen beginnt. Außer vielleicht, wenn man über das Jahr spricht, in dem der Berliner Fernsehturm gebaut wurde, als «Sensation» und «sozialistische Höhendominante».

Das war das Jahr 1968. Da wird der Unterschied zwischen Ost und West doch noch einmal sehr deutlich.

Angela Merkels 1968 geht so: Sie war vierzehn und machte mit den Eltern und Geschwistern Urlaub im Riesengebirge, in Pec pod Sněžkou. Sie erinnert sich noch sehr genau, auch weil sie bei der tschechischen Familie, bei der ihre Eltern eine Ferienwohnung gemietet hatten, einen, wie sie sagt, größeren Schaden angerichtet hat, als sie eine Mineralwasserflasche in ein Waschbecken fallen ließ.

«Das Waschbecken bekam einen Sprung, was unter sozialistischen Bedingungen eine ziemliche Katastrophe war.»

Vater Kasner musste ein neues Waschbecken organisieren.

«Eines Tages saß dann auf dem Hang hinter dem Haus der Junge unserer tschechischen Gastfamilie und zerriss genüsslich

Briefmarken, eine nach der anderen. Auf den Briefmarken war der Kopf von Novotný. Ich eilte da hin und fragte, was denn nun los wäre. Und der erklärte mir, dass jetzt eben Dubček der große Held sei und dass deswegen die Briefmarken, auf denen Novotný war, in den Orkus gehörten.»

Dann fuhren die Eltern zwei Tage nach Prag, weil das alles so spannend war dort. Die Kinder mussten in Pec pod Sněžkou bleiben, obwohl sie auch sehr gerne erlebt hätten, was auf dem Wenzelsplatz los war.

«Da sollte es ja ganz offene Gespräche geben und Westzeitungen. Es muss alles irgendwie irre gewesen sein.»

Gegen Ende der Sommerferien hat sie dann wie immer die Großmutter in Pankow besucht.

«Dann kam der 21. August, und ich stand beim Frühstück in der Küche. Die hatten so ein kleines Radio, und es kam: Russische Truppen sind in Prag einmarschiert. Das war dann ganz schrecklich.»

Nach den Ferien mussten die Templiner Kinder in der Schule erzählen, was sie erlebt hatten und wie ihre Empfindungen waren. Die kleine Angela meldete sich und sagte, dass sie sehr traurige Ferien gehabt habe. Mit der Geschichte von den Briefmarken wollte sie ihren Ferienbericht beginnen.

«Dann sah ich schon an dem Blick des Lehrers, dass die Sache brenzlig wurde, und bin natürlich abgeschwiffen.»

Sie sagt tatsächlich «abgeschwiffen». Und es könnte ja auch gar kein Wort besser passen zu dem Gesicht, das sie möglicherweise schon damals in solchen Situationen gemacht hat. Sie erinnert sich nicht mehr daran, was genau sie gesagt hat im Sommer 1968 und mit welcher Geschichte sie eigentlich abgeschwiffen ist. Aber die Zuhörerin weiß plötzlich noch einmal sehr genau, woher die berühmte Pokermiene der Angela Merkel kommt. Wenn man als Kind schon gelernt hat, sich ganz schnell ganz blöd zu stellen, dann bietet sich dieses «Ich-weiß-auf-einmal-überhaupt-gar-nichts-mehr-Gesicht» eben an.

«Ja, es ist ein großer Vorteil aus DDR-Zeiten, dass man gelernt hat zu schweigen. Das war eine der Überlebensstrategien», sagt sie. «Ist es ja noch.»

Auf die Frage nach ihrer Lieblingstugend hat Angela Merkel im *FAZ*-Fragebogen «Verschwiegenheit» geantwortet.

Als Helmut Kohl sie 1994 gefragt hatte, ob sie Umweltministerin werden will, da hat sie so lange und so vollkommen dichtgehalten, dass es wochenlang nicht eine einzige kleine Meldung gab, nicht den Hauch eines Gerüchtes in Bonn, nicht einmal auf den Fluren des Ministeriums. Kohl, der so etwas im politischen Betrieb offenbar schon lange nicht mehr erlebt hatte, war schließlich schon ganz verunsichert und erkundigte sich eines Tages bei ihr: Es bleibt doch bei dem, was wir besprochen haben, oder?

Und als Wolfgang Schäuble sie zur Generalsekretärin machen wollte, hatte er ihr sogar extra gesagt, dass sie nicht darüber sprechen soll.

«Also habe ich mich eisern dran gehalten. Dann war ich plötzlich umgeben von mindestens fünfzig Menschen, die es alle wussten, mit vielen davon hatte Schäuble selbst gesprochen. Ich aber bin immer tapfer dabei geblieben, dass ich ja darüber nicht spreche. Heute bin ich mir gar nicht mehr sicher, ob Schäubles Bitte, darüber nicht zu sprechen, nicht eigentlich nur bedeuten sollte, zu dem Thema noch keine Interviews zu geben.»

Angela Merkel glaubt, dass dieses permanente Alles-weiter-Erzählen – wer mit wem wann was besprochen hat, wer was zu wem wie laut in der Präsidiumssitzung gesagt hat – in Bonn noch nicht ganz so schlimm gewesen und erst im Dauerscheinwerferlicht der Berliner Republik so richtig aufgeblüht ist.

«Nur ein paar Menschen aus der Wirtschaft können überhaupt noch wirklich dichthalten», sagt sie.

Sie jedenfalls würde zu gerne das Motto «Erst denken und dann reden» zum verbindlichen Parteislogan machen.

Wenn man aber versucht, Angela Merkel vorsichtig zu ermuntern, doch einmal ein wenig ausführlicher über die Partei-freunde im Westen zu klagen, die alles Mögliche können mögen, nur eben nicht schweigen, nur eben nicht erst denken und dann sprechen, dann erntet man natürlich wieder diesen abgeschwif-fenen Gesichtsausdruck und ein: «So war 1968 also bei mir.»

Das ist abschließend gemeint, sagt sie. Und dass sie höchs-tens intellektuell, aber auf keinen Fall politisch daran interes-siert ist, jetzt, aufgehängt an Joschka Fischer, eine 68er-Debatte zu führen.

Von oben, vom Berliner Fernsehturm aus mit Blick auf beide Teile Berlins und aus der Erzählperspektive der Ostdeutschen Angela Merkel sieht die Zeit von 1968 und danach tatsächlich ein wenig anders aus, als man es sich als Westmensch so hübsch zurechtgelegt hat.

Man könnte die Geschichte zum Beispiel auch so zusammen-fassen: Während im Prager Frühling sowjetische Panzer alle Hoffnungen auf Reformen und damit für jeden denkenden Menschen im Osten zugleich auch überhaupt die Idee von ei-nem real existierenden Sozialismus endgültig niederwalzten, machte die Studentenbewegung im Westen die sozialistischen Theorien und Ansprüche erst richtig modern.

Wer im Osten trotz des 17. Juni 1953 und trotz des 13. Au-gust 1961 immer noch an die Reformfähigkeit der kommunisti-schen Ideale und Länder geglaubt hatte, war jetzt geheilt, war jetzt dagegen. Zur gleichen Zeit lähmte der wohlwollende Blick der politischen 68er-Generation im Westen auf den Realsozia-lismus in der DDR die ohnehin schwache Opposition im Osten und schnürte sie ideologisch ein.

Man könnte es auch wie Vera Lengsfeld ausdrücken, dann klingt es noch ein bisschen bitterer: «Während die Last des kommunistischen Feldversuches jahrzehntelang auf dem Osten Deutschlands ruhte, palaverten die 68er im Westen beim tem-perierten Chianti von der deutschen Schuld und der Zweistaat-lichkeit als Buße und notwendigem Friedensfaktor.»

Wenn man anfängt, Angela Merkel von den Notstandsgeset-
zen zu erzählen, von Globke und Oberländer, von den getarnten Nazis an den Universitäten und in den Parteien, von
schweigsamen Vätern und von Politikern, die Intellektuelle als
Ratten und Pinscher bezeichnet haben, vom elenden Mief der
sechziger Jahre also und auch davon, dass man 1972 so wie sie
im Osten auch im Westen beinahe von der Schule fliegen konnte wegen eines Happenings in der Kunststunde, das von aufgeregten Lehrern politisch interpretiert wurde, dann unterbricht
sie bald und sagt:

«Ich habe ja nie bestritten, dass es im Westen autoritäre Er-
ziehungsmethoden gab, dass man da versucht hat, Druck aus-
zuüben, wobei ja wahrscheinlich die Dinge in Ost und West im
Jahr 1968 auch miteinander korrespondiert haben. Das ist mir
jetzt erst in der Debatte aufgefallen.»

Viele Parteifreunde haben ihr nach der Fischer-Debatte im
Bundestag gesagt: Wissen Sie, 1968 und danach, das war eine
Zeit, in der viele Verkrustungen aufgebrochen wurden. Und da
waren auch wir dabei, bei den Demonstrationen. Jetzt fangen
Sie bloß nicht an, das alles in eine falsche Richtung zu bringen.

«Einige aus der SPD und von den Grünen haben ja fast gelacht über mich neulich im Deutschen Bundestag, weil sie
glaubten, ich sei naiv oder ich habe nichts gerafft, als ich sagte,
diese Bundesrepublik war 1949, 1959, 1969, 1979 und 1989
eine freiheitlich verfasste Republik. Ich meinte damit doch
nicht, dass es da keine autoritären und verkrusteten Strukturen
gab. Sondern ich meinte, dass immerhin das deutsche Grundgesetz gegolten hat, dass man sich im Westen auf den Rechtsstaat doch mehr oder weniger verlassen konnte und dass freie
Wahlen stattgefunden haben. Und da ist für mich ein systema-
tischer Unterschied zur DDR.»

Es kommt also, wie so oft beim Erzählen von Geschichten
und Geschichte, auf die Perspektive an. Für Angela Merkel hinter der Mauer ist die Bundesrepublik der sechziger und siebzi-

ger Jahre eben nichts anderes als ein bewundernswert demokratisches, freies und begehrenswertes Land gewesen. Der Idealstaat, gemessen an dem, was man in der DDR hatte.

«Deshalb tue ich mich so sehr schwer …», sagt sie und schaut noch einmal hinunter auf die Stadt, deren Ostdächer und Westdächer man im Jahr 2001 nicht mehr voneinander unterscheiden kann.

«Ich war und bin eben nur baff, dass Fischers Steinwürfe ausgerechnet in einer Zeit spielen, in der Willy Brandt Bundeskanzler war. Für mich ist diese Zeit verbunden mit Günter Grass im Wahlkampf, mit mehr Demokratie wagen, mit der Öffnung nach Polen, mit dem Kniefall und weiß der Himmel was. Also hatte ich den Eindruck, dass es sich irgendwie um ein sehr offenes Land gehandelt hat, das man nicht mit Gewalt bekämpfen musste. Und jetzt habe ich mit Erstaunen gelernt, dass für große Teile der Linken Helmut Schmidt offensichtlich ein größerer Feind gewesen ist als Konrad Adenauer. Das ist ein echter Lerneffekt für mich.»

Hat sie sich eigentlich nach der Wende systematisch mit westdeutscher Nachkriegsgeschichte beschäftigt?

«Nein, dazu hatte ich gar keine Zeit. Ich habe seit der Wende noch nicht einmal Zeit gehabt, einen Stadtbummel durch Westberlin zu machen oder Austern essen zu gehen im Kempinski. Systematische Studien konnte ich nicht beginnen. Ich habe jeweils nach politischem Anlass nochmal genauer hingeschaut. Durch meine Frauenministerzeit habe ich die Feministinnenbewegung kennen gelernt, durch meine Umweltministerzeit die Anti-Atomkraft-Bewegung, Startbahn West, Genehmigungsverfahren, Wackersdorf, was so die Höhepunkte bundesdeutscher Auseinandersetzungen waren. Durch die Spendenangelegenheiten hatte ich wieder andere Einblicke in die Flick-Affäre und die erste Parteispendenaffäre. Und jetzt eben die 68er. Ich habe inzwischen schon einen ganz guten Überblick. Im Grunde Learning by Doing.»

Im Bundestag hatte sie ihren Gedankengang zu 1968 mit beißender Polemik serviert, und den Frauen und Männern in der CDU/CSU-Fraktion hatte auch das sehr gut gefallen: «Es geht um die Frage, ob die damalige Republik, die von Bundeskanzler Willy Brandt regiert wurde, ein liberales Land war oder ob sie eine Diktatur war. Ich sage, sie war ein liberales Land, obwohl wir nicht regiert haben.»

Hier oben, auf dem Fernsehturm, sagt sie etwas nachdenklicher: «Und dann erlebe ich, dass natürlich, wie so oft, meine ja aus einer anderen Perspektive kommende Sichtweise auf diese Zeit fröhlich von Erlebniswelten des Westens okkupiert wird.» Und die leicht bittere Stimme auf dem Tonband will später beim Abhören so gar nicht mehr zu dem ironischen Gesicht passen, an das man sich für diesen Augenblick erinnert.

Jedes Land erfindet sich früher oder später Geschichten, die es für seine Geschichte hält. Oder eine ganze Reihe von Geschichten. Je nachdem, wer gerade die Deutungshoheit hat im Land.

«Als Joschka Fischer im Bundestag sagte, er wäre von der Gewalt weggekommen und es hätte ja damals auch keine *massenrevolutionäre Situation* gegeben, da habe ich mich doch sehr heftig und mit einigem Grausen an meinen Staatsbürgerkunde-Unterricht in der DDR erinnert», erzählt sie.

«Dann läuft bei mir eben die ganze schreckliche Spule ab: Erst einmal, frei nach Lenin, in die Produktion zu Opel, weil man keine massenrevolutionäre Situation vorfand, dann die Mittel eskalieren. Und der Mann, der heute Außenminister ist, hat diesen ganzen Quatsch, den wir in der DDR gezwungenermaßen über uns ergehen lassen mussten, freiwillig geglaubt und mit Verve vertreten.»

Und wenn man Angela Merkel erklären will, dass Joschka Fischer, anders als mancher andere Politiker, ja nun gerade auch wegen und nicht trotz seiner Vergangenheit gewählt wird im Westen, sagt sie: «Aus der Zeit des Kalten Krieges sind eben bei einigen noch alte Denkweisen zurückgeblieben.»

Und die merkwürdig pastoralen Vokabeln, die sie in der Debatte um Joschka Fischer benutzt hat? Wo in ihrem Gehirn wohnen so Sachen wie, Fischer müsse Buße tun und Demut zeigen?

Da winkt sie mit der linken Hand ab, nimmt mit der rechten das Glas Mineralwasser und sagt lachend: «Ich sage Ihnen, ich habe in dem Moment, als ich das sagte, schon gewusst, dass ich mich lächerlich mache und dass mir das um die Ohren gehauen wird. Ich war relativ erregt über die Schlauch-Rede. Ich wollte artikulieren, was ich von Fischer verlange. Dieses Wort ‹Buße› passt da überhaupt nicht. Aber dann war es raus. Es war offenbar das Einzige, was mir in der Schnelligkeit eingefallen ist. Sagen wollte ich, dass einer, der selber gewalttätig war und das dann aber aufgehört und verarbeitet hat, nicht so lax damit umgehen darf, wenn andere gewalttätig sind. Fischer hätte schon Anfang der neunziger Jahre bei den Castor-Transporten aufschreien müssen in seiner eigenen Partei und sagen, wo das hinführt mit den Blockaden und den Eisenkrallen auf den Hochspannungsleitungen. Jeden Tag hätte er Anlass gehabt zu sagen: Ihr habt das Recht zu demonstrieren, aber ihr habt kein Recht, Gewalt anzuwenden. Aber mir war, während ich es sagte, schon klar, dass das mit dem Bußetun jetzt für alle Satiresendungen wieder ein gefundenes Fressen ist.»

Später sagt sie: «Joschka Fischer aber war offenbar damals wie heute überzeugt, dass er derjenige ist, der am besten weiß, wie die Menschen es haben sollten. Und davon hat er sich leiten lassen. Es war schon eine gewisse Arroganz im Spiel.»

Und Arroganz ist nicht im Spiel, wenn Angela Merkel sagt: Wir in der Union haben den Wertekompass, eine christliche Grundlage. Und die anderen, ätsch, haben so etwas nicht?

«Ja gut. Wir ersparen uns da gegenseitig nichts. Wenn Müntefering sagt, die CDU war die große deutsche Nachkriegspartei für die Zeit des Kalten Krieges. Der Kalte Krieg ist vorbei, und damit hat die CDU ihre Aufgabe erfüllt und steht jetzt außerhalb der Mitte am rechten Rand. Dann sage ich: Wir haben einen Wertekompass, die anderen haben gar nichts außer einem undemütigen Menschenbild.»

Und dann muss sie selber lachen und sagt, bevor man überhaupt etwas einwenden kann: «Ja, stimmt, jetzt komme ich wieder mit einem meiner komischen Kirchenbegriffe.»

HÄUSER BESETZEN MIT ANGELA

Weil das Telecafé auf dem Berliner Fernsehturm sich dreht und also wieder einmal der Osten in unseren Blickwinkel gekommen ist, lenkt sie schnell ein wenig ab und sagt:

«Da, in der Marienstraße, da habe ich gewohnt, vergleichsweise illegal.»

Und in den fragenden Blick sagt sie dann auch noch: «Obwohl ich später noch illegaler gewohnt habe, in der Templiner Straße.»

Vergleichsweise illegal? Noch illegaler?

Ablenkungsmanöver gelungen.

Es ist tatsächlich so: Angela Merkel hat als junge Frau Wohnungen besetzt in Berlin.

Und noch während sie die Einzelheiten ihrer vergleichsweise illegalen und noch illegaleren Wohnungen erzählt, sitzt deswegen plötzlich doch wieder der virtuelle Straßenkämpfer und Hausbesetzer Joschka Fischer mit am Tisch, von dem sie ja eigentlich ablenken wollte durch ihren Blick hinunter in den Osten.

Vor vielen Jahren, als die Mauer noch stand und Joschka Fischer der dicke, grüne Umweltminister in Hessen war, betrat er eines Tages zum ersten Mal die Altbauwohnung der damaligen *SZ*-Landeskorrespondentin im Frankfurter Westend, schaute zur Begrüßung kurz und fachmännisch zu den hohen Stuckdecken hinauf und sagte dann fröhlich: «Tja, sehr schön hier. So was hätten wir früher besetzt.»

Und jetzt sitzt Angela Merkel im Himmel über dem wieder vereinigten Berlin und zeigt auf ihre vergleichsweise illegalen und noch illegaleren Wohnungen.

Sie erzählt: «In Berlin kriegte man ja sehr schwer eine Wohnung. Dann sind mein damaliger Mann und ich in eine Einraumwohnung eingezogen, die ein Bekannter meiner Eltern sich seit dem Studium im Hinterhaus gehalten hatte. Die haben wir dann renoviert und genutzt. Man musste sich erst sukzessive legalisieren. Das dauert eine Weile. Zu Beginn, als ich mal um Rechnungen für Farbeimer nachsuchte, wurde mir gesagt: Warum sind Sie nicht wieder zu sich nach Hause gezogen, dann brauchten Sie hier in Berlin unseren Kindern nicht die Wohnungen wegzunehmen. Da habe ich gesagt, dass man als Physikerin auf dem Lande keine Arbeit bekommt. Und die sagte ganz kess, Sie hätten ja früher überlegen können, was anderes zu studieren.»

Noch illegaler war es dann in der Templiner Straße. Die Details erzählt ein paar Tage später Professor Hans-Jörg Osten. In den Jahren vor dem Mauerfall hat Osten mit Angela Merkel an der Berliner Akademie der Wissenschaften gearbeitet. Heute verhandelt er in Frankfurt an der Oder mit den Amerikanern und einem Ölscheich darüber, ob der von ihm entwickelte und patentierte Mikrochip in die Massenproduktion geht und etwa 3000 Arbeitsplätze in die Region holt.

Er erinnert sich noch gut an die Besetzungsaktion Templiner Straße: «Eines Abends, das wird so 1980 oder 1981 gewesen sein, stand Angela bei mir in der Tür und sagte: Es geht nicht mehr. Ich bin gerade von zu Hause ausgezogen. Ich lasse mich scheiden. Kann ich bei dir wohnen?»

Angela Kasner hatte ihren ersten Mann, Ulrich Merkel, beim Physikstudium in Leipzig kennen gelernt. Kommilitonen beschreiben ihn als einen ruhigen, introvertierten Menschen, der lange um sie geworben habe.

Er ist inzwischen wieder verheiratet. Außer einem eigenen

Sohn hat er noch zwei angeheiratete Kinder. Er arbeitet in Dresden am Institut für Halbleiter- und Mikrosystemtechnik. Manchmal gibt er der *Super-Illu* Interviews und erzählt von der Hochzeit im September 1977 in der Templiner Kirche. Sie im hellblauen Hochzeitskleid. Er im dunklen Anzug und eigentlich Atheist. Das mit der Kirche hat er ihr zuliebe mitgemacht.

An Ulrich Merkels Spind im Zimmer 204 der Technischen Universität Dresden hängt eine *Titanic*-Karikatur von Helmut Kohl. Der sitzt eng verschnürt und gefesselt auf einem Stuhl. Drunter steht: Pass auf, Angela, dass es dir nicht auch mal so geht!

Es war, wie es oft ist mit frühen Studentenehen. Er war gerne zu Hause. Sie ist lieber ausgegangen mit Kollegen oder ins Theater. Nach sieben Jahren war es vorbei, sagt er.

In ihrer Erinnerung waren es nur drei Jahre. «Wir haben geheiratet, weil alle geheiratet haben. Das hört sich heute blödsinnig an, aber ich bin an die Ehe nicht mit der nötigen Ernsthaftigkeit herangegangen», hat Angela Merkel Herlinde Koelbl erzählt. «Nach drei Jahren waren wir wieder geschieden. Ich hatte mich getäuscht.» Seinen Namen hat sie behalten.

Jedenfalls hatte sie seit jener Nacht, in der sie aus ihrer Einraum-Ehe davongelaufen war, ein Riesenproblem. Über die offizielle Berliner Wohnungsvermittlung hätte sie nie eine Chance gehabt, wieder eine Wohnung zu bekommen. Ein paar Tage hat sie bei Hans-Jörg Osten gewohnt. Dann bei einer Freundin.

Aber auch in Ost-Berlin gab es damals, was die Behörden hier wie dort «Wohnungsleerstand» nannten. Und die zuständige Verwaltung hatte, wie alle Behörden in der DDR, auch ein wenig den Überblick verloren.

«Also kurzum, es war unter jungen Menschen gang und gäbe, insbesondere in der Gegend um den Prenzlauer Berg, dass man eine leer stehende Altbauwohnung besetzte. Man hat sie sich einfach geöffnet und ist eingezogen», erzählt Osten.

Das Schloss aufgebrochen und rein?

«Ja. Und dann haben wir mit Schnaffi Schneider, mit Utz Havemann, einem Sohn von *dem* Havemann, und ein paar anderen Freunden von der Akademie ein neues Schloss eingebaut und das ganze Wochenende renoviert, die Wände geweißt und so. Die war so fürchterlich runter, die Wohnung.»

Angela Merkel hat dann wieder damit begonnen, was sie «sich sukzessive legalisieren» nennt. Sie hat sich bei den Nachbarn, deren Wohnung etwa gleich groß war, erkundigt: Was zahlen Sie? Und hat dann einfach Miete überwiesen an die Wohnungsverwaltung.

Und dann?

«Vor den Wahlen in der DDR hatte man ja immer noch Chancen, bestimmte Dinge durchzubekommen. Ich bin also vor der Kommunalwahl zur Meldestelle geschritten, um mich eintragen zu lassen. Und da der Vorgang eben nicht so ganz legal war, habe ich meinen Dienstausweis von der Akademie gezückt, weil das einen relativ substanziellen Eindruck machte, wenn man Akademiker war; und zweitens habe ich charmiert mit der Tatsache, dass ich in Templin als Hauptwohnsitz eingetragen war und nun selbst in die Templiner Straße gezogen war; was das doch für ein wunderschöner Zufall ist. Und davon war die Polizistin so beeindruckt, dass sie mir, ohne große Fragen zu stellen, die Eintragung in den Ausweis gegeben hat.»

Nach einem Dreivierteljahr wurden die Häuser an der Templiner Straße komplett saniert. Also kam ein Stab von Staatsdienern und verhandelte mit allen Mietern, wo die denn hinziehen könnten. Und dann haben sie Angela Merkel im Tausch für die besetzte Wohnung eine wunderschöne, sanierte und endlich legale Altbauwohnung an der Schönhauser Allee angeboten.

«Mit Vertrag und allem.»

Wie es wohl wäre, wenn Angela Merkel und Joschka Fischer sich eine Nacht lang Geschichten erzählen könnten bei temperiertem Chianti: Davon, wie es bei uns war und wie es bei denen war. Wie gerne man da zuhören würde. Am liebsten mit

Tonbandgerät. Im Bundestag lohnt sich so ein Tonbandgerät ja meistens nicht mehr.

Schon wieder ist der Dom ins Bild gekommen und der Palast der Republik. Das Telecafé dreht sich schnell heutzutage, doppelt so schnell wie vor der Wende.

«Das ist allerdings symptomatisch für die Veränderungen des Lebens. Früher war es eine Stunde. Und dann musste man den Tisch verlassen. Heute, für den eiligen Wessi, eine halbe Stunde, bitte sehr. Aber dafür darf man auch noch länger sitzen bleiben, wenn man will.»

Angela Merkel ist jetzt richtig gut gelaunt.

Ist alles schneller geworden seit dem Fall der Mauer?

«Aber nicht für alle. Wer im Erwerbsleben steht, für den hat die Geschwindigkeit nach der Wende ungeheuer angezogen. Aber für die vielen, die ihren Job verloren haben, ist das ganz anders. Und die Differenzen sind nicht nur im Materiellen, sondern eben auch in der Lebenswahrnehmung groß. Für die Arbeitslosen dahinten in den Außenbezirken und den Dörfern ist das Leben unheimlich lang geworden, besonders im Winter.»

Angela Merkel schaut Richtung Norden. Der Horizont ist mit den Rändern der großen Stadt, mit den Dörfern, die Zehdenick heißen und Röddelin oder Hammelspring und Hindenburg, im Großstadtdunst verschwommen.

«Für die einen da draußen gibt es nichts zu arbeiten. Um vier ist es dunkel, am nächsten Morgen wird es erst um neun Uhr hell.»

Dann schaut sie zur Reichstagskuppel: «Und die anderen kommen überhaupt nicht mehr zur Ruhe. Dafür haben sie ständig die Möglichkeit, an ihre Leistungsgrenze zu gehen. In der DDR gab es rundherum Grenzen, und trotzdem sind sie nie an ihre Grenzen gekommen und sind deshalb auch nicht in der Lage gewesen, ihre eigentlichen Fähigkeiten realistisch einzuschätzen. Es ist eine große Chance, das jetzt zu dürfen, die eigenen Grenzen austesten.»

Und Angela Merkel schaut einen dabei tatsächlich so an, als sei alles, was sie als Chefin dieser hoch verunsicherten gesamtdeutschen CDU da unten in Berlin tun und erleben muss, nichts anderes als eine einzigartige, tolle Chance, die eigene Leistungsgrenze auszutesten.

Ob sie nicht längst schon angekommen ist an dieser Grenze?

Drittes Kapitel
DIE PHYSIKER

ALS BARDAME IN LEIPZIG

Es ist, wie es früher auch war in Vorlesungen, in denen man den Faden verloren hat. Unten vor der Tafel steht der Professor in Jeans und offenem Hemd. Er sagt auch noch etwas, aber der angenehme, beruhigende Singsang dieser männlichen Stimme ist längst nur noch das Grundrauschen für die eigenen Gedanken. Der Professor wird Mitte fünfzig sein, und er ist ein gut aussehender Mann. Nur scheint er sich ein wenig erkältet zu haben, oder er ist sehr unausgeschlafen. Die Kreide ist ihm jetzt schon ein paar Mal abgebrochen bei dem Versuch, Punkte an die Tafel zu malen, die in seinem Koordinatensystem für Fehlerstreuung stehen.

Dafür hat er eben ein hochinteressantes Wort gesagt: «Quickprop». Auch das intensiv duftende Reinigungsmittel, mit dem sie hier die Flure schnell und sauber desinfizieren, könnte so heißen. Dass Universitäten von innen immer und überall gleich riechen und immer nach sechziger Jahre aussehen. Jetzt auch im Osten. Auf fotokopierten Zetteln am schwarzen Brett wird *MFG gegen BKB nach München* angeboten und *ein Zimmer in Dreier-WG, 15 Quadratmeter für 350 DM, Riemannstraße warm, mit Waschmaschine im Haus.* Und die Studentenkinogruppe zeigt Mittwochabend «den Kultfilm» *Die Feuerzangenbowle.*

Aus so einem fensterlosen Hörsaal wie diesem hier mit seinem brutalen Neonlicht muss Angela Merkel vor fünfundzwanzig Jahren einmal aus der Marxismus-Leninismus-Vorlesung geflogen sein, weil sie heimlich Physikaufgaben gemacht hat. Drei Reihen hinter ihr saß ein Dozent, der sie verpetzt hat:

«Herr Professor Kannegießer, hier macht eine Übungsaufgaben.»

Der Hörsaal hat nur einen Ausgang, ganz oben rechts an der Seite. Es ist bestimmt ein blödes Gefühl für eine Musterschülerin, vor den Augen der anderen ihre Sachen vom verkritzelten Holzpult zusammenzuklauben und an der Sprelacart-Verkleidung entlang hoch zu diesem Ausgang zu gehen, weil man rausgeschmissen worden ist.

«Wir haben hier ganz offensichtlich eine Fehlerlandschaft, die man näherungsweise als eine Parabel beschreiben kann.»

Das schöne Wort Fehlerlandschaft beendet die kleine Träumerei. Wir befinden uns im Jahr 2001. Sprelacart heißt jetzt auch im Osten Resopal. Angela Merkel ist nicht mehr Physikstudentin, sondern Parteivorsitzende der CDU. Und das hier ist nicht Professor Kannegießer mit seinem Marxismus-Leninismus irgendwann in den siebziger Jahren, sondern die ganz gegenwärtige Neuroinformatik-Vorlesung von Professor Der, montags 9.15 Uhr–10.45 Uhr im Hörsaal Eins der Universität Leipzig.

Es geht um selbst lernende neuronale Netze. Und das ist ja auch wirklich interessant, weil neuronale Netze als Modell für kognitive Prozesse im Gehirn taugen. Das kann man sogar als Geisteswissenschaftler verstehen. Auch, dass selbst lernende neuronale Netze das Bildungsgesetz von Zeitreihen erkennen und lernen können, wenn diese Zeitreihen so ein Bildungsgesetz haben. Professor Der erläutert das dankenswerterweise an den Schwankungen von Aktienkursen sowie an der Entwicklung von Studentenzahlen im Laufe des Semesters bei Vorlesungen, die montags, morgens um 9.15 Uhr beginnen.

Wenn man den Namen Ralf Der in eine Internet-Suchmaschine eintippt, fließen seitenlang die Titel seiner Publikationen heraus. Einige davon hat er zusammen mit anderen Wissenschaftlern geschrieben, zum Beispiel 1980: *On the Influence of Spatial Correlations on the Rate of Chemical Reactions*. Die Coautorin hieß Angela Merkel.

Erst hat er ihre Diplomarbeit betreut. Dabei hat er sich mit ihr befreundet. Dann, als Angela Merkel schon an der Akademie der Wissenschaften in Berlin war, haben sie zusammen publiziert.

Ralf Der hat eine außerplanmäßige Professur für Neuroinformatik und Robotik in Leipzig. Eigentlich ist er Physiker. Weil er nicht in der Partei war, hatten sie ihn zu DDR-Zeiten ein bisschen geparkt am Institut für Strahlenforschung in der Akademie der Wissenschaften am Rande der Stadt. Er durfte nie ins Ausland, weil er kein Reisekader war, wie es in diesem schrecklichen Funktionärsdeutsch hieß. Außer einmal, da haben sie ihn für ein Jahr in die Antarktis geschickt, um Wasser- und Luftkreisläufe zu untersuchen. Weglaufen aus der Antarktis geht ja nicht so gut.

Nach der Vorlesung sitzt Ralf Der in seinem Büro vor einem großen Panoramafenster, durch das er einen herrlichen Blick über den Augustusplatz zur Oper und zum Gewandhaus hat, und versucht zu erklären, was er und seine Lebensgefährtin Marianne den großen Bruch in Angela Merkels Leben nennen.

Sie hat von 1973 bis 1978 in Leipzig studiert. Ralf Der saß damals am Rande der Stadt in seinem kleinen, dunklen Akademie-Zimmerchen, zwei mal zwei Meter mit niedriger Decke, wie er sagt. Unter der Decke hingen dicke Heizungsrohre, an denen man sich, wenn man aufstand, den Kopf stoßen konnte. Eine der Aufgaben vom Ralf Der war es, die Diplomanden von Professor Haberland aus der Sektion Physik zu betreuen.

Eines Tages ging die Tür zu der kleinen Kammer auf, und eine Studentin kam herein. Professor Der erzählt:

«Sie sah toll aus, jung, offen, frecher kurzer Haarschnitt, Westklamotten. Aber das war eben nicht nur einfach West, sondern auch sehr gut ausgesucht und zusammengestellt, sagt Ma-

rianne, immer nur, was zu ihr passte. Sie war mir sofort sympathisch. Ich habe dann möglicherweise etwas großspurig erklärt,
was wir da an der Akademie Bedeutendes tun und um was es
bei ihrem Thema aus der theoretischen Physik ging, wie man
also die Grundlagen von chemischen Reaktionen beschreibt.»

Die Studentin aus Brandenburg muss sehr intensiv zugehört
haben, hatte aber auch so eine Skepsis im Gesicht, etwa: Das
ist ja alles sehr interessant, was Sie mir da erzählen, aber
schau'n wir doch erst mal.

«Und ich wusste sofort, die packt das. Dafür, dass die noch
so jung ist, hat die ganz schön was drauf.»

Sie haben sich schnell angefreundet. Und Angela Merkel ist
dann oft dazugekommen zu einem Kreis von Leuten in Leipzig,
bei denen es «ziemlich bunt» zuging.

Was das heißt, ziemlich bunt? Professor Der wird tatsächlich ein bisschen verlegen. Man habe ja damals, möglicherweise als Gegenreaktion darauf, dass man nie rauskommen oder
eine große wissenschaftliche Karriere machen würde, so richtig
High Life gemacht, sagt er.

«Das heißt, wir sind rumgezogen, sind ausgegangen, haben
uns die Nächte um die Ohren gehauen, haben gesoffen, wie immer Sie es nennen wollen.»

Gesoffen mit Angela Merkel?

Manchmal schon tagsüber. In Ralf Ders winzigem Stübchen
saßen oft zehn Leute und haben geraucht wie die Schlote. Eine
Freundin von Angela war Chemikerin. Die besorgte immer Laboralkohol. Ein anderer hatte eine Gitarre, und dann haben sie
diskutiert und geraucht und getrunken und Lieder gesungen.

«Nein, keine DDR-Schlager, was glauben Sie denn, sondern
das, was auch im Westen dran war in dieser Zeit.»

In Leipzig gab es damals eine Szene von Kunst- und Theater-
menschen, Schauspielern, Musikern, Malern, Literaten und
Möchtegernliteraten. Es war etwas anders als in Berlin am
Prenzlauer Berg, nicht so abgeschottet. Auch Wissenschaftler

kamen da ganz gut rein. Professor Der zum Beispiel bekommt heute noch ganz leuchtende Augen, wenn er von den alten Tagen im Café Corso erzählt und von den Nächten in der Pfeffermühle.

Angela Merkel ist da oft mitgegangen. Sie hat aber offenbar trotzdem nicht wirklich dazugehört, eher zugeschaut. Und wenn sie etwas beeindruckt hat – das hat sie später mal der Marianne erzählt –, dann sicher nicht die Sauferei, sondern dass da außerdem auch noch hochgeistige Dinge besprochen wurden.

«Es hat sie alles interessiert und fasziniert, was wir taten. Aber sie war zu integer, um sich blenden zu lassen. Sie hatte sehr viel Energie für die Dinge, die wirklich wichtig sind: Was man denken muss, wo man sein muss, was man lesen muss. Sie hatte neben dem, was wir alle machten, ein starkes eigenes, inneres Leben. Und durch dieses innere Leben hatte sie eine große Ausstrahlung auf uns alle.»

Eine Heilige?

Eine Heilige, die als Bardame gearbeitet hat?

Fast alle Studentenwohnheime in der DDR hatten so eine Art Bar im Keller, den Studentenklub. Meistens waren es Physikstudenten, die Verstärker basteln konnten und also eine Musikanlage hatten. Und meistens waren es die aktiven Leute in so einem Wohnheim, solche, die sich im freien Westen vielleicht politisch engagiert hätten, die da abends Disco veranstaltet und Getränke verkauft haben.

Kirsch-Whisky war der Hit.

Sie hat sich eine Menge einfallen lassen, um die Sache mit der Disco am Laufen zu halten. Ist mit der Straßenbahn für den Kirschmost durch die ganze Stadt zum Getränkehändler und zurück.

«Aber daraus eine Rotlichtszene machen zu wollen ...»

Wieso Rotlicht?

«Ich bitte Sie. *Angela Merkel gesteht: Ich war damals Bardame.* So stand es in der *Bild*-Zeitung.»

Angela Merkels Freunde in Leipzig meinen natürlich, die Vorsitzende der CDU gegen einen so anrüchigen Begriff wie Bardame in Schutz nehmen zu müssen.

Sie selbst hat solche kleinen Spießigkeiten längst hinter sich gelassen. Sie weiß, was Journalisten gerne schreiben. Also hat sie bei der Eröffnung eines Fahrradweges in Leipzig dem Reporter der *Bild*-Zeitung augenzwinkernd gesagt: Ich habe damals die Bardame gemacht in der Studentendisco in Leipzig.

Wegen der enorm erstrebenswerten Wirtschaftskompetenz für eine CDU-Vorsitzende, die aus dem Osten kommt, erzählt sie bei besseren Zeitungen natürlich dazu, dass sie sich mit dem Kirsch-Whisky selbst so etwas wie eine erste Lektion in Marktwirtschaft und freiem Unternehmertum verpasst hat. Sie hat die Zutaten unter schwierigen Umständen organisiert, zusammengemixt und, zu dreißig Pfennig pro Glas, mit einem hübschen Gewinn verkauft. In der Woche ist sie so auf zwanzig bis dreißig Mark Einnahmen gekommen. Ludwig Erhard hätte seine Freude daran gehabt.

Nur dass die Angela Merkel, die man heute im Fernsehen sehen kann, offenbar nichts mehr mit der zu tun hat, die die Leipziger Freunde damals gekannt haben. Nicht, dass sie älter geworden ist und ein bisschen schwerer. Das sind sie alle.

«Nein, da muss es einen Bruch gegeben haben, den wir nicht verstehen», sagt Ralf Der. «Der Bruch von dieser integren, stimmigen Persönlichkeit, die wir erlebt haben, zu einer Person, bei der ich immer denke, das ist sie doch gar nicht. Sie tut doch Dinge, die sie gar nicht ist. Dieses CDU-Zeug. Sie ist ja gar nicht mehr derselbe Mensch. Geht mit ihrem *Demokratischen Aufbruch* zur CDU. Und zieht da als Umweltministerin diese Castor-Transporte durch. Wenn man mir damals gesagt hätte, die wird eines Tages die Vorsitzende einer großen, gesamtdeutschen Volkspartei, dann hätte ich gesagt: In Ordnung, der Angela traue ich eine Menge zu. Aber CDU? Da hätte ich gesagt: auf keinen Fall CDU.»

Professor Der sagt das alles sehr vorsichtig und zögernd, aber bestimmt.

«Verstehen Sie mich nicht falsch. Ich habe ganz viel Hochachtung davor. Dass sie diesen Weg geschafft hat, dass sie da ganz oben sitzt, dass sie es diesen ganzen CDU-Heinis mal zeigt, dass sie als Einzige den Mut hatte, Kohl zu widersprechen, dass sie diesen *FAZ*-Artikel geschrieben hat, dass man spüren kann, wie ernst sie das demokratische System nimmt. Ich verteidige sie auch immer bei den anderen. Sage, dass sie wegen ihres christlichen Hintergrunds da reingeraten ist, dass ich sie trotzdem menschlich sehr schätze und auch ihren Blick auf die Menschen, und dass sie genauso gut auch in der SPD sein könnte.»

Dass sie wegen ihres christlichen Hintergrunds da reingeraten ist und er sie trotzdem sehr schätzt. Das klingt, als wäre die CDU eine dubiose Sekte. Und als ob der grüne Umweltminister einer SPD-Regierung mit Castor-Transporten so ganz anders verfahren würde.

Wie glühend die Menschen im Land noch an die fundamentalen weltanschaulichen Unterschiede zwischen den Parteien glauben. Während man in Berlin Tag für Tag vor allem eines spürt: dass die Strategen von SPD und CDU schon kaum noch wissen, wie sie sich im postideologischen und globalisierten Zeitalter überhaupt voneinander abgrenzen sollen. Dass sie hauptsächlich darüber nachdenken, mit welcher Werteglasur sie ihre immer ähnlicher werdenden pragmatischen Politikansätze überziehen und sie so wenigstens symbolisch unterscheidbar und für ihre Restmilieus schmackhaft machen könnten.

Und wie oft man das hört, wenn man mit ehemaligen Freunden von Angela Merkel redet: Sie ist ja gar nicht mehr dieselbe. Sonst wäre sie nicht in dieser Blockflöten-Partei. Wie oft man überhaupt so etwas hört, wenn man mit Menschen redet, die früher gemeinsam nicht in der SED waren. Damals hat man sich doch verstanden. Man war gegen die DDR, und damit war alles klar. Wegen dieses gemeinsamen Dagegenseins haben sie gedacht, der andere denkt ganz genauso wie ich. Aber *wofür* jeder Einzelne im Ernstfall sein würde, wenn die DDR tatsächlich einmal abgeschafft wäre, ob die eine vielleicht christlich motiviert war und der andere gar nicht, ob die eine die Schwärmerei für die damals virtuelle soziale Marktwirtschaft möglicherweise sehr wörtlich und ernst nahm und der andere von einem demokratischen Sozialismus träumte, darüber hat man sich nie so genau ausgetauscht.

Wenn Angela Merkel von ihrer Leipziger Zeit erzählt, ist etwas weniger von Laboralkohol und von Nächten in der Pfeffermühle die Rede als von regelmäßigen Besuchen in der Studentengemeinde. Und davon, wie beeindruckt sie war von Rainer Kunze, den sie bei einem Wochenendseminar der Studentengemeinde auf Schloss Mansfeld kennen gelernt hat, kurz bevor er aus der DDR ausgewiesen wurde. Jeden Tag solle sie ein Stück große deutsche Literatur lesen, um so den sozialistischen Gedankenmatsch ertragen und übersehen zu können, hat Kunze ihr geraten.

«Ja, sie hatte wohl noch ein Nebenleben. Sie war ja außerdem verheiratet mit diesem Merkel, der nie bei uns auftauchte. Und sie hatte ihren Kirchenkreis», sagt Professor Der.

Ein Nebenleben. Von ihrer Ehe in dieser Zeit spricht Angela Merkel allerdings auch nur, wenn sie sehr eindringlich danach gefragt wird.

Es wird bei den Freunden in Leipzig und bei Angela Merkel so sein, wie es bei uns allen ist. Jeder erinnert sich aus seinem Leben am liebsten an das, was am besten zum gegenwärtigen Lebensentwurf passt. Jeder Mensch erfindet sich früher oder später eine Geschichte, die er für sein Leben hält. Oder eine ganze Reihe von Geschichten.

1980, nach Ralf Ders Antarktis-Jahr und zwei Jahre nach Angela Merkels – natürlich mit *sehr gut* benotetem – Diplomabschluss, haben die beiden sich noch einmal in Leipzig verabredet. Angela Merkel war für ein paar Tage zu Besuch nach Leipzig gekommen, auch, um eine gemeinsame Veröffentlichung zu besprechen.

An den Abschied erinnert sich Professor Der noch, als sei es erst gestern gewesen: «Ich habe sie zum Bahnhof gebracht. Und dann hat sie zum Abschied zu mir gesagt: Pass mal auf, Junge. Du musst hier raus. Das taugt doch alles nichts mehr für dich. Du kommst hier nicht weiter. Sie hat sich ja immer über andere den Kopf gemacht und analysiert, was läuft da, wie ist der eingebunden in sein Umfeld?»

Sie kommt also nach Leipzig und sagt einem, der zwölf Jahre älter ist, der der Betreuer ihrer Diplomarbeit war und der gerade aus der Antarktis zurückgekehrt ist, wo es langgeht? Pass mal auf, Junge?

Und, hatte sie Recht?

Professor Der nickt und zuckt dann mit den Schultern.

«Ich weiß nur, dass ich in dem Augenblick sehr berührt war. Sie hat mir noch so einen kosmischen, möglicherweise auch christlichen Spruch geschenkt zum An-die-Wand-Hängen. Was immer du tust oder lässt, das Universum ist groß, oder so ähnlich, nur viel schöner ausgedrückt. Und dann ist sie abgefahren. Ich denke, dass sie mich ganz gut leiden konnte», sagt er ein wenig wehmütig.

Und Sie? Konnten Sie sie auch ganz gut leiden?

Auf einmal sitzt Professor Der in seinem Büro wie einer, der seit jenem Tag im Jahr 1980 allein am Leipziger Bahnsteig zurückgeblieben ist. Er schaut aus seinem Panoramafenster auf den Augustusplatz, macht ein sehr nachdenkliches Gesicht und schweigt.

1968 gab es da unten auf dem Platz die großen Demonstrationen. Die Stasi hat die Studenten damals regelrecht weggetragen. Am 30. Mai 1968 haben sie dann die Universitätskirche gesprengt. Die Gefängnisse in und um Leipzig sind voll gewesen mit zornigen Christen und Studenten. Die neue Sandsteintafel am Hörsaalgebäude aber erinnert in deutscher Selbstzerknirschungsmanie nur daran, dass weder die damals aktiven Stadtverordneten, noch die Offiziellen der Universität etwas gegen die Sprengung unternommen haben. «Sie widerstanden nicht dem Druck eines diktatorischen Regimes.» Warum sollten sie auch? Stadtverordnete und Offizielle waren ja nun gerade Teil des diktatorischen Regimes.

Plötzlich antwortet Ralf Der doch noch: «Ich habe Angela damals sehr gemocht. Aber das blieb immer auf einer freundschaftlichen Basis.»

BERICHT VON EINER AKADEMIE

Ende Januar 2000, als die CDU-Spendenaffäre auf ihren Höhepunkt zulief, habe ich Angela Merkel im Konferenzraum der provisorischen CDU-Parteizentrale an der Berliner Mauerstraße nach ihrem Leben als Physikerin in der DDR gefragt.

Wenn man sich in dieser Zeit mit dem Taxi «in die Mauerstraße 85, bitte» bringen ließ, konnte es passieren, dass der Taxifahrer einen während der gesamten Fahrt beschimpfte und schließlich dermaßen über die als jüdische Vermächtnisse getarnten schwarzen Gelder der CDU pöbelte, dass man doch noch sagte, was man am Anfang der Tirade, aus Neugier möglicherweise, unterdrückt hatte: Hören Sie, ich bin Journalistin. Ich habe mit dieser Partei genauso viel und genauso wenig zu tun wie Sie.

Die öffentliche Meinung über die CDU und längst ja auch die Meinung der Partei über sich selbst war so tief im Keller wie niemals zuvor und danach.

Damals, im Januar 2000, war Angela Merkel noch Generalsekretärin. Der *FAZ*-Artikel, mit dem sie, wie man heute weiß, Helmut Kohl zur Seite geschoben und sich selbst an die Spitze der Partei katapultiert hat, war ja erst im Dezember erschie-

nen. In den Wochen seither hatte man dabei zuschauen können, wie sich in der CDU einer nach dem anderen, von der Basis
bis hinauf in die Parteiführung, aus der Schocklähmung wieder
aufrappelte und auf die Linie einstellte, die die Generalsekretärin in diesem Artikel und in etlichen Folgeinterviews und Fernsehauftritten vorgegeben hatte.

Wie bei einer chemischen Kettenreaktion hatte das funktioniert, wie einer dieser Großversuche mit Dominosteinen, nur
rückwärts vorgeführt. Angela Merkel hatte sich als Erste wieder hingestellt und nach vorne geschaut, dann hatte sich einer
nach dem anderen hinter ihr und an ihr wieder aufgerichtet,
sechshunderttausend Parteimitglieder. Ein hochinteressantes
Schauspiel von der Massenpsychologie einer Volkspartei war
das gewesen und auch ein großartiges Beispiel für die suggestive Dynamik von politischer Führung, wenn sie im richtigen
Moment angeboten wird.

Auch Wolfgang Schäuble, der neue Parteivorsitzende, war ja
inzwischen enorm unter Druck wegen dieser seltsamen
100 000-Mark-Spende. Angela Merkel hatte ihn vor zehn Tagen
gerade noch einmal davon abhalten können zurückzutreten.
Seitdem aber auch noch unter hässlichsten Begleitumständen
die 24 Millionen Mark Schwarzgelder in Hessen aufgeflogen
waren, drohte die CDU-Führung unter dem ungeheuren Recht-
fertigungs- und Erklärungszwang zu explodieren.

Draußen in Berlin war also Hochdruck. Drinnen in einem
schlecht beheizten, nur mit einem kalbfleischfarbenen Konferenztisch und wuchernden Hydropflanzen möblierten Raum,
legte Angela Merkel eine kleine, schwarze Armbanduhr zwischen uns auf den Tisch, um zu signalisieren: Sie bekommen
diese eine verabredete Stunde und keine Sekunde mehr.

Erste Frage also: Wie haben Sie eigentlich gelebt als Physikerin und hinter der DDR-Mauer zu der Zeit, als im Westen die
heute alten Männer der CDU die unappetitlichen Zutaten zu-
sammenrührten, die Sie jetzt auslöffeln sollen?

«Da war ich schon berufstätig und promovierte gerade. Im Herbst 78 bin ich ja nach Berlin an die Akademie der Wissenschaften gegangen.»

Und dann erzählte Angela Merkel von dem langen Jahrzehnt, in dem sie als wissenschaftliche Mitarbeiterin am Zentralinstitut für physikalische Chemie der Akademie der Wissenschaften in Berlin-Adlershof gearbeitet hat. Während im Westen Kohl und Kiep und Kanther aus der ersten Parteispendenaffäre keinerlei Konsequenzen zogen und einfach so weitermachten, nur noch etwas raffinierter getarnt, hat sie im Osten acht lange Jahre vor sich hin promoviert an diesem Institut, das Robert Havemann 1956 gegründet hatte. Und noch zwei weitere Jahre ist sie dort geblieben, bis zum Dezember 1989, als sie Mitarbeiterin beim *Demokratischen Aufbruch* wurde.

Diese zehn Jahre in einer dunklen Baracke hinter den Schlehenbüschen und Stacheldrahtzäunen von Adlershof könnte man den Dornröschenschlaf der Angela Merkel nennen, ihre Verpuppungsphase.

Sie selbst würde wahrscheinlich eher von ihrer Hamsterzeit sprechen. In diesem letzten Jahrzehnt der morbiden und inzwischen ja auch erkennbar moribunden DDR war die Zeit stehen geblieben. Alle, die intelligent genug waren, um sehen und zwischen den Zeilen lesen zu können, wussten, so wird es nicht weitergehen. So kann es nicht weitergehen. Das Eis wird brüchig. Es wird etwas passieren. Es muss etwas passieren. Ein Land in Agonie.

Und ein Leben im Wartestand. Angela Merkel hat damals in diesem Nischen-Jahrzehnt zwischen ihrem 24. und ihrem 34. Lebensjahr getan, was junge Menschen überhaupt tun sollten: Sie hat gelesen, gelesen und gelesen, alles, was sie in die Finger bekommen konnte, Quantenphysik und die Fachliteratur der physikalischen Chemie sowieso, aber auch Politik und politische Philosophie, Geschichte und Literatur, Weizsäcker-Reden, Sacharow-Aufsätze, Bahro, Marcuse, Gorbatschow, Popper,

Ernst Fraenkel, Uwe Johnson, die deutschen Klassiker, Bulgakow. Alles.

Ihre Leselust bescherte ihr auch die frühe Erkenntnis, dass der Mut der Menschen im freien Westen auch nicht viel größer sein konnte als der Mut der Menschen in der eingemauerten DDR.

«Schon, wenn es darum ging, im Osten nicht erhältliche Bücher bei Besuchen mit über die Grenze zu bringen, hörte bei den meisten die Courage ja auf.»

Viele haben die gelähmte Zeit in den Wartezimmern und Nischen der DDR mit Lesen verbracht. Darum haben wir es mit so vergleichsweise gebildeten, belesenen, kultur- und geschichtsinteressierten Menschen zu tun bei den Politikern, die aus dem Osten in den westdeutschen Politikbetrieb gekommen sind.

Heute, wenn für die Parteivorsitzende der CDU nach einer hektischen Politikwoche wieder einmal gerade noch der Sonntag übrig geblieben ist, wenn sie tagelang nur reagiert hat auf Zurufe aus der eigenen Partei und schnelle Schlagzeilen des politischen Gegners, wenn da kaum noch Platz geblieben ist zum Nachdenken und selbstbestimmten Agieren, geschweige denn zum fundierten Lesen, sagt sie: «Zum Glück funktioniert der lesende Mensch ja so wie ein Hamster, der sich Polster angesammelt hat. Die kommen ja auch durch den Winter.»

Und während wir uns da im Januar des Jahres 2000 am Konferenztisch in der Mauerstraße klar machten, was während der entschleunigten DDR-Zeit und den Hamsterjahren der Angela Merkel einerseits – und andererseits jeweils zur gleichen Zeit im Westen geschah, war im Kopf so etwas wie ein kleiner Film entstanden. Ein kleiner Film mit großen Schnitten.

1973. Leipzig: Angela Kasner, eine junge Studentin aus Templin, besucht – wie immer in Westklamotten – ihre Physikvorlesung. Dann fährt sie mit der Straßenbahn zum Getränkehändler, Kirschmost kaufen. Am Abend wird sie Kirsch-Whisky in der Kellerbar des Studentenwohnheims mixen. Und wahrscheinlich wird dieser junge Mensch, ihr späterer Ehemann, sie wieder liebevoll belagern.

Zur gleichen Zeit in Frankfurt am Main: Der Straßenkämpfer Joschka Fischer setzt seinen Helm auf. Er wird an diesem Tag einen Polizisten verprügeln im Häuserkampf um den Kettenhofweg 51. Insgesamt 65 Menschen werden verletzt.

Bonn im selben Jahr: Ein junger Ministerpräsident aus Rheinland-Pfalz wird unter dem großen Jubel der Delegierten in der Beethoven-Halle zum Parteivorsitzenden der CDU gewählt.

In Berlin stirbt Walter Ulbricht.

Und weiter: In den Jahren 1974 bis 1980, Angela Kasners Studien- und Promotionsjahren, zahlt der Flick-Konzern insgesamt 26 Millionen Mark an Parteien und Politiker. 1977, als Angela Kasner in der Templiner Georgen-Kapelle ihren Ulrich heiratet und fortan Angela Merkel heißt, stirbt Ludwig Erhard. Es ist das Jahr, in dem Jürgen Ponto und Hanns-Martin Schleyer ermordet werden und Günter Wallraff mit seiner *Bild*-Enthüllung *Der Aufmacher* an die Öffentlichkeit geht. Als Angela Merkel ein Jahr später ihr Diplom macht, tritt im Westen Hans Filbinger zurück.

1981, als sie bei Hans-Jörg Osten an der Tür klingelt und sagt, es geht nicht mehr, ich lasse mich scheiden, und die jungen Leute in Ost-Berlin eine Wohnung besetzen, wird auf der anderen Seite der Mauer Richard von Weizsäcker Regierender Bürgermeister von Berlin. Eines der wirklich komplizierten politischen Themen seiner Amtszeit ist die Hausbesetzerszene von Kreuzberg.

1982, als die Scheidung durch ist, bricht in Bonn die sozial-liberale Koalition auseinander. Helmut Kohl wird mit einem konstruktiven Misstrauensvotum Bundeskanzler.

Im Kino würde man das dann so weitererzählen: Bilder aus dem Jahr der ersten Parteispendenaffäre 1984, vom Rücktritt

Lambsdorffs, vom Rücktritt Barzels, lange Listen aus dem Flick-Konzern in Schwarzweiß, Listen, bei denen hinter sehr großen und mittelgroßen Summen immer wieder die Wörtchen «wg. Kohl» auftauchen. Nachrichtenfetzen von Amnestie und einem neuem, viel besseren Parteiengesetz. Suggestive Bilder von den Herren Kohl und Kiep und Kanther aus den angeblich so sauberen Bonner Jahren danach. Bilder mit Koffer und ohne.

Und dann wieder ein scharfer Schnitt: Berlin-Adlershof 1985, die Akademie der Wissenschaften, das Dienstgebäude 2.14 des Zentralinstituts für Physikalische Chemie: eine trostlose Baracke am Rand des riesigen Forschungsgeländes zwischen den Stacheldrahtzäunen des Stasi-Wachregiments Feliks Dzierzynski und den Stacheldrahtzäunen des DDR-Fernsehfunks. Die Kamera fährt über die Stacheldrahtzäune auf dichte Schlehenbüsche zu, dann durch die Schlehenbüsche, die kaum noch Licht hindurchlassen, in das Fenster eines kleinen, dunklen Büros. Neben dem Schreibtisch vor dem Fenster steht eine altmodische Kurbel-Rechenmaschine von Hewlett-Packard auf einer Ablage. Es ist ein Gerät aus den sechziger Jahren, das die junge Physikerin, die in diesem Büro arbeitet, aufgehoben hat, aus Sentiment. Spätere, neuere Rechenmaschinen aus dem Westen gab es nicht am Institut.

Die junge Physikerin erscheint wie jeden Morgen um 7.15 Uhr in ihrem Büro, wirft das *Neue Deutschland* auf den Schreibtisch und streift Ärmelschoner über ihre dicke Strickjacke. Sie hat das *Neue Deutschland* schon in der S-Bahn gelesen.

«Die besseren Sachen waren ja immer schon ausverkauft. Wenn man um 6.15 Uhr in Berlin eine *Für Dich* haben wollte oder die *Prawda*, war man schon zu spät, die waren vergriffen.»

Um 6.15 Uhr ist sie auch an diesem Morgen aus der Wohnung gegangen.

«Eine erbärmlich frühe Zeit nach den Studienjahren in Leipzig. Und viel zu früh für geistige Arbeit.»

Wie jeden Morgen und jeden Tag ist sie in Berlin als Erstes an die Berliner Mauer gelaufen und wurde wieder einmal daran erinnert, wo sie ist, obwohl sie doch eigentlich in Hamburg geboren war.

«Man rannte ja in diesem Leben immer auf die Mauer zu. Ich wohnte Ecke Schlauch-/Marienstraße. Mauer. Dann stieg ich Friedrichstraße um. Da hörte man schon morgens auf dem Nachbargleis die Hunde vom Westbahnsteig. Dann fuhr man mit der S-Bahn immer schön an der Wand lang zum Ostbahnhof, nach Treptow rüber, dann immer weiter Plänterwald, Schöneweide. Immer die Mauer. Dann kommt Adlershof.»

Über einen zugewachsenen Plattenweg läuft die junge Frau mit der Strickjacke auch an diesem Morgen rüber zum Rechenzentrum des Instituts. Da steht ein haushoher, riesiger Rechner in russischer IBM-look-alike-Technik, der ober- und unterirdisch gewaltige Gebäudekomplexe beansprucht. Dabei hat er nur die gleiche Kapazität wie die Heimcomputer, die gerade in diesem Jahr zu Weihnachten im Westen der Verkaufsrenner waren.

Die junge Physikerin will ihre Rechnungen von gestern abholen. Sie hat die Programme selbst in die Fortron-Lochkarten aus Pappe gestanzt. Weil aber eines der Löcher offenbar falsch gestanzt war, ist der Rechner wieder einmal auseinander geflogen, sobald die Routinen eingeschoben waren. Sie wandert also mit ihrem Stapel nutzloser Lochkarten zurück in ihre Baracke, schaut eine Weile nachdenklich durch die Schlehenbüsche auf den Stacheldraht.

«Ein denkbar trübsinniger Ausblick.»

Dann brüht sie nach der türkischen Methode Kaffee auf für sich und den jungen, neuen, sympathischen und gescheiten Kollegen Michael Schindhelm, mit dem sie das Büro teilt. Die beiden besprechen kurz die verzweifelte Lage im eigenen, traurigen Land, dafür etwas länger und leidenschaftlicher die aufregenden Vorgänge in Perestroika-Land. Und weil die junge

Physikerin die *Prawda* und auch die Reden des neuen KPdSU-Generalsekretärs Gorbatschow im Original liest, weiß sie viel mehr, als die DDR ihren Bürgern im *Neuen Deutschland* über die demokratischen Entwicklungen im großen, sozialistischen Bruderland verraten wollte.

Kurt Hager hatte ja gesagt: «Wenn unser Nachbar seine Wohnung neu tapeziert, dann sind wir noch lange nicht verpflichtet nachzudenken, ob wir auch renovieren.» Offensichtlich war es eine Bestrafung für Hager gewesen, dass ausgerechnet er das sagen musste, weil wahrscheinlich er von den Leuten im Politbüro noch am ehesten die Überzeugung hatte, dass eigentlich nur Gorbatschows Weg die DDR hätte retten können. Das hat man natürlich damals höchstens geahnt, aber nicht erfahren.

Der junge Kollege Schindhelm, der heute interessanterweise Intendant des Baseler Theaters ist, hat später in seinem autobiographischen Roman *Roberts Reise* wunderschöne Sätze über die stillen Tage von Adlershof geschrieben. Angela Merkel heißt in diesem Roman Renate.

Die Uhren gingen hier noch langsamer als anderswo, der Stoffwechsel mit der Welt war restlos entschleunigt, die Sträucher vor den Fenstern hatten die Jahreszeiten vergessen und trugen noch im Winter Früchte. – Renate, mit der ich das Büro teilte, war das Vorbild einer illusionslosen Jungwissenschaftlerin. Sie promovierte seit etlichen Jahren vor sich hin. – Die sieben Herren der Abteilung und Renate unterhielten sich leis-vertraulich und unmittelbar mit dem Weltgeist. – Wir zogen in unserer Sandkiste schöne Kreise, bis der nächste Regen kam oder ein Kaninchen hineinpinkelte. – Traf ich Herrn Professor Altenburg mit seiner blütenweißen Haarpracht und ebensolchem Kittel, der von unpassenden Bügelfalten nach allen Seiten abstand, auf dem zwielichtigen Gang unserer Abteilung, überkam mich der traurige Eindruck, eigentlich schon seit undenklich langer Zeit hier zu sein. Altenburg sah aus wie ein müde gewordener Engel der Wissenschaft.

Schindhelm sagt: «Angela Merkel war die einzige Frau in unserer Abteilung, und sie war der einzige Mensch, mit dem ich reden konnte über Theater und Literatur, darüber, wie schön es ist, an der Ostsee Fahrrad zu fahren, und über Politik, über den Westen vor allem.»

Am längsten und leidenschaftlichsten sprechen die beiden also auch an diesem Morgen über alles, was drüben, hinter der Mauer, geschieht, im demokratischen, freien, marktwirtschaftlichen Westdeutschland, im begehrenswerten, bunten, wohlriechenden, aber leider virtuellen Wunderland BRD. Beide kennen das Wunderland hinter der Mauer seit ihrer Kindheit nur aus Erzählungen von Westverwandten. Und aus dem Fernsehen.

«Das Westfernsehen als eine ständige Präsenz führte uns diese andere, bessere deutsche Republik vor Augen», sagt Schindhelm.

«Wir haben immer mitgelebt mit der Bundesrepublik», sagt Angela Merkel, «wenn auch aus der Ferne.»

«Und wir haben uns da in unserer merkwürdig verstaubten, vom offiziellen Wissenschaftsstrom links liegen gelassenen Nische nach dem Westen verzehrt», sagt Schindhelm. «Ich kann mich zum Beispiel gut erinnern, mit Angela lange geredet zu haben über die großartige Rede von Weizsäcker am 8. Mai 1985, die ja nachhaltig die Frage gestellt hat über die Schuld der Deutschen, in einer Form, wie es bis zu diesem Zeitpunkt öffentlich von einem Bundespräsidenten noch nie geschehen war.»

Angela Merkel besaß natürlich eine Abschrift der Rede. Und sie zeigte sie den wenigen Kollegen, denen sie vertraute. So einen tollen Präsidenten hatten die anderen Deutschen drüben im Wunderland hinter der Mauer. Und dazu eine anständige, parlamentarische Demokratie, Wohlstand, das Grundgesetz und den Rechtsstaat, die geniale soziale Marktwirtschaft und: Freiheit. Freiheit vor allem. Reisefreiheit. Meinungsfreiheit. Pressefreiheit.

Und was für eine Pressefreiheit. Sogar ihren Bundeskanzler

Kohl öffentlich verkohlen durften die, durften ihn Birne nennen und für einen provinziellen Döskopp halten in ihren Kommentaren.

«Angela und ich, wir waren fassungslos darüber, wie Kohl am Anfang lächerlich gemacht worden ist. Dass so etwas möglich und erlaubt ist. Meine Verblüffung war dann allerdings nochmal genauso groß, als dann zehn Jahre später niemand mehr daran gezweifelt hat, dass Helmut Kohl ein großer Staatsmann ist», erzählt Schindhelm.

Einmal in einem ganz anderen Leben, nur sechs Jahre später, im Sommer 1991 auf einer Reise nach Amerika, hat der Bundeskanzler Helmut Kohl sein Mädchen, wie er die Frauenministerin Angela Merkel so gerne nannte, gefragt, was sie eigentlich damals von ihm gedacht hat, drüben in der DDR. Er fragte sie das im Reisebus unterwegs an der Ostküste und vor den mitreisenden Journalisten. Es war auch nicht irgendeine Amerikareise. Kurz vor der Reise war Lothar de Maizière als stellvertretender Parteivorsitzender zurückgetreten. In Washington hatte Kohl Angela Merkel dem amerikanischen Präsidenten George Bush vorgestellt und gesagt: Meine Neue. Und kurz nach der Reise wurde Angela Merkel stellvertretende Parteivorsitzende. Kohls einzige Stellvertreterin.

«Mir war die Frage unangenehm», sagt Angela Merkel heute. «Mein Bild von Helmut Kohl war ja durch die westdeutschen Medien geprägt, die Kohl nicht gerade zugetan waren.»

Sie traute sich also nicht so recht, sie wollte freundlich sein und auch höflich. Sie druckste etwas herum und sagte schließlich, dass sie über Kohls historisches Wissen immer wieder erstaunt sei und auch darüber, wie er damit Zusammenhänge einordne.

Sie ärgert sich heute noch über ihre flaue Reaktion. Kohl erzählte später, was er wohl gerne von ihr gehört hätte: Er habe seine Frauenministerin ja damals schon einige Zeit im Kabinett beobachtet und spüre, dass sie Mühe habe, das Bild, das sie aus den Medien von ihm hatte, in Einklang zu bringen mit dem, was sie da jetzt in Wirklichkeit erlebe.

So etwas passiert Angela Merkel immer nur einmal. Heute könnte Helmut Kohl, oder wer auch immer, sie jederzeit aus tiefstem Schlaf aufwecken und fragen, was sie zu DDR-Zeiten vom Kanzler der Bundesrepublik gehalten hat. Sie würde dann eine Geschichte aus dem Jahr 1987 erzählen, eine Geschichte, die sie seither schon oft erzählt hat und die zu dem Bild, das sie heute von Helmut Kohl hat, so viel besser passt. Und vor allem passt diese Geschichte auch besser zu dem Bild, das sie inzwischen von sich selber hat.

«Es war am 7. September des Jahres 1987 in meiner Wohnung am Prenzlauer Berg. Im Fernsehen lief der Bericht vom Bonn-Besuch Erich Honeckers. Was Helmut Kohl damals in seiner Tischrede dem Honecker direkt ins Gesicht sagte, hat mich damals so beeindruckt, dass ich es immer noch auswendig weiß: ‹Die Menschen in Deutschland leiden unter der Trennung. Sie leiden an einer Mauer, die ihnen buchstäblich im Wege steht und die sie abstößt. Wenn wir abbauen, was Menschen trennt, tragen wir dem unüberhörbaren Verlangen der Deutschen Rechnung: Sie wollen zueinander kommen können, weil sie zusammengehören.› Diese Sätze haben mein Bild von Helmut Kohl damals in der DDR geprägt. Sie haben uns in der DDR Hoffnung gegeben. Sie waren ein Mosaikstein auf dem Weg zur Wiedervereinigung.»

Ja, natürlich habe sie ihn damals schon bewundert, sagt sie heute.

Schindhelm sagt: «Heute sind ja viele Dinge überlagert durch die Erfahrungen, die man inzwischen mit der realen und nicht mehr mit der virtuellen Bundesrepublik gemacht hat. Viel von dem, was damals für uns wichtig gewesen ist, ist in Zwischenlagerstätten unserer persönlichen Archive verschwunden.»

Für einen, der ein Jahrzehnt lang vergessen hat zu erwähnen, dass er in dieser Zeit für die Stasi gearbeitet hat, ist das natürlich ein großartiges Wort: die Zwischenlagerstätten unserer persönlichen Archive.

Ein Jahr vor Honeckers Bonn-Besuch ist Angela Merkel zum ersten Mal in den Westen gefahren, zur Hochzeit ihrer Hamburger Cousine. Nach den Familienfeierlichkeiten hat sie sich dann in Hamburg-Altona einfach in einen Intercity gesetzt, um noch ein bisschen was von Westdeutschland zu sehen. Sie wollte einen Professor in Karlsruhe besuchen, der rübergemacht hatte, wie man damals sagte, und einen anderen Kollegen in Konstanz.

Schindhelm erinnert sich noch, wie verändert und begeistert Angela Merkel von dieser Reise wiedergekommen ist, wie sie noch wochenlang von diesem modernen Intercity schwärmte mit seinen komfortablen Polstern. Und wie heftig sie sich aufregte, dass westdeutsche Studenten einfach ihre dreckigen Schuhe auf diese schönen Polster legten.

In Konstanz hatte sie zunächst ernsthaft gezögert, ob eine allein reisende Frau sich wohl im wilden Westen einfach so ein Hotelzimmer nehmen könne oder ob das zu gefährlich sei.

Sie war allein in Budapest, in Moskau, in der Ukraine und in Leningrad gewesen. Sie hatte einige Monate am Heyrovsky-Institut in Prag gelebt und gearbeitet. Sie war mit zwei Freunden illegal und sehr abenteuerlich durch die südlichen Sowjetrepubliken bis in den Kaukasus getrampt. Sie hatte bei den Obdachlosen im Bahnhofsasyl von Tiflis übernachtet.

Aber ein Hotel in Westdeutschland? Die vielen Krimis aus dem Westfernsehen, die Westnachrichten und vor allem die DDR-Dauerpropaganda über Kriminalität im Kapitalismus hatten sie offenbar verunsichert. Schließlich hat sie sich einfach getraut und hat ein Zimmer genommen, mit Dusche auf dem Gang.

Als sie das überlebt hatte und also feststand, das Wunderland im Westen ist auch für einen Ostler eine beherrschbare Welt, da gab es in ihrem Kopf keine Alternative mehr. Sie sagt, spätestens

nach dieser Reise sei für sie klar gewesen: Es muss das Westmo-
dell sein. Es kann keinen Dritten Weg geben, keinen demokratischen Sozialismus und keinen Wandel durch Annäherung. Seit
dieser Reise habe sie sich erst recht und bewusst «als bundesdeutsche Staatsbürgerin im passiven Gebiet des Grundgesetzes,
das sich nach seiner Präambel ja auch für die Menschen im
Osten in der Pflicht und der Verantwortung sah», gefühlt.

Das sei für sie eine wichtige und trostreiche Konstruktion gewesen. «Der Unterschied zu den Polen und Tschechen für uns
Ostdeutsche war doch, wir konnten rübergehen und dann waren wir per Grundgesetz sofort bundesdeutsche Staatsbürger.»
Natürlich hat sie auch Fluchtgedanken gehabt in dieser Zeit,
sagt sie.

Als dann SPD und Grüne im Westen auf die SED-Forderung
eingehen wollten, die gemeinsame deutsche Staatsbürgerschaft
zu streichen, brach für sie eine Welt zusammen: die real existierende Option auf ein Leben im Wunderland hinter der Mauer.

In jedem politischen Gespräch mit Angela Merkel, das ein
wenig über die gerade aktuellen Themen hinausgeht, kann man
spüren, was auch in ihren größer angelegten Reden mit-
schwingt: Wie glühend sie die bundesdeutsche Demokratie, das
Grundgesetz, den Rechtsstaat, das Parteiensystem und die Gewaltenteilung heute noch bewundert, verteidigt und idealisiert.
Ganz anders als ihre gleichaltrigen Westkollegen aller Parteien.
Die «Enkelgeneration» fand das ja alles vor, als sie erwachsen
wurde. Die mussten dafür nichts tun. Denen stand das Wunderland immer schon offen, selbstverständlich und bis zum
Überdruss. Enkelgeneration, das klingt ja auch schon ein bisschen wie Nachlassverwalter.

Angela Merkel aber spricht von der Demokratie in diesem
hohen Ton, den im Westen die erste Generation der Nachkriegspolitiker hatte, mit dieser feierlichen, freiheitlichen Begeisterung derer, die einen totalitären Unrechtsstaat erlebt und über-
wunden hatten. Dieses Gänsehauttimbre in der Stimme, wann

immer es um die Rechte und vor allem ja auch um die Pflichten des demokratischen Staatsbürgers in einer freiheitlichen, parlamentarischen Demokratie geht, wenn sie zum Beispiel sagt: «Je länger diese Debatte dauert, umso mehr verstärkt sich mein Eindruck, dass wir wieder einmal die Grundzüge unserer Demokratie miteinander besprechen sollten.»

In ihren ersten Monaten als Bundestagsabgeordnete in Bonn, und auch noch etwas später als Frauenministerin, hat sie am meisten darüber gestaunt, dass man in Westdeutschland offenbar glaubte, der Hauptjob von Bürgern und Medien in einer Demokratie sei, diese schöne Demokratie und deren Repräsentanten zu kritisieren und zu beschmutzen, so wie die Studenten im wunderbaren IC die herrlichen Polster. Damals schrieb sie, wie «verwundert und verwirrt» sie immer wieder darüber sei, «mit welcher Achtlosigkeit die Menschen in den alten Bundesländern mit ihrer Demokratie umgehen, als ginge es vor allem darum, wer die Demokratie am besten kritisieren kann».

Angela Merkel hat sich da in ihren Dornröschenjahren hinter den Stacheldrahtzäunen und Schlehenbüschen der Akademie und in der ständigen geistigen Auseinandersetzung mit dem virtuellen Wunderland tatsächlich zu einer Musterschülerin der Demokratie verpuppt. Manches, was ihr später in der schweren Krise der CDU gelungen ist, und vieles, was ihr in dieser Zeit und danach zugetraut und zugemutet worden ist, beruht wohl auf dem Gespür und der Begeisterung der Menschen für dieses: Da nimmt eine, gerade wegen ihrer Lebenserfahrung in einem totalitären Staat, die Verfassung und die Verfasstheit unseres demokratischen Landes noch einmal wirklich beim Wort.

Mit so einer müsste man doch ganz von vorne anfangen können.

1987 gab Michael Schindhelm seine wissenschaftliche Karriere plötzlich auf. Er verließ die Akademie, um sich als Übersetzer in die thüringische Provinz zurückzuziehen. Zum Abschied schenkte Angela Merkel ihm Gogols «Tote Seelen». Und wahrscheinlich ahnte sie nicht einmal, wie gut es passte, als sie ihm auch noch hineinschrieb: «Geh ins Offene.»

Vierzehn Jahre später. Es ist Dienstag, der 9. Januar 2001. Die CDU-Parteivorsitzende kommt etwas früher als sonst in die Parteizentrale an der Klingelhöferstraße und fragt ihre Pressesprecherin: «Haben wir die *ZEIT* schon? Ich habe da so ein komisches Fax bekommen.»

Ein Journalist hatte in der Gauck-Behörde nach den Akten von Michael Schindhelm gefragt. Die Behörde informierte Schindhelm. Er war IM gewesen. Und er war damals ja vor allem deswegen «ins Offene» geflohen, um die Quälgeister der Stasi endlich abzuschütteln. Seit seiner Studienzeit hatten sie ihn mit einer erfundenen Geschichte erpresst, hatten von ihm Berichte verlangt und sich vorgestellt, dass er eine tolle wissenschaftliche Karriere machen sollte, um in allen Positionen weiter für sie zu spitzeln.

Um der Veröffentlichung des Journalisten zuvorzukommen, hatte Schindhelm einen langen Aufsatz für die *ZEIT* und die *Baseler Zeitung* geschrieben, in dem er aus den Zwischenlagerstätten seines Gewissens endlich hervorholte, was er so lange verschwiegen hatte.

Und ihr, seiner Zimmernachbarin und Freundin, der Renate aus seinem Roman, dem einzigen Menschen an der Akademie, mit dem man reden konnte, die noch als Parteivorsitzende der CDU treu zu seinen Lesungen kam, wann immer sie es einrichten konnte, ihr hat er es gerade mal einen Tag vor den Agenturen mitgeteilt. Per Fax.

Schindhelms Opferakte ist siebenmal so lang wie seine Berichte. Er hat offenbar niemanden denunziert, kein Geld genommen und auch keine Vorteile durch seine erpresste IM-Tätigkeit bekommen. Er hat nicht über seine Kollegen in der Akademie berichtet.

«Und ich habe nicht über Angela Merkel berichtet», sagt er.

Und doch hat es sie getroffen. Es hat sie in ihrem Misstrauen bestätigt. Und es hat an einer alten Wunde geätzt. Ein anderer der Freunde an der Akademie hatte ausführlich über sie berichtet, hat sie regelrecht verraten. Damit lebt sie schon seit ein paar Jahren: Frank Schneider, der Kollege und Freund, den sie alle Schnaffi nannten, war der IM Bachmann. Auch er hatte sich mit ihr eine Weile das Zimmer geteilt an der Akademie. Er gehörte zum engeren Freundeskreis. Er hatte mit den anderen geholfen, die besetzte Wohnung in der Templiner Straße zu renovieren. Und er war mit einer Georgierin verheiratet, mit der Angela Merkel so gerne russisch geplaudert hat.

Schnaffi hat Angela Merkel richtig abgeschöpft in all den Jahren, hat ausführlich und kontinuierlich über sie berichtet.

Politisch-ideologische Diversion steht für das Jahr 1984 in ihrer Akte. *Sie steht unserem Staat sehr kritisch gegenüber.*

Er hat berichtet, wenn sie die Witwe des Staatsfeindes Robert Havemann besuchte und wie oft sie, schon vor ihrer Scheidung, mit ihrem Kollegen Sauer zum Mittagessen ging, mit dem sie heute verheiratet ist.

Politisch könnte Angela Merkel vieles von dem, was in ihrer Stasi-Akte steht, als Adelsprädikat vor sich hertragen.

Sie hat auch Kontakt zu Kreisen aus dem Prenzlauer Berg, die wenig mit der Politik unseres Staates gemeinsam haben, sowie zu jungen Künstlern und Mitgliedern der evangelischen Kirche.

Seit ihrer Gründung war sie begeistert einverstanden mit den Forderungen und den Aktionen der Solidarność *in Polen.*

Obwohl Angela die Führungsrolle der Sowjetunion mehr als die Rolle eines Diktators auffasst, dem sich alle anderen sozia-

listischen Länder unterordnen, ist sie auf der anderen Seite von der russischen Sprache sowie der Kultur der Sowjetunion begeistert. Und so weiter und so fort.

Menschlich muss es eine Katastrophe gewesen sein. Hochverrat unter Freunden. Die dazugehörigen Gefühle kann nur ermessen, wer es erlebt hat.

Angela Merkel spricht nicht darüber.

Und jetzt also Schindhelm. Die Schweizer Zeitungen sind für ein paar Wochen ganz aus dem Häuschen, endlich auch einen eigenen Stasi-Fall zu haben.

«Und dann schickt mir die *Baseler Zeitung* so einen Zehn-Fragen-Katalog. Der war so ungefähr wie in einem Untersuchungsausschuss: Wann haben Sie das zum ersten Mal von wem wie erfahren? Was haben Sie unternommen? Das finde ich einfach unglaublich. Schindhelm ist ein persönlicher Bekannter von mir. Und ich bin der Meinung, dass ich auch als Person des öffentlichen Lebens nicht die Pflicht habe, mich über persönliche Bekanntschaften zu äußern. Das muss doch möglich sein, dass ich dazu schweige.»

Es muss möglich sein, dass sie dazu schweigt. Und es fällt nur auf, dass der «persönliche Bekannte» Schindhelm in früheren Gesprächen immer noch «der gute Freund» gewesen ist.

Es gibt noch etwas anderes, worüber sie schon lange nicht mehr gesprochen hat. Sie spricht überhaupt ungern darüber. Am liebsten würde sie auch darüber schweigen.

Wenn man im Jahr 2001 Zeitungsartikel über Angela Merkel schreibt, bekommt man deswegen gelegentlich seltsame und sehr aggressive Leserbriefe: Warum unterschlagen Sie, dass Angela Merkel FDJ-Sekretärin für Agitation und Propaganda war mit dem Hauptziel «Bekämpfung der friedensfeindlichen und imperialistischen BRD»?

Natürlich kommt so was anonym oder mit «vielen Grüßen ins Stoiberland», unterschrieben als: «Einige ABLer und NBLer».

ABLer und NBLer steht offenbar für Altbundesländler und Neubundesländler. Und Angela Merkel war tatsächlich FDJ-Sekretärin an der Akademie der Wissenschaften, FDJ-Sekretärin für Agitation und Propaganda.

Der ehemalige Verkehrsminister, Parteifreund Günther Krause, redet sich bei diesem Thema regelrecht in Rage: «Angela Merkel war FDJ-Kreisleitungsmitglied für Agitation und Propaganda. Sie hat dort nicht die idealistische Weltanschauung der CDU propagiert, sondern Marxismus-Leninismus. Und was mich ärgert an dieser Frau, ist schlicht und einfach der Sachverhalt, dass sie nicht zugibt, in der DDR eine Systemnähe gehabt zu haben. Sie war fachlich nicht unverzichtbar an der Akademie der Wissenschaften. Sie war aber durchaus nutzbar als Pfarrerstochter im Sinne des Marxismus-Leninismus. Und das verdrängt sie. Das ist aber die Wahrheit. Ich mache ihr gar keinen Strick daraus, sondern ich erwarte eben nur, dass sie beispielsweise aufhört mit diesen ganzen dummen Diskussionen über die PDS-Vergangenheit. Ich müsste sie ja dann auch fragen: Also, entschuldige bitte, wegen deiner FDJ-Vergangenheit hast du in der CDU doch eigentlich keinen Platz?»

Und wenn man vorsichtig einwendet, dass Angela Merkel doch offenbar als FDJ-Kultursekretärin, wie sie es immer nennt und darstellt, nur Theaterkarten organisiert und ein Kulturprogramm an der Akademie veranstaltet hat, sagt Krause:

«Nein, Agitation und Propaganda hat sie gemacht. Das ist eben nicht Kulturprogramm. Agitation und Propaganda, da ist man verantwortlich für die Gehirnwäsche im Sinne des Marxismus. Das war ihre Aufgabe, und das war keine Kulturarbeit. Agitation und Propaganda, das war die Truppe, die alles das, was man in der DDR zu glauben hatte, in die Gehirne der Leute abzufüllen hatte mit allen ideologischen Tricks.»

Krause war nicht an der Akademie in Adlershof. Rostock ist nicht Berlin. 2001 ist nicht 1978. Andere, die auch nicht dabei waren, interpretieren es anders.

Günter Nooke sagt: «So was hören Sie nur von Leuten, die jetzt ein Interesse haben, Angela Merkel in eine Ecke zu stellen. Zwischen Widerstand und Anpassung gab es ja auch noch die innere und geistige Distanz, die es aber nicht darauf angelegt hat, ins Gefängnis zu kommen, die an der Innenseite der Legalität gebeult hat.»

Lothar de Maizière sagt: «Es gab viele Leute, die aufgrund ihrer persönlichen Geradlinigkeit Unannehmlichkeiten im beruflichen Leben hingenommen haben. Das kann man von Angela nicht sagen. Sie schwamm als FDJ-Kulturtante so durch. Aber es ist unfair, wenn man ihr das heute vorhält. Sie war in der FDJ immer für Kultur zuständig. Und jeder, der in der DDR gelebt hat, weiß, wenn man sich richtig doll drücken wollte, dann machte man in der FDJ-Gruppe den Kulturonkel oder die Kulturtante. Sie ist deutlich jünger als ich. Ich konnte noch durchschwimmen ohne FDJ.»

Professor Hans-Jörg Osten war mehrere Jahre lang der FDJ-Sekretär am Institut, Merkels FDJ-Chef also gewissermaßen. Die FDJ, erzählt er, gab es in der DDR ja eigentlich nur für die Sechzehn- bis Zwanzigjährigen. An der Akademie aber gab es sie trotzdem auch noch für Ältere. Und weil die FDJ an der Akademie direkt dem Zentralrat der FDJ unterstand, hatten und nahmen die Freunde, die zugleich die FDJ-Leitung machten, sich jede Menge Freiheiten. Es gab ja keine Bezirksleitung, an die man berichten musste.

«Wir sind also zusammen ins Theater gegangen, haben zusammen Urlaub gemacht, haben mit dem Institut in Prag einen netten Kooperationsvertrag gemacht, in dem es vor allem auch darum ging, den jungen tschechischen Kollegen schöne Plätze an der Ostsee zu besetzen und dafür was im Riesengebirge zum Skilaufen zu bekommen.»

Angela Merkel übernahm das Amt der FDJ-Sekretärin für Agitation und Propaganda. Das bedeutete, sagt Osten, dass sie sich vor allem um das so genannte Studienjahr zu kümmern hatte, eine monatliche Zwangsveranstaltung zur politischen Weiterbildung.

«Da haben wir immer versucht, Leute als Referenten einzuladen, die wir wirklich interessant fanden. Ein Soziologe hat über Selbstmord gesprochen, ein Thema, das es offiziell ja gar nicht gab in der DDR. Wir hatten Veranstaltungen zu den Themen Scheidung oder Friedensbewegung – gab es ja angeblich auch alles nicht», sagt Osten.

Einmal hat Angela Merkel einen Vortrag zur «Stellung der Frau in der Bundesrepublik» organisiert, bei der die Referentin ausdrücklich sagte, sie spreche jetzt über die Bundesrepublik, weil es zu diesem Thema ja leider keine Forschung in der DDR gebe. Man könne aber vieles, was sie über die BRD erzählen werde, auf die DDR übertragen.

«Wir hatten Veranstaltungen zur wirtschaftlichen Entwicklung in Ungarn und sogar zum Thema Marktwirtschaft. Alles Themen, die wirklich nicht der vorgegebenen FDJ-Linie entsprachen», sagt Osten.

Natürlich habe es entsprechend oft Stress mit der Parteileitung des Instituts gegeben. Nehmt doch mal die Themen des nächsten Parteitages, habe es geheißen. Dann habe man eben eine Referentin von der Humboldt-Uni gebeten, die den jungen Leuten die Parteitagsthemen gegen den Strich gebürstet hat: Wie sieht das mit unserer Wirtschaft real aus? Was läuft hier eigentlich wirklich? Wie funktionieren die Mechanismen?

Professor Hans-Jörg Osten ist heute mit der stellvertretenden Fraktionsvorsitzenden der PDS in Brandenburg verheiratet. Es gibt für ihn keine Gründe, die FDJ-Zeit an der Akademie zugunsten einer CDU-Vorsitzenden umzudeuten oder schönzureden. Vor allem nicht, weil er sauer ist auf Angela Merkel.

Sie hat bei ihm gewohnt, als sie ihren Mann verlassen hatte. Er hat ihr beim Besetzen und Renovieren der Wohnung geholfen. Sie haben sich zusammen für ein Ferienwinterlager auf Rügen freistellen lassen. Die beiden haben dort viel Spaß gehabt, als sie versuchten, den 15-jährigen Mädchen und Jungen das Tanzen beizubringen.

Und es kränkt ihn, wie sehr Angela Merkel sich heute von ihm und den anderen distanziert, nur weil sie in der SED waren. Es kränkt ihn, wenn sie heute sagt: «Die waren alle exotisch links.» Und dass sie mit den damaligen Freunden überhaupt nur zu tun hatte, weil sie zufällig mit ihr auf dem gleichen Flur saßen. Er denkt dann: Mädel, du leierst hier Sachen runter, die weißt du eigentlich besser.

Er sagt: «Heute redet sie so, als seien in der SED zweieinhalb Millionen Systemnachbeter gewesen. Als ob nicht gerade sie wüsste, wie viele junge Leute es gab, die innerhalb der SED das System DDR ändern wollten. Damals hat sie immer gesagt, egal, ob einer Parteimitglied ist oder nicht, ob er ein ordentlicher Mensch ist, ist wichtig.»

Einmal, 1993, da war Angela Merkel schon Ministerin für Frauen und Familie im wieder vereinigten Deutschland, ist sie zu einer großen Jugendveranstaltung nach Frankfurt an der Oder gekommen. Toll, hat Professor Osten sich gedacht, da gibt es endlich eine Möglichkeit, wieder einmal zu schwatzen. Und ist also da hingegangen. Er hat dann Merkels Pressesprecherin eine Visitenkarte gegeben, auf die er geschrieben hatte: *Hallo Angela, bin auch in der Halle, wenn du mal ein paar Minuten hast, können wir quatschen.*

«Dann ist sie kurz gekommen; ah, schön, bist du jetzt in Frankfurt? Aber ich konnte spüren und sehen, dass es ihr absolut unangenehm war, mich zu treffen. Sie sagte: Ich hab zu tun; und weg war sie. Dann stand sie zehn Meter neben mir und hatte gar nichts zu tun.»

Redete da mit irgendwelchen Leuten?

«Nein, sie guckte dem Programm auf der Bühne zu.»

Wie erklären Sie sich das?

«Sie denkt: Jetzt bin ich eine andere. Damit will ich nichts mehr zu tun haben.»

Wenn Sie mal mit ihr reden könnten, würden Sie das ansprechen?

«Ich habe kein Interesse mehr, mit ihr zu reden.»

In einem frühen Interview mit der *Ostseezeitung* hat die Frauenministerin Angela Merkel gesagt: «Wir müssen lernen, über unsere eigene Vergangenheit zu sprechen. Wenn ich heute durch die neuen Bundesländer reise, habe ich den Eindruck, dass niemand in der Gewerkschaft, der Partei oder der FDJ war. Es gibt nur den Schrei nach vier oder fünf Leuten, die man an der Fahnenstange hängen sehen will.»

Und dann hat sie gefragt: «Warum erklärt man denn unter anderem in den Schulen den Jugendlichen nicht, weshalb vor drei Jahren noch eine ganz andere Geschichtsstunde abgehalten wurde? Auch uns wird die nächste Generation fragen: Was hat sich in der Umbruchszeit getan?»

Es kann sein, hat sie viel später einmal im *Spiegel*-Interview gesagt, dass die neuen Bundesländer ihr 1968 noch vor sich haben, dass erst die nächste Generation fragen wird, was hast du eigentlich gemacht, wieso warst du in der FDJ?

Gleich am ersten Jahrestag der deutschen Einheit machte die junge Frauenministerin bei einem CDU-Jugendfestival in Schwerin dann allerdings eine unangenehme Erfahrung. Ihr offenes Bekenntnis, Mitglied der FDJ gewesen zu sein, ihr Bericht darüber, was sie als FDJ-Sekretärin für Agitation und Propaganda an der Akademie der Wissenschaften genau gemacht hat, hatte die anwesenden Westler von der Jungen Union hochgradig irritiert.

«Ich merkte, wie wenig Verständnis wir auch ein Jahr nach der deutschen Einheit füreinander haben, wie schwer es ist für jemanden aus den alten Bundesländern, aktive Mitgestaltung an dem sozialistischen System von notwendiger Anpassung zu unterscheiden, und wie schwer es auch für uns ehemalige DDR-Bürger ist, einheitliche Maßstäbe für eine Bewertung des Lebens in der früheren DDR zu finden.»

Und in einem Artikel für die *Frankfurter Rundschau* schrieb sie den schönen Satz:

«Voneinander erzählen ist mindestens so wichtig wie einander Geld zu geben.»

Sie hat es, gegen die eigene Erkenntnis, nicht durchgehalten. Der Druck einer Gesellschaft, die nur noch gut und böse, schwarz und weiß, Daumen hoch oder Daumen runter, aber keine Differenzierungen und keine Grautöne mehr kennt, ist ihr offenbar zu hoch geworden. Jetzt spricht sie immer davon, dass sie als FDJ-*Kultursekretärin* nur Theaterkarten organisiert habe. Die Vokabel Agitation und Propaganda kommt bei ihr nicht vor. Und die Freundschaft zu den SED-Jungs hatte mit ihrem geselligen Leben zu tun und ist nur damit überhaupt zu erklären, dass die zufällig mit ihr auf dem gleichen Flur saßen.

Es kann sein, dass Angela Merkel da einen Fehler macht.

Man könnte sich durchaus vorstellen, dass eines fernen Tages, vielleicht ganz kurz vor einer wichtigen Wahl, wenn es machtpolitisch doch noch einmal interessant ist, die Geschichte der DDR und des Mauerfalls neu zu interpretieren, ehrgeizige Schwarzweißjournalisten von interessierten Kreisen mit Material versorgt werden. Dann werden sie «aufdecken», dass Angela Merkel als Schülerin das blaue Hemd einer Organisation getragen hat, die in der Bundesrepublik als verfassungsfeindlich erklärt war, und dass sie Sekretärin für Agitation und Propaganda an der Akademie der Wissenschaften gewesen ist.

Vielleicht ist dann gerade eine Generation herangewachsen, die überhaupt keine eigene Anschauung mehr vom Alltag in der DDR hat.

So wie Anfang 2001 einer neuen Generation im Westen und allen Ostdeutschen entdeckt wurde, was eigentlich ja alle wussten, dass Außenminister Joschka Fischer ein Straßenkämpfer gewesen ist in seinen Frankfurter Jahren. So wie man plötzlich als Sensation handelte, was seit dreißig Jahren bekannt war.

So wie man in diesem geschichtsbesessenen und geschichtsvergessenen Deutschland offenbar immer wieder die Wirklichkeit wenden und drehen kann, so lange, bis eine andere Wahrheit aus ihr geworden ist. Und jede Generation sich eine neue Geschichte erfindet, die sie dann für die Geschichte des Landes hält.

UND WENN GESCHICHTE WIE WETTER GEHT?

Angela Merkels Arbeitsalltag an der Akademie war die Berechnung der Geschwindigkeitskonstanten von Elementarreaktionen am Beispiel einfacher Kohlenwasserstoffe. Ihre Doktorarbeit trägt den Titel: «Die Untersuchung des Mechanismus von Zerfallsreaktionen mit einfachem Bindungsbruch und Berechnung ihrer Geschwindigkeitskonstanten auf der Grundlage quantenchemischer und statistischer Methoden».

Und sie schaut einen sehr skeptisch an, wenn man sie im Januar 2000 nicht nur zu den Schwarzgeldern der hessischen CDU ausfragt oder dazu, wie lange Schäuble wohl noch Parteivorsitzender bleiben kann, sondern auch noch wissen will, was sie da nun eigentlich genau geforscht hat, während Kohl und Kiep und Kanther ihre schwarzen Millionen hin und her schoben.

Ob das nicht die Aufnahmefähigkeit einer politischen Journalistin übersteigt?

Versuchen wir es mal: Die DDR hatte eine Idee. Die Idee hieß Plaste aus Erdgas. Erdgas kam über die Leitung aus der Sowjetunion und ist ja praktisch ein Kohlenstoffatom mit Wasserstoffatomen drumherum, Methan eben. Und wenn man Kohlenwasserstoffverbindungen machen will, dann muss man das Methan erst einmal aufbrechen, also Wasserstoffatome abschlagen. Dann hat man eine hochreaktive, freie Bindung und kann lange Ketten machen von Kohlenwasserstoffen. Aus denen macht man «Plaste und Elaste aus Schkopau», was man eben heute als synthetische Verbindung bezeichnen würde. Oder so.

Angela Merkel benutzt ihre zusammengelegten Fäuste, um Kohlenstoffatome und Wasserstoffatome explosionsartig auseinander schießen zu lassen. Die Fäuste fliegen links und rechts von ihrem Körper weg.

«Das kann man mit Hilfe von Katalysatoren machen oder unter sehr hohen Temperaturen.»

Doktor Merkel sollte sich theoretisch damit beschäftigen, wie man unter hohen Temperaturen das eine Wasserstoffatom wegzieht, und sie sollte herausfinden, also genau genommen ausrechnen, wie viele Endprodukte man auf diese Art und Weise aus wie viel Methan bekommt.

«Was ziemlich wahnwitzig ist, weil sowieso klar war, dass man niemals so viel Energie haben würde, um die notwendigen Temperaturen in hohem Maßstab zu erzeugen. Aber wir haben es durchgerechnet und auch in kleinen Reaktoren an der Akademie ausprobiert. Ich hatte die Aufgabe, das theoretisch zu begleiten.»

Was für ein schönes Experiment. Und was für eine schöne Metapher für das Ende der DDR. Der Druck und die Temperatur im eingemauerten Land hatten sich seit 1988 langsam, aber stetig erhöht. Und dann, 1989, war offenbar die hinreichende Menge Aktivierungsenergie erzeugt. Endlich reagierten die bisher vollkommen entschleunigten Teilchen. Die DDR explodierte. Und wie Wasserstoffatome unter sehr hoher Temperatur wurden auch die Menschen in dieser gewaltigen Explosion durcheinander gewirbelt, von allem getrennt, womit sie so lange und scheinbar unauflöslich verbunden waren, und in alle möglichen Richtungen geschleudert.

Und daran, was zum Beispiel aus den Physikern der kleinen Abteilung am Institut für physikalische Chemie nach der großen Explosion geworden ist, kann man im Nachhinein erkennen, was für eine Elite dort hinter den Schlehenbüschen von Adlershof auf das Ende der DDR gewartet hatte.

Der eine – Michael Schindhelm – wurde Theaterintendant.

Sein Theater in Basel wird zur Pilgerstätte der jungen Kritiker im deutschsprachigen Raum, die es 1999 zum Theater des Jahres erklären. Der andere – Hans-Jörg Osten – verhandelt in der neuen Welt mit dem Emirat Dubai und dem amerikanischen Giganten Intel um eine Fabrik für den von ihm patentierten Mikrochip. Professor Joachim Sauer, Angela Merkels heutiger Ehemann, blieb im Fach und gilt heute weltweit als eine der Koryphäen in der physikalischen Chemie. Angela Merkel wurde Vorsitzende der Bundes-CDU.

Und dann ist da noch der Chef der kleinen Abteilung, Klaus Ulbricht. Er wurde der Hauptmann von Köpenick.

Das heißt, die Menschen drüben in Treptow und die Journalisten in Berlin nennen ihn so, seitdem Treptow mit Köpenick zu einem Großbezirk zwangsvereinigt wurde und er, der SPD-Bürgermeister des viel älteren und viel berühmteren Bezirks Köpenick, Bürgermeister des Gesamtbezirks ist und, aus Sicht der Treptower natürlich, immer alles besser weiß.

Klaus Ulbricht ist ein Bürgermeister, wie man ihn sich nur wünschen kann. Er arbeitet mit großem Engagement vierzehn Stunden am Tag und diskutiert dann noch bis Mitternacht mit rechtsradikalen Jugendlichen. Den Haushalt für 2001 würde er am liebsten gar nicht angucken, sagt er, so knapp ist auch in Köpenick das Geld. Und mit seinen Leuten im Sozialamt bekommt er regelmäßig Krach, weil er es in seinen Bürgersprechstunden einfach nicht lassen kann, dem einen oder anderen armen Tropf, der gekommen ist, sein Leid zu klagen, mal eben aus seinem Privatportemonnaie 20 Mark rüberzuschieben.

Gerade war der Rechnungshof von Moskau zu Gast in Berlin. Als Ulbricht da zur Begrüßung gesprochen hat und als Erstes sagte: Ich bin eigentlich Chemiker, da haben alle angefangen zu lachen. Die Präsidentin des Moskauer Rechnungshofes ist auch Chemikerin und der Vizepräsident ist Physiker.

«Auch in Russland sind ja ganz andere Berufsgruppen in die Politik gekommen», sagt Ulbricht.

Und dann, nach einer Weile, sagt er auch noch: «Jetzt kommen ja leider die Juristen wieder nach.»

Ich habe sie alle gefragt, was das bedeutet, eine Naturwissenschaftlerin in der Politik. Kurt Biedenkopf hatte seine Überlegungen zu diesem Thema zusammengefasst mit dem Satz: Ein Naturwissenschaftler denkt eben völlig anders als ein Sozialdemokrat.

Lothar de Maizière sagt: «Sie weiß, dass es für jede Wirkung eine Ursache und vielleicht auch günstige Bedingungen gibt. Sie kann schon eine möglicherweise notwendige Bedingung gleich zu einer Ursache erklären. Sie beherrscht die Gesetze der formalen Logik und kann daher ziemlich schnell und zielstrebig logische Ketten aufbauen.»

Heiner Geißler erinnert sich noch gut an Angela Merkels erste Zeit in Bonn. Von Anfang an habe man beobachten können, wie nützlich es für sie ist, Naturwissenschaftlerin zu sein. Blitzschnell habe sie analysiert, durchschaut und verstanden, wie Bonn funktioniert. «Sie war eben nicht vorgebildet und leicht verblödet, wie das bei Juristen und Volkswirten leider oft der Fall ist. Die können dann nur partiell denken, wissen nichts von Schiller und Goethe, aber auch nichts von moderner Literatur. Und von Naturwissenschaften haben sie überhaupt keine Ahnung. Das Gute bei Angela Merkel war von Anfang an: Plötzlich ist da jemand in der Politik, der einen anderen Horizont mitbringt, der eine Doktorarbeit geschrieben hat über Elementarteilchen.»

Wolfgang Schäuble sagt, dass mit Merkel ein spieltheoretisches Element in die deutsche Politik gekommen sei. Spieltheorie ist Phantasie in der Aufgabenstellung und dann: reine Mathematik. In Amerika waren es Spieltheoretiker, die ausgerechnet haben, wie die Kuba-Krise ausgeht, wenn Präsident Kennedy nur glaubwürdig genug macht, dass er nicht zurückweichen wird.

Politik als theoretisches, berechenbares Experiment. Das

Denkmuster des Naturwissenschaftlers ist der Versuch. Wenn es so nicht geht, geht es vielleicht andersherum. Und es ist für eine Physikerin offenbar keine echte Kränkung, wenn messbar veränderte Kräfteverhältnisse sie zwingen, umzudenken und neue Kompromisse anzustreben. Man muss dann nur versuchen, die Sache in jedem einzelnen mathematischen Schritt noch einmal vom Ende her zu denken.

Auch Margaret Thatcher kam ja als studierte Naturwissenschaftlerin in die Politik. Ihr Vater war ein methodistischer Laienprediger. Diese Kombination aus naturwissenschaftlich analytischem Denken und fester, christlicher Grundüberzeugung führte bei ihr dazu, dass sie die «wets», die Waschlappen in ihrer Partei, immer spüren ließ, dass sie ihrer Meinung nach nicht nur nicht richtig denken können, sondern außerdem auch noch keine gefestigten Überzeugungen haben. Ziemlich unerträglich muss das gewesen sein.

Und Ansätze davon kann man gelegentlich auch bei Angela Merkel spüren. Wenn sie zum Beispiel vom christlichen Wertekompass spricht. Wenn sie also das Selbstbewusstsein und das Vokabular der von ihr als gegeben vorausgesetzten moralischen Höhe der Christlich Demokratischen Union mit dem Selbstbewusstsein und dem Vokabular des naturwissenschaftlich-analytischen Denkens verknüpft.

Merkel wehrt Vergleiche mit Maggie Thatcher heftig ab. Ihre Augen aber sagen: Nur zu, machen Sie weiter, das gefällt mir.

Andererseits verführt so ein physikalisches Denken möglicherweise dazu, immer erst dann zu handeln, wenn man glaubt, alles vorausberechnet zu haben. Das strahlt aber keine Führungsstärke aus. Man beobachtet Prozesse vielleicht länger, als es gut ist, lässt sie laufen, riskiert keine mutigen Entscheidungen, ruft nie: mir nach, sondern wartet immer alle Entwicklungen ab, um sich dann erst an die Spitze der Bewegung zu setzen. Dieses Politikmodell der nackten Machtabsicherung hat Angela Merkel auch in den acht Kabinettsjahren von dem Historiker Helmut Kohl lernen können. Dazu hätte sie kein Physikstudium gebraucht.

Klaus Ulbricht erinnert sich an Angela Merkel als eine sehr ehrgeizige und engagierte junge Wissenschaftlerin, die sich «wahnsinnig agil» und mit großer Energie in ihre Aufgaben hineingeworfen hat. Mit ihren Berechnungen war sie immer schneller, als die anderen mit den Experimenten überhaupt nachkommen konnten. Außerdem habe sie ein phantastisches Talent gehabt, ihre wissenschaftlichen Ergebnisse vorzutragen auf Kongressen und auf den Kolloquien der Akademie.

«Angela Merkel hatte die Gabe», sagt der Hauptmann von Köpenick, und seine Bürgermeisterstimme wird plötzlich ganz sanft, «ja, sie hatte die Gabe, wunderbar zu reden. Sie hat herrliche wissenschaftliche Vorträge gehalten. Sie konnte sehr gut komplizierte Zusammenhänge einfach und verständlich darstellen.»

Und wenn er sie heute im Fernsehen sieht, wenn sie müde aussieht und abgekämpft, wenn sie wieder einmal verloren hat?

«Dann denke ich meistens, Mensch Mädchen, hast dich wieder mal gut geschlagen. Hast du clever gemacht. So eine große Partei ist doch schwer beweglich wie ein Öltanker. Und ich bewundere sie, wie sie da langsam, aber stetig, Kurs ändert, während die Journalisten immer schreiben, dass sie keine Meinung habe oder nicht weiß, was sie will.»

Das klingt, als ob er stolz auf sie ist, obwohl viele sie schon lange nicht mehr ganz so toll finden. Und obwohl sie nicht in der SPD ist.

«Ja, man kann schon sagen, ich empfinde ein bisschen Stolz auf sie», sagt der SPD-Bürgermeister über die CDU-Vorsitzende.

Und hat er Sorge, dass sie es nun doch nicht packt gegen all diese Westmänner, die zu gerne selber etwas werden wollen und die mit dem Dolch im Gewande durch Berlin laufen, durch Wiesbaden und München?

Da sagt Klaus Ulbricht: «Ich bin sicher, dass sie das schaffen wird. Sie ist Physikerin. Und, Sie müssen wissen, ich kenne jetzt die Berliner SPD seit über zehn Jahren. Viel schlimmer kann die Bundes-CDU auch nicht sein.»

Wir hatten uns verabschiedet, der Bürgermeister von Köpenick war schon in sein Zimmer zurückgegangen, als er die Tür noch einmal aufmachte und seinen Kopf rausstreckte in den Flur des viel gefilmten Rathauses von Köpenick.

Dann sagte er: «Und, wenn Sie sie sehen, grüßen Sie sie doch bitte von mir.»

Wenn man mit der Physikerin Angela Merkel kurz nach ihrer Wahl zur Parteivorsitzenden darüber diskutierte, ob es nicht besser gewesen wäre, wenn das Präsidium der CDU sie nicht ganz so einstimmig vorgeschlagen hätte, damit sie wenigstens wüsste, wer ihre Feinde sind, dann antwortete sie:

«Ich glaube, dass auch in der Politik, wie im Leben überhaupt, Erhaltungssätze gelten.»

Erhaltungssätze?

«Erhaltungssätze gelten normalerweise für Masse und Energie. Das Verhältnis bleibt immer gleich. Im übertragenen Sinne heißt das, auf positive Ausschläge folgen negative und umgekehrt. Nach Niederlagen geht es wieder aufwärts. Und immer, wenn Sie hochgelobt werden wie ich zurzeit, müssen Sie auch schon das Gegenteil denken.»

Nach der Lehre von den Erhaltungssätzen ist es also ganz in Ordnung, wenn ihr ein Jahr nach ihrer Wahl zur Parteivorsitzenden viele Menschen nicht mehr viel zutrauen. Sie ist erst immer unterschätzt, dann überschätzt worden. Jetzt ist es wieder andersherum. Und wer erst wieder genug Pech hat, wird auch wieder einmal Glück haben. Wenn man so entschleunigt gelebt hat wie Angela Merkel in der DDR, kann man auch eine Zeit der unfassbaren Beschleunigung gut aushalten.

Gesunder Fatalismus?

Nein, Naturgesetze. Da muss man sich nicht drüber aufregen.

Wenn Angela Merkel von Journalisten gefragt wird, wieso sie eigentlich ausgerechnet Physik studiert hat, sagt sie meistens so etwas wie: «Grundrechenarten und Naturgesetze konnte eben selbst die DDR nicht außer Kraft setzen. Zwei mal zwei musste auch unter Honecker vier bleiben.»

Wenn sie gut gelaunt ist, sagt sie noch: «Außerdem wollte ich Einsteins Relativitätstheorie verstehen.»

Und auf die Frage, was können Politiker von Physikern lernen, macht sie es sich und ihrem Publikum leicht und sagt: «Schwerkraft. Ohne Masse kein Tiefgang.»

Wer etwas genauer und länger hinhört, spürt, dass es mehr ist, dass Angela Merkel misstrauisch gegen Geisteswissenschaftler ist. Sie sagt es nicht, weil sie niemanden kränken will, und sie würde ja zum Beispiel im Deutschen Bundestag eine deutliche Mehrheit kränken, aber sie hat enorme Vorbehalte gegen Soziologen, Politologen und Juristen.

«Meine Sorge ist, dass Politiker bald nicht mehr in der Lage sind, das unglaublich schnell wachsende Wissen intellektuell zu verarbeiten. Wie wollen sie die richtigen Fragen stellen und die richtigen Rahmenbedingungen setzen, wenn im Bundestag kaum ein Arzt sitzt und nur sehr wenige Biologen und Physiker? Die letzten Naturwissenschaftler im Parlament verdanken Sie der deutschen Einheit – abgesehen von ein paar Grünen, die ihren Wissenschaftspessimismus pflegen. Und wie viele Manager, die das Globale kennen, sitzen dort?» So etwas sagt sie schon mal in Interviews.

Sie hat einen Überdruss an den Dogmen und Ismen des ideologischen Zeitalters und auch daran, dass viele in der Gesellschaft, und leider so viele auch in ihrer eigenen Partei, noch diesem alten Denken verhaftet sind. Sie, Angela Merkel, lebt und handelt in dem Bewusstsein, das lange hinter sich gelassen zu haben. Das Studium der Quantenphysik hat sie ja noch mit Skepsis sogar gegen die mathematische Beschreibbarkeit von Realität ausgerüstet.

Sie weiß, wie nachhaltig Ideologie das Denken blockiert. Sie ist ja selber der Dauerpropaganda der Kommunisten aufgesessen, eine Zeit lang. Obwohl sie natürlich den Quatsch nie geglaubt hat, den man im Marxismus-Leninismus lernen musste:

«Ich habe hundertmal in meinem Leben beweisen müssen, dass die Sowjetunion mit naturgesetzlicher Zwangsläufigkeit die Amerikaner volkswirtschaftlich überholt. Das Lösen dieser Textaufgaben hat nicht dazu geführt, dass es so gekommen ist.»

Aber, und das nimmt sie sich heute noch übel, die Prämissen, die man im dialektischen Materialismus als gegeben voraussetzte und von denen seit ihrer Schulzeit immer und überall die Rede war, «die waren mir offenbar in Fleisch und Blut übergegangen».

Dauerpropaganda wirkt also synapsenverändernd?

«Erstaunlicherweise hatte ich nach so vielen Jahren Staatsbürgerkunde und Geschichtsunterricht und wissenschaftlichen Kommunismus- und Marxismus-Leninismus-Vorlesungen und was weiß ich was für ein Zeug implizit für mich tatsächlich akzeptiert, dass die Geschichte nach Gesetzmäßigkeiten abläuft und dass immer, wenn die Widersprüche dominieren und neue Quantitäten sich akkumulieren, wieder eine neue Qualität kommt. Ich konnte zwar nicht sagen, was jetzt aus dem Sozialismus wird, aber irgendwie hatte ich akzeptiert, dass Geschichte nach Gesetzen abläuft. Ich hatte das nicht zu Ende gedacht.»

Bis eines Tages ein Kollege in der Akademie zu ihr sagte: Woher nimmst du eigentlich die Gewissheit, dass Geschichte nicht geht wie das Wetter?

«Da habe ich lange darüber nachgedacht, und dann ist mir erst mal klar geworden, dass sie da bei mir was geschafft hatten. Sie hatten es geschafft, mir diese ideologische Prämisse in den Kopf zu setzen.»

Und wie geht Wetter?

«Sie müssen nur ein Molekül ändern, dann stimmt alles nicht mehr.»

In einem Fernsehgespräch mit Michel Friedman hat Angela Merkel erst über praktische Politik in der Ereignisdemokratie und dann über das physikalische Chaos gesprochen und davon, dass man ihre Lebensformel als «Brownsche Molekularbewegung» beschreiben könne.

Es macht Spaß nachzulesen, wie Robert Brown 1827 die Bewegung von kleinen Rauch- oder Nebelteilchen in einer Flüssigkeit oder in Gas beschreibt. Vor allem, wenn man dabei an die praktische Politik in der Berliner Republik denkt und sich Merz, Rühe, Schröder, Müntefering, Fischer und Westerwelle als kleine Rauch- und Nebelteilchen vorstellt.

Es handelt sich bei den Bewegungen solcher in Flüssigkeit suspendierten Teilchen auf den ersten Blick durch ein Mikroskop um nichts wirklich Berechenbares, eher um so ein unmotiviertes «Hin- und Herzittern nach einem komplexen Modell, bei dem viele Vektoren im Spiel sind». Kräfte können sich dabei überschneiden, verstärken oder aber einander den Überschuss an Energie wegnehmen.

«Die zu jedem Zeitpunkt aus verschiedenen Richtungen mit unterschiedlichen Impulsen auftreffenden Moleküle ergeben bei jedem Teilchen eine Stoßkraft, die im Laufe der Zeit völlig unregelmäßig Richtung, Größe und Angriffspunkt ändert und dadurch diese Zitterbewegung des suspendierten Teilchens und ihre Diffusion verursacht. Die Bewegungsänderungen erfolgen sehr schnell und sind ebenso wie die zugehörigen Verschiebungen nicht beschreibbar.»

Aber berechenbar. Man kann im Endergebnis den Gleichverteilungssatz der Energie auf sie anwenden und die Gesamtbewegung vorausberechnen. Dann muss man sich mit den einzelnen Zitterbewegungen gar nicht erst aufhalten. Das Resultat bildet sich sozusagen als Summe der Störungen.

Das Resultat als Summe der Störungen. Ein sehr interessantes Modell für praktische Politik.

Damals im Februar 2000 in der provisorischen Parteizentrale

an der Berliner Mauerstraße, als draußen das Weltbild der CDU explodiert war, als alles hin und her zitterte und man ein Resultat noch nicht absehen konnte, weil die Summe der Störungen noch gar nicht bekannt war, habe ich die Generalsekretärin Angela Merkel noch gefragt, ob sie nicht, gerade weil sie Physikerin ist und an Erhaltungssätze glaubt, jetzt sehr beunruhigt sein muss.

Jetzt sind Sie die Heldin der Spendenaffäre, jedermanns Liebling. Aber dann? Bald? Wenn es wieder umschlägt?

Da sagte sie noch zum Abschied, und sie sagte es in so einem seltsamen Lehrerinnenton, als wolle sie sagen, also gut, ich gebe Ihnen noch eine schöne Denkaufgabe mit für den Heimweg:

«Über die Zeitachsen habe ich ja gar nicht gesprochen, in denen Erhaltungssätze gelten.»

Es ist ja dann sehr schnell wieder umgeschlagen. Schneller möglicherweise, als das in den Zeitachsen der Angela Merkel vorgesehen war.

Viertes Kapitel

BEI DEN TOTENGRÄBERN DER DDR

PROBEALARM IN DER GAUCK-BEHÖRDE

DDR-Dissidenten sind offenbar in «Fotoräumen» der Stasi-Gefängnisse heimlich mit radioaktiver Strahlung beschossen worden. Wahrscheinlich wurde auch verstrahltes Essen gereicht. Und erforscht werden muss auch noch, wie gefährlich das radioaktiv markierte Westgeld gewesen ist für die Menschen, die so einen Hunderter tagelang in der Hosentasche mit sich herumgetragen haben.

So viele Jahre sind seit dem Mauerfall vergangen. Und Ehrhart Neubert beschäftigt sich immer noch mit Opposition und Widerstand in der DDR. Als Wissenschaft inzwischen.

Damals, im Oktober 1989, hat Neubert mit Rainer Eppelmann, Friedrich Schorlemmer und anderen christlich motivierten DDR-Oppositionellen, die schon seit den siebziger Jahren Widerstand geleistet und sich für Demokratie und Rechtsstaatlichkeit engagiert hatten, den *Demokratischen Aufbruch* (DA) gegründet. Neubert hat den Text verfasst, mit dem der DA Ende November die Einberufung einer gesamtdeutschen Nationalversammlung, die Wiedervereinigung also, zum 18. März 1990 forderte. Und er war es, der im Dezember 1989 eine junge Physikerin von der Akademie der Wissenschaften beim DA eingestellt hat. Die Frau wollte unbedingt mitmachen und sich dafür sogar von ihrem Job an der Akademie der Wissenschaften in Adlershof freistellen lassen.

Heute ist Ehrhart Neubert Fachbereichsleiter der Abteilung Bildung und Forschung in der Gauck-Behörde, die ja eigentlich inzwischen Birthler-Behörde heißen müsste. Der Arbeitsschwerpunkt seiner Abteilung ist Opposition und Widerstand, eines der Forschungsthemen zurzeit: der Einsatz von radioaktiven Strahlen gegen missliebige Bürger der DDR.

Es ist ein Leben zwischen Spannung und Ekel, sagt er, dieses Leben mit den Stasi-Akten. Und in seinem Büro an der Otto-Braun-Straße liegen sie wirklich überall, auf seinem Schreibtisch, auf Stühlen und Beistelltischen, auf dem Konferenztisch, auf Sideboards und auf dem Fußboden: geheftete Akten, lose Aktenblätter, Aktenstapel, die mit Gummibändern zusammengehalten werden, fest kartonierte, aufgetürmte Akten; gebündelte Pakete Spannung, locker verschnürter Ekel. Und Zigarettenkippen.

Neubert raucht viel. Beim ersten Blick in sein Zimmer kann man den hageren Mann mit den langen, fusseligen Haaren und der Nickelbrille gar nicht finden zwischen all den Akten und dem Zigarettendunst. Wenn man ihn zur Begrüßung durch den Nikotinnebel hindurch fragt, wie der Kilometerstand im Augenblick ist, versteht er die seltsame Frage natürlich sofort und antwortet:

«Von den 180 Kilometern, die wir noch nicht angesehen haben, sind etwa 40 Kilometer irrelevantes Zeug, Parteischulungsmist oder Rechnungen. Da findet man höchstens mal durch Zufall was Interessantes. Dann haben wir noch 40 Kilometer, die entweder nur grob erschlossen sind, wo man also nur kurz reingeguckt und Themenbündel geschnürt hat. In den Rest hat überhaupt noch nie jemand reingeguckt. Wir haben dreißig Leute, die nichts anderes machen als die so genannte Erschließung.»

Und wann …?

«… wenn wir das so weitermachen, brauchen wir noch zwanzig, dreißig Jahre.»

180 Kilometer ungesichtete Stasi-Akten, damit sind 180 Kilometer Aktenrücken gemeint, man könnte die also Rücken an Rücken vom Brandenburger Tor bis weit nach Polen hinein an

der Straße entlang aufstellen. Und wenn jemand auf die Idee käme, aus jedem Ordner die Aktenseiten herauszunehmen und aneinander zu kleben, dann könnte er möglicherweise die ganze Erdkugel umwickeln mit deutschen Stasi-Akten.

Allein über Helmut Kohls abgehörte Telefongespräche sollen sie zwanzig Jahre lang, Woche für Woche, dreißig Seiten voll geschrieben haben. Man könnte also vielleicht doch noch gescheitere Sachen mit diesen Akten anstellen, als die Erde einzuwickeln, denkt man im ersten Moment. Jetzt hat die Kohl-Truppe beim Machtwechsel extra ihre wichtigsten Unterlagen geschreddert wie in einer richtigen Bananenrepublik. Und nun erfahren wir – Stasi sei Dank – wie in einer richtigen Demokratie doch noch alles über die schmierigen Gelder und wie viel es möglicherweise gekostet hat, bei der Kohl-Regierung eine Entscheidung zu kaufen. Andererseits ist Kohls Akte natürlich eine Betroffenen-, eine Opferakte. Und die Vorstellung, der Rechtsstaat würde seine Untersuchungsausschüsse und Gerichtsverhandlungen demnächst anhand von Stasi-Akten führen, ist ja auch wieder absurd.

Helmut Kohl hat erfolgreich gegen die Veröffentlichung seiner Akten geklagt. Niemand in der Gauck-Behörde gibt Auskünfte über die genaue Menge der Kohl-Akten, weder in Seiten noch in Metern. Und über den Inhalt erst recht nicht.

Neubert zündet sich eine Zigarette an, schiebt alle Akten zur Seite und erzählt vom Herbst 1989 und von Angela Merkel.

«Wir suchten in diesem chaotischen Versuch, eine Parteistruktur aufzubauen, Leute, die wir anstellen konnten. Wir hatten unausgepackte Westcomputer. Sie konnte mit Computern umgehen. Und dann habe ich sie fest angestellt als Mädchen für alles.»

Damals im Herbst 1989, als die Mauer gefallen war, ist Angela Merkel mit ihrem Chef Klaus Ulbricht, dem heutigen Bürgermeister von Köpenick, nach der Arbeit oft noch zu politischen Veranstaltungen gegangen.

Eines Abends im November waren Ulbricht und sie zusammen in Treptow. Angelika Barbe stellte dort die SDP vor, die spätere SPD. Die Veranstaltung war im Kulturhaus angesagt. Dann mussten sie alle in eine Turnhalle umziehen, und die war immer noch nicht groß genug für die vielen neugierigen Menschen.

Klaus Ulbricht hat sich an diesem Abend entschieden und ist in die SDP eingetreten.

Angela Merkel aber sagte: «Ich schau erst nochmal bei Eppelmann vorbei.»

Die meisten Menschen, die damals dabei gewesen sind, ärgern sich, wenn sie wieder und wieder und immer vergeblich erklären müssen, dass es 1989 keine große Rolle gespielt hat, in welche Partei man nun ging. Sie wollten alle etwas tun. Sie spürten, jetzt müssen wir uns einmischen. Welche Plattform sie dafür benutzten, war eigentlich zweitrangig. Alle nachträglichen Interpretationen, wieso die eine heute in der CDU ist und der andere in der SPD, machen keinen Sinn und sind konstruiert, sagen sie. Das Politikmuster «Bundesrepublik alt» passte doch zu dieser Zeit gar nicht auf den Osten.

«Die beiden Vogels sind ja auch Brüder», sagt Klaus Ulbricht zum Beispiel, um doch noch einmal für begriffsstutzige Westler zu erklären, warum er in der SPD gelandet ist und Angela Merkel über den *Demokratischen Aufbruch* schließlich bei der CDU. In Westdeutschland sind Hans-Jochen und Bernhard Vogel nach dem Krieg ja auch in zwei verschiedene Parteien gegangen mit diesem einen gemeinsamen Gedanken: nie wieder.

Trotzdem mag auch Klaus Ulbricht nicht an Zufall glauben, wozu ist man schließlich Physiker. Und immerhin war das ja auch eine klare Entscheidung, dieses: «Ich gehe erst noch einmal zu Eppelmann.»

Angela Merkel sagt heute, dass ihr schon damals bei der SPD vieles nicht gepasst hätte. Dass die sich alle duzen. Dass sie sich

Genossen nennen. Dass die so komische Lieder singen. *Brüder,
zur Sonne, zur Freiheit.*

Sie sagt: «Für mich waren sofort nach dem Mauerfall drei
Dinge klar: Ich wollte in den Bundestag. Ich wollte eine schnelle deutsche Einheit, und ich wollte die Marktwirtschaft.»

Sie sagt, schon allein der Name *Demokratischer Aufbruch*
habe ihr so gut gefallen.

Also besuchte sie in den letzten Novembertagen immer wieder eine kleine Wohnung am Prenzlauer Berg, die der DA zunächst als «Parteizentrale» benutzte.

«Es war chaotisch, und ich hatte das Gefühl, ich werde gebraucht. Vor allem aber gefiel mir die politische Richtung, die
auch noch nicht total festgelegt war.»

Eigentlich war Rainer Eppelmann die zentrale Gründerfigur
des *Demokratischen Aufbruchs*. Als es dann aber darum ging,
aus der Bürgerbewegung eine Partei zu machen, hatten sie
Eppelmann überraschenderweise nicht zum Vorsitzenden des
DA gewählt. Das wurde dieser sympathische, nette und sehr
engagierte Kirchenanwalt Wolfgang Schnur, der sich für die
Leute in den Stasi-Gefängnissen so toll aufgeopfert und mit
ihnen immer so schön gebetet hatte. Den vielen Pfarrern im
Demokratischen Aufbruch war Schnur zwar gerade deswegen
immer ein bisschen auf die Nerven gegangen, weil er gar so
frömmelig war und überhaupt nicht mehr aufhören konnte mit
seiner Beterei. Aber er war ein guter Freund von Rainer
Eppelmann. Und sie hatten es alle besser gefunden, dass einer
den Vorsitz macht, der nicht Pfarrer ist.

Heute kann man in Schnurs IM-Torsten-Akten nachlesen,
wie bitter er sich bei seinem Führungsoffizier beklagt hat über
dieses geheuchelte Getue mit einem Gott, an den er nicht glaubte, diese ewige Beterei für die Stasi.

Wenige Tage nach Angela Merkels offiziellem Arbeitsbeginn
beim DA, das war dann schon im Haus der Demokratie an der
Friedrichstraße, hatte Schnur sich aus Versehen gleichzeitig

zwei wichtige Termine gemacht. Man konnte die Westjournalisten, die von der Konrad-Adenauer-Stiftung zum Pressefrühstück mit dem Chef vom DA ins Palast-Hotel gebeten waren, auch nicht mehr wieder ausladen. Da sagte Schnur, Angela Merkel solle das mal übernehmen. Er erkläre sie hiermit zur Pressesprecherin des *Demokratischen Aufbruchs.*

Erst waren die Journalisten enttäuscht, weil sie ja eigentlich einen der potenziellen Kandidaten für das Ministerpräsidentenamt der DDR besichtigen wollten und nicht dessen Sprecherin. Einer, der dabei gewesen ist, erzählt, dass es dann trotzdem interessant war, weil diese junge Frau in Schlabberrock und Jesuslatschen das gleich ganz gut gemacht habe.

Wenn man ihnen damals gesagt hätte, genau diese junge Frau wird in zehn Jahren die Parteivorsitzende der gesamtdeutschen CDU sein, hätten sie einem natürlich den besten Psychiater von Charlottenburg empfohlen.

Angela Merkel hat in diesen wenigen Wochen beim DA offenbar erstaunlich schnell angefangen, auch ihre eigene Politik zu machen. Es war eben nicht nur sehr oft keiner da, der Pressekonferenzen abhalten konnte, sondern immer öfter nicht einmal jemand, mit dem sie ihre Presseerklärungen hätte absprechen können.

Neubert erzählt: «Sie kam in einen desolaten Haufen rein, der politische Mühen hat, sich selbst zu formieren, in der Öffentlichkeit eine eigene Rolle zu spielen und Profil zu gewinnen. Außerdem waren wir in schwere innere Orientierungskämpfe verstrickt. Bei jeder Erklärung, die der Vorstand oder ich absetzen wollte, kam ja entweder von Schorlemmer oder von zig möglichen anderen DA-Leuten sofort eine Gegenerklärung, die alles neutralisiert hätte. Wir waren richtig gelähmt. Eppelmann war immer unterwegs. Und von Schnur kam sowieso nicht mehr viel. Sie hat dann bald einfach ihre eigenen Themen und Inhalte gesetzt, hat aus nichts was gemacht. Und sie hat es in diesen wenigen Wochen geschafft,

Anlaufpunkt zu werden und als Sprecherin des DA bekannt zu werden in der Öffentlichkeit und bei den Westjournalisten.»

Im Dezember hatte Neubert Angela Merkel angestellt. Im Januar, als der DA sich in seinem ersten Parteiprogramm dezidiert gegen die «Vision einer sozialistischen Gesellschaftsordnung», für die Wiedervereinigung und für die soziale Marktwirtschaft ausgesprochen hatte, verließen Friedrich Schorlemmer und Daniela Dahn zusammen mit vielen anderen nach Westkriterien eher «links» orientierten Mitgliedern den DA. Und als Wolfgang Schnur am 5. Februar 1990 das von Volker Rühe erfundene Wahlbündnis *Allianz für Deutschland* mit der Deutschen Sozialen Union und der Ost-CDU einging, hatte auch Ehrhart Neubert, zusammen mit Günter Nooke und vielen anderen, den DA schon verlassen. Zur CDU mit ihren Blockflöten wollten sie ja nun wirklich nicht.

Neubert und Nooke sind letztendlich und nach einigen Umwegen dann doch noch bei der CDU gelandet. 1996 sind sie zusammen mit zunächst sieben, schließlich insgesamt etwa dreißig anderen, denen der Westen inzwischen das eher tragische Etikett «ehemalige Bürgerrechtler» angeklebt hatte, in die CDU eingetreten. Helmut Kohl setzte ausgerechnet sie erfolgreich ein, um das Blockflötenimage der inzwischen vereinigten CDU ein wenig wegzuwischen. Der damalige CDU-Generalsekretär Peter Hintze war über den Zuwachs der Neumitglieder ganz aus dem Häuschen.

Angela Merkel, die 1996 schon Frauenministerin in Bonn war, ist offenbar nicht ganz so begeistert gewesen. Vera Lengsfeld hatte sie gebeten, sich als Stimme des Ostens doch auch einmal freundlich lobend zum Übertritt der «ehemaligen Bürgerrechtler» in die CDU zu äußern. Merkel hat das nie getan.

Sie hatte sich zusammen mit Rainer Eppelmann und einigen anderen den Umweg erspart. Wirklich leicht kann es ihr auch nicht gewesen sein, mit der Ost-CDU zusammenzugehen, dieser DDR-Staatspartei mit ihrem vielen Geld, mit Tageszeitungen, Immobilien und 100 000 Mitgliedern, die letztendlich nichts anderes als die Abteilung Kirche der SED gewesen ist.

Sie hatte es aber leichter als die anderen, weil sie wieder einmal von außen dazugekommen war, weil sie nicht dazugehörte, weil sie nicht verstrickt war in die internen ideologischen Richtungskämpfe. Sie konnte also genau beobachten, analysieren und schließlich mitbestimmen, wie es funktioniert und wohin es laufen wird, und schließlich wieder einmal: besser sein als die anderen und an ihnen vorbeiziehen.

Sie sagt heute: «Es war für mich vor allem eine Richtungsentscheidung hin zu sozialer Marktwirtschaft und deutscher Einheit.»

Für ein DA-Flugblatt reimte sie: *Die viel gerühmte Wende ist noch nicht zu Ende.* Und ein anderes fröhlich unbefangenes Motto des *Demokratischen Aufbruchs* aus jener Zeit passt bis heute zu Angela Merkel. Es klingt wie ein Präludium zum Kampf um die neue Mitte, wie das frühe Glaubensbekenntnis zum postideologischen Pragmatismus, und es könnte deswegen auch von Gerhard Schröder sein:

Wir sind nicht rechts, wir sind nicht links, wir sind vorn!

Das andere ist deutsche Geschichte: Vier Tage vor dem 18. März 1990, dem Tag der ersten und einzigen freien Volkskammerwahl in der DDR, ist der DA überhaupt nicht mehr vorn. Wolfgang Schnur wird als langjähriger Mitarbeiter des MfS enttarnt. Der DA erhält vor Schreck nur enttäuschende 0,9 Prozent der Stimmen, das bedeutet vier Mandate in der Volkskammer. Die CDU siegt unerwartet und hoch. Die überraschte Westprominenz der Union lässt sich von den Alliierten zur großen Wahlparty nach Berlin einfliegen.

Angela Merkel sagt heute, von allen menschlichen Enttäuschungen in der Politik sei Wolfgang Schnur die größte gewesen.

Er wird vor allem die erste gewesen sein.

Und noch am Wahlabend sagt sie zu Thomas de Maizière,

dem ihr bis dahin völlig unbekannten Neffen und Westberater des zukünftigen Ministerpräsidenten der DDR: «Sie können glücklich sein, dass Sie so feine Kerle wie uns vom *Demokratischen Aufbruch* dabeihaben. Ich hoffe doch, dass das bei der Regierungsbildung anständig berücksichtigt wird.»

Vielleicht ist es also nichts als eine Legende, dass Angela Merkel ihre politische Karriere allein dem Zufall und der freundlichen Doppelquoten-Förderung durch mächtige Männer verdankt.

Angela Merkel wird stellvertretende Regierungssprecherin der ersten und zugleich letzten demokratisch gewählten Regierung der DDR. Der *Demokratische Aufbruch* tritt der Ost-CDU bei, die sich dann am 2. Oktober 1990, ausgerechnet in Angela Merkels Geburtsort Hamburg, mit der West-CDU vereinigt. Und beim Presseabend dieses Vereinigungsparteitages geht Hans Geisler vom DA, der spätere sächsische Sozialminister, mit Angela Merkel zum Vorstandstisch und stellt sie ihrem neuen Parteivorsitzenden vor, dem Herrn Bundeskanzler Helmut Kohl.

Wenn man sich ein Jahrzehnt danach die Geschichte der oppositionellen Bewegungen in der späten DDR mit einigem Abstand noch einmal anschaut, fällt ein Detail mehr als früher auf: die Namen des Neubeginns. Wolfgang Schnur im Demokratischen Aufbruch, Martin Kirchner in der CDU, Ibrahim Böhme in der SPD. Andere würden noch Manfred Stolpe dazuzählen, Lothar de Maizière und Gregor Gysi.

Als es in der DDR darum ging, eine Demokratie zu werden und demokratische Parteien zu gründen, waren es offenbar in allen politischen Gruppierungen die Stasi-Leute oder, vorsichtiger gesagt, MfS-erfahrene Menschen, die die Parteiführung übernahmen. Bis heute weiß niemand, wer dafür gesorgt hat, dass diese Stasi-Leute jeweils zum passenden Zeitpunkt hochgingen wie Schnur vier Tage vor der Volkskammerwahl.

Es ist seltsam, sich auszumalen, dass der großartige politische Prozess der Demokratisierung und die Überführung der DDR in die Bundesrepublik vielleicht mehr, als bisher angenommen, noch von den alten, bankrotten Machthabern ferngesteuert gewesen sein könnte.

Das Operationsgebiet der Staatssicherheit war ja nicht nur die DDR, sondern auch die Bundesrepublik. Marianne Birthler hat kurz nach ihrem Amtsantritt als neue Chefin der Gauck-Behörde die beunruhigenden Fakten bekannt gegeben in einem erstaunlich wenig beachteten Interview mit dem *Spiegel*:

«Es hat jede Menge Stasi-Spione auch im Westen gegeben. Nicht Dutzende, sondern eher Tausende. Und ich frage mich, wie das politisch-kulturelle Milieu beschaffen war, in dem Menschen freiwillig mit der Stasi operieren.»

Man hat das alles möglicherweise gelesen. Aber erst, wenn man hier in der Behörde bei Ehrhart Neubert sitzt zwischen den konkreten Aktenbergen und den Erinnerungen an eine noch oder schon wieder unkonkrete Vergangenheit, wird einem wirklich klar, was da auf dieses Land noch zukommt: die Enttarnung von aus Ost-Berlin ferngesteuerten Führungsoffizieren und Inoffiziellen Mitarbeitern an westdeutschen Universitäten, in den Parteien, Ministerien und Chefetagen.

Keine abgehörten Opfer wie Helmut Kohl.

Sondern Täter, eher Tausende als Dutzende. Menschen, die in einem freien, demokratischen Land freiwillig und aus politischer Überzeugung für den Geheimdienst der DDR gearbeitet haben.

Angela Merkel hat der *Welt* gesagt, sie sei «ausgesprochen interessiert zu erfahren, welche Abgeordneten des Deutschen Bundestages von der Stasi geworben wurden. Das soll alles offengelegt werden».

Und auf die bestürzte Nachfrage, ob das Land das denn aushalten werde, sagte sie kühl: «Ich habe erleben müssen, dass mein Chef vom *Demokratischen Aufbruch* bei der Stasi war, dass der Chef der Ost-SPD Inoffizieller Mitarbeiter der Stasi war. Ich bin da sehr ernüchtert. Wenn es so etwas auch im Westen gab, muss es auf den Tisch. So bitter die Wahrheit sein mag. Die Bundesrepublik Deutschland ist stark genug. Wir brauchen keine Angst davor zu haben. Das werden wir alles überleben.»

Da werden dann also Namen bekannt werden. Biographien, Welten, Heldensagen werden in sich zusammenfallen. Westdeutsche Nachkriegsgeschichte wird umgeschrieben werden müssen. Am Ende sind Menschen dabei gewesen, die Staatssekretäre wurden oder Minister. Und hier in der Birthler-Behörde sitzen Forscher und Mitarbeiter, die das möglicherweise alles schon wissen und nur noch nicht drüber reden dürfen.

Und jetzt auch noch diese Sirene. Es ist schon wirklich einigermaßen furchterregend, wenn ausgerechnet in so einem Moment in der Gauck-Behörde, während man sich gerade vorstellt, was für ein Erdbeben das alles in der Bundesrepublik auslösen wird, plötzlich ein entsetzlicher Sirenenlärm ertönt. Als erwarte man den finalen Luftangriff auf Berlin.

«Es ist nur eine Alarmübung», sagt Ehrhart Neubert ruhig. «Wir haben hier heute eine Alarmübung. Das haben die in der DDR immer schon gerne gemacht, das machen die hier immer noch gerne. Kommen Sie, nehmen Sie Ihr Tonbandgerät mit.»

Wir laufen endlose Gänge entlang. Feuertüren, Stufen, Treppenhäuser. Und wieder endlose Gänge, an Zimmern vorbei, deren Türen offen stehen und in denen schon seit Jahren niemand mehr gewesen ist. Die Tapeten hängen in großen Fetzen von den Wänden. Mit klopfendem Herzen erreichen wir schließlich den Hof des Gebäudes, auf dem schon Hunderte von Menschen stehen, plaudern, frieren und rauchen.

Probealarm also. Zum Glück nur Probealarm in der Gauck-Behörde.

Es muss eine Begegnung stattgefunden haben in den freudigen Berliner Wirren des 9. November 1989, eine flüchtige Begegnung nur, ein Augenblick, vielleicht nicht einmal das. Beide Beteiligten haben diese Begegnung nicht bewusst wahrgenommen. Und doch ist dieser Augenblick für sie das Hologramm der Zukunft gewesen.

Als Angela Merkel an jenem Donnerstagabend im *ZDF* gesehen hatte, wie Günter Schabowski seine wirre Ankündigung über die Reisefreiheit vom Zettel ablas, rief sie sofort ihre Mutter in Templin an.

«Zähl schon mal dein Westgeld. Es geht bald los.»

«Was denn, Kind? Was geht los?»

«Du weißt schon. Austern essen gehen im Kempinski.»

Dann ist Angela Merkel erst einmal in die Sauna gegangen im Thälmann-Park, mit einer Freundin, wie jeden Donnerstagabend. Als sie auf dem Rückweg von der Sauna mit der Badetasche in der Hand an der Bornholmer Straße vorbeikam, war die Straße schon voller Menschen.

«Menschen über Menschen. Ich bin dann sofort mit der Menschenmenge mitgegangen, über die Grenze nach West-Berlin. Die Mauer war auf. Was ich damals gefühlt habe, dafür kann ich keine Worte finden. Es war schier unfassbar.»

Am Schlagbaum vom Grenzübergang Bornholmer Straße, aber das wusste Angela Merkel in dieser Nacht nicht, stand Rainer Eppelmann. Er war es gewesen, der diesen Schlagbaum mit seinen eigenen Händen geöffnet hatte. Der Berliner Stadtjugendpfarrer Wolfram Hülsemann und ein paar andere Mutige hatten mit angefasst.

«Ja, wir haben diesen Schlagbaum einfach hochgehoben. Und die Grenzer haben zugeschaut und nichts unternommen. Wir haben also, auf Deutsch gesagt, die Grenze eigenhändig aufgemacht», erzählt Eppelmann.

Eppelmann ist dann nicht gleich mit den anderen in den Westen gegangen. Er ist da einfach am Schlagbaum stehen geblieben, hat sich umgedreht und hat zurück in den Osten geschaut.

«Ich wollte den Menschen ins Gesicht sehen, die jetzt rüberliefen.»

Es könnte also sein, dass er Angela Merkel ins Gesicht gesehen hat, wie sie mit ihrer Badetasche an ihm vorbei in den Westen lief. Eppelmann hat sie natürlich nicht erkannt. Die beiden waren sich noch nie begegnet. Angela Merkel hat sich dem *Demokratischen Aufbruch* ja erst angeschlossen, als die gewaltfreie Schlacht gegen die DDR längst geschlagen, als die Revolution vorüber und die Mauer schon drei Wochen geöffnet war.

Das Büro des Bundestagsabgeordneten Eppelmann ist sensationell. Es liegt in einem der bombastischen Glitzerglaspaläste an der Friedrichstraße 83, im Rosmarin-Karree schräg gegenüber vom Haus der Demokratie, in dessen drittem Stockwerk die politische Karriere der Angela Merkel begann.

Das Haus der Demokratie hat seinen alten Ostcharme bis heute erhalten, im Hausflur riecht es nach demokratischem Aufbruch.

Im Rosmarin-Karree gegenüber aber riecht es nach nichts anderem als nach Geld.

Einmal die Berliner Friedrichstraße überqueren, das ist im Jahr 2001 so, als hätte man sich in eine Zeitmaschine gesetzt.

Man steht dann staunend in einer gigantischen Eingangshalle, einer Kathedrale des Kapitalismus aus Glas und Beton, vier Stockwerke hoch. Dann geht man vorbei an zwei grau livrierten *doormen*, die hinter mahagoniverkleideten Überwachungsmonitoren vor einem zehn mal fünfzehn Meter wilden Kunstwerk ganz winzig aussehen.

Und wenn man das Glas, den Beton, die Doormänner und den Prachtaufzug hinter sich hat und die Tür zu Eppelmanns Büro öffnet – es ist eine Holztür, an der ein kleines gelbes Schild klebt mit dem Hinweis: *Ich bin ein Guter* –, dann ist man plötzlich doch wieder in der DDR: muffige, gemütliche Fünfziger-Jahre-Möbel. Ein ausgesessenes Sofa mit unbeschreibbarem Muster. Und viele kleine gerahmte Eppelmänner an den Wänden.

Rainer Eppelmann hat alle Zeitungskarikaturen, die je von ihm erschienen sind, ausgeschnitten und an die Wand gehängt.

Von seiner DA-Pressesprecherin Angela Merkel kann Eppelmann nicht gerade viel erzählen: «Ich habe Angela Merkel zu der Zeit gar nicht zur Kenntnis genommen. Sie ist eben keine gewesen, die sich in den Vordergrund gedrängt hat. Und ich war viel zu sehr mit mir selber beschäftigt. Wir konnten ja auf einmal Dinge machen, von denen wir vorher nicht zu träumen gewagt haben. Ich bin im günstigsten Fall mal bei den Vorstandssitzungen dabei gewesen. Was normalerweise an Geschäftsarbeit lief, das Erarbeiten von Presseerklärungen und so etwas alles, das habe ich, obwohl ich im Vorstand und dann ja sogar der Chef vom DA war, praktisch fast nicht mitbekommen.»

Das erste Mal richtig erlebt hat er Angela Merkel, als es darum ging, den Journalisten vier Tage vor der Volkskammerwahl zu erklären, dass Wolfgang Schnur für die Stasi gearbeitet hatte, dass der *Demokratische Aufbruch* also seinen Chef verloren hat.

Da hat sie die Pressekonferenz eröffnet. Und dann hat Eppelmann geredet. Aber auch aus dieser Situation könnte er kein Bild mehr von ihr zeichnen. Da ist er viel zu sehr mit seinen eigenen Problemen beschäftigt gewesen. Der langjährige beste Freund bei der Staatssicherheit. Die große Freundschaft nichts anderes als ein Auftrag der Stasi. Sogar noch der Glaube an Gott nichts als Verhöhnung. Da achtet man nicht darauf, wie die junge Frau ist, die die Pressekonferenz eröffnet und moderiert.

«Richtig bewusst habe ich Angela Merkel erst als Mitglied des Deutschen Bundestages wahrgenommen. Man konnte ja dann zuschauen, wie sie an und mit ihren Aufgaben gewaltig gewachsen ist. Sie ist in diesen zehn Jahren so viel ernster und älter geworden, nicht nur mindestens zwanzig Jahre älter, sondern auch ein völlig anderer Mensch.»

Eppelmann gehört zu denen in der CDU, die auch jetzt noch, nachdem die große Merkel-Euphorie verflogen ist, vor allem und trotz allem nur einen Wunsch haben für und an die Parteivorsitzende: dass sie aus der CDU wieder eine selbstbewusste, moderne, diskutierende Partei machen möge, dass sie bitte schön von ihrem Stil und von ihrem Profil der Partei etwas aufdrückt. Aber nicht umgekehrt.

Wie alle «ehemaligen Bürgerrechtler» erzählt Eppelmann am liebsten von den schlechten, alten Zeiten. Wie die Leute vom Ministerium für Staatssicherheit versucht haben, ihn mit einem inszenierten Autounfall ums Leben zu bringen. Wie er bei Angela Merkels Vater in Templin zum Predigerseminar war. Wie froh er ist, dass er seit zwei Wochen dieses schöne Foto besitzt von dem großen Augenblick des 9. November 1989, als er mit seinen eigenen Händen die Mauer geöffnet hat an der Bornholmer Straße.

Manchmal spürt man, noch während einer eine Geschichte erzählt, dass man diese Geschichte nie mehr vergessen wird. Nicht in diesem Leben. Einmal, das war kurz vor der Wende, hat Rainer Eppelmann im oppositionellen Friedenskreis der oppositionellen Samariter-Gemeinde mit neun oppositionellen Menschen einen dieser oppositionellen Gottesdienste vorbereitet. Seitdem er seine Akten gesehen hat, weiß er: Sieben der neun waren bei der Stasi angestellt.

Es ist bei allen «ehemaligen Bürgerrechtlern» wie bei Eppelmann. Am liebsten erzählen sie von ihren Heldentaten vor der Wende. Wie sie fünfzehn Jahre lang gewaltlosen Widerstand geprobt haben. Was für ein Gefühl es war, mit Kerzen auf VoPos zuzugehen, sich hinzusetzen und zu beten.

Wenn es genug Wein gibt zu den Erzählungen, klingen die

Heldentaten aus dem Kampf gegen den Spitzelstaat schließlich so, als hätten sie da hinter dem Eisernen Vorhang nur ein bisschen Räuber und Schandi gespielt mit der Staatssicherheit. Wisst ihr noch, wie die uns eines Tages das Telefon sperrten? Und wie sie es dann bald wieder angestellt haben, weil sie gemerkt haben, dass sie nun gar nichts mehr abzuhören hatten? War das nicht komisch?

Damals, als die «ehemaligen Bürgerrechtler» gegen die DDR gekämpft haben, fühlten sie sich als die besseren Menschen. Dann haben sie sich geärgert, dass ihre Landsleute nur Bananen wollten. Keinen dritten Weg, keinen eigenen, demokratischen Staat, nur Anschluss an die Bundesrepublik, Bananen und schnelles Westgeld. Und so sind sie die ehemaligen Bürgerrechtler geworden, ewig Gestrige, die offenbar am liebsten heute noch Widerstand machen wollen.

Seit den siebziger Jahren hatten sie Ideologiedebatten geführt als Glasperlenspiel. Und dann, als die DDR hin war und die Macht plötzlich auf der Straße lag, haben sie sie nicht aufgehoben. Darauf waren sie nicht vorbereitet. Die oppositionelle Energie stand in keinem Verhältnis zur politischen Potenz in einer geöffneten Gesellschaft.

Heute erzählen sie Veteranengeschichten, die Geschichten von Ehemaligen. Sie haben die Rolle angenommen, die ihnen die Sprachregelung zugeteilt hat. Sie sind «ehemalig» geworden. Und sie sehen ja auch irgendwie genauso ehemalig aus wie die im Westen erfolgreich für «alt» erklärten «Altachtundsechziger»: ehemals moderne Jeans, alte Pullis, lange nicht geschnittene Haare.

Keiner von den Revolutionären des Jahres 1989 spielt eine wirklich bedeutende Rolle in der vereinigten Bundesrepublik. Außer Vera Lengsfeld, Gerd Poppe und Rainer Eppelmann ist ja kaum einer was geworden in der bundesdeutschen Politik. Sie wurden allesamt zu Opfern der Demokratie, die sie selber mit erkämpft hatten.

Und während sie an ihren ideologischen Hemmungen und Bremsen gebastelt haben, während also auch diese Revolution wieder einmal ihre Kinder verzehrte, profitierten die anderen, die neu dazugekommen waren. Wie Angela Merkel.

Ehrhart Neubert hat es so gesagt: «Das waren Leute, die viele Probleme, die wir hatten, nicht mehr hatten. Die hatten sich nicht engagiert in den letzten zehn Jahren und waren deswegen auch nicht ideologisch so versaut wie wir. Die hatten sich in der DDR unpolitisch gegeben, sie waren schweigend gegen das System, sie haben auf die Gelegenheit gewartet, dass das Risiko nicht mehr so hoch ist. Wir haben sie immer Novemberrevolutionäre genannt.»

Es ist interessant, wie Neubert vom Plural-sie – sie, die Novemberrevolutionäre – zum Singular-sie wechselt – sie, die Novemberrevolutionärin Angela Merkel.

«Für die war alles, was dann kam, nur noch ein Problem der Optimierung ihres politischen Willens. Sie hatte keine Schwierigkeiten damit, die Macht von der Straße aufzuheben, die wir liegen gelassen hatten.»

Angela Merkel sagt es so:

«Die hatten ja in der DDR unentwegt darüber nachgedacht, was man gegen diesen Staat tun könnte, aber nicht, was man im Westen oder in einem freien, vereinigten Staat tun würde.»

Sie hatte ganz genau darüber nachgedacht, sagt sie. Sie erzählt, dass sie einen Tag nach dem Fall der Mauer auf einer Geburtstagsfeier gewesen ist. Und dass da viele Freunde saßen, denen plötzlich alles viel zu schnell ging.

Da war sie aber ganz anderer Meinung.

Heute klingt das vielleicht ein bisschen wie im Nachhinein zurechtgebogen. Wie es auch klingt, wenn sie diese Ich-ich-ich-Sätze sagt: «Ich wollte in den Bundestag. Ich wollte eine schnelle deutsche Einheit. Und ich wollte die Marktwirtschaft.»

Oder wenn sie in ihrer Biographie auf der Homepage der CDU schreibt: «Im August 1990 erfolgte mein Beitritt in die CDU.»

In Wahrheit ist natürlich der Rest vom *Demokratischen Aufbruch*, dessen Pressesprecherin sie war, zur CDU übergetreten.

Man könnte also durchaus denken, da erfindet sich wieder einmal eine die Geschichte, die sie für ihr Leben hält.

Andererseits gibt es ein interessantes, frühes Dokument, einen Artikel in der *Berliner Zeitung* vom 10. Februar 1990 mit der Überschrift: *Unser schweres Erbe und Ludwig Erhards Radikalkur.*

Ein Mitglied des DA schreibt dort ein glühendes Bekenntnis zur CDU und zur sozialen, ökologischen Marktwirtschaft:

– *Die CDU-West ist ein natürlicher Verbündeter beim Umbau der Gesellschaft in der DDR.*

– *Rechtsstaatlichkeit, das Bekenntnis zur deutschen staatlichen Einheit und die Schaffung einer sozialen und ökologischen Marktwirtschaft sind Eckpunkte im Programm des DA.*

– *Wenn es uns nicht gelingt, im Rahmen einer neuen Wirtschaftsordnung Werte zu erwirtschaften, können wir im sozialen und ökologischen Bereich auch nichts verteilen.*

Dann folgen zwei begeisterte Absätze darüber, wie die den Lesern der *Berliner Zeitung* und offenbar auch der Autorin selbst nicht gerade geläufigen Herren der Freiburger Schule, W. Eucken, F. Bohlen und A. Müller-Arnau (gemeint sind bestimmt Franz Böhm und Alfred Müller-Armack) in den Mangel und die Zerstörung am Ende des Zweiten Weltkrieges hinein *das phantastisch anmutende Konzept setzten, die Wirtschaft nur noch über Wettbewerb und den Markt zu steuern.* Dass der Staat jetzt die Aufgabe habe, *einerseits die Funktionsbedingungen des Marktes zu garantieren und andererseits für den Schutz der sozial Schwachen und der natürlichen Lebensgrundlagen Sorge zu tragen.*

Die Autorin hieß Angela Merkel.

Und das Ganze liest sich elf Jahre später zwar wie das schnelle und nicht in allen Einzelheiten richtig buchstabierte Exzerpt eines Proseminars «Soziale Marktwirtschaft». Es liest sich aber durchaus auch wie eine Fingerübung, eine Art Vorentwurf zu dem, was Angela Merkel heute zum Thema Marktwirtschaft unter dem Titel «Wir-Gesellschaft» redet, schreibt und zur Chefsache erklärt hat.

Merkels Version von der Wir-Gesellschaft ist also offenbar nicht nur die ganz banale Kopie der im amerikanischen Bush-Feuer gegen Bill Clinton so erfolgreich eingesetzten Idee vom «compassionate conservatism». Sie verbindet auch und direkt die Gründungsgedanken der Bundesrepublik, also das an ein Subsidiaritätsprinzip gekoppelte Soziale der Erhard'schen Marktwirtschaft, mit der Idee einer erneuerten Marktwirtschaft für das globalisierte und beschleunigte Zeitalter der Wissensgesellschaft.

Anders als gleichaltrige Westpolitiker hat Angela Merkel hinter der Mauer der DDR nie das Gefühl gehabt, Marktwirtschaft haben wir schon, das ist doch ein alter Hut. Anders als gleichaltrige Westpolitiker hat sie deswegen die Potenzen von Wettbewerb, Selbstständigkeit und Subsidiarität noch einmal von Grund auf bedacht und die Literatur durchgeackert. Als Naturwissenschaftlerin und aus den Hamsterzeiten in ihrer Adlershofer Nische war Angela Merkel gewohnt, den Dingen auf den Grund zu gehen. Man kann besser und fester argumentieren, wenn man sich etwas wirklich angeeignet hat.

Wenn sie von Marktwirtschaft spricht, sieht der alte Hut deswegen wie neu aus und gar nicht einmal so unattraktiv. Unter Politik- und Wirtschaftswissenschaftlern hat sie mit ihrer «Wir-Gesellschaft» jedenfalls ein kleines Erhard-Revival, eine Renaissance der Freiburger Schule ausgelöst.

Neben der Tür von Angela Merkels Büro in der neuen Parteizentrale an der Klingelhöferstraße hängt ein Foto von Konrad Adenauer. Der Alte im schwarzen Anzug der Nachkriegsjahre hat die Arme über der Brust verschränkt und schaut skeptisch, amüsiert und zerknittert zu Angela Merkels Schreibtisch hinüber.

Angela Merkel stellt sich für Fotografen schon mal neben das

Foto. Das Mädchen im schwarzen Anzug der Escada-Zeit hat dann die Arme über der Brust verschränkt und schaut skeptisch, amüsiert in die Kamera, mit diesem ganz anderen, runden, vergleichsweise jungen Frauengesicht, das mit einiger Ironie vergeblich versucht, wie Konrad Adenauer auszusehen.

In ihrer Kandidatenrede in Essen hat sie gesagt: «Die CDU wurde nach 1945 als Antwort auf die Erfahrungen mit einem totalitären Regime gegründet. Diese Erfahrung liegt für den Westen schon über ein halbes Jahrhundert zurück. Für die, die aus dem Umbruch der DDR zur CDU gestoßen sind, ist diese Erfahrung noch ganz frisch.»

Wer mit ihr diskutiert, spürt die Methode, die offenbar einer Überzeugung entspricht. Sie nimmt die Idee der Marktwirtschaft und das Grundgesetz beim Wort. Mit ihren Erfahrungen im totalitären Osten idealisiert sie die Verfassung der Bundesrepublik. Freiheit, Gewaltenteilung, Rechtsstaatlichkeit, repräsentative Demokratie, das klingt bei ihr alles überhaupt nicht abgedroschen und ausgebeult, sondern feurig ernst und unbedingt verteidigungswürdig.

Es gibt noch so einen Novemberrevolutionär in der politischen Szene der Berliner Republik, noch einen, der unbeirrt und unbeirrbar stur an den Gründungsmythen der Bundesrepublik anknüpft.

Auch Wolfgang Thierse glaubt so glühend an die Integrationskraft der Demokratie, wie Westler das gar nicht mehr können. Nur deswegen sagt er in feierlichem Tonfall immer so Sachen, wie im Westen nur die erste Generation der Nachkriegspolitiker sie sagen konnte: «Man verliert seine Freiheit, wenn man sie nicht nutzt.»

Und nur deswegen riskiert er so strukturell wahre, aber politisch überhaupt nicht korrekte Gedanken wie den, dass ein heutiger Skinhead durchaus eines Tages in diesem Land Minister werden könne, wenn er nur wie einst Joschka Fischer zum Pfad der Demokratie zurückgefunden hat.

Wenn nicht die CDU, sondern die SPD im Jahr 1999 durch einen gewaltigen und üblen Spendenskandal in eine fundamentale Krise geraten wäre, die ihr gesamtes politisch aktives Personal diskreditiert hätte? Vielleicht wäre dann Wolfgang Thierse der Retter gewesen.

Auch er kam aus der grimmigen Idylle der DDR. Auch er schloss sich erst im November nach der Maueröffnung dem Neuen Forum und später den Sozialdemokraten an.

Und wenn er heute als Parlamentspräsident die CDU zu einer Rückzahlung von 41 Millionen Mark verdonnert, die jedem anderen SPD-Politiker als parteipolitisch motiviert ausgelegt worden wäre, hält er das Grundgesetz mahnend und schützend vor sich in die Kameras wie ein Wanderprediger sein Altes Testament.

Auf dem Höhepunkt der Spendenaffäre, zu einem Zeitpunkt also, als alle Institutionen und Mechanismen der demokratischen Verfassung für einen schauerlichen Augenblick in ihrer verkommenen Verfasstheit sichtbar geworden waren, wurden diese beiden Novemberrevolutionäre, Merkel und Thierse, zu Interpreten, Verteidigern und Rettern einer gesamtdeutschen Moral. Zwei, die von außen dazugekommen sind, die nicht immer schon dazugehört hatten, die analysieren und beobachten konnten wie Staatskundelehrer. Die, wie die Gründer der Bundesrepublik, selber noch wirklich glaubten, es besser machen zu müssen und zu können. Und die deswegen auch besser sein konnten als die anderen.

Die 68er-Revolutionäre im Westen haben verloren und doch gewonnen. Das System, das sie so bitter bekämpft haben, hat sich bewährt. Es hat die Revolutionäre auf ihrem Weg durch die Institutionen von sich überzeugt. Sie haben ihre Ideale aufgegeben, haben sich angepasst, wie immer man das nennen will. Aber sie sind jetzt an der Macht.

Die 89er-Revolutionäre im Osten haben gewonnen und doch verloren. Sie waren die Totengräber der DDR. Sie haben den

Unrechtsstaat bekämpft, erledigt und beerdigt. Das System, das sie so bitter bekämpft haben, gibt es nicht mehr. Aber sie selbst sind mit dem System, das sie bekämpft haben, ehemalig geworden und verschwunden.

Und dann sind da noch die Novemberrevolutionäre, Menschen wie Merkel und Thierse, die sich rausgehalten hatten aus dem Kampf gegen die DDR, die sich arrangiert und in ihrer Nische Kraft gesammelt haben. Sie sind immer in Distanz und nie im offenen Widerstand zur DDR gewesen. Sie haben, wie Günter Nooke es ausdrückt, nur an der Innenseite der DDR-Legalität ein bisschen rumgebeult.

Als die Mauer dann geöffnet war, sind sie aufgewacht aus ihrem Dornröschenschlaf, auferstanden aus Ruinen und haben die Macht aufgehoben, die auf der Straße lag.

Und als das neue System in die Krise geriet, sah es für einen Moment so aus, als könnten ausgerechnet diese Ossis plötzlich die besseren Wessis sein.

Die Nacht vom 9. November in Berlin ist also eine schöne Metapher. Rainer Eppelmann, einer der Totengräber der DDR, macht mit bloßen Händen den Schlagbaum auf an der Bornholmer Straße. Dann aber bleibt er am Grenzübergang stehen, zögert, dreht sich um und schaut zurück in den Osten.

Angela Merkel aber, die eher zufällig und nach der Sauna an der Weltgeschichte vorbeikommt, marschiert durch. Schaut sich nicht einmal mehr um in die untergehende DDR und geht ganz einfach rüber in den Westen. Mit ihrer Badetasche.

Heute ist sie seine Parteivorsitzende.

WIR SIND EIN VOLK

In einem Interview benutzte der Fraktionsvorsitzende der CDU, Friedrich Merz, im Oktober des Jahres 2000 ein ungewöhnliches Wort. Er benutzte es mehr aus Versehen als geplant. Und schon brach, ebenso eher aus Versehen als geplant, wieder einmal eine dieser berserkerhaften deutschen Begriffsschlachten los.

Großpalaver um Schlagwörter werden in der Berliner Republik mit derselben Vehemenz und Angestrengtheit zelebriert, mit der man vor den wirklich wichtigen – und deswegen gelegentlich außerordentlich beunruhigenden – Fakten Augen, Ohren und Mund fest verschließt. Es sind die neurotischen Vermeidungs- und Annäherungsdebatten eines traumatisierten Landes. Diese deutschen Monsterdiskurse laufen ja immer haarscharf an dem vorbei, worum es eigentlich geht.

Also ereifern wir uns zwar gerne und heftig über die bombastische Architektur des neuen Kanzleramtes, nicht aber über die reale und demokratiegefährdende Machtkonstellation, die von dieser Architektur nur symbolisiert ist.

Also finden zwar alle «irgendwie» die Übergriffe kahl geschorener, irregeleiteter Jungmänner auf Ausländer und Behinderte nicht in Ordnung. Engagiertes Großpalaver und Protest setzt aber erst ein, wenn ein konservativer Politiker deswegen die Integrationsfähigkeit des Landes und das Asylrecht diskutieren will.

Also streiten wir wochenlang über den Begriff «Leitkultur». Anstatt zu sagen, Deutschland ist offenbar, anders als die Gebetsmühlen der Union es seit Jahrzehnten wiederholen, inzwischen doch ein Einwanderungsland. Wir brauchen für unsere Existenzsicherung sogar ziemlich viele Einwanderer. Und die notwendige Integrationsfähigkeit eines Einwanderungslandes ist mit dem romantischen und ebenfalls gebetsmühlenhaften Multikulti-Traum der Grünen nicht herzustellen, weil dieser schöne Traum eine Verleugnung eigener nationaler Identität der Deutschen voraussetzt.

Und weil sich für Begriffspalaver dieser Art in jedem Medium sehr viele Menschen in fast allen Ressorts zuständig und gerüstet fühlen, kann erst wieder Ruhe eintreten, wenn wirklich alles von wirklich allen gesagt, geschrieben und gesendet worden ist.

Als sich alle wieder beruhigt hatten, als es wieder einmal vorbei war, hatte die Debatte über das virtuelle Wort «Leitkultur» etwa zehnmal so viel Zeitungspapier, Sendezeit und Stammtischgerede beansprucht wie zum Beispiel die ganz konkrete, Deutschlands zukünftige Außenpolitik grundlegend verändernde Entscheidung, die Bundeswehr an den Militäroperationen der Nato im Kosovo teilnehmen zu lassen.

Es ist eine deutsche Krankheit. Es ist womöglich *die* deutsche Krankheit. Die Krankheit der Berliner Republik, der erst verspäteten, dann schuldig gewordenen, durch entsetzliche Schuld in ihrer nationalen Identität gespaltenen, also schizophrenen, aber andererseits seit zehn Jahren nun auch schon wieder als geheilt und wieder vereinigt entlassenen Nation.

Zum Aufrechtgehen hatten sie sich auch in Westdeutschland Tabus und Lebenslügen wie Korsettstangen eingezogen, die jetzt offenbar nur unter großen Schmerzen wieder herauszunehmen sind.

Die Habermas'sche postnationale Gesellschaft konnte unter dem Schock des Zweiten Weltkrieges zum erklärten Ziel nicht nur der Linken, sondern auch der europäisch orientierten CDU Helmut Kohls werden. Psychologisch ist das so eine Art Identitätsabspaltung als Sühneidee gewesen: Wenn wir den Nationalstaat, unsere nationale Identität als für immer untergegangen betrachten, haben wir die richtigen Schlussfolgerungen aus der deutschen Geschichte gezogen. Damit ist dann auch die historische Schuld abgegolten.

Dann kam 1989. Und diese Ostdeutschen schmissen nicht nur die ganz anderen Tabus und Lebenslügen ihrer SED-Führung auf den Müllhaufen der Geschichte, sondern riefen doch tatsächlich in den Westen hinein: Wir sind ein Volk.

Für viele Westdeutsche war der Schwenk von «Wir sind das Volk» zu «Wir sind ein Volk» das Gleiche, als hätten sie plötzlich gerufen: «Jetzt kommt die braune Pest.» Und der große Schreck oder, wenn man es positiv formulieren will, die Lernerfahrung im Westen vom Herbst 1989 war: Die erste inhaltliche Forderung der befreiten DDR richtet sich also auf die deutsche Nation.

Die deutsche Wiedervereinigung war dann ja eigentlich auch nichts anderes als die neue Konstituierung der Nation. Auch wenn es in Westdeutschland niemand so sagen wollte. Auch wenn jeder verfassung- und identitätgebende Gründungsakt durch den einfachen Beitritt nach Artikel 23 vermieden wurde.

Den siebzehn Millionen Ostdeutschen sind die westdeutschen Lebenslügen auch in den folgenden zehn Jahren vollkommen fremd geblieben. Und im Westen wuchs eine neue Generation heran, der die Tabus der Elterngeneration langsam auf die Nerven gingen. Auch im Westen wird man ja heutzutage von den Kindern seltsame Dinge gefragt: Ist Onkel Mike damals wirklich mit diesem Stalin-Bild durch die Gegend gelaufen? Ist der echt ein Linker gewesen? Und was hat er sich denn dabei gedacht? Oder: Was war so falsch und böse an Springer und Löwenthal? Die hatten doch Recht.

Niemand im Osten und keiner unter dreißig hat Verständnis für das hohe Maß an verkrampfter Ideologisierung von Politik, das aus dem Kalten Krieg ins neue Jahrtausend mitgeschleppt worden ist.

Angela Merkel ist eine Ostdeutsche, die sich hinter der Mauer mehr als andere am Westen orientiert hatte. Ihr sind die Tabus und Lebenslügen des Westens zwar nicht wirklich fremd. Aber sie spielt damit. Und manchmal steht sie dann da im Parlament wie das Kind im Märchen von des Kaisers neuen Kleidern, wenn sie sagt: «Ich lasse mir von dem Herrn Bundeskanzler Schröder nicht vorschreiben, worüber man in diesem Land reden darf. Dazu sind wir ja schließlich nicht mehr in der DDR.»

Oder wenn sie, mit möglicherweise gespielter Ratlosigkeit,

die Abgeordneten von SPD und Grünen auf das Plakat hinweist, mit dem Willy Brandt 1972 erfolgreich in den Wahlkampf gezogen ist: «Deutsche, wir können stolz sein auf unser Land.»

Sie sagt: «Deutsche, insbesondere Deutsche in den alten Bundesländern, haben ja ein sehr verklemmtes Verhältnis zu der Frage, ob wir unser Heimatland lieben dürfen. Die gewaltige Integrationsleistung, die das Einwandererland Deutschland aber leisten muss, wenn es lebens- und konkurrenzfähig bleiben will, kann man nur von Bürgern erwarten, die sich über ihre eigene nationale Identität im Klaren sind.»

Um es kurz und politisch zu machen: Angela Merkel fand, dass Friedrich Merz das Richtige zum richtigen Zeitpunkt angesprochen hatte, wenn er nur nicht diesen dämlichen Begriff gewählt hätte.

Also hat sie den leeren Begriffssack mit Inhalt gefüllt, hat darauf hingewiesen, dass der Begriff von dem Islamforscher Bassam Tibi stammt, der dann bald konkretisierte: «In Deutschland ist die Leitkultur nichts anderes als das Grundgesetz.»

Dann hat sie den Vorsitzenden der CDU-Einwanderungskommission, den saarländischen Ministerpräsidenten Peter Müller, ein wenig schroff angewiesen, das Wort Leitkultur in seinen Entwurf wieder reinzuschreiben. Und Müller, der sein Gesicht wie eine Knautschpuppe verziehen kann, sagte auf der CDU-Pressekonferenz am 6. November trotzig, dass er sich dem «charmanten Drängen der Parteivorsitzenden zwar nicht entziehen», das dumme Wort also in den Entwurf reinschreiben, es aber selber niemals benutzen werde.

Auf die Frage, warum sie Müller dazu genötigt habe, sagte Merkel: «Schon allein, weil die anderen sich so wunderschön darüber aufregen.»

Und dann sagte sie auch noch: «Wir verwenden in Zukunft nur noch Worte, die wir mit Inhalten füllen können.»

Das sah aus wie eine noble Rettungsaktion für den angeschlagenen Fraktionsvorsitzenden. In Wahrheit war es das Gegenteil: Ein – vielleicht entscheidender, aber jedenfalls gut getarnter – Tiefschlag gegen den Rivalen Friedrich Merz.

In der gleichen Pressekonferenz ist dann ja auch noch ein Stück richtige Politik passiert. Aber das hat die meisten gar nicht mehr interessiert. Merkel und Müller gaben außerdem bekannt, dass die Position der CDU in Zukunft sei: Deutschland ist ein Einwanderungsland.

Während Parteielite und Öffentlichkeit also mit der Balgerei um diesen bescheuerten Begriff «Leitkultur» abgelenkt waren, wurden in der praktischen Politik auf sensationelle Art und Weise «unverrückbare» Positionen aus dem ideologischen Zeitalter geräumt.

Genau besehen, haben in diesen Leitkultur-Wochen sogar zwei Parteien ihre dogmatischen Phantasien hin zur gesellschaftlichen Realität korrigiert.

Die CDU räumte ein: Deutschland ist ein Einwanderungsland.

Und – ganz leise und nebenbei – verabschiedeten sich unter der Tarnkappe der Leitkultur-Debatte auch die Grünen von ihrer Multikulti-Ideologie.

Als Ende April des Jahres 2001 schließlich das gemeinsame Thesenpapier von CDU und CSU verabschiedet wird, kommt das so heiß und glühend umkämpfte Wort Leitkultur darin nicht mehr vor. Das fällt aber kaum noch jemandem auf.

Was auffiel, ist: Offenbar hat Angela Merkel jetzt sogar Stoibers CSU dazu gebracht anzuerkennen, dass Deutschland ein Einwanderungsland ist, und dieses nicht einmal mehr an die Abschaffung des Asylrechts zu koppeln.

Was außerdem auffiel: Es gelang Angela Merkel nicht, diesen Erfolg auch als einen politischen Erfolg der CDU-Parteivorsitzenden Angela Merkel zu verkaufen. Mag sein, dass sie da zu vorsichtig war, weil sie Teile ihrer eigenen Partei und auch Edmund Stoiber ein wenig schonen wollte. Das ist ein

Fehler gewesen. Denn die meisten Kommentatoren schrieben und sendeten munter weiter: Es wird leider so gar nicht erkennbar, was Angela Merkel will, ob sie politisch überhaupt was will.

DIE 181 TAGE DER FREIEN DDR

«Opa? Was ist das eigentlich, eine DDR?»

«Ach Mariechen, die DDR, das ist einmal ein Staat gewesen, den der Opa abgeschafft hat.»

Lothar de Maizière, der erste und letzte, also einzige frei gewählte Ministerpräsident der DDR, erzählt, dass sein Enkelkind wohl schon eine Weile den Erwachsenen bei ihren Erwachsenengesprächen zugehört hatte, bevor es diese Frage stellte.

De Maizière sitzt sehr aufrecht und angespannt, wie zum Sprung bereit. Er spricht leise und vorsichtig, jede Formulierung, jede Pointe zeugt von scharfer Intelligenz. Das Gesicht dazu interpretiert die Vorsicht: Man weiß ja nie, wie viel Schärfe und Intelligenz man so einer Westjournalistin zumuten darf.

Die Westjournalistin denkt: Wenn das Mariechen eines Tages anfängt, sich für Geschichte zu interessieren, dann wird sie auf Hunderten von Fotos und Zeitungsausschnitten ihren schmalen, zarten Großvater sehen, der etwas ängstlich zu einem sehr großen, sehr dicken Mann mit einem selbstgefälligen Gesichtsausdruck aufschaut. Auf manchen Bildern liegt die feine Geigerhand des Großvaters in der Riesenpranke des Dicken wie ein aus dem Nest gefallenes Vögelchen. Viel Zutrauen. Wenig Überlebenschancen.

Und dann wird Mariechen sich möglicherweise überlegen, ob die Sache mit der Wiedervereinigung nicht doch etwas anders war, als der Großvater es manchmal erzählt hat, eher so wie diese Bilder: Ein großes, dickes und ungeheuer selbstgefälliges Land hat sich ein kleines, schmächtiges, zu diesem Zeitpunkt zwar endlich aufrechtes, aber noch etwas unsicheres Land einfach einverleibt.

De Maizière sitzt in einem sehr wohnlichen Büro seiner Anwaltskanzlei am Berliner Kupfergraben vor einem Fenster mit Aussicht auf die Treppe zum Pergamon-Museum. Hinter seinem Sessel hält sich der kleine Zwergterrier versteckt, an den de Maizière seine eigene Schüchternheit delegiert hat.

«Das ist Lisa. Sie ist am Anfang immer ein bisschen ängstlich. Eigentlich heiß sie Sweety-Snoopy, weil sie aus dem Westen kommt. Ich habe sie natürlich umgetauft.»

De Maizières Gesicht verändert sich überhaupt nicht. Und trotzdem sieht und hört man ihn innerlich kichern, weil er einer Westjournalistin mal eben mitgeteilt hat, was für bekloppte Sweety-Snoopy-Smarty-Zumutungen aus dem Westen in sein Leben gekommen sind.

De Maizières Anwaltskanzlei befindet sich im Erdgeschoss eines prachtvollen klassizistischen Hauses am Berliner Kupfergraben. Oben, im vierten Stock, wohnt Angela Merkel. Der Kupfergraben ist ein besonderer Ort. Ottmar Schreiner und Hans Meyer, der ehemalige Präsident der Humboldt-Uni, wohnen hier. Max Reinhardt hat in dem Haus nebenan gewohnt, in dem jetzt Richard von Weizsäcker sein Büro hat. Und wahrscheinlich hat Hegel hier in diesem Haus gewohnt, in dem heute de Maizières Kanzlei ist. Jedenfalls will de Maizière für ein paar hundert Mark ein Messingschild anfertigen und anschrauben lassen.

Hier hat Hegel bis zu seinem Tod 1831 gewohnt, soll draufstehen.

Da niemand genau weiß, ob Hegel nun genau in dieser oder in der anderen Haushälfte gewohnt hat, soll Hegel nach Ansicht des Bezirksamtes Mitte dem Haus gehören, dessen Bewohner zuerst so ein Schild an ihren Eingang schrauben.

Ob sie eines Tages auch ein Schild anschrauben dürfen: Hier hat Angela Merkel gewohnt?

Sie sehen sich fast nie. Er war der erste und letzte frei gewählte Ministerpräsident der DDR. Sie war seine stellvertretende Regierungssprecherin. Sie haben zusammen mit Günther Krause, Richard Schröder, Jens Reich, Gregor Gysi, Markus Meckel, Sabine Bergmann-Pohl und den anderen die DDR abgeschafft nach allen demokratischen Regeln der parlamentarischen Regierungskunst. Sie haben dazu 181 Tage und 39 Volkskammersitzungen gebraucht. Sie haben 164 Gesetze und 93 Beschlüsse verabschiedet. Die meisten hat der heutige Staatsminister für den Aufbau Ost, Rolf Schwanitz, auf einer kleinen Reiseschreibmaschine nachts im Palast-Hotel getippt. Manchmal haben allein die Fraktionssitzungen zehn Stunden gedauert, weil alle ausprobieren wollten, wie es ist, in einer richtigen Demokratie seine Meinung sagen zu dürfen.

Sie mussten dieses Demokratie-Werden und Einigungsverträge-Ausarbeiten im Gehen erfinden, erzählt de Maizière. Es waren ja die ersten freien Wahlen in den ostdeutschen Ländern seit 58 Jahren. Und weil 1932 das Wahlalter noch 21 Jahre betrug, musste jemand mindestens 79 Jahre alt sein, um überhaupt schon jemals an einer freien Wahl in einer Demokratie teilgenommen zu haben.

De Maizière sagt: «Mit dem Flieger ging es ewig zwischen Berlin und Bonn hin und her. Tagsüber wurden wir von der West-CDU agitiert und eingewiesen. Dann abends, wenn man müde war, musste man in Berlin noch DDR-Regierung spielen.»

Im Westen gab es damals Menschen, die glaubten, diese Regierung und diese Volkskammer eine *Laienspielerschar* nennen zu dürfen. Das ist wirklich dummes Zeug gewesen. Je mehr Zeit vergeht, umso deutlicher wird an den Protokollen und Dokumentationen dieser 181 Tage: Nie ist eine deutsche Regierung und ein deutsches Parlament fleißiger gewesen. Und wahrscheinlich ist in diesem Land auch schon lange nicht mehr die Verantwortungsbereitschaft und der Blick auf das Gemeinwohl so viel stärker gewesen als alle parteitaktischen Interessen. Vielleicht waren die 181 Tage von Berlin trotz der vielen Einreden und Einflussnahmen aus Bonn sogar näher am Idealbild einer parlamentarischen, repräsentativen Demokratie als vieles, was wir sonst in diesem Land hatten. Und es ist ja auch die erste und einzige Demokratie in Deutschland gewesen, die von ihren Bürgern regelrecht erkämpft worden ist.

Wenn Angela Merkel von dieser Zeit erzählt, leuchten ihre Augen. Dreimal so lang sind ihr die 181 Tage vorgekommen. Und es hat so großen Spaß gemacht, dabei gewesen zu sein.

Die stellvertretende Regierungssprecherin hat den Ministerpräsidenten auf fast allen Auslandsreisen begleitet, auch bei den Antrittsreisen in Moskau, London und Paris ist sie dabei gewesen.

Auf den Bildern von diesen Reisen sitzt eine junge, witzig aussehende Frau mit lustigem Bubikopf neben dem ernsten, schmalen, verantwortungsbewussten de Maizière im Flugzeug. Sie schauen gemeinsam in ihre Unterlagen. Merkel sieht auf diesen Bildern so ganz anders aus als heute, so offen, optimistisch, ausgeschlafen und zupackend gut gelaunt; de Maizière dagegen enorm staatstragend im schneeweißen, frisch gebügelten Hemd und Krawatte. Meister Eder und sein Pumuckl auf dem Weg nach Paris zu den Zwei-plus-Vier-Gesprächen. Sie müssen ein gutes Team gewesen sein.

Aber das war vor zehn Jahren. In einem anderen Leben.

Jetzt ist alles anders. Jetzt ist Bundesrepublik. Jetzt sind sie zusammen in diesem Haus. Und begegnen sich fast nie.

Wir haben unterschiedliche Rhythmen, sagt de Maizière, als müsse er sich dafür entschuldigen. Er weiß nicht genau, wann sie abends nach Hause kommt. Und wenn er morgens in seine Kanzlei geht, ist sie schon wieder weg.

«Zuletzt ist sie nach sehr langer Zeit einmal wieder bei mir gewesen, als sie diese Kohl-Ersatzfeier zur deutschen Einheit am 1. Oktober plante. Da wollte sie mich natürlich unbedingt bei dieser Gespensterfete zur zehnjährigen Vereinigung der

CDU Ost mit der West-CDU dabeihaben. Insofern ging es ja auch nicht ohne mich, weil ich damals vor zehn Jahren nun einmal der Ost-Onkel war.»

Als de Maizière Ministerpräsident geworden war, hat er im Bärensaal des Staatsratsgebäudes alle 650 Mitarbeiter der ehemaligen DDR-Regierung versammelt und zu ihnen gesagt: «Wir haben nur eine einzige Aufgabe: Uns überflüssig zu machen. Ich reiche Ihnen die Hand. Wer sie nehmen kann, soll sie nehmen. Wer nicht, soll jetzt gehen.»

Nur die wichtigsten fünf Beamten sind gegangen. Und ohne die anderen 645 Beamten aus der alten Zeit hätte es ja auch nicht weiter funktioniert.

Die haben sich dann auf ihre Art von der DDR befreit, haben alle wichtigen Papiere aus den Büros geworfen, auf die Gänge gepfeffert und aus dem Fenster. Haben offenbar gedacht: Wenn wir jetzt das Kommunistische Manifest aus dem Fenster werfen und tüchtig in der Bibel lesen, sind wir gerettet.

Und Angela Merkel?

Journalisten, die damals dabei gewesen sind, sagen, dass die stellvertretende Regierungssprecherin bald als zuverlässige, gute und präzise Quelle bekannt und beliebter war als der erste Regierungssprecher, Matthias Gehler.

Vor vier Monaten hatte sie noch handgestanzte Fortron-Lochkarten in den altmodischen Rechner der Akademie geschoben, in ihrer Adlershofer Baracke am Ende der Welt. Jetzt erläuterte sie internationalen Journalisten die Pläne der letzten DDR-Regierung.

Lothar de Maizière sagt es so: «Ich will nicht den Matthias Gehler kränken, aber ein Beispiel will ich Ihnen geben: Morgens hatten wir immer eine so genannte kleine Lage, da wurde von den Regierungssprechern auch die Zeitungsauswertung gemacht. Sie trug in der halben Zeit das Doppelte vor, was Matthias Gehler vortrug. Weil sie es mit einem Blick sortiert hatte und wusste, was wichtig ist und was nicht. Sie organisierte das so: Ich will nicht wissen, was wir denken, sondern ich will wissen, was wird über unsere Politik gedacht und gemacht. Sie hat sehr genau vorgetragen, wo unsere Politik in die Kritik geraten war. Und sie hatte Vorschläge, wie man strategisch vorgehen musste und welche Gegenargumente wir hatten.»

Sie war überzeugt davon, dass es gute Politik ist, die gemacht wurde. Also hat sie ihren Job als Auftrag verstanden, darauf zu achten, wo etwas falsch gemacht wurde oder wo etwas missverständlich war.

Und wenn sie Sorge hatte, dass der Ministerpräsident sich vor lauter Geradlinigkeit und Aufrichtigkeit auch mal zu weit aus dem Fenster gelehnt hatte, hat sie ihn schnell zurückgezogen. Zur Not mit Gewalt. Einmal, beim Staatsbesuch in Irland, hat sie sogar ein Interview unterbrochen, den *ARD*-Korrespondenten genötigt, das Band zu löschen, de Maizière erklärt, warum das gefährlich werden könnte, was er da gerade gesagt hat. Und dann die beiden Herren gebeten, bitte schön noch einmal von vorne anzufangen.

«Sie hatte schneller als wir anderen begriffen, dass Politik vermittelt werden muss. Sie war da ausgesprochen schnörkellos, um es mal so zu sagen. Das ist sie heute noch. Sie braucht nicht lange. Wenn sie einmal zehn Minuten reden muss und nichts sagen will, dann merkt man leider auch, dass sie nichts sagt. Während Genscher, zum Beispiel, ja eine halbe Stunde reden konnte, ohne auch nur einen belangvollen Satz zu sagen. Und keiner merkt es. Das geht mit ihr so nicht.»

Und wenn er Angela Merkel heute erlebt und sie mit der Angela Merkel von damals vergleicht?

«Natürlich ist sie zehn Jahre älter geworden. Sie ist auch zehn Jahre intelligenter geworden. Wir haben damals die Dinge analysiert, dann entschieden, was wir für richtig hielten, und das erst dann an die Öffentlichkeit vermittelt. Westpolitiker interessieren sich umgekehrt immer zuerst dafür, ob etwas vermittelbar ist. Ich halte das für eine Pervertierung der repräsentativen Demokratie. Macht wird errungen, dann muss man sie auch nehmen. Westpolitiker kommen an die Macht, und einen Tag später geben sie sie wieder ängstlich zurück an die Meinungsumfragen.»

Und dann sagt Lothar de Maizière nach einer Weile auch noch: «Insofern ist sie eine Westpolitikerin geworden.»

Der 3. Oktober 1990 muss ein seltsamer Tag gewesen sein für eine Regierung, die sich gerade abgeschafft hatte.

Am 29. September war der Abteilungsleiter des Ministerrats, Wolfgang Eckstein, nach Bonn gefahren, um die neue schwarz-rot-goldene Fahne abzuholen. Die lag bei einer Sekretärin im Kanzleramt in der Schublade.

«Soll ich die einfach so mitnehmen?»

Da gab die Sekretärin ihm einen Plastikbeutel von Kaiser's. Die Wessis hatten es offenbar nicht so mit Fahnen.

Um Punkt null Uhr hat Eckstein dann die DDR-Fahne runtergeholt vom ehemaligen Ministerrat der DDR. Hat gekurbelt wie ein Wilder und sich gedacht: «Bin ich der Totengräber der DDR? Wie komme gerade ich dazu?»

Und nicht er, sondern ein Kollege aus Bonn, der auch noch ausgerechnet Aribert Großkopf hieß, hat die neue Fahne dann aufgezogen. Da war es null Uhr eins.

Unten in Berlin haben die Leute gejubelt.

Und dann gingen plötzlich wie von Geisterhand die Scheinwerfer aus. Als sie wieder aufleuchteten, hing die Fahne auf halbmast.

Alle müssen in dieser Nacht, in der sie sich endlich selbst abgeschafft hatten, solche Halbmast-Gefühle gehabt haben.

Angela Merkel hat es einmal so erzählt: «Ich hatte in der Nacht ja gerade meinen schönen Posten als stellvertretende Regierungssprecherin eines nun nicht mehr existierenden Staates verloren. Jetzt sollte ich als Referentin im Bundespresseamt arbeiten mit Besoldungsstufe A 13. Vorher musste ich aber noch in West-Berlin eine Einstellungsuntersuchung für den öffentlichen Dienst über mich ergehen lassen. Und weil ich einen hohen Blutdruck habe, sagte man mir, es sei gar nicht sicher, ob ich in den öffentlichen Dienst übernommen würde. Und ich dachte: Gerade hast du noch bei Mitterrand gesessen, nun bist du wieder vereint – und nichts mehr.»

Und nichts mehr?

Es war Günther Krause, der Angela Merkel, der arbeitslos gewordenen stellvertretenden Regierungssprecherin, den Wahlkreis Rügen-Grimmen-Stralsund für die Bundestagswahl organisierte.

Sie gewann das Direktmandat mit 48,6 Prozent der Erststimmen. Sie kam tatsächlich als richtige Abgeordnete in den Bundestag des wieder vereinigten Wunderlandes. Sie konnte den Versorgungsjob im Bundespresseamt aufgeben. Sie machte sich schon Hoffnung auf einen richtigen Platz im Forschungsausschuss des Deutschen Bundestages.

Lothar de Maizière muss zum ersten Mal in unserem Gespräch richtig entspannt lachen, als er sich an die nächste kleine Begebenheit erinnert. Und sogar Lisa, die Zwergterrier-Dame, ist inzwischen hinter dem Ohrensessel hervorgekommen und beschnuppert das Handgelenk der Besucherin.

Anfang Januar 1991 hat er sich im Bonner Kanzleramtspark mit seiner ehemaligen Regierungssprecherin getroffen. Und er erinnert sich mit einigem Vergnügen an das wirklich sehr erschrockene Gesicht der Bundestagsabgeordneten Angela Merkel, als er ihr sagte:

«Stell dich mal darauf ein, dass der Bundeskanzler dich bald anruft.»

«Und warum sollte er das tun?»

«Weil er dich zur Ministerin machen will.»

Fünftes Kapitel

MIT ALICE IM WUNDERLAND

HERRLICHE ZEITEN

Es geschah im Jahr 2000 im Café Einstein Unter den Linden. Und es geschah ausgerechnet am Montag der Woche, in der Angela Merkel als erste und einzige Frau in der bisherigen Geschichte Deutschlands Chefin einer großen Volkspartei werden sollte. Das Café Einstein ist ein tagsüber touristisches, morgens deswegen eher diskretes Berliner Lokal, in dem man sich normalerweise gut zum Frühstück verabreden kann. Es liegt günstig zum Reichstag und zu den Abgeordnetenbüros, ist aber nicht gerade penetrant angesagt.

Normalerweise.

An diesem Morgen, fünf Tage vor der Wahl zur Parteivorsitzenden, war es ein wenig anders. Und ausgerechnet an diesem Morgen hatte sich Angela Merkel mit Alice Schwarzer im Café Einstein zum Frühstück verabredet.

Zwei Journalisten vom *Tagesspiegel* saßen schon in dem sonst so diskreten Café Einstein und registrierten erkennbar: Da schau her, die Merkelin mit der Schwarzer. Das ist ja hochinteressant.

Bald ging die Tür auf, und einige nicht ganz unbedeutende Abgeordnete aus der CDU/CSU-Fraktion kamen mit einem weiteren Tross von Journalisten. Die Abgeordneten waren eher aus dem Spektrum, das Heiner Geißler in den achtziger Jahren noch provozieren konnte mit dem Satz: Nicht jeder, der eine berufstätige Frau hat, ist ein Linksradikaler.

Angela Merkel gibt das nicht so richtig zu, aber ein bisschen mulmig über den Multiplikatorenauflauf wird ihr schon gewesen sein. Wahrscheinlich sah sie vor sich bereits die Schlagzeile *Hexentreff: Designierte* CDU-*Vorsitzende berät sich mit Links-feministin* und auch die Gesichter von Edmund Stoiber und Roland Koch beim Studieren dieser Schlagzeile.

Als dann die Tür noch einmal aufging und zwei Redakteure vom *Stern* mit Roland Koch eintraten, um zwei Tische weiter ihre Tonbandgeräte für ein Interview aufzubauen, fühlte auch Alice Schwarzer sich «wirklich schon ganz klamm». Jedenfalls berichtet sie es so, und sie tut das natürlich mit gewohnter Alice-Schwarzer-Ironie, auch, wie sie dann gesagt habe: «Frau Merkel, also, das tut mir jetzt wirklich sehr Leid.»

Angela Merkel aber sagte: «Nö. Macht doch gar nichts. Dafür bin ich doch die DDR nicht los, dass ich immer noch nicht frühstücken kann, mit wem ich will.»

Sie erzählt, dass sie später an diesem Tag, noch vor der Präsidiumssitzung, zu Roland Koch gegangen ist und gesagt hat: «Lieber Herr Koch, Sie haben ja schon immer geahnt, dass ich eine Linke bin. Da haben Sie sich jetzt bestätigt gefühlt, oder?»

Koch habe geantwortet: «Sie glauben gar nicht, was für ein gutes Verhältnis zu Alice Schwarzer ich habe.»

Als Schwarzer wiederum diesen Teil der Geschichte erfährt, das ist auf einem Podium mit der Parteivorsitzenden Merkel im November 2000, bei einer politischen Soirée der Unionsfrauen in der Thüringischen Landesvertretung zu Berlin, fängt sie sehr an zu lachen und sagt: «Schön, schön, dass ich das auch mal erfahre.»

Frauen haben in diesem Land ja nicht immer die Ehre, ausschließlich in der Sache kritisiert zu werden. Erwachsene, renommierte Journalisten langweilen sich und ihre Leser immer noch gerne einen Artikel lang mit den cremefarbenen Hosenanzügen der Sabine Christiansen oder dem Prinz-Eisenherz-Haarschnitt von Angela Merkel.

Als Anfang der neunziger Jahre in den Medien das Wie-sieht-die-denn-aus-und-was-hat-die-denn-bloß-für-Röcke-an über die neue Frauen- und Jugendministerin aus dem Osten etwas heftig geworden war, hatte Alice Schwarzer eines Tages zum Telefon gegriffen. Deutschlands große Feministin und *Emma*-Herausgeberin ist eine Weltmeisterin im Trösten und Agitieren. Jedenfalls reden die beiden seither ab und zu miteinander.

«Ich unterhalte mich gern mit ihr», sagt Angela Merkel über Alice Schwarzer.

Merkel hatte in den Wochen vor ihrer Wahl zur Parteivorsitzenden verstanden, dass eine, die nicht nur über die Regionalkonferenzen der eigenen Partei, sondern auch über zustimmende Meinungsumfragen in der Gesamtbevölkerung und über begeisterte Titelgeschichten der eher linken Blätter Parteivorsitzende der CDU geworden ist, notgedrungen viele Menschen im Land enttäuschen würde. Sie musste ja nun zuerst einmal ihre eigene deprimierte und orientierungslose Partei aus der Wirklichkeitsverweigerung der letzten Kohl-Jahre heraus in die Gegenwart führen und vor allem am rechteren Rand der Partei ein paar sehr skeptische Persönlichkeiten und Gruppierungen einsammeln.

«Ich hatte vor allem Sorge, dass unglaublich viele Erwartungen von Frauen in mich projiziert wurden, auch Wünsche von den Frauen, die gar nichts mit der CDU am Hut haben, und dass ich also gar nicht anders kann, als die zu enttäuschen.»

Alice Schwarzer hat sie da an diesem Morgen beruhigt: Machen Sie sich mal keine Sorgen, die Frauen im Land wissen schon, dass Sie nicht Vorsitzende der SPD werden wollen. Als Margaret Thatcher Premierministerin wurde, und die war nun wirklich alles andere als eine Ausgeburt des Feminismus, sei sie, Alice Schwarzer, immer gefragt worden: Ist das nicht schrecklich mit dieser Thatcher, Frau Schwarzer? Und da habe sie geantwortet: Sagen Sie mal nichts gegen diese englischen Ladys mit ihren Handtaschen. Wenn ein kleines Mädchen in England den Fernseher anknipst und Politik sieht, hat es die Auswahl zwischen der Queen und Maggie Thatcher. Das ist dann doch immer noch viel besser als alles, was kleine Mädchen in Deutschland zu sehen bekommen.

Merkel hat einmal sehr furios Susan Faludis «Die Männer schlagen zurück» besprochen, in *Emma*. Schwarzer war eine der Ersten, die sich für Angela Merkel als CDU-Chefin ausgesprochen haben. Und den späten, aber medienwirksamen, parteiübergreifenden Frauenappell gegen die Rentenpläne der Bundesregierung hat Alice Schwarzer auch für die CDU/CSU-Fraktion organisiert.

Eine pikante Kombination. Alice Schwarzer gilt als kämpferisch links. Und die Männer, nicht nur von der Union, werden immer ganz seltsam in ihrer Nähe, wie Buben, die ihrer Mami beweisen wollen, dass sie schon freihändig Fahrrad fahren können, die aber zugleich ein schlechtes Gewissen haben, weil sie wieder einmal vergessen haben, den Mülleimer runterzutragen.

Schwarzer hat nun aber auch genau den ironischen Ton, der Männer unfassbar provoziert: «Oh, ein sauerländischer Händedruck. Na, meine Güte, Herr Merz, Sie haben aber einen tüchtigen, kräftigen Händedruck. Und wie groß Sie sind, lieber Herr Merz, Sie sind ja so groß, dass sogar die Kollegin Roll hochgucken muss, so ein großer Generalsekretär.»

Bei Schwarzer weiß man nicht einmal, wenn sie Ämter verwechselt, ob sie sie tatsächlich verwechselt oder ob sie nur provozieren will. Mit dem Fraktionsvorsitzenden Friedrich Merz jedenfalls funktioniert es sofort.

«Ja, Gerhard Schröder vermeidet es auch immer, neben mir fotografiert zu werden, weil er so klein ist.»

«Hat denn die Kanzlertruppe für solche Fälle keine Apfelsinenkiste dabei?»

Was so gescherzt wird in Berlin, wenn die «Gruppe der Frauen der CDU/CSU-Fraktion im Deutschen Bundestag» zur Feier ihres zwanzigjährigen Jubiläums eingeladen hat.

Obwohl es gar nicht so richtig zum Lachen ist. Die Fakten sind leider und trotz aller Schäkereien noch immer sehr viel ernster als ein sauerländischer Händedruck und, verglichen mit anderen abendländischen Zivilisationen, auch eher traurig: Frauen in der Politik. Frauen in Deutschland. Frauenpolitik in Deutschland.

Die Mehrheit der deutschen Bevölkerung ist weiblich. Aber nur 35 Prozent der Abgeordneten im Deutschen Bundestag sind Frauen, in der CDU/CSU-Fraktion sind es nur 18 Prozent.

Von den Topchefs in Großbritanniens Wirtschaft sind immerhin 11,2 Prozent weiblich. In Deutschland sind es 3,7 Prozent. Und obwohl auch deutsche Wirtschaftsmagazine alle paar Wochen eine neue Geschichte darüber drucken, dass das männliche Leithammel-Management ohne Zukunft sei und nur die weiblichen Führungsqualitäten ins nächste Jahrhundert führen, gibt es hierzulande noch immer diesen gläsernen Deckel, der den Aufstieg von Frauen aus den oberen Etagen in die wirklichen Alphajobs unsichtbar, aber wirksam verhindert.

Das ändert sich. Langsam. Wenn Frauen sich aber organisieren, wenn zum Beispiel Alice Schwarzer und Sabine Christiansen Berliner Runden von Topjournalistinnen und einflussreichen Frauen organisieren, dann wird das gleich irritiert registriert, dann fragt der *Spiegel* schon mal panisch: Bauen sie jetzt heimlich Frauen-Seilschaften?

Angela Merkels Wahl zur Parteivorsitzenden war dann auch für die *Bild*-Zeitung der *Beginn einer neuen Zeitrechnung*, der *Corriere della Sera* nannte es gleich eine *sexuelle Revolution*. Und Edmund Stoiber sagte, möglicherweise gut gemeint, aber etwas hilflos in die Fernsehkameras, er freue sich, dass er nun in der Schwesterpartei eine richtige Schwester habe.

Auf einen normalen Umgangston darf eine Frau in der deutschen Politik nicht hoffen.

Im schleswig-holsteinischen Landtagswahlkampf des Jahres 2000 hatten sie eine CDU-Talk-Show mit Angela Merkel inszeniert, das war im Ahrensburger Parkhotel gegenüber vom Schloss.

Der Moderator, ein lokaler Rundfunkmensch im kleinkarierten Sakko, führte sich auf wie die Karikatur des modernen Mannes und sagte immerzu Sätze wie: «Danke, dass Sie das so interessant erläutert haben, Frau Merkel, so jung und so charmant.»

Oder: «Sie haben sich, wenn ich das mal so sagen darf, auch bei diesem heiklen Thema ganz phantastisch geschlagen und auch großartig verkauft.»

Bis es Angela Merkel zu blöd wurde.

Sie sagte dann: «Man merkt, letzte Woche gab es Zeugnisse in Schleswig-Holstein. Ich schlage vor, Sie sparen sich zwischendurch die Zensuren, und wir machen ganz zum Schluss eine ordentliche Punktauswertung.»

Tausende von Männern in der CDU sind wie dieser Moderator. Viele aus der mittleren Funktionärsebene im Westen haben zu Hause eine Hausfrau und Mutter. Und jetzt hat ausgerechnet diese Partei Angela Merkel zur Vorsitzenden gekürt. Eine Frau. Eine Frau aus dem Osten. Eine evangelische Frau aus dem Osten. Eine evangelische, geschiedene Frau aus dem Osten. Eine evangelische, geschiedene, kinderlose Frau aus dem Osten, die mit ihrem Lebensgefährten jahrelang in wilder Ehe lebt.

Gelebt hat: Einen Tag vor Silvester 1998 hat Angela Merkel ihren langjährigen Lebensgefährten, den Chemiker Joachim Sauer, geheiratet. Kardinal Meisner soll sie freundlich, aber deutlich darauf hingewiesen haben, was «wilde Ehe» auch im neuen Jahrtausend bedeutet in einigen Kreisen des katholischen Rheinlands.

Und nicht nur in einigen Kreisen des katholischen Rheinlands wurde es etwa ein Jahr nachdem Angela Merkel Parteivorsitzende geworden war, in der CDU Mode, etwas abfällig von *Weiberwirtschaft* zu reden und vom *Girlscamp an der Klingelhöferstraße*, weil Angela Merkel hat, was viele Männer in der Politik auch haben: eine Büroleiter*in*, Beate Baumann, die seit den Anfängen in Bonn Angela Merkel bei jedem Karriereschritt begleitet hat. Und eine Pressesprecher*in*, Eva Christiansen. Merkel versteht sich außerdem noch sehr gut mit Parteivize Annette Schavan. Und weil die Vorsitzende der Jungen Union Hildegard Müller sich mit Merkel duzt, wird sie kurzerhand mit dazugezählt. Fertig ist die Weiberwirtschaft.

Dass zum *inner circle* der Angela Merkel, zu der Truppe also, die sie Tag für Tag unmittelbar berät und die sich von Zeit zu Zeit ein paar Tage mit ihr in ein Strandhotel auf die Ostseehalbinsel Fischland Darß zum Nachdenken und Redenschreiben zurückzieht, auch zu dieser Zeit schon fünf Männer gehören, wird dezent unterschlagen. Den Leiter für Grundsatzfragen und politische Planung im Adenauer-Haus, Klaus Preschle, und die beiden Hauptabteilungsleiter für Politik, Heiner Lueg, und für Medien und Kommunikation, Michael Thielen, kennt zwar draußen niemand. Generalsekretär Laurenz Meyer und Bundesgeschäftsführer Willi Hausmann sind aber Tag für Tag sichtbar. Dafür kann man mit dem Namen Hausmann wenigstens lustige Wortspiele erfinden: Die Mädels von der Klingelhöferstraße schotten sich mit ihrem Hausmann ab.

Das Interessanteste an diesem weiblichen Küchenkabinett war, dass es für beide Richtungen innerparteilicher Kritik herhalten musste. Wenn Merkel Führung gab und überraschende Entscheidungen fällte, also zum Beispiel verkündete, die Frage der Kanzlerkandidatur werde allein zwischen Stoiber und ihr ausgehandelt, dann war sie «angestachelt von den ehrgeizigen Zicken aus der Parteizentrale». Wenn sie abwartend moderierte, in die Partei hineinhörte, Kommissionen einberief und Regionalkonferenzen, dann war es wieder: Typisch Mädel, die verstehen eben naturgemäß nichts von echter Führung.

Ein ganz ähnliches Phänomen ist die Metapher von der Vatermörderin, die die Berichterstattung und die Medienporträts über Angela Merkel von Anfang an begleitet hat. Sie hat Schnur, Krause, de Maizière, Kohl und schließlich Schäuble scheitern sehen. Sie hat sie alle hinter sich gelassen, wie außerdem noch Eppelmann, Rühe und Rüttgers, Männer allesamt, die Angela Merkel erst gefördert haben und dann auf der Strecke geblieben sind.

«Ach, Angela», so hat die *Zeit* den Chef der CSU-Landesgruppe in einer Besprechung seufzen gehört: «Wer ist dein nächstes Opfer?»

Angela Merkel hat, wie jeder Mensch, der es sehr weit nach oben gebracht hat, ihre jeweiligen Vorgesetzten und Förderer gut beobachtet, analysiert und schließlich übertrumpft. Und da in dieser Gesellschaft meistens Männer die Vorgesetzten und Förderer sind, sind es eben auch in der CDU nur Männer, die eine Frau hinter sich gelassen hat, wenn sie schließlich Parteichefin wird.

Angela Merkel sagt, dass sie sich inzwischen über diese Vatermörder-Sache richtig ärgert.

«Wenn Männer sich weiterentwickeln, ist das der natürliche Lauf der Dinge. Wenn sich aber mal eine Frau in der Politik durchsetzt, dann liegen überall an ihrem Wegesrand gemeuchelte Männer.»

Frauen in Spitzenpositionen, das ist eben noch nicht wirklich vorgesehen in diesem Land. Da fehlen noch alle Beschreibungs-, Rezeptions- und Verhaltensmuster. Weswegen selbst aufgeklärte Routiniers, die zu Hause vier erwachsene Töchter haben, gelegentlich zu Tölpeln mutieren, wenn sie es mit einer Frau in einer Topposition zu tun bekommen.

Als Angela Merkel zur Überraschung der meisten Beteiligten im Herbst ihren Generalsekretär auswechselte und der Neue, Laurenz Meyer, am 5. November eine erste Kostprobe seines Könnens in Berlin ablieferte, machte er sowieso schon alles falsch, was man falsch machen kann. Er könne auch mal mit dem Säbel, nicht nur mit dem Florett kämpfen, drohte er an, nahm dann auch gleich den Säbel und metzelte mit einem ungeschickten Hieb sowohl seinen Vorgänger als auch noch ein

Stück vom Image seiner Chefin herunter, als er sagte, «einen zweiten Missgriff» könne Angela Merkel sich nun nicht mehr erlauben.

Man konnte spüren, wie vor allem die Frauen in der Bundespressekonferenz den Atem anhielten, als Meyer bewusst wurde, was er angerichtet hatte. Er stand da für einen Moment so, als würde er es tatsächlich wagen, gleich zur Besänftigung auch noch den Arm um seine Parteichefin zu legen. Und während man noch dachte, der wird die doch nicht etwa anfassen, der kann sie doch jetzt nicht auch noch, er ist doch wohl nicht …

… tat er es. Laurenz Meyer legte vor den Kameras der Berliner Republik am ersten Tag in seinem neuen Job gleich zweimal den Arm über die Schulter seiner Chefin und zog sie ein bisschen zu sich. Ein Übergriff und eine Herrschaftsgeste als verlegene Wiedergutmachung. Die *taz* schrieb, Merkel habe da für einen hinreißenden Moment ausgesehen wie die Siegerin im Zeichenwettbewerb der Sparkasse Hamm und dass es zwischen England und Italien einmal fast zum Krieg gekommen sei, als ein überschwänglicher Staatspräsident es wagte, Königin Elisabeth am Arm zu fassen.

Merkels Leute erzählen, Meyer habe anschließend glaubwürdig versichert, dass so etwas nie wieder passieren wird.

Am Abend des gleichen Tages fragt Alexander Niemetz den CSU-Generalsekretär Goppel im *Zweiten Deutschen Fernsehen*: Angela Merkel hat ihren Generalsekretär knallhart ausgewechselt. Einfach so. Hätten Sie Frau Merkel diese Härte zugetraut? Und Goppel antwortet: Frau Merkel traue ich alles zu.

Sie war, als sie in die Politik ging, alles andere als eine Feministin. De Maizière glaubt, dass sie das Thema Frauenpolitik sogar gelangweilt hat. Sie hatte sich in der Männerwelt der DDR-Physik so selbstverständlich behauptet, dass sie über das Schicksal anderer Frauen nicht grundlegend nachgedacht hatte. Merkel erinnert sich heute, dass erst im Amt als Frauenministerin «die Einsicht in die Notwendigkeit von Frauenpolitik zugenommen hat». Relativ unbedarft sei sie da reingegangen, «ausgestattet mit dem Selbstbewusstsein einer eigenen Berufstätigkeit und eines eigenen Lebens in einer Gesellschaft und mit einem beruflichen Umfeld, in dem auch sehr viele Männer waren».

Als Angela Merkel 1998 noch einmal mit zwei Journalistinnen nach Adlershof gefahren ist, die Reste ihrer Akademie zu besichtigen, da hat sie ein wenig vor dem Bauschutthaufen meditiert, der einst ihre alte Baracke gewesen war, und dann die Schlagzeile geliefert: «Ich bin gewohnt, mit vielen Männern zu arbeiten.» Außer der Sekretärin ist sie in all den Jahren ja die einzige Frau am Institut gewesen.

Helmut Kohls Vorschlag für die Einführung einer Frauenquote in der CDU sah sie eigentlich als Beleidigung für alle erfolgreichen Frauen an. Sie sagte damals: «Die Quote hat etwas Degradierendes und Ehrenrühriges.»

Eine heikle Position für eine Frauenministerin.

Damals hat sie in einem Interview ihr Dilemma so dargestellt: «Jetzt bist du Frau, und du bist Frauenministerin, und jetzt erwarten die was von dir. Andererseits bist du auch frei. Und du darfst zum ersten Mal sagen, was du denkst.»

Sie hat sich dann dem Druck der Frauen in ihrer Partei und dem Wunsch Helmut Kohls gefügt.

Von Frauen in der Bundesrepublik hatte sie eine seltsame Vorstellung.

«Meinen ersten großen Bauchklatscher habe ich gemacht, als ich bei Jürgen Rüttgers im Wahlkreis stolz verkündet habe, dass die Frauen im Osten natürlich eine höhere Rente verdienten, weil sie ja auch gearbeitet hätten.»

Dass Frauen in der DDR gleichberechtigt und emanzipierter gewesen seien als in der Bundesrepublik, weil alle gearbeitet haben und weil es einen Kita-Platz für jedes Kind gegeben hat, sei Unsinn, sagt sie heute. Eine formale Gleichberechtigung sei das gewesen, mehr nicht.

«Nur, weil der Staat sich auch noch in die Erziehung einmischen wollte, stand ein breites Instrumentarium an Kinderbetreuung zur Verfügung. Und nur, weil die Wirtschaft so ineffizient war, konnten alle Frauen in der DDR auf dem Arbeitsmarkt untergebracht werden. Niemals war eine Frau Vollmitglied des Politbüros oder auch nur Kombinatsdirektorin. Die Beweggründe der DDR waren ja immer alles andere, als ihren Bürgern zu ihrem Recht oder gar zu einer Emanzipation zu verhelfen.»

Rita Süssmuth findet, dass Angela Merkel heute viel frauenpolitischer denkt, als sie es im Ministeramt getan hat.

Und Merkel sagt: «Inzwischen müsste ich meinem Gewissen keinen Schub mehr geben, um für das Quorum zu sein. Ich fordere, dass es verlängert wird, weil ich gesehen habe, wie es uns Frauen vorangebracht hat.»

Und trotzdem und andererseits lässt sie sich nicht einklemmen in den Schraubstock frauenpolitischer Korrektheit.

Im schleswig-holsteinischen Wahlkampf gegen Heide Simonis ruft sie vollkommen unbekümmert – kein Mann würde sich jemals trauen, das in einem Wahlkampf gegen Angela Merkel auch nur zu flüstern: «Es muss niemand aus Mitleid gewählt werden, weil er eine Frau ist, und sei es auch die einzige Ministerpräsidentin der Republik. Wir haben hier keine Abstimmung nach Geschlecht.»

Franz Müntefering wird sich diesen Satz schon mal bereitgelegt haben, für alle Fälle.

Im November 2000 vor den CDU/CSU-Frauen hat Alice Schwarzer auch noch über ihre Lieblingsstelle in Rita Süssmuths politischen Erinnerungen geschwärmt. Das ist das wirklich wunderbar beobachtete und beschriebene Kapitel «Körpereinsatz», in dem Süssmuth die nonverbale Verdrängungskommunikation des großen Parteivorsitzenden und Bundeskanzlers beschreibt. Schwarzer bezog das natürlich gleich auf Kohls Umgang mit Frauen.

Da widersprach Angela Merkel aber sofort. Sie sei sicher, dass die raumfüllende Präsenz des Ex-Bundeskanzlers nicht nur Frauen, sondern auch fast alle Männer vor Probleme gestellt hat.

Sie muss es ja wissen. Sie wird den zarten de Maizière und den dicken Kohl oft genug in einem Raum erlebt haben.

Angela Merkel spürt, wenn ein Publikum mit dem, was sie gesagt hat, nicht wirklich zufrieden ist. Das macht sie zur guten Rednerin. Also legte sie noch ganz nüchtern nach: «Was ich allerdings relativ häufig erlebt habe, ist, dass man als Frau doch mit bestimmten Nachteilen zu kämpfen hat. Das ist einmal die hohe Stimme und die meistens ja doch kleine Körpergröße.»

Ihre schlimmsten Erlebnisse hatte sie als Umweltministerin in den Energie-Konsens-Gesprächen, vor allem mit Günter Rexrodt. Wenn es nach den Beratungen Radio- und Fernsehinterviews gab, stellte der sich einfach hinter sie und sprach über sie hinweg.

«Und weil er tiefer sprach, und auch, weil er größer war, hatte ich wirklich frustrierende Minuten.»

Sie habe ähnlich frustrierende Erlebnisse heute noch, wenn sie in Säle einmarschieren soll, von hinten geschoben, von vorne gezogen.

«Und ich weiß, ich muss jetzt auch noch ganz fröhlich gucken, damit die nachher nicht wieder schreiben, Merkel hat schlechte Laune.»

Medien und Frauen. Das ist noch einmal ein Spezialthema. Den Gipfel leisteten sich die Redakteure von *Titanic*, die das ja auch noch dürfen müssen, mit einem wirklich hässlichen Merkel-Bild und der noch viel hässlicheren Frage: *Darf so was Kanzler werden?*

Bei der Verleihung des Hanns-Joachim-Friedrichs-Preises für Fernsehjournalismus 2001 in Köln sagte Merkel: «Politiker können von Journalisten keine Rücksicht und schon gar keine Nachsicht erwarten, aber die Wahrung seiner Würde und der Respekt vor seiner Persönlichkeit sind die vornehme Aufgabe des Journalisten.»

Mit dem Preis wurden im ersten Jahr des neuen Jahrtausends drei Frauen ausgezeichnet: Gabi Bauer, Maybrit Illner und Sandra Maischberger. Gabi Bauer spottete bei der Preisverleihung: «Wir sind stolz darauf, dass drei Mädels ausreichen, um den üblicherweise einen männlichen Preisträger aufzuwiegen.»

Im Publikum saßen einige, die sich plötzlich vorstellen mussten, was für ein Affentheater ausbrechen würde, wenn den Herren Manfred Bissinger, Klaus Bresser und Ulrich Wickert, die alle drei zu der Friedrichs-Preis-Jury gehören, zugemutet würde, sich einen Preis zu teilen, der normalerweise an eine Persönlichkeit vergeben wird.

Aber so ist es in diesem Land. Es entspricht dem Selbstverständnis der Männerwelt: ein Preis für drei Frauen. Das ist schon in Ordnung. Erst recht, wenn eine der drei Frauen aus dem Osten ist. Dann kann Klaus Bresser in seiner Laudatio begeistert ausrufen: jung, Frau, Ost. Was will man mehr?

Genauso war es auch, als Angela Merkel 1990 Frauenministerin wurde. Jung, Frau, Ost. Was wollte man mehr? Helmut Kohl hatte aus einem Ministerium drei gemacht, ein Dreimädelhaus, wie die Journalisten bald schrieben.

Angela Merkel sagt heute mit milder Ironie: «So kriegte Gerda Hasselfeldt was ab und Hannelore Rönsch und ich. Das war ja auch nett.»

Helmut Kohl hat das Sozialministerium mit dem Frauenressort, das der jetzige Bundeskanzler Gerhard Schröder zum

Entzücken der Frauen vor allem seiner eigenen Partei als «Ge-
döns» bezeichnet, immer schon als Bewährungsplatz für Höhe-
res benutzt: Heiner Geißler und Rita Süssmuth haben dort angefangen. Und für Angela Merkel war es wahrscheinlich ganz
gut, dass ihr erster Job im Wunderland der Bonner Republik
ein kleiner, nicht sehr bedeutender Teil dieses Ministeriums gewesen ist.

Sie war eine erfolgreiche Physikerin. Sie hatte als Sprecherin des Demokratischen Aufbruchs und stellvertretende Sprecherin der DDR-Regierung eine Menge politischer Erfahrungen gesammelt in heißen Zeiten. Dem ersten gesamtdeutschen
Parlament anzugehören, das war ihr großer Traum. Das schien
ihr auch realistisch. Aber gleich Ministerin in Kohls Bonner
Kabinett?

Wie ein Alien muss sie in den ersten Monaten durch Bonn
gelaufen sein, wie eine Frau von einem anderen Stern, staunend, fasziniert, begeistert, entsetzt, lernbegierig. Sie sagt, sie
habe diese Zeit als eine Art naturwissenschaftlichen Versuch
angesehen, und auch, dass der schnelle Aufstieg sie eher ge-
ängstigt habe.

«Das war ja jenseits aller Wünsche. Plötzlich saß ich mit all
den Leuten am Kabinettstisch, die ich mein Leben lang im
Fernsehen bewundert hatte. Und dann habe ich mir gedacht:
Du kannst Integrale lösen, da wirst du dich auch mit Norbert
Blüm unterhalten können.»

Sie war begeistert von ihrem Wunderland. Sie hatte sich so
mit der Bonner Republik identifiziert, dass sie am Anfang sogar gegen den Umzug nach Berlin gewesen ist, erzählt ihre damalige Pressesprecherin.

Heiner Geißler erinnert sich an seine erste Begegnung mit
der Abgeordneten Angela Merkel, kurz bevor sie Frauenministerin wurde. Es ist eine rührende kleine Begebenheit. Und wenn
sie nicht gerade von Heiner Geißler erzählt würde, hätte sie ein
bisschen was von Rotkäppchen und dem bösen Wolf.

Es gab da eine Weihnachtsfeier 1990 im Bonner Hotel Maritim. Ein ungemütlicher, kalter Bonner Winterabend sei das gewesen.

«Auf dem Weg dahin sah ich vor mir eine junge Frau laufen. Sie lief da so ganz allein. Dann hat sie sich umgedreht, ist einen Moment stehen geblieben, und ich habe gesehen, das ist eine von den ostdeutschen Abgeordneten. Ich wusste auch, weil ich den Lothar de Maizière ja gut kannte, dass die eine Mitarbeiterin von ihm gewesen war. Und nun stand sie da ganz hilflos und mutterseelenallein rum. Da bin ich zu ihr hin und habe gefragt, wie sie heißt und ob sie nicht mit mir zusammen zu dieser Feier gehen wollte. Dann habe ich sie unter meine Fittiche genommen. Sie saß den ganzen Abend mit uns am Tisch, und ich habe zum ersten Mal länger mit ihr geredet.»

Und wie war sie?

«Sie war ja damals schon die gescheite Frau, die sie heute ist. Aber sie war auch leicht ängstlich und ein bisschen hilflos, wie es halt war mit den Ostdeutschen in Bonn. Das war ja für die alle eine völlig neue Welt, das ganze Ambiente, die Umgebung, das Leben in Bonn und wie man da bei uns redet. Das war für sie offensichtlich eine Offenbarung.»

Für ihn wohl auch: «Sie ist ja bald danach Jugend- und Frauenministerin geworden; insofern war sie meine Ur-Ur-Urenkelin. Da hat sie auch schon mal angerufen und wollte das eine oder das andere wissen. Ich hatte den Eindruck, dass sie im Ministerium blitzschnell akzeptiert worden ist, weil sie einfach sachlich orientiert war, analytisch denken konnte, die richtigen Fragen stellte und die wichtigen Informationen ausfilterte. Wenn sie nur ...»

Geißler bricht ab und grinst so breit, dass sein Gesicht sich bis hinter die Ohren in tiefe Falten legt.

Nur was?

«Wenn sie nur nicht diese typisch Ossi-liberale-Position gehabt hätte.»

Heiner Geißler hat zur «typisch Ossi-liberalen-Position» eine interessante und plausible These. Alle ostdeutschen Abgeordneten der Union seien mit einer eher vulgärliberalen Einstellung nach Bonn gekommen. Einige hätten die ja leider heute noch.

«Ist ja auch klar. Für die SED war der Kapitalismus der Todfeind. Da für einige in der DDR, wie für Angela Merkel, die SED zwar nicht der Todfeind, aber das eigentliche Übel war, hat sie – wie viele andere, vor allem auch die Bürgerrechtler – umgekehrt negativ daraus geschlossen, dass reziprok kontradiktorisch der reine, pure Kapitalismus was richtig Gutes sein muss. Alles, was die Kommunisten bekämpft haben, musste gut sein. Also war Merkel damals für puren Wettbewerb, für Leistung, Konkurrenz und Marktwirtschaft, ohne das weiter zu reflektieren.»

Aber sie reflektiert doch mit ihrem Lieblingsthema «Wir-Gesellschaft» über nichts anderes als über die neue, vor allem *soziale* Marktwirtschaft.

Heiner Geißler lächelt zufrieden.

«Ja, da hat sie viel gelernt. Sogar noch in der ersten Zeit, als sie Umweltministerin war, war das bei ihr überhaupt nicht vorhanden. Und da habe ich mit ihr öfter debattiert und auch gestritten. Ich habe ihr, nachdem sie Generalsekretärin war und auch Parteivorsitzende, mehrfach gesagt, sie soll sich um die Renaissance der sozialen Marktwirtschaft bemühen.»

Wenn man dann mit leichter Ironie antwortet: «Das hat ja offenbar toll gefruchtet, Herr Geißler, weil Merkel jetzt die Renaissance der sozialen Marktwirtschaft zur Chefsache gemacht hat», dann sagt Heiner Geißler in aller Bescheidenheit ein schlichtes, vollkommen unironisches: «Ja.»

Es ist wirklich interessant. Die Männer in der CDU, die nicht mehr Merkels Rivalen sein wollen oder können, Biedenkopf, Vogel, Geißler, schauen so wohlwollend, fair, behütend und ein wenig vereinnahmend auf Angela Merkel wie Großväter und reiche Erbonkel.

Die Großväter und Erbonkel sind schon jetzt in einen edlen Wettstreit darüber eingetreten, wer von ihnen Angela Merkel einmal am meisten beeinflusst, beschützt, geprägt und ihr geholfen haben wird. Auf diese Männer kann sie sich verlassen. Geißler, Biedenkopf, sogar Vogel, der ja zu gerne selbst Parteivorsitzender geworden wäre, würden jedem in den Arm fallen, der es wagte, diesen Arm gegen Angela Merkel zu erheben.

Wenn sie sich nur etwas regelmäßiger Rat abholen würde bei ihnen. Aber darüber klagen sie ja alle. Nicht nur die Alten.

Rat hat sie sich schon damals, als Frauenministerin, nicht in jeder Situation geholt. Offenbar war Angela Merkel von Anfang an mit einem so entschiedenen Instinkt für politische Macht ausgerüstet, dass sie glaubte, manchmal sei Rat holen ein Zeichen von Schwäche.

Sie aber wollte Zeichen von Stärke setzen: Staatssekretärsposten sind in der späten Bonner Republik eigentlich immer von Kohl selbst ausgeguckt worden. Es gab zum Schluss jede Menge Staatssekretäre, weil diese Posten eines von Kohls Lieblingsinstrumenten zur Belohnung für treue Gefolgschaft geworden waren.

Angela Merkel hatte 1990 bei den Verhandlungen über den Einigungsvertrag im ehemaligen Staatsratsgebäude in Berlin Willi Hausmann kennen und schätzen gelernt. Der war damals stellvertretender Abteilungsleiter bei Schäuble für politische Grundsatzfragen und zugleich sein Pressesprecher im Innenministerium, also auch Sprecher für den Westen bei den Einigungsverhandlungen, so wie sie die Sprecherin für den Osten war.

Die beiden hatten vereinbart: Wenn wir in Berlin tagen, informiert Merkel die Presse. In Bonn macht das Hausmann. Es gab dann in Bonn, im ehemaligen Postministerium, diesen Abend, an dem sich die Verhandlungen immer länger hinzogen. Die Pressekonferenz wurde wieder und wieder vertagt. Schließlich zeichnete sich ab, dass die Pressekonferenz erst gegen 22.30 Uhr sein konnte.

Inzwischen war Angela Merkel gefragt worden, ob Günther Krause nicht noch schnell ein Live-Interview für das *heute*-Journal geben könnte. Und sie hatte ja gesagt. Also war Krause noch vor der offiziellen Pressekonferenz im Fernsehen zu sehen.

Alle Journalisten waren angesäuert. Und richtig sauer war Wolfgang Schäuble, der dann Angela Merkel auch heftig angegiftet hat. Da ist Willi Hausmann anschließend zu ihr gegangen und hat gesagt: Nehmen Sie das nicht so ernst. Und vor allem: Nehmen Sie das nicht persönlich.

Das hat sie nicht vergessen. Hausmann sei einer der wenigen Westler gewesen, die nie überheblich und belehrend aufgetreten sind, sagt sie heute.

Und als sie dann so plötzlich Frauenministerin geworden war, da hat sie sich erinnert. Hat ihn angerufen, ob er mal Zeit hätte, ins Ministerium zu kommen und ihr zu erklären, wie Bonn funktioniert. Später, als der Staatssekretär des Frauenministeriums krank wurde und schließlich ganz ausfiel, hat sie Hausmann gefragt, ob er ihr Staatssekretär werden wolle.

Mit niemandem hatte sie das vorher besprochen. Hausmann ging also als Kenner der Bonner Usancen davon aus, dass das wohl nichts werden würde, dass Kohl längst den Kandidaten ausgeguckt habe, den man der Frauenministerin aus dem Osten schon nahe legen würde.

Da sagte Merkel: Das lassen Sie mal meine Sorge sein. Wenn ich Sie will, dann kriege ich Sie auch.

Hausmann gibt heute zu, dass er damals dachte: Na, die wird sich noch wundern.

Peter Hintze, der Merkels zweiter, ihr Parlamentarischer Staatssekretär im Frauenministerium war, bot an, sie in der Staatssekretärsfrage ein bisschen zu beraten. Auch dem sagte Merkel: Danke schön, nicht nötig, lassen Sie mal, ich weiß schon jemanden.

Na, die wird sich noch wundern, hat sich auch Hintze gedacht.

Und dann haben sich beide gewundert, Hintze und Hausmann. «Nach ein paar Wochen rief sie mich von der Regierungsbank an und sagte, bringen Sie mir mal schnell Ihren Lebenslauf und Ihre wichtigsten Daten», erzählt Hausmann, der also ihr Staatssekretär wurde und heute Bundesgeschäftsführer der CDU ist.

Für einige Mitarbeiter im Ministerium war es offenbar eine große Überraschung, dass diese junge Ministerin aus dem Osten genau wusste, was sie will, und es auch ganz unverblümt ansagte. Sie war im Ministerium dann bald geachtet, aber auch gefürchtet.

«Sie guckte dich an wie eine Schlange», erzählt einer. «Du wusstest noch gar nicht, was will sie überhaupt, schon schnappte sie zu.»

Angela Merkel kann im Innenkontakt, höflich gesagt, etwas direkt und unverbindlich sein. Bei einem Mann würde man sagen, der macht klare Ansagen. Manchmal schreit sie auch. Das hat einige Leute im gemütlichen Bonn vor den Kopf gestoßen.

Angie, die Schlange, hieß es im Ministerium. Angie ist gefährlich. Und sie sprachen dieses Angie englisch aus, wie in dem Lied von den Stones. Angie-Baby kann hammerhart sein, sagen noch heute einige in ihrem Landesverband Mecklenburg-Vorpommern. Komischerweise benutzen im Gespräch über Angela Merkel immer gerade solche Menschen Ausdrücke wie Angie oder Angie-Baby, die am meisten Respekt vor ihr zeigen, sobald sie in der Nähe ist.

Der große Psychologe Kurt Eissler hat einmal am Beispiel Goethes sehr schön herausgearbeitet, dass in der deutschen Privatsprache sowohl der Diminutiv als auch englische Kosewörtchen gerne benutzt werden als Klein- und Putzigmacher von etwas, was einem nicht ganz geheuer ist: Angie, Angie-Baby.

So wie auch die öffentliche Sprache erfolgreiche Frauen mit ganz bestimmten Vokabeln klein macht. Michael Glos nennt

Angela Merkel immer eine *tüchtige Frau*. *BILD* schrieb eine Zeit lang gönnerhaft von der *tapferen Frau Merkel*. Tüchtig und tapfer gehören zu einer ganz seltsamen Reihe von Wörtern. Wörter, die in diesem Land exklusiv für Frauen vorgesehen sind und gerne auch von Frauen für Frauen benutzt werden: *Streitbar* ist auch so ein Wort.

Die Bonner Journalisten, die direkten Kontakt mit der neuen Ministerin hatten, schrieben in ihren ersten Porträts über Angela Merkel nie *tüchtig, tapfer* oder *streitbar*. Sie benutzten das schöne deutsche Wort *echt*, um sie zu beschreiben. Schon das sonst so beliebte Modewort *authentisch* war offenbar zu abgenutzt, zu sehr Politsprech, um diese ungewöhnliche Echtheit zu beschreiben.

Einmal, ganz zu Beginn ihrer Ministerzeit, ist Angela Merkel mit einem Bus ins Vogtland gefahren, abgewickelte Betriebe zu besuchen. Da haben ihr die Frauen in einer Textilfabrik ihre schlimme Situation geschildert. Kinder hielten Plakate hoch: *Gib unserer Mutti wieder Arbeit.*

Das hat sie sich eine Weile angehört. Dann hat sie nachgefragt und wieder zugehört, und dann hat sie – echt – geweint, so angegriffen war sie von den ungeheuren Schwierigkeiten.

Sie kam aus dem Osten und wollte nicht im Abgeordnetensilo wohnen, genoss es vielmehr, eine richtige Wohnung in Godesberg zu beziehen.

Sie bewunderte Helmut Kohl. Aber nicht mit dieser distanzlosen und ängstlichen Nibelungentreue wie viele andere. In Hintergrundgesprächen mit Angela Merkel gab es immer interessante Einschätzungsdetails zu erfahren. Da war sie freimütig und offen. Manchmal benutzte sie sogar aus Versehen das Wort «die», nicht «wir», wenn sie von der CDU sprach.

Ein Jahr später war sie Parteivize. Und als Erstes forderte sie, anders als ihr Vorgänger Lothar de Maizière, eine halbe Stelle für dieses Amt. So kam Beate Baumann zu Angela Merkel.

Trotzdem geht die Legende dieser Zeit heute so: Sie war eine graue Maus, ein armes Hascherl von Kohls Gnaden, ein schnell lernendes Hascherl aus dem Osten.

Vor der ersten Haushaltsdebatte hat sie mit ihren Leuten im Ministerium genau durchgespielt, wie so etwas läuft. Und diejenigen, die ihr damals geraten haben, bloß keine Zwischenfragen zuzulassen, um nicht aus dem Konzept zu geraten, müssen heute lachen, wenn sie sich daran erinnern. Zwischenfragen parieren sei ja inzwischen eine Spezialität von Angela Merkel, finden sie.

Die damalige Sozialministerin von Brandenburg, Regine Hildebrandt, war Frauenministerin in der Regierung de Maizière gewesen. Sie kannte die neue Bundesministerin also schon ein wenig, als sie sie bei einer ihrer ersten Exkursionen zum Planeten Bonn in ihrem Ministerium aufsuchte.

«Die Merkel war da in Bonn so, wie ich sie immer geschätzt habe, praxisbezogen, relevant, sachlich orientiert an der Lösung von Problemen und nicht daran, uns irgendeinen allgemeinen Schnee zu erzählen.»

Es ist ein wenig traurig, im Frühjahr 2001 ins Willy-Brandt-Haus zu gehen und Regine Hildebrandt zu besuchen. Sie sieht wohl aus, trägt aber eine Perücke. Sie ist sehr krank. Sie ist mager geworden. Das Gespräch über Angela Merkel wird schnell zur Tour d'horizon über die politischen Erfahrungen der Regine Hildebrandt. Sie scheint zufrieden zu sein, dass ein Tonband mitläuft. Und fast alles, was sie in alter Fröhlichkeit und Schnoddrigkeit sagt, klingt wie ein Vermächtnis.

«Ich kam nach Bonn und war in meiner Eigenschaft als Gesundheitsministerin bei Frau Hasselfeldt. Da ging es um den Erhalt von Polikliniken. Und es war, wie es in der BRD üblich ist, eine große Runde. Die Ministerin hält eine längere Begrüßungsrede. Die Referenten erzählen dies und jenes. Und ich denke, das ist ja alles gut und richtig, aber wir haben Probleme, die jetzt gelöst werden müssen. Und die halten da Vorträge, als ob wir Zeit hätten bis zum Jahre 2030. Dann habe ich versucht, meine Polikliniken anzubringen. Die Ministerin war nicht informiert. Von dieser Veranstaltung, die für mich richtig Bonner Raumschiff war und genauso organisiert war, dass sie auch ohne mich hätte stattfinden können, kam ich zu Frau Merkel.»

Ein Unterschied wie Tag und Nacht sei das gewesen. Brandenburg hatte damals als einziges Land den Vertrag zur Unterstützung der Kindertagesstätten in Ostdeutschland nicht unterschrieben, weil Ministerin Hildebrandt sagte, es ist zu wenig Geld, das unterschreibe ich nicht.

«Da kam die Merkel gleich auf mich zugeschossen und hat gesagt, pass mal uff, Frau Hildebrandt, wenn Sie das Angebot der Bundesregierung nicht unterschreiben, dann ist das wenige Geld nachher auch noch weg. Ich habe alles versucht, was ich konnte. Mehr Geld kriege ich nicht heraus. Und wenn Sie das nicht unterschreiben, dann ist das Geld auch noch weg.»

Merkel hatte die wichtigste Lektion der parlamentarischen Parteiendemokratie verstanden. Regine Hildebrandt noch nicht. Politik besteht meistens nicht im Durchsetzen der eigenen Meinung, sondern im mühevollen Aushandeln von Kompromissen. Hildebrandt glaubte noch daran, dass das Richtige, Gute sich von allein durchsetzt. Merkel hatte schnell verstanden, dass das nicht stimmt, dass man Mehrheiten finden muss, dass Politik die ständige Suche nach dem größten gemeinsamen Nenner, nie das Ideal, immer der Kompromiss ist. Und auch, dass ein Kompromiss besser sein kann, als Recht zu behalten und gar nichts durchzusetzen.

Regine Hildebrandt hat das in diesem Augenblick verstanden und hat unterschrieben. Und erst dann sind die beiden in die große Runde.

«Da hat sie mich dann als Erstes vor ihren Beamten gefragt, ob es denn einigermaßen geht. Also waren wir sofort drin. Und haben nicht palavert über die Schwierigkeiten der Frauenpolitik im Osten und im Westen, sondern wir waren sofort bei den Problemen. Und deswegen habe ich sie immer verteidigt, weil sie doch immer das Mädchen von Kohl war, und wie sie schon aussieht, diesen Schlafzimmerblick, und wat weeß ick noch. Ich fand das unerhört, weil sie wirklich eine intelligente und sachbezogene Ministerin war.»

Nur beim Paragraphen 218, da hat Merkel es geschafft, mit ihrer neu erkannten Kompromissbereitschaft alle zu enttäuschen, die eigene Partei und die meisten Frauen, vor allem im Osten. Für bundesrepublikanische CDU-Verhältnisse war die Vorlage zur Fristenregelung aus dem Hause Merkel relativ mutig und entsprechend umstritten in der Union. Für die meisten Frauen, besonders für die Frauen im Osten, war sie eine große Enttäuschung und Bevormundung.

Und dann hat sich die Ministerin bei der Abstimmung über den eigenen Entwurf auch noch der Stimme enthalten: Die Ministerin könne die Vorlage aus dem eigenen Haus mit ihrem Gewissen nicht vereinbaren. Sich als verantwortliche Ministerin bei einer Gesetzesvorlage aus dem eigenen Haus zu enthalten geht eigentlich sowieso nicht. Sie hätte also entweder den Mut finden müssen, wie Rita Süssmuth zu sagen, ich springe über den Graben, oder aber gar nicht mit dieser Vorlage in die Abstimmung gehen dürfen.

Noch heute fällt vielen diese Abstimmung ein, wenn sie erklären wollen, dass Angela Merkel immer schon abgewartet hat, woher der Wind weht, dass sie immer laviert, dass sie offenbar dem Helmut Kohl viel zu lange beim Aussitzen zugeguckt hat.

Regine Hildebrandt sagt: «Trotzdem habe ich sie immer, wenn ich konnte, verteidigt, weil ich den Eindruck hatte, sie wird in der Öffentlichkeit zu schlecht beurteilt. Das finde ich nicht in Ordnung. Schon wegen der Gerechtigkeit.»

Zwei Strafanzeigen sind letzte Woche bei der Bonner Staatsanwaltschaft eingegangen. Eine gegen Helmut Kohl wegen schwarzer Parteispenden. Und eine gegen Angela Merkels Friseur wegen fahrlässiger Körperverletzung.

Die Merkel hängt jetzt auch in der Spendenaffäre mit drin.
Helmut Kohl hat ihr hundert Mark für den Friseur gegeben.
Und keiner weiß, wo die hundert Mark geblieben sind.

Einer noch: Was ist eigentlich Angela Merkels Friseur von
Beruf?

Angela Merkel würde jetzt sagen: Typisch, dass ausgerechnet eine Frau in einem Buch über mich solche Witze auf-
schreibt.

«Bei mir hat sich noch nie ein Mann auf die Erde geschmissen, um von mir ein paar schiefe Absätze im Parlamentssaal zu
fotografieren. Das haben nur Frauen fertig gekriegt. Insofern
ist mein Gefühl, dass Frauen gegenüber Frauen immer nur hilfreich sind, auch nicht so ausgeprägt, dass ich jetzt sagen würde, das alleine macht es schon.»

Es muss sein. Es gehört dazu. Helmut Kohls Frisur – falls
man das, was er auf dem Kopf hat, überhaupt so nennen wollte
– ist niemals ein Thema gewesen. Aber bei Angela Merkel hört
es einfach nicht auf, ein nationales Thema zu sein. In allen Zeitungen, auf allen Partys Witze, die von Angela Merkels Friseur
handeln, und ernsthafte Debatten, ob es nun eigentlich eine
Prinz-Eisenherz oder nicht doch eine Jeanne d'Arc-Frisur ist.
Manche machen es wie Edmund Stoiber bei «Beckmann».
Nicht etwa er selber, sagte Stoiber da betont beiläufig, aber
doch seine Töchter fänden, Frau Merkel könne «ein bisschen
mehr aus sich machen». Andere machen es gleich noch platter.

Willi Hausmann erzählt: «Die häufigsten kritischen Anmer-
kungen kriege ich immer im Hinblick auf ihr Aussehen. Dass
sie zu wenig aus sich macht und so was. Wenn sie ein bisschen

zurechtgemacht ist, sieht sie ja super aus, weil sie auch ihren Charme hat. Das habe ich ihr auch schon gesagt.»

Was haben Sie ihr gesagt?

«Ich habe ihr neulich gesagt, Frau Merkel, wenn Sie morgens geschminkt von einem Interview aus dem Frühstücksfernsehen kommen, sehen Sie wirklich richtig hübsch aus. Warum machen Sie das nicht jeden Morgen? Wissen Sie, wenn Sie jemanden ordentlich beraten wollen, dann müssen Sie ja auch kritische Punkte ansprechen. Ich kann ja nicht immer nur reinkommen und sagen, jawohl, toll. Man muss das dezent angehen. Sie lässt sich nicht verbiegen, was ich auch für richtig halte. Sie würde jetzt nicht plötzlich erscheinen mit geschminkten Lippen und Krollekopf.»

Und was?

«Dauerwelle, Minipli. Krollekopf sagt man bei uns.»

Willi Hausmann stammt aus Oberhausen.

Angela Merkel sagt: «Es ist letztlich auch die Aufgabe eines Politikers, dafür zu sorgen, dass er nicht verbogen wird. Fragen Sie mal meine Berater, wozu ich alles nein sage. Wenn ich mich danach richten würde, was ankommt, müsste ich mich erst mal um meinen Pony kümmern. Und zwar ganztägig.»

So spielt sie längst mit diesem Thema, das eine Art Markenzeichen der Angela Merkel geworden ist. Vollkommen ungeschminkt tritt sie, wie alle Politiker, schon seit Monaten nur noch vor Kameras, wenn wieder einmal die Zeit überhaupt nicht gereicht hat. Die Schlabberröcke gibt es gar nicht mehr. Meistens erscheint sie, frisch geföhnt und dezent zurechtgemacht in Business-Kleidung. Sie hat das langsam geändert, so wie die Markenstrategen den Schriftzug der Nivea-Dose ganz langsam, aber schließlich grundlegend geändert haben. Nivea-Dosen haben doch immer so ausgesehen, würden alle sagen. So wie heute alle sagen: Angela Merkel hat doch immer so ausgesehen. So wie sie heute in Mecklenburg noch sagen: Die war wieder bei der Kleidersammlung einkaufen. Bis sie dann einmal alte Fotos sehen.

Die Meinungsforscher sagen ohnehin, dass Merkels Aussehen möglicherweise zwar nicht den Geschmack der so genannten Meinungselite in Berlin trifft. Draußen aber sei es etwas
ganz anderes. Für die Menschen draußen in den Städten und
Städtchen der deutschen Provinz, da sieht Angela Merkel genauso aus, wie die Tochter des Apothekers oder Pfarrers eben
auszusehen hat, wenn was richtig Anständiges aus ihr geworden ist.

Politikberater und Spin-Doctors haben offenbar vergessen,
was Helmut Kohl nie vergessen hat: dass Wahlen auch in der
Ereignisdemokratie nicht wirklich an den Tischen der schnieken
Berliner Restaurants, sondern draußen in der Provinz entschieden werden. Angela Merkel hat Kohl aus der Nähe beobachtet.
Sie kennt ihre Mecklenburger. Sie hat das Prinzip Bayern studiert. Sie hat den altmodischen Erwin Teufel souverän siegen sehen in Baden-Württemberg gegen eine junge, fernsehtaugliche
und von den Medien hochgejubelte Herausforderin.

Also lässt sie mit diesem Wie-sieht-die-denn-aus-Image spielen. Also stellt sie eine ironische Anzeige ins Internet und ganzseitig in die großen Zeitungen mit einem wirklich schrecklichen
Foto. Angela Merkel, spitzmäusig, mit zusammengepressten
Lippen und Siebziger-Jahre-Schulterpolster im schlecht sitzenden Jackett. Darunter stand: MACHEN SIE MEHR AUS IHREM
TYP. Das war in Großbuchstaben geschrieben und also doppeldeutig gemeint. Einmal: Machen Sie mehr aus Ihrem Typ, also
die Aufforderung an kreative Werber, der CDU für die Bundestagswahl 2002 eine Kommunikationsstrategie aufzubauen und
am Tag nach der Wahl das gesamte Werbeteam als selbständiger Unternehmer zu übernehmen. Und zweitens: Machen Sie
mehr aus ihrem Typ, aus Angela Merkel also.

Die feine Doppeldeutigkeit ist dann in der Berichterstattung
verloren gegangen. Mehr als eine Botschaft geht ja heutzutage
nicht mehr über die Rampe. *Machen Sie mehr aus Angela Merkel* war das Einzige, das rübergekommen ist. Noch ein Beweis

174

also, dass man als Frau nicht damit rechnen kann, in keiner Beziehung, öffentlich so behandelt zu werden wie ein Mann.

Offenbar kann genau das aber auch in der Politik sogar Vorteile haben.

Als Helmut Kohl in seiner späten, weinerlichen Selbstherrlichkeit bei der Vorstellung seiner Buchversion über die Spendenaffäre sagte: «Keiner hat so viel gelitten wie ich», da haben alle gelacht. Aber außer Angela Merkel hat niemand gewagt, öffentlich zu widersprechen.

«Es gab noch andere, die haben auch sehr leiden müssen», hat sie gesagt.

Und die Männer in der CDU haben einem anschließend erklärt, es sei eben für eine Frau leichter, etwas derart Einfaches und Plausibles auszusprechen. Schäuble hätte so etwas nie gesagt.

Heiner Geißler sagt, eine Frau als Parteivorsitzende sei auch vor ungerechtfertigten Angriffen viel geschützter als ein Mann. Bei einem Mann könne man einen Angriff aus dem Nichts schon mal versuchen, ohne selber Schaden zu nehmen, aber nicht bei Angela Merkel.

«Insofern ist die Tatsache, dass sie eine Frau ist, auch von Vorteil», sagt Geißler. Und nur, damit wir uns nicht falsch verstehen, sagt er auch noch: «Wenn sie allerdings ein, zwei schwere Fehler macht, ist sie auch weg.»

Die Meinungsforscher rechnen Merkel vor, dass Weiblichkeit bei Wahlen ein Pluspunkt ist. Auf den Stimmensockel einer Partei könne man zwei bis drei Prozent Frauenbonus dazurechnen. Das habe man bei Heide Simonis gelernt.

Ob das auf Angela Merkel übertragbar ist? Und auf einen Bundeswahlkampf? Man sollte Meinungsforschung ohnehin immer mit dem langen Löffel zu sich nehmen. Erst recht alle für Angela Merkel positiven Kanzlerumfragen. Wichtig ist immer, was genau gefragt worden ist.

Interessant ist nicht so sehr, ob eine hinreichende Mehrheit der deutschen Wähler ihr, einer Frau also, zutraut, Kanzlerkandidatin der CDU zu sein. Das mögen ja sogar eine ganze Menge sein. Das ist man sich und der Emanzipation der Frauen in diesem Land sozusagen schuldig am Anfang des neuen Jahrhunderts. Entscheidend aber ist einzig und allein die Frage, wie viele Wähler ihr das Kanzleramt dann auch zutrauen.

Alles ist also ein wenig anders bei einer Frau in der Politik. Angela Merkels Berater erklären einem, dass sie diese Tatsache ständig bedenken und zugleich vergessen müsse. Sie versuche, sich dagegen immun zu machen, sie wisse, wie verkrampft es wirken könnte, wenn sie dieses Thema ständig als Monstranz vor sich her trüge. Andererseits müsse sie es trotzdem immer im Hinterkopf haben.

Auf dem Parteitag in Essen im April des Jahres 2000 sind mit der neuen Parteivorsitzenden ja gleich auch noch eine ganze Reihe von Frauen in den neuen Vorstand der CDU gewählt worden. Der Reporter der *Süddeutschen Zeitung* schrieb, offenbar werde jedes für einen Posten kandidierende Parteimitglied nach vorne gewählt, sofern es nur nachweisen könne, dass es einen Rock trägt. Er schrieb das allerdings nicht, ohne sich vorher bei einer Kollegin zu erkundigen, ob es wohl *frauenpolitisch korrekt* sei, so etwas hinzuschreiben.

Merkel kommentierte Journalistenfragen nach dem hohen Frauenanteil damals mit: «Die CDU ist eben eine tolle Partei. Und Frauen sind auch Menschen.»

Auf die Nachfrage: Wechselt die CDU nun vom Patriarchat zum Matriarchat? antwortete sie: «Nein, wir wechseln nur vom 20. ins 21. Jahrhundert.»

Und damals waren alle zu gut gelaunt, um zu fragen, was eigentlich passieren würde, falls die CDU nach Essen sich doch wieder entscheiden sollte, lieber noch ein bisschen im 20. Jahrhundert zu verweilen. Ob dann nicht Angela Merkel zwangsläufig das erste Opfer sein würde.

Sechstes Kapitel

DIE TRÄNEN DER CASTOREN

FRÖSCHE IM WASSERBAD

Zu einer Zeit, in der die Trennung eines rotblonden Tennisspielers von seiner Frau zur Topmeldung für die 20-Uhr-Fernsehnachrichten der öffentlich-rechtlichen Sender avancieren konnte, gelang dem Autovermieter SIXT eine seiner erfolgreichsten Zeitungsanzeigen. Unter einem Foto von Angela Merkel war zu lesen: *Lust auf eine neue Frisur?* Wer umblätterte, bekam auf der Rückseite der Anzeige noch einmal Angela Merkel zu sehen. Dieses Mal hatten sie ihr die Haare zu Berge gestellt: *Mieten Sie ein Cabrio.*

Alle Zeitungen druckten das Struwwelpeter-Bild. Die Sender zeigten es dreimal am Tag. Nicht gegen viel Geld und schlau ausgehandelte Millionenverträge mit den Werbeabteilungen, sondern kostenlos im redaktionellen Teil, versehen mit Gratiskommentaren von richtigen Journalisten. Dann wurden andere richtige Journalisten ausgeschickt, doch einmal zu recherchieren, wie Angela Merkel mit dieser dreisten Anzeige umgeht. Ob sie beleidigt ist? Ob sie klagt?

Den ersten beiden Journalisten sagte sie: «Das ist ein interessanter Stylingvorschlag.» Und weil sie noch nie in ihrem Leben Cabrio gefahren sei, wäre es doch vielleicht ganz nett, wenn Frau Sixt sie demnächst als Entschädigung mal zu einer Fahrt mit einem offenen Auto einladen würde. Dem dritten Reporter teilte sie mit, das Foto mit den zu Berge stehenden Haaren sei aufgenommen worden, als sie zum ersten Mal die Rentenpläne der Bundesregierung zur Kenntnis genommen habe.

Tagelang redeten Menschen aller Bildungsschichten über diese Anzeige und Merkels «tolle» Reaktion darauf.

Es ist mit solchen Anzeigen wie mit den Plakaten der Parteien, die eigentlich optische Pressemitteilungen heißen müssten. Und es ist auch egal, ob sie nun von SIXT oder von Müntefering kommen: Sie sind gar nicht wirklich oder nur als Anzeigen und Plakate entworfen, sondern für die Chance auf eine Gratis-Abbildung und Gratiskommentierung im redaktionellen Teil der Medien.

Werbeagenturen testen und berechnen die Reaktionen der Medien wie Pawlowsche Reflexe. Und wenn sie es richtig gemacht haben, können die auftraggebenden Firmen oder Parteien Millionen sparen. Das funktioniert bei Müsliriegeln wie bei Politikern. Je austauschbarer die Inhalte, desto wichtiger die Verpackung. Wenn die Plakate und Anzeigen nur dreist genug sind, werden sie gratis gedruckt und kommuniziert. Wer die Schmerzgrenze nicht streift, wird auch nicht zitiert. Wer sie allerdings überschreitet, steht schnell als geschmackloser Verlierer da wie die CDU mit ihrem Schröder-Renten-Verbrecher-Plakat.

Und weil zu der Zeit, als die Struwwelpeter-Anzeige überall nachgedruckt wurde, gerade ein bisschen missverständlich geblieben war, ob der neue FDP-Parteivorsitzende Guido Westerwelle sich für den Bundestagswahlkampf 2002 nun eigentlich ganz fest an den Hals der SPD werfen oder doch eine kleine Option mit der CDU offen halten würde, hat er sich auch noch angehängt. Westerwelle lud Angela Merkel zu einer Cabrio-Tour ein. Sie hat ihn dafür sogar ans Steuer gelassen bei der Fahrt um die Berliner Siegessäule für ein Foto, das exklusiv in der *BILD*-Zeitung gedruckt werden durfte.

Physiker, die in der DDR aufgewachsen sind, wissen, dass die Erkenntnisse aus der Heisenbergschen Unschärferelation auch für die Politik gelten: Jedes System verändert sich durch Beobachtung. Die DDR war ja *das* exzellente Beispiel dafür. Möglicherweise wäre der real existierende Sozialismus in Deutschland nie oder erst viel später implodiert ohne die fürsorgliche Belagerung und Berichterstattung des Westfernsehens, dieses ständigen Unruhe- und Vergleichsstifters.

Menschen, die im Westen aufgewachsen sind, müssten genauso wissen, dass sich auch ihr System durch Beobachtung verändert hat. Möglicherweise ahnen sie es auch nur. Mit der parlamentarischen, repräsentativen Demokratie des deutschen Grundgesetzes von 1949 hat das, was heute in der Bundesrepublik Deutschland geboten wird, nicht mehr viel zu tun.

Der Westen ist allerdings so langsam und so ohne spektakuläre Brüche an die Veränderung gewöhnt worden, dass sich, außer einigen Politikwissenschaftlern und wenigen Journalisten, nur noch selten überhaupt jemand damit aufhält.

Die Telekratie ist ja nicht von einem auf den anderen Tag oder mit dem Umzug von Bonn nach Berlin plötzlich über die Republik gekommen. Die Veränderung durch Beobachtung hat sich mit der wachsenden Zahl und Wirkung der Medien beim Übergang der Leistungs- zur Bedeutungsgesellschaft im Laufe von Jahrzehnten nach und nach eingeschlichen.

Am Anfang ein deutsches Fernsehprogramm. Dann zwei, dann drei.

Jetzt 36.

Damals, im alten Wochenschautonfall um Einigkeit und Recht und Freiheit bemühte Wahrheits- und Wirklichkeitsfinder, schwarzweiße Seriosität, deutsche *Nie-wieder*-Ernsthaftigkeit, stramme ideologische Bindungen und dennoch große, professionelle Distanz zum beobachteten Gegenstand. Nachts und vormittags das Testbild zum Abschalten und selber denken.

Heute, rund um die Uhr auf allen Kanälen diese ständig aufgeregte Erzeugung und Bearbeitung von Irritation, die nach Luhmann die einzige Funktion der sich selbst befruchtenden Maschinerie der Massenmedien ist und die mit der Bereitstellung zutreffender Informationen über die Welt nicht mehr viel zu tun hat.

Zunächst der beim ersten Mal noch überraschende Versuch Helmut Schmidts, seine Fraktion auch mal über das Fernsehen zu überrumpeln.

Inzwischen die Ausnahme als Regel: Gar nichts mehr wird im deutschen Parlament, im Plenarsaal und in den Gremien, alles vorab in außerparlamentarischen Kommissionen und Räten verhandelt oder gleich per Dekret im Interview, bei Sabine Christiansen, im inszenierten Politereignis und in symbolischen Bildern, die das politische Handeln mehr und mehr ersetzen.

Früher Theodor Heuss einmal pro Jahr im großen Interview zu den vorletzten und letzten Fragen.

Jetzt Guido Westerwelle im Big-Brother-Container.

Die Pervertierung des parlamentarisch-repräsentativen Systems zum medial-präsentativen System der Ereignisdemokratie, der Übergang der Parteiendemokratie zur Telekratie, hat sich schleichend vollzogen. Das ist die Falle. Und deswegen wehrt sich niemand. Wäre die Fernsehgegenwart der inszenierten Politsoaps des Jahres 2001 eines Tages in den sechziger Jahren ganz plötzlich und anfallartig über das Land gekommen, hätte ja niemand still gehalten.

Wenn man einen Frosch in einen Topf mit warmem Wasser setzt und das Wasser langsam zum Kochen bringt, bleibt der Frosch drin sitzen. Bis er gar gekocht ist.

Versucht man aber, einen Frosch in einen Topf mit Wasser zu setzen, das bereits siedend heiß ist, dann springt der Frosch natürlich sofort heraus mit allen Anzeichen von Entsetzen. Und rettet sich. Das ist der Vorteil derer, die von außen dazugekommen sind. Sie merken noch was.

Das ist der Grund, warum die so genannten Quereinsteiger des ersten Schröder-Kabinetts, der Manager Jost Stollmann und der Publizist Michael Naumann, es vorgezogen haben, schnell wieder auszusteigen und sich in Sicherheit zu bringen.

Das war auch Angela Merkels Chance.

Deswegen konnte sie so entsetzt wie beherzt rausspringen aus der Nibelungentreue zu Kohl und ihren *FAZ*-Aufsatz schreiben, während die anderen noch regungslos im Topf saßen, wo es doch immer schon so schön warm und sicher gewesen war bei Väterchen Kohl.

Und deswegen wird Angela Merkel durch nichts jemals zu bewegen sein, Kameras und Journalisten auch nur in Witterungsweite von dem zu lassen, was ihr an Privatleben geblieben ist. Obwohl sie andererseits die Mechanismen der Aufregungsdemokratie für ihre politische Performance routiniert bedient, zynisch routiniert.

Man kann Angela Merkels rasanten Aufstieg im System der Bundesrepublik auch als eine Geschichte von kompensierten Desillusionierungen erzählen. Diese Geschichte würde davon handeln, wie eine, die von außen dazugekommen ist mit einer Idealvorstellung von Parlamentarismus und repräsentativer Demokratie, nach und nach, Schicht für Schicht ihre Idealvorstellung abträgt und abgleicht an der Realität, die sie in der Bundesrepublik nach 1989 vorfand: die Realität eines ohnehin schon zum Parteienstaat mutierten parlamentarischen Systems beim Übergang zur Telekratie.

Und weil sie nicht mit den anderen immer schon in einem Topf saß, konnte sie von Zeit zu Zeit rausspringen und zu präzisen und etwas anderen Erkenntnissen beim Umgang mit diesem System finden. Erkenntnisse, die ihren Aufstieg beschleunigten und absicherten. Zunächst.

Als stellvertretende Sprecherin der letzten DDR-Regierung hatte sie erlebt, wie sich Männer und Frauen aus allen Berufen die repräsentative Demokratie in ihrer Urform aneigneten. Als Frauenministerin der Bonner Republik verstand sie im Crashkurs und grundlegender als viele andere, wie Parteiendemokratie in einer pluralistischen Gesellschaft die Idealvorstellung von repräsentativer Demokratie einschränkt: dass man nicht nur

das Gute wollen, planen und verkünden muss, sondern herum-
telefonieren, Gremien besuchen, mit Lobbyisten reden, die verschiedenen Arbeitsgruppen seiner Fraktion einschwören, sich
Mehrheiten organisieren und vor allem lernen muss, immer
wieder mit Rücksichten auf die Linie der eigenen Partei Kompromisse zu suchen und diese Kompromisse als Erfolge, nicht
als Niederlagen anzusehen und zu verkaufen.

Als Umweltministerin wird die Musterschülerin der Demokratie dann genötigt, die Mechanismen der Medien in einer Ereignisdemokratie zur Kenntnis zu nehmen.

Früher, vor dem Mauerfall, als Angela Merkel noch von drau-
ßen zugeschaut hat, als sich aus Weltanschauungen noch stabile
Milieus bildeten und die Bindung der Wähler an die Parteien ent-
sprechend stabil war, ging es in den relativ kurzen, intensiven
Wahlkämpfen der alten Bundesrepublik darum, die jeweilige
Anhängerschaft zu mobilisieren und davon zu überzeugen, zur
Wahl zu gehen. Im postideologischen Zeitalter, seit dem Fall der
Mauer, also etwa, seitdem Angela Merkel in Spitzenpositionen
in der neuen Bundesrepublik mitmischt, hat die Bindung an Parteien, so wie die Mitgliederzahlen, rapide abgenommen. Die
Wähler müssen nicht nur am Wahltag mobilisiert, sondern immer wieder neu gewonnen werden. Deswegen hört der Wettstreit
um die Gunst der Wähler nie auf. Personen werden wichtiger als
die Details der sich ohnehin immer weniger voneinander unter-
scheidenden Parteiprogramme. Die Überzeugungen der Wähler
bilden sich – auch was die Einschätzung der politischen Kompetenz einer Person angeht – über einen immer längeren Zeitraum,
und, was noch wichtiger ist, sie können sich schnell ändern.

Angela Merkel sagt: «Wer heute noch der große Macher ist,
kann morgen schon als Weichei dastehen. Der Grat ist unheimlich schmal.»

Also ist immer Wahlkampf. Und die Vermittler in diesem
permanenten Wahlkampf sind nicht mehr die Parteien, sondern
die Medien – alle Medien, auch die Unterhaltungsmedien und

der Boulevard, die das Image eines Politikers mitgestalten. Die Medien sind im politischen System der Bundesrepublik langsam an die Stelle der Parteien getreten. Sie sind, wie die Politologen sagen, jetzt zum Transmissionsriemen geworden zwischen Politik und Gesellschaft.

Einer, der das vor allen anderen verstanden und immer schon genutzt hat, ist heute Bundeskanzler. Man braucht, sagt er, dazu vor allem «*BILD* und Glotze».

Und Angela Merkel hat es bei Gerhard Schröder gelernt. Als sie Umweltministerin wurde, war er noch Ministerpräsident in Niedersachsen, aber schon der Großmeister der Medien. Während der Energiekonsensgespräche 1996 zeigte er ihr, wie man mit diesen Medien spielt, wie man sie in Stellung bringt, auch gegen die eigene Partei. Und, als die Energiekonsensgespräche gescheitert waren, hat er dieselben Medien benutzt, um die Umweltministerin der CDU vorzuführen und sein eigenes Image zu retten.

Diese Erfahrung hat Angela Merkel damals so wütend gemacht, dass sie 1997 im Gespräch mit Herlinde Koelbl ungewöhnlich furios ankündigte: «Ich habe ihm gesagt, dass ich ihn irgendwann genauso in die Ecke stellen werde. Ich brauche dazu noch Zeit, aber eines Tages ist es so weit. Darauf freue ich mich schon.»

Sie arbeitet noch daran.

Am Ende ihrer Amtszeit als Umweltministerin musste sie wegen der Affäre um die undichten Transportbehälter für Atommüll beinahe zurücktreten. Dann aber, im letzten Moment, hat sie die Kommunikationsmuster umgedreht, als sie die Castor-Transporte stoppte und sich mit der Atomwirtschaft anlegte, die mit ihrer Geheimhaltungsstrategie den Skandal erst zur politischen Glaubwürdigkeitskatastrophe gemacht hatte. Damit sicherte Angela Merkel nicht nur ihr politisches Weiterleben, sondern hielt auch den Meisterbrief in der Hand als Telepolitikerin und Ereignismanagerin der etwas anderen Art.

Der Reihe nach: Das Ministerium für Umweltschutz und Reaktorsicherheit war eine instinktsichere Erfindung Helmut Kohls nach der Reaktorkatastrophe von Tschernobyl. So wie das Ministerium für Landwirtschaft und Verbraucherschutz eine kluge Reaktion der Schröder-Regierung auf die so genannte BSE-Krise des Jahres 2001 war.

Merkels Vorgänger im Amt, Klaus Töpfer, war den Umweltschutz als Generalist angegangen. Sobald die Leute in seinem Ministerium eine gute Idee produziert hatten, lud er zur Pressekonferenz, verkündete und verlangte das Optimum. Wenn er dafür zwar den öffentlichen Applaus, nicht aber die Mehrheit in der Union bekommen hatte, und er bekam diese Mehrheit fast nie, starb das Projekt, was Töpfer den Ruf eines Ankündigungsministers eintrug.

Andererseits hatte er sich bei den Fachjournalisten mit seinen Entwürfen zu großen umweltpolitischen Zusammenhängen hohes Ansehen, fast so etwas wie Bewunderung erworben. Die politischen Journalisten schätzten ihn ohnehin als einen der wenigen erfahrenen Antagonisten Helmut Kohls, die gelegentlich in Hintergrundgesprächen auch mal Klartext redeten.

Als Angela Merkel Umweltministerin wurde, hieß es deswegen natürlich und in der Interpretation der Kohl'schen Intention wohl auch zu Recht: Dem Bundeskanzler hat das Thema Umweltschutz und die Person Klaus Töpfer wohl allmählich zu viel Gewicht bekommen. Deswegen schiebt er den Töpfer ins Bauressort ab und nimmt diese junge, unerfahrene Frauen- und Jugendministerin aus dem Osten.

Die Kommentare waren hämisch bis unverschämt: Wie soll ausgerechnet diese junge, dumme Gans aus dem Osten, Kohls Mucksmäuschen, fortführen, was ein international geachteter Mann mit lebenslänglicher politischer Erfahrung aufgebaut hat? Wie soll ausgerechnet die sich gegen die Wirtschaft und innerhalb der wirtschaftsfreundlichen Union auch nur in

Nuancen für den Umweltschutz durchsetzen? Kann die überhaupt Englisch?

Mit dem Englisch, das hält sich. Ist die Merkel nicht zu Russisch-Olympiaden gereist nach Moskau? Und tuschelt sie nicht, um die westlichen Kollegen Generalsekretäre zu irritieren, vor den Elefantenrunden schon mal ein bisschen russisch mit Dietmar Bartsch, dem Generalsekretär der PDS?

Merkels damalige Pressesprecherin, Gertrud Sahler, erinnert sich an die Eröffnung des Klimagipfeltreffens der Vereinten Nationen in Berlin, Ende März 1995, und an eine Kollegin aus der deutschen Verhandlungsdelegation, die neben ihr stand. Als Angela Merkel mit ihrer Begrüßungsansprache anfing, sagte die vollkommen verblüfft: «Mein Gott, die spricht ja viel besser englisch als Töpfer.»

Als Angela Merkel sechs Jahre später ihren ersten Washington-Besuch als CDU-Parteivorsitzende unternimmt, halten sich in den deutschen Medien die meisten immer noch mit ihrem Englisch auf: Erstaunlich, erstaunlich, legt die doch tatsächlich ihr Manuskript weg und spricht vollkommen frei und in vollkommenem Englisch.

Kaum waren die allseits skeptischen Begrüßungskommentare für die neue Umweltministerin versendet und im Altpapier, da entließ Angela Merkel den langjährigen Staatssekretär im Umweltministerium, Clemens Stroetmann.

Schuld war dieses «Egal, wer unter uns Minister ist», das sich fast immer ausbildet, wenn die Personalstrukturen in einem Ministerium stabil bleiben, die Minister aber wechseln. Zu den hübscheren Bonner Schnurren gehört ja die Geschichte des Staatssekretärs im Wirtschaftsministerium, der zur Begrüßung des neuen Ministers sagte: «Was immer dirigiert wird, wir spielen Beethovens Neunte.»

Staatssekretär Clemens Stroetmann, ein ausgewiesener Umweltexperte, der unter Töpfer die Partituren des Ministeriums ausgearbeitet hatte, machte den großen Fehler, Angela Merkel zu unterschätzen. Mitarbeiter erzählen, dass er offenbar dachte: Jetzt ist der Töpfer weg. Jetzt kann ich hier mal endlich selber dirigieren und richtig Politik machen.

Angela Merkel hat sich das nicht lange angeschaut. Am 17. November 1994 hatte sie ihr Amt angetreten. Anfang Januar 1995 war Staatssekretär Stroetmann weg.

Damals führte das zu einer zweiten, verheerenden Kommentarrunde in allen Medien: Und jetzt schickt die auch noch den einzigen Menschen mit Sachverstand in die Wüste.

Heute dient der Casus Stroetmann als Beleg dafür, wie sicher der Machtinstinkt dieser Angela Merkel «immer schon» gewesen ist.

Bei den 800 Mitarbeitern im Ministerium war seit Anfang Januar 1995 jedenfalls klar, wer der Boss ist. Die Leute sagen einem, dass Angela Merkel eine harte Chefin war, die auch unangenehm werden konnte. Sie loben aber vor allem ihren Sachverstand und ihre Detailkenntnisse, erzählen, dass Merkel die bisher Erste und Einzige gewesen ist, die die Vorgänge und Zusammenhänge ihres Ministeriums wirklich von Grund auf verstand und nachvollziehen konnte. Oder sie erzählen, wie es war, als das Ministerium ein neues Datenverarbeitungsprogramm bekam. Da war es die Ministerin aus dem Osten, die ihren leitenden Herren erklärte, wie so etwas funktioniert. Die Begeisterung für Computer und Handys, für das jeweils Neueste vom Neuen Markt, gehört ja auch zu den eher überraschenden Eigenschaften der Angela Merkel. Sie ist da ein richtiger Freak. Und wenn bei Podiumsdiskussionen wieder mal die Mikrofone nicht richtig ausgesteuert waren und rückkoppelten, konnte der Moderator froh sein, wenn Umweltministerin Merkel sein Gast war und das eben schnell richtete.

Schließlich bin ich Physikerin, sagt sie in solchen Situationen.

Die Berliner Klimakonferenz im Jahr 1995 sieht Angela Merkel als einen großen persönlichen Erfolg: «Das war meine Sternstunde.»

Über 1000 Delegierte aus 160 Ländern waren nach Berlin gekommen. Weil Deutschland den Vorsitz übernommen hatte, war die neue Umweltministerin während der 14 Tage fast immer präsent. Beim Thema Reduzierung von Treibhausgas ging überhaupt nichts voran. Es sah sogar so aus, als würde die Konferenz ohne jedes Ergebnis auseinander gehen. Angela Merkel hat die Streitparteien in stundenlangen Einzelgesprächen bearbeitet, hat Abendessen gegeben für die wichtigen Staaten, die vielleicht doch noch einmal miteinander reden sollten, hat vermittelt, verhandelt und Kompromissvorschläge gemacht. In den letzten Nächten der Konferenz ist sie unermüdlich hin- und hergeschossen zwischen den Delegationen wie ein Weberschiffchen. Wie weit können die Asiaten gehen? Was hilft den Afrikanern, doch zuzustimmen? Wie bringe ich die Amerikaner dazu, noch ein bisschen nachzugeben? Wo liegt die Linie, auf die sich 160 Staaten vielleicht doch noch einigen können?

Morgens um acht Uhr am 7. April 1995 war es dann so weit, das «Berliner Mandat» wurde verabschiedet, ein Konglomerat von guten – und inzwischen ja leider auch wieder aufgekündigten – Absichtserklärungen. Nicht sehr viel mehr. Aber immerhin das.

Sie sagte damals: «Vielleicht ist ein Kompromiss eben gerade dann gut, wenn alle Beteiligten am Ende schlechte Laune haben – da muss ich mich dann alleine freuen.»

Kompromisse finden, vermitteln, verhandeln, kontroverse Diskussionen zu dem Ergebnis führen, mit dem schließlich alle, wenn auch zähneknirschend, leben können, das ist Angela Merkels ganz herausragende politische Begabung. Dummerweise sitzt sie einer Partei vor, die sich nur im ersten Schock der Spendenaffäre selber einredete, genau das zu wollen: endlich wieder Entscheidungen von unten nach oben, endlich wieder demokratische, diskursive Meinungsbildung. Inzwischen sehnt sich diese Partei, die 25 Jahre lang nichts anderes als das System Kohl gekannt hat, ja ganz offensichtlich längst wieder nach autoritärer Führung, nach harten, klar durchgestellten Ansagen von oben, nach einem wie Roland Koch oder, zur Not, Edmund Stoiber, nach irgendwem halt, der bitte schön ein bisschen wie Kohl mit ihnen umspringen möge. Und der ihnen vor allem das Denken und Entscheiden wieder abnimmt.

SPRACHERKENNNUNG

Am Rande des CSU-Parteitags im November des Jahres 2000 ereignete sich im Süden des Wilden Westens ein Duell zwischen Siemens-Chef Heinrich von Pierer und der CDU-Chefin Angela Merkel.

Heinrich von Pierer sprach die Vorsitzende der CDU nach ihrer von den CSU-Delegierten umjubelten Rede an: «Nur wegen Ihnen bin ich gekommen. Seit 25 Jahren war ich nicht mehr auf einem Parteitag. Aber heute wollte ich Sie sehen. Ich habe nach Ihrer Rede auch geklatscht. Ich bin sogar aufgestanden.»

Angela Merkel kann überraschend schroff auf harmlose Small-Talk-Versuche reagieren: «Gut, dann komme ich auch und klatsche, wenn Sie auf Ihrer Hauptversammlung reden.»

Pierer gab noch nicht auf. Er sagte: «Sie waren heute sehr kämpferisch.»

Merkel antwortete: «Heute? Kämpferisch war ich schon immer. Haben Sie vergessen, wie ich als Umweltministerin für Ihre Castor-Transporte gekämpft habe?»

Mit diesen Worten öffnete Merkel ihre Handtasche, zog blitzschnell ihr Handy, das allerneueste Siemens-Modell mit Spracherkennung, und richtete es auf Heinrich von Pierer.

Dann sagte sie: «Ich habe damit ein Problem, das müssen Sie mir mal erklären.»

Pierer war natürlich schneller, hatte nahezu im gleichen Moment gezogen, dasselbe allerneueste Siemens-Modell mit Spracherkennung selbstverständlich, und sagte: «Schau'n Sie mal, bei mir ist das so: Wenn ich jetzt *Büro* sage, zeigt mir das Handy die Nummer von daheim. Der Computer ist nämlich so schlau, dass er genau weiß, dass ich jetzt nicht mehr im Büro bin, sondern mein Büro am Freitagabend daheim ist.»

Merkel zeigte ihm den Vogel und sagte: «Sie haben Ihr Handy nur falsch programmiert. So einfach ist das.»

Und zur Reporterin der *Abendzeitung*, die während dieses hübschen kleinen und sehr postmodernen Duells daneben stand, sagte sie schnippisch: «Schließlich bin ich Physikerin.»

Schließlich ist sie Physikerin.

Weil sie Physikerin ist und nicht so sehr, weil sie als CDU-Umweltministerin nun einmal wirtschaftsnahe Atompolitik zu vertreten hatte, nannte Angela Merkel die Plutoniumwirtschaft nicht nur ganz unbefangen «beherrschbar», sie glaubt offenbar wirklich daran. Ihre Äußerungen klangen in den Ohren der westdeutschen Anti-Atom-Bewegung unfassbar und schmerz-haft naiv, gemessen am Stand der Atomdebatte in Westdeutsch-land waren sie es wohl auch. Beim Kohlebergbau habe es bis-her mehr Tote gegeben als bei der zivilen Nutzung der Kernenergie, sagte sie. Oder, auf Atommüll bezogen: Wo ge-backen wird, bleibt halt auch mal etwas Backpulver liegen.

Backpulver!

Einer aus der Schröder-Truppe erinnert sich: «Wir dachten erst, na ja, die plappert halt besonders stramm nach, was Par-teilinie ist. Bis wir dann gemerkt haben: Meine Güte, da ist Überzeugung dahinter. Die Überzeugung der Naturwissen-schaftlerin. Das kann richtig gefährlich werden.»

Im Konflikt mit der SPD/Grünen-Landesregierung von Nie-dersachsen um Castor-Transporte nach Gorleben pochte sie auf Erfüllung der Gesetze, operierte mit Weisungen. Wie das heute der Bundesumweltminister Trittin tut, der damals als Landes-umweltminister auf der anderen Seite stand.

Außerdem nahm sie das Grundgesetz beim Wort. Anders als die meisten Westdeutschen. Die hatten sich angewöhnt, es in

Ordnung zu finden, «irgendwie schon in Ordnung», wie sie meistens sagten, wenn Demonstranten für eine «gute Sache» oder gegen eine «schlechte Sache» auch mal ein paar illegale Aktionen machten oder sogar mit Gewalt gegen Entscheidungen vorgingen, die auf rechtsstaatlich korrektem Weg gefallen waren.

Da war sie aber ganz anderer Meinung,

Sie ist dann zu den Gorleben-Fightern gegangen. Hat versucht, mit ihnen das Thema Gewaltmonopol des Staates noch einmal durchzudeklinieren. Hat gesagt: «Ich habe keine Angst vor der Diskussion. Ich bin bereit, sie zu führen. Ich höre Ihre Argumente, bitte hören Sie auch meine.» Und hat sich natürlich nichts anderes als geballten Hass abgeholt.

Ihre damalige Pressesprecherin erinnert sich mit Grausen: «Da steht Ihnen eine Wand von Demonstranten gegenüber, die gehen langsam auf die Polizei zu. Und in der ersten Reihe sind die Kinder. Das muss man erst mal wirklich gesehen haben, um zu begreifen, was da passiert. Was meinen Sie, was da in so einem Polizisten vorgeht. Die hauen doch keine Kinder. Und Angela Merkel hat sich immer gefragt: Was sind das für Eltern?»

In den Atomkonsensgesprächen hatten Angela Merkel und Gerhard Schröder dann versucht, einen Kompromiss über die künftige Rolle der Atomkraft bei der Energieversorgung zu finden. Für bestehende Atomkraftwerke sollten Restlaufzeiten vereinbart und im Gegenzug die Option für den Bau eines neuen, sicheren Reaktortyps erreicht werden. Darüber war sie sich mit dem Verhandlungsführer der SPD einig.

Das Problem war nur, dass dieser Verhandlungsführer sich darüber überhaupt nicht mit seiner eigenen Partei einig war. Und mit seinem damaligen Parteivorsitzenden Oskar Lafontaine schon gar nicht. Schröder hatte alles, was er zum Thema Atommüllentsorgung im Zwischenlager Gorleben mit Merkel besprochen und verhandelt hatte, ganz schlau sofort in die Öffentlichkeit getragen, um seine Position zu verbessern und die eigene Partei in Zugzwang zu bringen. Angela Merkel hat dann erlebt, wie Lafontaine und Schröder in den Gesprächen nebeneinander ihr gegenübersaßen und sich nicht einig waren. Wie der eine hü sagte und der andere hott. Wie Lafontaine sich eben nicht in Zugzwang setzen ließ. Wie kühl er seinen so trickreichen Parteifreund Gerhard Schröder in Anwesenheit der politischen Gegnerin regelrecht vorführte und ihm die Rückendeckung der Partei entzog. Für Merkel war es nach diesem Schauspiel nicht mehr sehr schwer vorherzusagen, was passieren würde, wenn der eine erst Bundeskanzler ist und der, der ihn da so rücksichtslos vorgeführt hatte, ihm den Finanzminister machen soll.

Sie hat damals dann in einem internen Gespräch zu Gerhard Schröder gesagt, ihr Eindruck sei, dass er überhaupt kein Verhandlungsmandat seiner Partei mehr habe. Es erscheine ihr daher nicht sinnvoll, weiter mit ihm zu verhandeln. Schröder ließ, noch bevor diese Version die Öffentlichkeit erreichen konnte, einige ausgesuchte Journalisten wissen, Merkel sei leider politisch naiv, inkompetent und zu Verhandlungen nicht in der Lage.

Was sie damals gelernt hat im Nahversuch und Selbstexperiment, war etwas, was sie an Kohl zuerst beobachtet hatte, nun also auch bei Schröder: Eigentlich gewinnt immer der, der sich nicht an die Spielregeln hält, der Sachen an die Presse gibt, bevor sie spruchreif sind, oder etwas anderes weitergibt als das, was spruchreif ist – ganz wie es ihm ins strategische Kalkül passt.

Die Juristen im Umweltministerium haben die Novelle des Atomgesetzes dann trickreich so formuliert, dass sie durchgezogen werden konnte ohne Zustimmung des Bundesrates, in dem damals die SPD die Mehrheit hatte. Damit habe Angela Merkel Schröder «einen Fußtritt» versetzt, fand vor allem Angela Merkel selbst und jubelte: «Herr Schröder kann Niederlagen nicht gut vertragen. Und er kann es nun gar nicht haben, wenn auch noch eine Frau seine Spiele durchkreuzt.»

Ein halbes Jahr vor dem Ende der Legislaturperiode begann der erste große, politische Kampf der Angela Merkel. Der Kampf ums politische Überleben. Ein Kampf, der in jedem Akt ein Lehrstück war über die Mechanismen von Medien und die Möglichkeiten zum Ereignismanagement in der Bundesrepublik.

Im Mai 1998 teilten französische Behörden dem deutschen Umweltministerium mit, dass sie an einem aus Deutschland kommenden Transportbehälter für Atommüll Strahlung gemessen hätten. Es handle sich möglicherweise um Kühl- oder Schwitzwassertränen auf der Unterseite der Castoren. Genaueres könne man aber noch nicht sagen.

Der Leiter der zuständigen Abteilung im Umweltministerium war auf Zack und empfahl: Das muss raus. Da müssen wir sofort eine Presseerklärung machen.

Gertrud Sahler erinnert sich, wie sie mit der Nachricht zu ihrer Ministerin ist. Und vor allem erinnert sie sich, was dann geschah.

Nichts.

«Wir haben die Presseerklärung rausgegeben. Und niemand hat sie zur Kenntnis genommen.»

Vier Tage lang war diese Presseerklärung draußen. Die Redaktionen hatten diese Meldung auf dem Tisch. Und druckten sie nicht. Erkannten nicht die Brisanz.

Dann hat ein deutscher Journalist in Paris recherchiert. Aus Paris kam dann auch die erste Agenturmeldung. Und plötzlich ging es los. Aber wie.

Die Sache mit den Castor-Tränen hatte ja zwei Dimensionen, nahezu zwei Realitätsebenen. Die punktuelle Strahlung an der Unterseite der Behälter war dort, wo sie besonders hoch war, wo also die Schwitzwassertränen saßen, etwa so intensiv wie beim Zifferblatt einer alten Armbanduhr. Nun ist der Strahlenschutz-Grenzwert beim Umgang mit nuklearem Material zu Recht Null. Und auch ein altes Uhrenzifferblatt liegt über Null.

In der Berichterstattung über die «verstrahlten» Transport-

behälter war aber von tödlicher Gefahr die Rede. Die Polizei-
beamten, die die Castoren begleitet hatten, wurden aufgefordert, die Umweltministerin anzuzeigen und schon mal einen
Antrag auf Anerkennung als Frührentner wegen der Strahlen-
schäden zu stellen. Das war die zweite, die skandalisierte Reali-
tätsebene.

Die Karriere des Themas Umweltschutz in Deutschland zeigt,
was geschieht, wenn seriöser, investigativer Journalismus in
Kampagnenjournalismus umkippt. Welchen dramatischen Ein-
sturz von Informationsqualität Massenmedien mit sich bringen.
Das Image von ernst und investigativ ist ja aus den seriösen Zeiten bis heute am Umweltjournalismus kleben geblieben, auch
wenn es inzwischen nur noch um den Panikstoff der Woche
geht.

Als die deutsche Atomindustrie dann auch noch einräumen
musste, dass sie von den radioaktiven Tränen der Castoren
längst wusste, dass das seit 15 Jahren so ging und man es dem
Umweltministerium und der deutschen Öffentlichkeit nur verschwiegen hatte, wurde der Skandal zum GAU und zu einer
Glaubwürdigkeitskrise, mit der die deutsche Atomwirtschaft
bis heute kämpft.

Aus den Atomkonzernen kam ja dann sogar noch der Vor-
wurf, das Umweltministerium hätte die Sache auch unter der
Decke halten oder die Grenzwertüberschreitungen niedriger
hängen sollen.

Da hat Angela Merkel die Sache kühl umgedreht. Sie wies
auf ihre eigene, frühe Presseerklärung hin und sagte: im Gegenteil. Die einzige Strategie beim Umgang mit strahlendem Material sei völlige Offenheit. Und dann hat sie sich in aller Offenheit in Sicherheit gebracht, hat vor dem Deutschen Bundestag
die Atomwirtschaft heftig angegriffen und einen Stopp aller
Atommülltransporte verfügt.

Die *FAZ* überschlug sich damals vor Begeisterung. Damit sei
eine Symbolträgerin zum politischen Vollprofi geworden. Hel-

mut Kohl lobte sie noch im Mai des Jahres 2000 in einem Gespräch mit Wolfgang Stock: «Sie hat einen guten Job gemacht. Wenn ich an die Castor-Affäre denke, hat sie mehr Mut bewiesen als viele Männer.»

Und plötzlich war ja außerdem die Luft raus. Plötzlich hatte der Wahlkampf begonnen. Merkels engste Mitarbeiter im Umweltministerium, die Tage und Nächte lang kein Privatleben mehr gehabt hatten, hatten auf einmal nichts mehr zu tun. Ganz plötzlich interessierte sich niemand mehr für undichte Castoren. Als wäre nie etwas gewesen. Oder als wäre die Strahlenbelastung nur etwa so hoch wie beim Zifferblatt einer alten Armbanduhr.

UMWELTMINISTERIN BEISST HUND

Angela Merkels Ausbeute an medienstrategischer Erfahrung aus ihrer Umweltministerzeit war immens, ihre sachpolitische Bilanz eher bescheiden. Auf der Habenseite steht, wie sie sich auf dem Bundesparteitag 1994 gegen erheblichen Widerstand der Sozialausschüsse durchsetzte mit ihrem Plan, der sozialen Marktwirtschaft im Parteiprogramm der CDU für die Zukunft das Wort *ökologisch* voranzustellen.

Anderes misslang. Als sie – kurz vor der Hessenwahl – die Besteuerung von Flugbenzin forderte, pfiff der Bundeskanzler sein Mädchen zurück. Beim Ozongesetz gegen den Sommersmog und bei der Novelle zur Verpackungsverordnung geriet sie zwischen alle Fronten. Einmal hat sie im Kabinett dann sogar geweint. Sie hatte die Pressekonferenz zum Sommersmog schon angesetzt und musste sie wieder absagen, weil das Kabinett sich nicht einigen konnte. Als Helmut Kohl sie dann auch noch anherrschte, sie solle bitte schön in Zukunft «ausgegorene Vorschläge» präsentieren, anstatt das Kabinett aufzuhalten, flossen Tränen.

Wenn sie sechs Jahre später darauf angesprochen wird, zum Beispiel von Alfred Biolek, sagt sie: «Na und? Andere schreien.» Ohne diesen kleinen Eklat, aber das sagt sie nicht, hätte sie vielleicht nie eine Mehrheit für ihre Ozonverordnung bekommen.

Und dann war da noch die Sache mit dem Hund. Im August 1995 war die Umweltministerin, die in der Nähe ihres Wochenendhauses in der Uckermark mit dem Fahrrad unterwegs war, von einem Hund ins Knie gebissen worden. Sie ging zum Arzt, ließ das Knie behandeln und verbinden und erstattete keine Anzeige.

Dann explodierte der Boulevard. Die Rechercheure fanden heraus, dass es sich bei dem Hund, der die Ministerin aus dem Osten ins Knie gebissen hatte, um den Deutschen Kurzhaardackel und Jagdhund Bessi handele. Hund Bessi war ein paar Monate zuvor durch die Jagdprüfung gefallen, ausgerechnet wegen «Bisslosigkeit». Wie hat sie das nur geschafft, dass der sie trotzdem beißt? Warum hatte Herrchen eine Fährte gelegt, die dummerweise den Radweg der Angela Merkel kreuzte?

Als die Presseabteilung des Umweltministeriums sich etwa eine Woche lang mit Anfragen und Interviewwünschen zu diesen bedeutenden Themen befasst hatte, sagte Angela Merkel, langsam habe sie das Gefühl, «ich habe den Hund gebissen und nicht der mich».

Und dann sagte sie auch noch, damals möglicherweise im Scherz: Angela, das hast du falsch gemacht. Du hättest gleich am nächsten Tag mit ausgesuchten Journalisten und einer Wurst zu dem Hundebesitzer gehen müssen und sagen, Ihr Hund hat mich zwar gebissen. Aber ich verzeihe ihm. Dann hätten wir eine prima Presse gehabt.

Damals war das ein Witz. Heute würde sie es möglicherweise tatsächlich genau so machen. Heute dreht sie für einen zweifelhaften Gag mit Westerwelle ein paar Runden im Cabrio um die

Siegessäule. Allerdings nur, wenn ihre Umfragewerte gerade wirklich tief im Keller sind.

Und was das Schlimmste ist: Nach der Cabrio-Runde sind die Werte dann auch wieder etwas besser.

Also gräbt sie in Adenauers Garten eine Rose aus und pflanzt sie in den Hof der neuen Parteizentrale in Berlin. Damit wir alle sehen können, wo Angela Merkels CDU ihre Wurzeln hat. Gleichzeitig lässt sie die Neonbuchstaben CDU von Helmut Kohls Bonner Parteizentrale ostentativ in Bonn zurück, lässt sie schnöde abladen im Haus der Deutschen Geschichte, da, wo sie am liebsten Helmut Kohl auch längst abgeladen hätte.

Als die CDU im Jahr nach der verlorenen Bundestagswahl hintereinander eine ganze Reihe von Landtagswahlen gewonnen hatte, ließ sie Umzugswagen an der SPD-Parteizentrale vorfahren und Umzugskartons ausladen. Auf dem Umzugswagen stand *Die neue Mitte zieht um,* auf die Kartons hatten sie *Verantwortung* geschrieben, *Vertrauen* und *Hoffnung.*

Dann wurden die Kisten, jetzt in Anwesenheit von Fotografen und Fernsehleuten, eingeladen und schräg gegenüber vor der CDU-Parteizentrale wieder ausgeladen. Das sollte heißen: Wir haben die «Mitte» nach Hause geholt, zurück zur CDU, wo sie hingehört, weil sie bei den Sozialdemokraten keine neue Heimat gefunden hat.

Als die SPD dann noch eine Landtagswahl verlor, schickte Angela Merkel Franz Müntefering die selbst singende Postkarte «Meer mit untergehender Sonne» zur Melodie «Wenn bei Capri die rote Sonne im Meer versinkt».

Und die Vertreter der Sender und Druckerzeugnisse taten, was sie tun sollen: Sie sendeten und druckten.

Angela Merkel hat aus alledem dann offenbar abgeleitet, dass man es in dieser Telekratie gar nicht zu dick und zu platt treiben kann.

Kann man aber doch. Noch gibt es Grenzen. Der amtierende Bundeskanzler als Verbrecher auf einem Plakat, das war jenseits der Schmerzgrenze. Und plötzlich stand Angela Merkel als Zauberlehrling da. Sie bezahlte ihr Lehrgeld mit einem immensen Prestige- und Imageverlust.

Als sie 1998 noch einmal in Adlershof gewesen ist, um vor dem Bauschutthaufen, der einmal ihre Forschungsbaracke war, über die Vergangenheit zu meditieren, sagte sie: «In der Wissenschaft kann man sich jeden Tag etwas Neues ausdenken, in der Politik muss man oft über lange Zeiträume immer die gleiche Botschaft vertreten, damit sie bei den Leuten ankommt.»

Damals, als die Mauer noch stand, hat sie da vor ihren Rechnungen gesessen in der ewig gleichen, braunen Kordhose und mit Ärmelschonern über der Strickjacke. Und wenn sie aus dem Fenster geschaut hat, war der Blick auf die Welt verstellt von dichten Schlehenbüschen und dem Stacheldraht des Stasi-Wachregiments Feliks Dzierzynski.

Wenn ihr heute der Blick auf die Welt verstellt wird, dann von einer ganz anderen Mauer, von einer Wand aus aufgeregten Einäugigen. Aus ihrer Perspektive ist das immer das Gleiche: eine Wand aus Menschen mit Fotoapparaten und Kameras vor der einen Hälfte ihrer Gesichter, das Auge der anderen Hälfte zugekniffen. Aus dieser Wand ragen grauzottelige Mikrofonpüschel, die aussehen wie Modehunde.

Ob sie in ihrem Wahlkreis Grimmen aus dem Auto steigt oder in Washington aus dem Flugzeug, ob sie vor der CDU-Zentrale an der Klingelhöferstraße zu Berlin vorfährt oder zu den Festspielen in Bayreuth: überall und sofort steht diese Objektiv- und Mikrofonmauer. Und Angela Merkel spricht in diese Wand, als hätte sie niemals etwas anderes getan in ihrem Leben.

Es gibt nicht viele Menschen, die es so sehr hassen, fotografiert zu werden, wie Angela Merkel. Und die sich so zieren und anstellen dabei. Sie bringt es fertig, einem berühmten Fotografen wie Jim Rakete zu sagen: Sie haben sechzig Sekunden. Und sich dann in den sechzig Sekunden so zu verkrampfen, dass selbst Jim Rakete nichts anderes kann, als eine verkrampf-te Angela Merkel abzubilden. Sie ist vollkommen ungeeignet als Fotomodell.

Am Anfang konnte sie es nicht einmal aushalten, Fernsehbil-der von sich selbst anzusehen. Es war ihr unangenehm, jetzt selber genau in den Programmen vorzukommen, die ihr früher die Verheißungen des Westens über die Mauer gesendet hatten. Sie hat die Augen geschlossen und sich die Ohren zugehalten. Sie konnte nicht einmal ihre eigene Stimme ertragen.

Sie erzählt, dass sie sich erst in der Zeit als Umweltministe-rin gezwungen hat, hinzuschauen und sich systematisch zu ana-lysieren: zu zappelig. Zu schnell gesprochen. Zu hoch gespro-chen. Zu viel vorausgesetzt. Viel zu viele Grimassen.

Seither hat sie nicht viel ausgelassen, keine Talk-Show, kein Interview, keinen Porträtwunsch, sogar *Gala* darf Titelge-schichten mit ihr machen. Zusammengerechnet hat sie an man-chen Tagen der Spendenaffäre zehn Millionen Menschen er-reicht. Und selbst wenn sie da über ihre Garderobe, ihr Aussehen und über anderen Schnickschnack palavern muss, «der Haupteffekt ist doch, dass man auch in der Sache spre-chen kann. Bei *Pro7* habe ich dreißig Sekunden, bei *Sat1* vier-zig, in der *ARD* eine Minute. Und den Rest muss ich eben in die Talkshows packen.»

Es ist eben auch eine Frage der Ökonomie: «Ob Sie vor einer Versammlung mit hundert Menschen oder vor einer Kamera sprechen und sechs oder acht Millionen Menschen haben, Sie machen es immer mit der gleichen Anstrengung oder Unan-strengung. Zu den hundert sprechen ist oft sogar anstrengen-der.»

Angela Merkel hat an sich beobachtet, dass die Kunst der freien Rede offenbar in Schüben wächst. Man ist zuerst sehr vorsichtig, zurückgenommen, fast ein bisschen hölzern, und bleibt am liebsten ganz dicht am Blatt, erzählt sie.

Dann wird man freier und leichtsinniger, schreibt sich nichts mehr auf, verlässt sich darauf, dass einem immer von allein was einfällt. Schließlich probiert man auch mal Gags und was man sonst noch im Gehirnarchiv hat. Dadurch geht dann aber auch die Kontrolle etwas verloren.

«Ich glaube, ich fange jetzt erst mal wieder an, kontrollierter zu reden», hat sie mir einmal erklärt, als sie eine Weile auf dem Reim- und Werbetrip gewesen war, als sie anfing, Schröder auf Blöder zu reimen und keine Spur auf Leitkultur, und die CSU-Delegierten in München mit ihrem «Merkel bleibt Merkel, mit allen Risiken und Nebenwirkungen» entzückt hatte.

Im Osten haben ihr viele Menschen nach den heftigen Bundestagsdebatten des Frühjahrs 2001 gesagt: Hör doch mal auf zu schreien. Was schreist du so? Du solltest es doch gerade anders machen. Jetzt bist du wie die Männer. Der Schlauch hat geschrien, der Schröder schreit, also schreist du auch. Du bist doch viel stärker, wenn du ruhig sprichst und durch deine ruhigen und nüchternen Argumente überzeugst.

«Ich fange jetzt wieder an, kontrollierter zu reden. Aber nur, um dann auf einer nächsten Ebene wieder ganz frei zu sprechen. Der gelassen sitzende Angriff, an dem muss noch gefeilt werden. Aber ich kann ja auch nicht jede Rede dreimal vor dem Spiegel üben. Da reicht meine Phantasie auch nicht mehr aus, mir Herrn Struck und Herrn Bundeskanzler Schröder hinter dem Spiegel vorzustellen und da was auszuprobieren.»

Wenn man ihre Reden von heute mit denen aus ihren Ministertagen vergleicht, hat sich der Wechsel von Kontrolle und Loslassen gelohnt. Sie spricht jetzt viel selbstbewusster als früher, auch langsamer, mit tieferer Stimme, meistens frei und ohne einen Blick auf das Manuskript. Vokabeln aus dem allgemeinen Politsprech, die die Menschen so abschrecken, schleichen sich nur selten ein.

Andererseits spürt und sieht man in Pressekonferenzen, Fernsehinterviews und sogar im Zwiegespräch die ungeheure Anstrengung, nur ja nichts Falsches zu sagen, nicht ein Wort zu riskieren, das wieder interpretierbar wäre für eine Schlagzeile.

Merkels CDU baut sich gerade erst auf, was Gerhard Schröder seit dem letzten Wahlkampf um sich hat, ein Team von professionellen Medienberatern, Spin-Doktoren, Schreibern und Trainern. Angela Merkel scheint aber vor allem der Meinung zu sein, dass man so etwas am allerbesten selber macht. Manchmal wirkt es dann auch ein bisschen so: selbst gemacht.

Sie probiert noch, wo genau der Unterschied ist zwischen der Rolle der Person und der Rolle der Funktion in einer Teledemokratie. Umweltministerin ist als Funktionsrolle natürlich etwas anderes als Generalsekretärin, Generalsekretärin etwas ganz anderes als Parteivorsitzende. Aber Angela Merkel ist Angela Merkel. Und ihre Personenrolle seit der Spendenaffäre war vor allem: Glaubwürdigkeit. Deswegen hätte sie als ehemalige Umweltministerin, die heftig für eine Ökosteuer war, eben nicht plötzlich gegen die Ökosteuer sein dürfen, nur weil jetzt die SPD eine Ökosteuer verabschiedet und sie die Generalsekretärin der Opposition ist. Auch wenn sie noch so differenzierte Argumente hat.

Sogar Gerhard Schröder hat ja in diesen Rollenmustern noch dazulernen müssen. Vor seiner Wahl zum Bundeskanzler, als Kandidat, als Ministerpräsident und SPD-Haudrauf konnte er ohne Schaden zu «Gute Zeiten, Schlechte Zeiten» gehen. Die seriösen Journalisten haben ihn dafür zwar beschimpft, aber er hat Millionen Menschen erreicht, die er sonst niemals erreicht hätte, weil sie bei «Politik» immer gleich ausschalten.

Sechs Wochen später war er Kanzler.

In der neuen Rolle als Kanzler aber durfte er eben nicht mehr in einem Modemagazin Werbung machen für teure Brioni-Anzüge. Als er die Umfragen gelesen und das verstanden hat, gab er vor Schreck auch noch das Zigarrenrauchen auf. Das aber hätte er ruhig beibehalten können. Das gehörte ja seit seiner Ministerpräsidentenzeit und längst auch für die Malocher im Pott zur akzeptierten und bewunderten Personenrolle des Gerhard Schröder wie die Currywurst mit Fritten, die wir in Berlin deswegen inzwischen «Kanzlerplatte» nennen.

WESTERWELLE SAGT JA!

Der größte Zampano der Erregungsdemokratie heißt Guido Westerwelle. Ihm gelang es, ausschließlich durch eine penetrante Öffentlichkeitsstrategie geradezu umgekehrt proportional zur Bedeutung und Stärke der FDP in den Medien präsent zu sein. Zwischen Januar und Anfang Juni 2000 sind 64 Politiker in insgesamt 280 TV-Debatten und Talk-Shows zu sehen gewesen. Guido Westerwelle war der Spitzenreiter mit zwölf Auftritten.

Und je öfter er im Fernsehen zu sehen war, desto besser wurden seine Umfragen. Die Bedeutung einer Person hat ja in der Telekratie nichts mit Leistung oder originärem Wählerzuspruch zu tun. Bedeutung wird allein durch Präsenz hergestellt. Sie führt dann allerdings zu steigender Wählerzustimmung. Und dazu, dass man Parteivorsitzender wird.

Wenn Guido Westerwelle zu Big Brother in den Container geht und anschließend zu Stefan Raab, dann kümmert es ihn nicht, dass die so genannte Informationselite aufheult. Für ihn ist es ein Rechenexempel: «Eine Stunde lang erreiche ich dort eins zu eins Menschen, die sich sonst überhaupt nicht für Politik interessieren.»

Die FDP ist unter Westerwelle zur modernsten Partei Deutschlands, zu einer Art Werbe- und Bedeutungsagentur geworden. Wenn man Guido Westerwelle einen Brief geschrieben hat mit der Bitte um ein Gespräch über Angela Merkel, dann ruft bald danach ein fröhlicher junger Mann aus dem Büro Westerwelle zurück und schmettert mit der optimistisch betörenden Stimme der Waschmittelwerbung ein knackiges: «Westerwelle sagt Ja!»

Und das klingt dann wie bei Boris Becker: Ich bin drin.

Dafür kann man mit Guido Westerwelle sehr fundiert über die Risiken und Nebenwirkungen der Telekratie diskutieren. Und er weiß auch sehr schöne Geschichten von Angela Merkel.

Er hält jede Menge von ihr.

«Ich habe sehr schnell Vertrauen zu ihr gefasst. Ich glaube, sie auch zu mir. Was sicher auch daran liegt, dass wir ungefähr gleich alt sind.»

Als neuer Generalsekretär ist er zum Antrittsbesuch bei ihr gewesen. Und er schwärmt von der stilvollen Teestunde an einem runden Tisch mit sehr schönem Porzellan. Westerwelle mag sehr, dass sie so höflich ist mit sehr guten Umgangsformen. Das mag er an sich selber auch.

«Gerade in der Politik, wo man manchmal so derb miteinander streiten muss.»

Es war also «eine ganz reizende Begegnung».

Ein anderes Mal hat er sie fünfundzwanzig Minuten warten lassen. Und das ist ihm heute noch peinlich. Sie hatten ihm aufgeschrieben 12.30 Uhr. Er war aber schon um 12 Uhr mit ihr verabredet beim Italiener in Bonn. Und Viertel nach 12 hat sie angerufen. Angela Merkel wartet nicht gerne.

Guido Westerwelle ist dann mit Vollgas dahin.

Er erzählt: «Da kam in mir meine ganze Kinderstube hoch. Ich hatte das Gefühl der Scham und der Pein, und trotzdem habe ich ganz offen gesagt: Es tut mir wahnsinnig leid. Ich muss mich hundertmal entschuldigen, es gibt keinen Grund, keinen Stau, es gibt nichts, keinen Unfall, gar nichts. Ich hab's falsch notiert bekommen.»

Westerwelles Fahrer hat dann einen schönen, dicken Blumenstrauß gebracht und ihn Westerwelle überreicht, damit der aufstehen und ihn Angela Merkel überreichen konnte.

«Und dann ist sie ein bisschen rot geworden. Und sie hat sich wahnsinnig gefreut. Verstehen Sie, eigentlich war ich derjenige, der sich schämen musste. Eine Frau in einem Restaurant warten zu lassen, das ist einfach besonders unangenehm.»

Und hätte er der Generalsekretärin, die ein wenig rot wird, wenn sie von Guido Westerwelle einen dicken Blumenstrauß bekommt, damals zugetraut, einmal Chefin der CDU zu werden?

«Es bleibt mir ein ewiges Rätsel, wie die Öffentlichkeit politische Persönlichkeiten bewertet und wie man sie dann selber bewertet, wenn man sie kennt. Welche Durchsetzungskraft Frau Merkel hatte, das hatte ich schon in dem ersten Gespräch bei ihr im Ministerium gemerkt. Und zwar sofort. Das ist eine Frau, die weiß, was sie kann, die in sich ruht, mit allen inneren Zerrissenheiten, die man hat, wenn man im öffentlichen Leben steht. Sie hat Statur, sie hat Power und sie hat Machtbewusstsein, und was für ein Machtbewusstsein. Und wenn mir damals beim Italiener jemand gesagt hätte: Sie haben gerade mit der künftigen CDU-Vorsitzenden zu Mittag gegessen, hätte ich gesagt: Ja, klar.»

Wie gesagt, die ganze FDP ist unter Westerwelle ein bisschen wie eine Werbeagentur geworden. Westerwelle, unser Experte für die Telekratie, sagt also auch noch, dass Merkel zu den wenigen gehört, die über die Rollen in der Ereignisdemokratie nachgedacht haben. Sie hat ihn zum Beispiel im *Spiegel* nicht direkt dafür kritisiert, dass er bei Big Brother im Container war.

«Sie hat gesagt: Sie hätte das nicht gemacht. Und das ist natürlich klug und richtig. So wie ich nicht in Trachtenjanker und Lederhose eine Blaskapelle dirigieren sollte, sollte sie nicht in den Container gehen.»

Von allem, was der einzelne Mensch weiß, beruhen heute höchstens noch 20 Prozent auf eigener Erfahrung. 80 Prozent werden ihm durch die Medien zugetragen. Und die meisten Menschen, das haben wissenschaftliche Versuche gezeigt, leiden daran nicht. Im Gegenteil: Sie setzen die medial übermittelten Erfahrungen gleich mit eigener Erfahrung. So wie viele Menschen glauben, sich ganz sicher an etwas aus ihrer frühen Kindheit aus eigener Erfahrung zu erinnern, obwohl sie es nur immer wieder erzählt bekommen oder, was noch viel stärker wirkt, immer wieder das Foto oder die Videoaufzeichnung zur Geschichte gesehen haben.

Weil jeden Tag eine Sache die erste Meldung sein muss und alles im gleichen Furor vorgetragen wird, vermittelt sich alles, was zur Erfahrung der Menschen wird, als gleichrangig wichtig. Medienwissenschaftler nennen das die zirkuläre Zirkulation, die die Wirklichkeitshierarchien homogenisiert. Und weil die meisten Medien inzwischen auf Aktualität mehr als auf Qualität setzen, werden als neu empfundene Erklärungen, Mitteilungen und reine Ersatzinszenierungen ungeprüft weitergegeben und kaum noch bewertet oder gewichtet.

Manchmal abends, nach langen Tagen im künstlich erregten Klima der Berliner Republik, fällt einen deswegen schon mal die Frage an: Was wäre hier eigentlich los, wenn wirklich mal was los wäre, wenn Kuba-Krise wäre oder eine Mauer gebaut würde quer durch die Stadt? Kein Politiker hätte eine Steigerungsmöglichkeit in Erregung und Tonfall. Und die meisten Medien auch nicht. Dieses erschreckende Schwanken zwischen Hysterie und Apathie, mit dem jede Woche eine andere Sau durchs Dorf gejagt wird! Und wenn sie durch ist, ist sie durch.

So war es 1998 mit den Castoren. Und so ist es ja auch mit BSE gewesen. Im Frühjahr 2001 hatten wir die große BSE-Krise: tagelang die Spitzenmeldung. Abend für Abend dieselben ekelhaften Fernsehbilder von Tierkadavern in Schreddermaschinen. Minister mussten zurücktreten. Neue Ministerien wurden mit neuen Ministern installiert. Metzgereien standen vor dem Ruin. Halb Deutschland wurde vorübergehend vegetarisch.

Und plötzlich, ohne jede Begründung oder Veränderung in

der Sache, war es vorbei mit BSE und auch mit der Maul- und Klauenseuche. Plötzlich war Scheidung bei Beckers.

Als dann im Mai des BSE-Jahres der eigentliche Skandal passiert, als herauskommt, dass der Handel das während der BSE-Krise unverkäufliche und deswegen eingefrorene Fleisch inzwischen als Frischfleisch auf den Markt bringt, ist es nur noch eine kleine, müde Meldung am Ende der Nachrichten. Die Deutschen essen im Mai des BSE-Jahres auch wieder Rindfleisch, mehr sogar als im Mai des Jahres zuvor. Im Mai des BSE-Jahres hatten wir ja auch plötzlich eine ganz andere Erregung: die große Gendebatte. Da lernten gerade alle eine neue Abkürzung. PID statt BSE.

Die Unterscheidung von Fakten und Fiktion hat an Bedeutung verloren. Die integrative und erklärende Leistung der Medien ist umgeschlagen in ein bloßes Zuschauen und Beschreiben. Die Realdeckung von Politik bleibt signifikant hinter der Symbolik der dargestellten Politik zurück. Plötzlich erscheint der ganze Betrieb als Fiktion. Heute dieses. Morgen das. Und sechzig Prozent der Jugendlichen sagen: Politik? Ist doch alles Volksverarschung!

Auch ein Gespräch mit Guido Westerwelle endet an diesem Punkt, wie es bei diesem Thema immer endet zwischen Politikern und Journalisten, mit Höflichkeitsformeln: Ja, wir müssen etwas ändern.

Aber bitte nach Ihnen.

Die Journalisten also: Zum Glück haben die besseren Tageszeitungen und Sender in Berlin Korrespondenten, die sich nicht zum Rezensieren von inszenierten Scheinereignissen hergeben. Vieles fällt durch. Vieles wird gar nicht wahrgenommen oder als das beschrieben, was es ist: Polit-Soap.

Die Politikberater sagen dann: Durchgefallen bei der Meinungselite heißt noch lange nicht, dass es kein Publikumserfolg war, wenn nur die meisten Sender gesendet haben.

Und dann, das ist in Washington nicht viel anders als in Berlin, gibt es auch Anpassungsprozesse. Wer neu in den Betrieb kommt, orientiert sich zunächst an den Interessen seiner Zuschauer, Zuhörer oder Leser. Er entlarvt also das Spiel, berichtet kritisch oder wenigstens ironisch über den Inszenierungsunsinn oder den Politikersatz. Je länger so einer aber dabei ist und von den Profis der anderen Seite bearbeitet wird, desto mehr stellt sich ein seltsames Elitegefühl ein. Nicht mehr: Ihr, die wir für unsere Zuschauer scharf beobachten. Sondern: Wir, die wir hier in Berlin zusammen Politik herstellen. Wir, die wir «unter Drei» was Bedeutendes wissen, aber nicht jedem weitersagen. Dann wird Politiker-Politik auch in den Medien hergestellt. Dann fühlen junge Journalisten von großen Medienkonzernen sich superstark, wenn sie dem Bundesgeschäftsführer der CDU auf einem Parteitag tatsächlich auch noch ankündigen: Wir haben die Frau Merkel schön hochgeschrieben. Und jetzt werden wir sie mal wieder runterschreiben.

Wie groß zum Dank dafür bei den Politikerzeugern die Hochachtung vor dem Beruf des Journalisten ist, mag man an den Vokabeln erkennen, die Politikberater verwenden: Da ist dann von *Spoonfeeding* die Rede und davon, dass man die Journalisten wohl mal wieder etwas *pampern* muss.

Es gibt eine Menge guter Ansätze innerhalb der Zunft. Es wird in Berlin unter Journalisten viel darüber nachgedacht. Es gibt Symposien und Diskussionsabende. Nur dass man bei solchen Gelegenheiten immer die wenigen Kollegen von den guten Zeitungen und Sendern trifft, die es sowieso schon immer ganz anders machen. Die, die es angehen könnte, haben ja auch keine Zeit, weil gerade die nächste Sau durchs Dorf muss.

Bitte nach Ihnen.

Und die Politiker? Johannes Rau war eine Ausnahme und könnte ein Vorbild sein. Er hat es gegen den Strom versucht. Er hat den Medienzirkus nicht mitgemacht, ihn sogar brüskiert. Er hat auf die Inszenierungen verzichtet. Er wäre nie mit Guido Westerwelle im Cabrio um die Siegessäule gefahren, jedenfalls nicht, wenn seine Medienberater ihm das empfohlen hätte. Er hätte ja nicht einmal eine Talk-Show gemacht im Schloss Bellevue wie Roman Herzog. Das ist nicht mein Stil, sagte er.

Zu Beginn seiner Amtszeit hat sich das bitter gerächt, weil zu viele Journalisten verlernt haben, überhaupt noch etwas wahrzunehmen, was nicht mediengerecht aufgepeppt ist. Der Bundespräsident kam also überhaupt nicht vor: zu altmodisch. Von gestern. Nicht mal seine Reden gab es vorab gedruckt.

Langfristig aber ist Johannes Rau gelungen, was dem ganzen Land gut tun würde. Er hat das Amt und schließlich auch sich selber vor den Deformationen der Telekratie geschützt. Und konnte dann umso glaubwürdiger eingreifen. Die meisten haben das erst in der zweiten Hälfte seiner Amtszeit gemerkt, einige erst nach seiner Rede zur Gendebatte.

Manchmal ist es ermutigend, mit Menschen zu reden, die nicht alle Tage in Berlin sind, die zu Hause in Stuttgart oder München noch mit abgeschwächten Formen der Ereignisdemokratie konfrontiert sind. Einmal habe ich Baden-Württembergs Kultusministerin und CDU-Vize Annette Schavan nach einem typischen Berlin-Tag am Kamin ihrer Landesvertretung erlebt. Den ganzen Tag hätte sie gerne den Hauptstadtjournalisten etwas zum Thema Bildungspolitik erzählt. Es war aber gerade Leitkultur dran.

«Und das Einzige, was hier interessiert, ist, ob ich diesen Begriff toll finde, ob ich ihn benutzen werde und, wenn ich ihn eher nicht benutzen möchte, ob ich es toll finde, dass Angela Merkel ihn zwar eigentlich auch nicht benutzen wollte, ihn aber jetzt in unser Papier reinschreiben lässt.»

Annette Schavan war richtig wohltuend wütend. Sie lasse sich doch nicht zu Schlagzeilensätzen nötigen oder zu jemandem abstempeln, der immer automatisch hinter diesem oder jenem steht.

«Ich finde das ziemlich abwegig. Es hat eine enorme Entpolitisierung eingesetzt. Ich werde dabei nicht mitspielen. Und wenn ich dann weniger vorkomme in den Medien, dann bitte schön.»

Sie ist eine Ausnahme.

Fast alle anderen sagen an dieser Stelle: So geht es auch nicht. Wer wichtig bleiben will, muss doch mitmachen. Und wer erfolgreich sein möchte, muss öfter vorkommen als die anderen. Mag sein, dass man sich immer ein wenig davor fürchtet, die nächste Sau zu sein, die durch Berlin-Mitte gejagt wird. Nur eines ist noch viel schlimmer: überhaupt nicht vorzukommen. Wer nicht vorkommt, den gibt es nicht mehr.

Weswegen der kürzeste Witz der Berliner Republik heißt: Geht ein Politiker an einem Reporter vorbei ...

Siebtes Kapitel
POLITJUNKIES

DAS MERKEL-PROGRAMM – KRAUSES VERSION

Es ist der Tag nach der Zwangsversteigerung von Börgerende.
Die Überschrift in der Zeitung heißt: Ex-Haus der Ex-Frau des
Ex-Ministers versteigert.

Der Ex-Minister heißt Günther Krause, Professor Doktor
Günther Krause, wie die Bedienung der Bahnhofsgaststätte in
Rostock freundlich, aber resolut korrigiert. Er war der Star der
Nachwendezeit. Der Held des Ostens. Er war der Vorzeige-Ossi
Kohls, der ihn das große politische Talent der neuen Bundes-
länder nannte. Er war einer der beiden Architekten der deut-
schen Wiedervereinigung. Der heiß geliebte Landesvorsitzende
der CDU in Mecklenburg-Vorpommern. Er war der effektivste
Verkehrsminister, den die Bundesrepublik je hatte. Und an ei-
nem Reporter ist Günther Krause auch nie vorbeigegangen.

Angela Merkel hat ihn bewundert, damals, als er Parlamentarischer Staatssekretär bei Lothar de Maizière war und sie
stellvertretende Regierungssprecherin. Wie selbstbewusst der
auftrat. Wie er es den arroganten Westlern gegeben hat, schnell,
intelligent, frech und genial. Auch wenn es vielleicht nicht
wirklich genial gewesen ist, als erste Ministerhandlung den Mitarbeitern zu erklären, dass die Ossis den Wessis jetzt mal bei-
bringen würden, was arbeiten überhaupt heißt.

Dann ist etwas falsch gelaufen im Leben des Günther Krause. Das Ministeramt weg. Der Landesvorsitz weg. Die Frau
weg. Fünfzehn Millionen Mark Schulden. Haftbefehle. Offenbarungseid. Der Wohnsitz am Meer zwangsversteigert. Alles
ex, aus, vergangen und verloren.

Der Sohn des Ex-Ministers kommt in einem grünen Golf zum Bahnhof. Er soll mich zu seinem Vater bringen, weil ich den Weg allein vielleicht nicht finde. Er ist ein großer, kräftiger, gut aussehender Kerl. Er studiert BWL in Hamburg. Er erzählt von seinem Studium, offen, selbstbewusst. Sehr sympathisch.

Ich frage ihn, was ich alle Söhne von berühmten Vätern frage, was ich auch den Sohn von Boris Becker, Johannes Rau oder Rudolf Augstein fragen würde: Ob es schwer ist, der Sohn des berühmten Vaters zu sein? Ob die Leute immer, wenn er seinen Namen nennt, fragen, sind Sie etwa der Sohn von Günther Krause?

Der Sohn versteht die Frage leider falsch. Wahrscheinlich ist es auch die falsche Frage gewesen am Tag nach der Versteigerung von Börgerende.

«Wissen Sie, da wird in den Medien jede Menge Bockmist über meinen Vater zusammengeschrieben», sagt er. Der Sohn beginnt, seinen Vater zu verteidigen.

So habe ich es doch gar nicht gemeint.

Es muss alles noch schlimmer sein, als man sich das von außen vorstellt. Der Preis für Politik kann am Ende sehr hoch sein. Und was unter den schnellen, hämischen Schlagzeilen selten zu lesen ist: Zu jedem gescheiterten, zurückgetretenen oder abgewählten Politiker gehört eine Familie, gehören Freunde, Menschen, die den Absturz des Höhenfliegers auffangen und aushalten müssen. Und wenn einer Glück hat, so wie Günther Krause Glück hat mit seinen drei Söhnen, dann bleiben sie und stehen zu ihm.

Günther Krause ist dick geworden. Cortison, geht einem als Erstes durch den Kopf, als er da in der Tür seines kleinen Baubüros im Rostocker Gewerbegebiet steht. Cortison oder Alkohol. Den Kugelbauch würde man vielleicht gar nicht sehen, wenn der Pulli nicht so wahnsinnig eng wäre.

Es ist immer noch ein Vergnügen, sich mit Günther Krause

zu unterhalten. Auch wenn es immer noch eher ein Zuhören ist als eine Unterhaltung, das Entgegennehmen eines Monologs, den Krause in faszinierender Geschwindigkeit und mit assoziativer Intelligenz hält.

Krause beginnt mit einer leicht bitteren Ost-West-Analyse: Wäre Bayern oder Baden-Württemberg von Russen besetzt gewesen, hätte die Parteienstruktur dort nicht anders ausgesehen als in Sachsen oder Mecklenburg-Vorpommern. Dann wären alle, die intelligent waren und Karriere machen wollten, in führenden Positionen der SED oder der Ost-CDU gewesen, «einschließlich Herrn Schrempp und Franz Josef Strauß und wie sie alle heißen».

Wenn man ihn nach einiger Zeit unterbricht und an Angela Merkel erinnert, werden Günther Krauses Pupillen eng. Der Tonfall verschärft sich. Die leichte Bitterkeit schlägt um in schweren Hass.

Er hat ihr 1990 den Wahlkreis freigeräumt. Sie war ja ein Versorgungsfall, weil Lothar de Maizière sich überhaupt nicht darum gekümmert hat, was aus seinen Regierungsmitgliedern nach der Wiedervereinigung werden soll. Sie war so unglücklich. Sie hat ihm so Leid getan. Er wollte ihr einfach helfen.

«Und das ist wahrscheinlich der größte Fehler meines Lebens gewesen.»

Wie räumt man einen Wahlkreis frei?

Rügen-Stralsund war der sicherste Wahlkreis für die CDU in Mecklenburg-Vorpommern. Aber da war für die Bundestagswahl 1990 längst ein Kandidat nominiert. Krause war der Landesvorsitzende. Also hat Krause Formfehler gefunden, damit die Kandidatennominierung nochmal wiederholt werden musste. Angela Merkel wurde nominiert. Angela Merkel wurde gewählt. Sie verdankt das alles ihm.

Und nach der Wahl, als Kohl drei ostdeutsche Minister in seinem Kabinett haben wollte, ist er es gewesen, der gesagt hat: Guck dir doch mal die Angela Merkel an.

«Diese Dame hatte zwei Gönner und Förderer. Der eine war Kohl. Der andere war ich. Und ich musste vor Kohl erkennen: Die Hand, die füttert, wird zuerst gebissen. Jedenfalls ist sie es gewesen, die mich zusammen mit Berndt Seite abgeschafft hat, als ich Schwierigkeiten bekam. Und das, obwohl 85 Prozent der Kreisverbände wollten, dass ich weitermache.»

Krauses «Schwierigkeiten»: Er hat sich kleine und große Extras geleistet. Ein Sohn des Ministers fuhr bereits mit sechzehn Jahren ostentativ im dicken Auto und mit einem USA-Führerschein zur Schule. Die Frau ließ eine Putzhilfe zu 70 Prozent aus Fördermitteln des Arbeitsamtes finanzieren. Krause selbst ließ sich die Umzugskosten von Berlin nach Börgerende aus Steuergeldern bezahlen. Es waren immer Sachen von diesem Kaliber. Er hat es seinen Feinden leicht gemacht. Er hatte auch ein bisschen Pech mit seiner Frau, so wie im Märchen *Vom Fischer und seiner Frau*. Und als sie endlich auch noch ihre blaue Küche hatte, nahm sie sich einen anderen.

Richtig gefährlich werden so genannte Putzfrauen- und Umzugsaffären ja immer erst, wenn sie Leuten aus der eigenen Partei als Folie für etwas ganz anderes dienen. Da war das Unbehagen der Neumitglieder gegen die Blockflöten aus der alten Ost-CDU. Krause hatte ja schon ewig in der Bezirksleitung gesessen. Seit 1975 war er Mitglied der Ost-CDU. Zur Wendezeit hatte er es zum Kreisvorsitzenden gebracht.

Permanenter und oft sehr persönlicher innerparteilicher Konflikt zwischen Menschen, deren Lebensgeschichten gar nicht zusammenpassen, das ist der Preis, den die CDU in fast allen ostdeutschen Landesverbänden für ihren großen historischen Zaubertrick bezahlen muss. Kohls CDU hat sich die Ost-CDU mitsamt ihren SED-Strukturen, ihrer SED-Abhängigkeit, ihrer Mitschuld, aber dafür auch mit ihrem beachtlichen Vermögen, ihren Immobilien, ihren Funktionären und ihrem DDR-Know-how einverleibt. Das war der Trick.

Der Zauberspruch dazu hieß: Wir verteufeln von nun an die

PDS als ewige und alleinige «Nachfolgepartei». Trick und Spruch dienten nichts anderem als dem Machterhalt, wurden aber so nachhaltig als hochwertige moralische Position getarnt, dass inzwischen fast alle in der CDU selber daran glauben. Sie haben sich eine Parteigeschichte erfunden, die mit der DDR nichts mehr zu tun hat und die von den meisten Menschen in Deutschland inzwischen für die wahre Geschichte der CDU gehalten wird.

Wie auch immer: Merkel und der Ministerpräsident Berndt Seite waren Neumitglieder, Krause, wenn man das unfreundliche Wort benutzen will, eine Blockflöte. Als Kohl Günther Krause 1993 unter dem Druck der Affären als Minister fallen ließ, war es bald auch mit dem Landesvorsitzenden Krause vorbei. Angela Merkel wurde seine Nachfolgerin.

Krause erzählt, Merkel habe damals gesagt: Jetzt tritt erst mal zurück. Das ist besser. Wir gucken dann, wie es weitergeht. Ich helfe dir.

Daraufhin habe er gesagt: Okay, dann trete ich zurück.

Sie aber hat ihm nicht geholfen. Nicht, als er 1995 Oberbürgermeister in Rostock werden wollte. Nicht 1998, als er versucht hat, Rostock für die CDU über die Erststimmen zu gewinnen.

Und warum nicht?

«Weil Kohl 1991 in einer Präsidiumssitzung gesagt hatte: Wir müssen uns mal über die Rangordnung einigen. Schäuble ist die Nummer zwei. Und wenn Schäuble, aus welchen Gründen auch immer, ausfällt, ist Krause dran.»

Von da an haben sie ihn alle verfolgt, sagt Krause. Schäuble und Rühe haben ihn verfolgt. Und Merkel eben auch.

«Ihr Hauptförderer, der dafür gesorgt hat, dass sie überhaupt aufs Festbankett kommt, war ich. Und als ich ins Wanken gekommen bin, hat sie den Finalschuss abgegeben. So ist die. So funktioniert die. Und das können Sie durchaus zitieren: Wenn man Frau Merkel den Rücken zudreht, gibt's einen Tritt in den Arsch. Das hat der Kohl erfahren. Das hat der

Schäuble erfahren. Und lange vor den beiden habe ich das erfahren.»

Helmut Kohl und er sind sich ganz einig in der Einschätzung von Angela Merkels Charakter, sagt Günther Krause. Helmut Kohl und er haben schon oft darüber gesprochen. Krause sagt sehr häufig «Helmut Kohl und ich». Helmut Kohl und er, das sind die beiden großen, historischen Opfer der Angela Merkel.

So jedenfalls geht Krauses Version.

Kohls und Krauses Stammkneipe in Berlin ist die «Pschorr Bierstube» gegenüber vom «Palast-Hotel». Da sitzen Kohl und Krause heute noch oft beieinander, sagt Krause, und sind sich einig: dass sie aus dem Inneren der CDU erst einmal eine Reihe von qualifizierten Leuten ganz neu aufbauen müssen. Dass sie Koch noch nicht für 2006 als Nummer eins empfehlen können. Dass der erst nochmal die Wahl in Hessen gewinnen und sich dann für 2010 bereithalten muss.

Wenn Krause erzählt, wie er mit Helmut Kohl die Zukunft der CDU plant – die Zukunft der CDU nach Angela Merkel, versteht sich –, fängt man natürlich an zu zweifeln. Ob Krauses Realitätsverlust nicht sehr viel stärker ist als die überprüfbaren Fakten?

Dieser Krause spinnt wahrscheinlich, denkt man dann möglicherweise. Der macht sich wichtig mit seinem Helmut Kohl. Dabei ist der doch längst auch weg vom Fenster.

Krause riskiert schließlich auch noch einen erstaunlichen Vergleich. Eine ehemalige FDJ-Sekretärin für Agitation und Propaganda aus der DDR 1991 in die Bundesregierung zu holen, das sei doch ungefähr so, als hätte Adenauer nach 1945 Goebbels zum Familienminister gemacht.

Erst ist er derjenige, der die Frauenministerin Angela Merkel ganz alleine erfunden hat. Und jetzt das.

Man ist ganz schwach auf den Beinen von so viel Bitterkeit, wenn man wieder an die frische Luft kommt nach einem Besuch bei Günther Krause. Zum Schluss hat er noch über das

Haus in Börgerende und über die Trennung von seiner Frau gesprochen.

Und als er dann zum Abschied vor sich hin brummelte: «So ist es nun einmal, wenn alles im Hass endet», war nicht ganz klar, ob er jetzt das Ende einer Ehe oder das Ende einer politischen Karriere gemeint hat.

Dann aber sagte er: «Seit dem 1. Juli dieses Jahres bin ich 25 Jahre in der CDU. Und ich habe noch nicht einmal ein Glückwunschschreiben bekommen.»

Ein paar Monate später, im Juni des Jahres 2001, geschah etwas Seltsames. Der Nicht-mehr-Ehrenvorsitzende und eigentlich auch Nicht-mehr-überhaupt-noch-Irgendetwas Helmut Kohl verhinderte Wolfgang Schäuble als Spitzenkandidat der Berliner CDU. Er traf sich, als sich gerade alle auf Schäuble geeinigt hatten und Angela Merkel sich für diese Lösung auch öffentlich einsetzte, mit dem möglichen lokalen Kontrahenten Frank Steffel zum Essen beim feinen Grunewalder Italiener «Capriccio». Kohl hatte den Fotografen der *Bild*-Zeitung dazu bestellt und riet diesem Frank Steffel für die Schlagzeile: «Frank, *Sie* müssen es machen.»

Frank Steffel wurde tatsächlich der Kandidat. Gegen alle Absprachen und Vereinbarungen, die es bis dahin gegeben hatte. Wolfgang Schäuble war endgültig brüskiert und politisch schwer beschädigt, Angela Merkel wieder einmal als macht- und einflusslose Parteivorsitzende vorgeführt.

Dann drohte Helmut Kohl an, dass er in die Schlacht um Berlin ganz groß einsteigen werde. Und der Kandidat Steffel bedankte sich dafür «mit großer Freude», weil das für die Berliner CDU «eine große Ehre» sei.

Er benutzte tatsächlich und ausgerechnet diese Vokabel.

Da dämmerte es einigen: Kohl ist wieder da. Das System Kohl ist zurück. Möglicherweise war es auch überhaupt nie weg gewesen. Es hatte sich nur vorübergehend unsichtbar gemacht.

Vielen ist im Juli 2001 noch einmal eingefallen, was Helmut

Kohl zu Schäuble und Merkel gesagt haben soll, als er wegen des größten Spendenskandals, der dieses Land je erschüttert hat, seinen Ehrenvorsitz abgeben musste: «Ihr werdet schon sehen, wer von uns übrig bleibt.»

Vielleicht spinnt Günther Krause ja doch nicht. Am Ende trifft Kohl sich tatsächlich unentwegt mit allen zu kurz Gekommenen und sonstwie Grämlichen in der CDU, um die Zukunft nach Angela Merkel zu planen. Mit einigen wird er sowieso noch das eine oder andere übel riechende Geheimnis im Keller liegen haben. Wahrscheinlich telefoniert er Tag für Tag mit der Energie und Kraft des rachsüchtigen alten Mannes, der 16 Jahre lang 16 Stunden am Tag die Partei bis in die letzten Untergliederungen manipuliert und nebenbei ja auch noch ein Land regiert hat.

Als Kohl gefragt wurde, warum er sich da in Berlin eingemischt habe, sagte er scheinbar empört, aber mit unverhohlener Freude über seinen gelungenen Coup wie ein aufsässiges Kind: «Ich habe damit doch überhaupt nichts zu tun.»

Wahrscheinlich hält Helmut Kohl also immer noch einen Teil der Macht, die Angela Merkel so spürbar fehlt. Und gibt sie niemals her. Kann nicht aufhören. Wird nie aufhören: Wir werden ja sehen, wer von uns übrig bleibt.

Vielleicht erklärt sich die jüngste Geschichte der CDU und damit auch die Geschichte der Parteivorsitzenden Angela Merkel doch noch etwas anders, als es auf der Oberfläche immer ausgesehen hat. Vielleicht hätte man Helmut Kohl nie vergessen dürfen. Vielleicht sitzt der tatsächlich wie eine dicke, giftige Spinne im längst schon wieder dichten Netz und spinnt die Fäden. Den Wolfgang Schäuble hat er schon. Dann wäre die Frage nur noch: Wann wird er Angela Merkel verspeisen?

Kohl hat sich nicht nur wie alle anderen eine Geschichte erfunden, die er am Ende für sein Leben hält. Bei ihm geht es um mehr: Er kämpft um seinen Platz in der Geschichte. Das objektive Bild der Geschichte ist die Summe der Lügen, auf die man sich dreißig Jahre später geeinigt haben wird. So hat es Napoleon gesagt.

Und Helmut Kohl kämpft seinen letzten Kampf um die Lügen. Er hat die Partei mit seiner Spendenpraxis an den Rand des Ruins gebracht. Er hat den treuesten und loyalsten Freund geopfert. Wahrscheinlich würde er sogar sich selber opfern und alles mit sich in den Orkus ziehen, wenn dafür sein Bild in der Geschichte nur wieder makellos würde, wenn er Rache nehmen könnte und wenn vor allem eines von ihm genommen würde: die entsetzliche Leere der Machtlosigkeit.

AUFSTEIGEN ODER ABSTÜRZEN

Damals, im November 2000, auf der Autobahn von Rostock zurück nach Berlin, war Zeit genug, um über die Schlagzeile vom Ex-Haus der Ex-Frau des Ex-Ministers nachzudenken. Darüber, warum einige so dramatisch abstürzen aus der Politik wie Günther Krause. Und warum andere so vollkommen unfähig sind, die Macht wieder herzugeben, wie Helmut Kohl.

Irgendwann sind sie alle ex. Der Wechsel gehört zum Wesen der Demokratie. Das haben sie schon in der Schule gelernt. Und doch steuert die Angst vor dem Machtverlust, die Unfähigkeit, mit einer der Grundregeln der Demokratie umzugehen, einen großen Teil ihres Handelns.

Eines demokratischen Tages wird es vorbei sein, kein Chauffeur mehr, keine Sekretärin, keine Kameras und Interviewanfragen, keine Schranzen und Speichellecker, die man wie Marionetten tanzen lassen kann. Nie mehr dieses Gefühl morgens beim Zeitunglesen, sofort zum Hörer greifen und dringend etwas anordnen zu müssen. Davor haben sie alle Angst. Das bringt noch die Intelligentesten zu unfassbaren Vermeidungs- und Abwehrstrategien.

Weil sie längst alle Berufspolitiker sind. Weil viele von ihnen nichts anderes als Politik gelernt haben. Weil einige jahrzehntelang nichts anderes als Machterhalt gemacht und gedacht haben. Macht ist eine heimtückische Droge. Und viele sind richtige Junkies geworden. Abhängig von der Droge Macht. Abhängig von der Politik. Politjunkies.

Wie Krause in Rostock, sitzt genau am entgegengesetzten Ende des Landes, ganz tief im Südwesten, Oskar Lafontaine. Sie nannten ihn den Napoleon von der Saar. Blitzgescheit, politikbegabt, zum Platzen selbstbewusst, erfolgreich und gerissen. Daheim verehrt wie eine Gottheit. *Die* Identifikationsfigur für die Linken in der SPD. Und dann läuft nicht alles ganz genau so, wie er sich das vorgestellt hat. Und er schmeißt hin, auch die Hoffnungen seiner Anhänger. Jetzt erklärt er Gerhard Schröder in der *BILD*-Zeitung, wie Regieren eigentlich geht.

Oder die anderen, die das Ende noch vor sich haben, die die Droge Macht mit den Deformationen der Telekratie gerade noch in der Balance halten. Joschka Fischer zum Beispiel. Joseph Fischer, wie die *FAZ* ihn immer schon nannte und wie er nun auch selber unbedingt genannt werden möchte, seitdem er Außenminister ist und Siegelring trägt. Der vor den Fernsehkameras den verlassenen Ehemann gab, als es ihm ins Kalkül passte. Der seinen Lauf zu sich selbst vermarktete. Und der es heute «zum Kotzen» findet, wenn die Medien über das Scheitern seiner neuen Ehe berichten. Als wüsste gerade er nicht, dass sie immer so dicht an einem Privatleben bleiben, wie man sie einmal freiwillig gelassen hat.

Oder Rudolf Scharping. Was für ein tatendurstiger, normaler Mensch ist der vor vielen Jahren als gerade gewählter junger SPD-Ministerpräsident gewesen. Die Füße auf dem Schreibtisch in der Staatskanzlei, in der schon Helmut Kohl regiert hatte. Frisches Obst auf dem Sideboard. Mozart in der Stereoanlage. Schon damals wirkte das alles ein bisschen wie hindekoriert für den Besuch einer überregionalen Zeitung. Aber dieser neue Ministerpräsident war doch ein in sich ruhender Mann, der Kompetenz ausstrahlte und Handlungswillen, der konkrete sachpolitische Ziele hatte, ein stabiles Zuhause, eine sympathische Frau, drei Töchter und aufrichtige Freunde aus allen Lebensbereichen.

Und heute? Wie ein Roboter läuft Scharping durch Berlin, als hätten sie ihm ein Valiumdepot ins Bewegungs- und Sprachzentrum implantiert. Und turtelt dann bei Biolek oder beim Staatsbesuch im Nahen Osten mit seiner neuen Liebe wie ein sehr schlechter Schauspieler, weil sein Medienberater ihm offenbar öffentliches Turteln nahe gelegt hat, um sein Roboterimage zu bekämpfen.

Ohne Show keine Aufmerksamkeit. Ohne Aufmerksamkeit keine Macht. Ohne Macht ist alles aus. Bedeutung geht vor Leistung. Und Bedeutung leitet sich daraus ab, wie oft einer in den Medien vorkommt. An Scharping konnte man besonders gut beobachten, was die Zwänge einer Ereignisdemokratie mit ihren Eliten anrichten. Rudolf Scharpings Körpersprache erzählt unentwegt vom elenden Zwang, ein Popstar sein zu müssen, obwohl man doch eigentlich nur die Welt verändern wollte.

Ende November 2000 hat Kurt Biedenkopf mir in der sächsischen Landesvertretung noch ausführlich erklärt, woher Helmut Kohls Unfähigkeit zum Loslassen kommt. Der Kohl habe ja von seinem 16. Lebensjahr an ein Leben geführt, das auf nichts anderes als auf die Eroberung von formalen Machtpositionen ausgerichtet war. Der müsse ja kaputtgehen ohne Macht.

Dann hatte Biedenkopf von seinem Vater erzählt. Der war Ingenieur und Vorstand eines Chemieunternehmens, mit Leib und Seele. Und als er mit 67 Jahren in Pension geschickt wurde, wäre er fast gestorben, weil er nicht wusste, was er mit seinem Leben anfangen sollte.

Biedenkopfs Vater hat die Kurve noch genommen und ist 97 Jahre alt geworden. Und der Sohn hatte ein für alle Mal kapiert, was das Klammern an Macht und Position bedeutet.

Sagte der Sohn damals, Ende November 2000.

Nur drei Monate später legte Kurt Biedenkopf in Dresden eine der erstaunlichsten Inszenierungen des alten Stückes hin: Von einem, der einfach nicht loslassen kann.

Obwohl auch in Sachsen noch nicht abschließend geklärt ist, welchen Anteil Helmut Kohls lange Strippen und ungestillte Rachegelüste hatten an dem Aufstand der Jungen gegen ihren König Kurt.

SPRUNGTUCH PROVINZ

Um zu begreifen, dass man die Macht sehr gut behalten kann, selbst wenn man den Vorsitz und alle anderen formalen Ämter längst abgegeben hat, braucht Angela Merkel keinen Helmut Kohl mehr.

Das praktiziert sie selbst: in Mecklenburg-Vorpommern.

1993 wurde sie Landesvorsitzende. Als nach ihrer Wahl die Gratulanten vorbeizogen, einer nach dem anderen, da hat sie jedem Einzelnen ins Ohr geflüstert: Und ruf mich unbedingt an, wenn etwas los ist.

Wenn seither etwas los ist in Mecklenburg-Vorpommern, dann rufen sie an, meistens alle Beteiligten, sodass Angela Merkel immer gleich alle Versionen aller wichtigen Ereignisse hat.

Als sie ihren Landesvorsitz aufgab, hat sie gesagt, sie werde dem Land die Treue halten. Sie nimmt, wann immer sie kann, an den Sitzungen des Landesvorstandes teil. Es passiert nichts in diesem Landesverband, ohne dass sie davon erfährt.

Wenn sie nach Grimmen anreist zu einem Kleinen Parteitag, dann stehen die Leute Schlange, um ihr Devotionalien und gute Wünsche zu überreichen. Erwachsene Parteifunktionäre kneten verlegen und unbeholfen ihre schwieligen Hände, wenn sie Angela Merkel sagen, dass sie sich von den Weicheiern in Berlin, für die sie in der Spendenaffäre ja immerhin die Kartoffeln aus dem Feuer geholt habe, mal nur nicht Bange machen lassen soll. «Vergessen Sie nie, dass wir hier alle hinter Ihnen stehen. Notfalls auch vor Ihnen.»

Alle in der Landespartei loben Merkels Einfachheit, ihre Natürlichkeit, dass sie nichts Gekünsteltes habe, nichts Verbogenes. Und vor allem, dass sie eine so große Ruhe ausstrahle.

Landrat Wolfhardt Molkentin, ein vierschrötiger Mann mit quadratischem Schädel, gerät richtig ins Schwärmen, wenn er von Angela Merkel erzählt. Er freut sich, wenn man ihm berichtet, dass sie von ihm immer als «mein Landrat» spricht. Und er hat im Schreibtisch eine Klarsichthülle mit Fotos: Ich und Angela.

Schaut er sich die Bilder ab und zu an?

Na klar.

In den Jahren nach der Wende standen die Leute Schlange vor Merkels Wahlkreisbüro in Stralsund, in einer kleinen Gasse neben der Bären-Apotheke. Sie standen auf der Straße, im Flur und im Treppenhaus, als ob sie auf ein Wunder warteten. Die sitzt in Bonn im Kabinett, die kann mir bestimmt helfen. Meistens ging es um Rente.

Merkels Krisenmanagement in der zerstrittenen Partei und in der ebenso zerstrittenen Großen Koalition ist im Land Mecklenburg-Vorpommern Legende. Sie hat alle Konflikte moderiert zwischen Mecklenburgern und Vorpommern, zwischen Block-CDUlern und Neumitgliedern, zwischen erstaunlich vielen Katholiken in der Landes-CDU, der Rosenkranz-Fraktion, den Evangelischen und den Ungläubigen, zwischen den schwierigen Insulanern und allen anderen.

Als die Große Koalition 1996 schon fast zerbrochen war, da ist sie einfach unangekündigt in die Sitzung der SPD-Fraktion gegangen, hat denen erklärt, dass die CDU auch eine Schmerzgrenze und einen Stolz habe, hat die Streithanseln wieder an einen Tisch gebracht. Und Harald Ringstorff ist dann wieder rein in die Koalition. Ihretwegen.

Sie verehren sie in Mecklenburg wie eine Heilige. Und man muss lange im Land unterwegs sein, bis man jemanden findet, der sich traut, auch mal ein schlechtes Wort über Angela Merkel zu sagen.

Sogar den politischen Aschermittwoch hat sie eingeführt in Mecklenburg-Vorpommern. Sie hat ja auch in mancher Rede gesagt, das Land solle das Bayern des Nordens werden. Für Aschermittwoch hat sie Staffenhagen ausgesucht. Da hat sich Pfanni angesiedelt und eine große Supermarktkette. Da ist Zukunft. Da gibt es Jobs. Da ist ja schon fast Bayern.

Und jetzt eben auch Aschermittwoch. Mit Bütt und Blaskapelle und Funkengarde. Merkel setzt dann sogar den Dreispitz auf mit Bimmeln und Glocken, obwohl sie findet, dass sie damit wie ein Kaninchen aussieht.

Und die Leute jubeln ihr zu. So wie sie einst Günther Krause zugejubelt haben, jubeln sie jetzt ihr zu. Sie wollen, dass eine aus ihrem Land ganz oben ist. Und wenn schon eine von ihnen ganz oben ist, dann wollen sie die auch unterstützen und stolz sein. In Mecklenburg hat sich vollzogen, was in der Bundes-CDU nicht funktioniert.

Angela Merkel passt nach Mecklenburg. Sie kann aussehen, wie die Leute dort aussehen. Ob sie eine Bäckerei besichtigt oder einen Bauernhof, sie geht da ganz ungekünstelt rein, passt sofort dahin und ist gut informiert. In ihrem Wahlkreis hat sie das ganze Spektrum: Orte mit der höchsten Arbeitslosigkeit in Deutschland und Orte, die mit westlichen Badeorten mithalten wollen und können. Auf ihrer Autogrammkarte steht: Merkels Hobbys sind Lesen, Wandern, Gartenarbeit.

Ach Gott, wie spießig, denken viele in Berlin.

Für die Menschen in Mecklenburg-Vorpommern wäre alles andere fremd und abstoßend: Fallschirmspringen wie Möllemann, Fliegen wie Gysi, Golfspielen wie die Spitzenkandidaten von CDU und SPD in Berlin.

Angela Merkel signalisiert: Ich bin eine von euch. Sie ist eine von ihnen, wenn auch eine ganz Besondere. Sie könnte die Tochter vom Apotheker sein, die Direktorin der Schule. Eine Kleinbürgerin, die nach oben gehört. So stellt sie ein politisches Milieu her, das Milieu der Provinz. Das macht sie wie Helmut Kohl. Und das garantiert Wählerstimmen.

In der mecklenburgischen CDU sitzen viele, die deswegen richtig froh sind, wenn Angela Merkel nicht Spitzenkandidatin im Bund wird. Dann wird sie es ja vielleicht in Mecklenburg-Vorpommern. Sie hätte sowohl eine wirkliche Chance, die Wahl zu gewinnen, als auch wieder eine Große Koalition mit der SPD hinzubekommen, erzählen die örtlichen Experten.

Interessant an diesen Überlegungen ist, dass Angela Merkel nominell ja gar nichts mehr ist in Mecklenburg-Vorpommern. Der Fraktionsvorsitzende heißt Eckhardt Rehberg, Steffie Schnoor ist Parteivorsitzende. Wenn Angela Merkel aber erklären würde, ich will es machen, wird es keine Diskussion geben. Das sagen alle.

Das große Problem für die Landes-CDU ist nur, dass Angela Merkel nichts erklärt. Der Wahltermin in Mecklenburg-Vorpommern fällt mit der Wahl im Bund zusammen. Wenn Angela Merkel sich aber wegen ihrer bundespolitischen Optionen erst spät entscheidet, vielleicht tatsächlich erst im Frühjahr 2002, dann bleibt der CDU in Mecklenburg-Vorpommern keine Zeit mehr, einen anderen Spitzenkandidaten richtig aufzubauen. Keiner in der Landespartei mag das offen kritisieren. Man muss schon sehr genau hinhören, das Tonbandgerät ausschalten und sogar den Kugelschreiber wegstecken, um überhaupt ein leises Murren wahrzunehmen.

Wenn man Angela Merkel nach Mecklenburg-Vorpommern fragt, behauptet sie, das Offenhalten der Kandidatur dort habe nichts mit ihren bundespolitischen Ambitionen, sondern nur damit zu tun, «dass die Alternativen noch nicht abschließend erforscht sind».

Dann sagt sie allerdings: «Das wird in Mecklenburg genau

zu dem Zeitpunkt beantwortet, wenn es auch im Bund beantwortet wird.»

Genau genommen ordnet sie also die Wahlchancen der CDU in Mecklenburg-Vorpommern ihren persönlichen machtstrategischen Überlegungen unter. Wie Kohl das gemacht hätte. Und niemand in Schwerin tut was dagegen. Merkel hat die Macht. Sie ist der Boss. In Mecklenburg-Vorpommern jedenfalls.

Wenn man im Sommer 2001 aus Schwerin zurückkommt nach Berlin und wieder einmal sieht, wie Angela Merkel müde und genervt in das gnadenlose Licht der Scheinwerfer tritt, um müde und genervt zu behaupten, dass sie sich bei der Entscheidung des Berliner Landesverbandes für Frank Steffel und gegen Wolfgang Schäuble schon auch irgendwie durchgesetzt habe, sieht sie gar nicht wie der Boss aus. Nicht wie eine, die die Macht hat. Eher wie ein Junkie.

Schon 1991 erkannte Angela Merkel an sich gewisse Entzugserscheinungen. Wenn sie nur mal drei Wochen Urlaub habe, spüre sie das schon nach zwei Tagen.

1989 im Gespräch mit Herlinde Koelbl hatte sie noch gesagt: «Ich möchte irgendwann den richtigen Zeitpunkt für den Ausstieg aus der Politik finden. Das ist viel schwerer, als ich mir das früher immer vorgestellt habe. Aber ich will kein halb totes Wrack sein, wenn ich aus der Politik aussteige.»

Sie glaubt allerdings, dass Frauen leichter aussteigen als Männer. Es gibt doch viele Beispiele von Frauen, die von heute auf morgen die Politik hingeschmissen haben, sagt sie.

«Wahrscheinlich fällt es ihnen leichter als den Männern, weil sie auch während ihrer Zeit als Politikerinnen einen größeren Zug zum praktischen Leben spüren. Die haben nicht so viel Angst.»

Stimmt: Süssmuth, Hildebrandt, Birthler und Hamm-Brücher sind gute Beispiele für Frauen ohne die ganz große Angst vor dem Entzug. Allerdings tragen ihre Bücher dann immer so resignative Titel wie «Wer nicht kämpft, hat schon verloren» oder «Wer sich nicht bewegt, hat schon verloren».

Angela Merkel kämpft. Sie bewegt sich. Sie hält sich alle Optionen offen. Sie hat das Spiel mit der Macht verstanden. Sie hat auch noch nicht verloren. Aber an manchen Tagen des Sommers 2001 schien die Frage schon gar nicht mehr zu sein, was das Mädchen mit der Macht, sondern nur noch, was die Macht mit dem Mädchen gemacht hat.

Achtes Kapitel
KAMPF UM DIE MITTE

DIE KONSENSFALLE

Sie weiß, dass sie es besser machen muss als alle anderen. Und manchmal macht sie es gerade deswegen schlechter. Auch, weil es schon ein anderer besser macht. Viel besser. Das ist die Ausgangssituation. Das ist die Grundsituation zwischen Angela Merkel und Gerhard Schröder.

Bei der großen Staatsdemonstration gegen rechts am 9. November des Jahres 2000 in Berlin war das wie unter einem Vergrößerungsglas zu besichtigen. Erst haben einige, die unten standen, noch gedacht: Die Merkel hat es wirklich raus. Sieh mal an, wie pfiffig die begriffen hat, dass man auf einer Bühne, wie im Leben ja auch, nicht unbedingt so stehen bleiben muss, wie man angekommen ist oder wie man von freundlichen Sozialdemokraten platziert wurde: in der dritten Reihe hinten. Man kann auch unauffällig noch ein Stück zurück auf die andere Seite gehen und dort plötzlich ganz vorne auftauchen, in der ersten Reihe neben dem Redner, schön ausgeleuchtet und im Blickfeld der Kameras, wo man hingehört.

Dann war genau das der Fehler. Jetzt stand Angela Merkel da, ganz vorne in der ersten Reihe im Blickfeld der Kameras, schön ausgeleuchtet neben Paul Spiegel, dem Vorsitzenden des Zentralrats der Juden. Und die Fernsehnation konnte sich in Großaufnahme anschauen, wie sie reagierte. Während Edmund Stoiber vorsichtshalber lieber gleich in der zweiten Reihe und in der Deckung geblieben war. So konnte keiner sehen oder gar ausleuchten, ob der nun klatschte oder nicht und was für ein Gesicht er machte, als Paul Spiegel sagte, was zu sagen war.

Anfangs hat Angela Merkel noch an Stellen geklatscht, an denen sie als CDU-Frau eigentlich nicht unbedingt hätte klatschen müssen. Nachher hat sie dann gar nicht mehr geklatscht. Nachher hatte sie Mühe, ihr Pokerface im Scheinwerferlicht unter Kontrolle zu halten. Paul Spiegel ließ sich durch ihre physische Nähe nicht davon abhalten zu sagen, was er sich vorgenommen hatte: «Was soll das Gerede um die Leitkultur? Ist es etwa deutsche Leitkultur, Fremde zu jagen, Synagogen anzuzünden, Obdachlose zu töten? Meine Damen und Herren Politiker. Überlegen Sie, was Sie sagen, und hören Sie auf, verbal zu zündeln.»

Die Demonstration vom 9. November war ein Klassiker des Systems Schröder, ein Meisterstück im Darstellen von Führung, im Organisieren von Konsens und im Kaltstellen der Opposition.

An die Bürger des Landes erging die seltsame Aufforderung, mit ihrer eigenen Regierung zu demonstrieren. Der Bürger in einer Demokratie geht ja eigentlich auf die Straße, wenn er von seiner Regierung etwas will, wenn er zum Beispiel Transparente in die Kameras halten möchte, auf denen *Ökosteuer weg* steht. Eine Demonstration der Berliner Bürger am 9. November 2000 hätte nach den vielen Übergriffen Rechtsradikaler, denen die Regierung mehr oder weniger ideen- und tatenlos zugeschaut hatte, auch sehr gut gepasst. Man hätte auf die Transparente schreiben können: *Schröder, hören Sie auf zu reden. Tun Sie endlich was gegen rechts.* Oder: *Wo bleibt das Gewaltmonopol des Staates?*

Wenn eine Regierung aber genau das, was man auf Transparenten fordern könnte, gerade nicht tut und stattdessen unter dem lächerlichen Motto «Wir sind nicht allein» die Bürger zu einer Demo gegen rechts hinter sich versammelt, dann ist das eine telegene Ersatzhandlung. Eine Ersatzhandlung, die raffiniert zur kollektiven Entlastungsorgie erhoben wurde. Der Gipfel symbolischer Scheinpolitik.

An die Opposition war es das schnöde Angebot: Schach oder gleich Matt. Entweder ihr macht mit und hört euch an, was Spiegel zu sagen hat. Oder ihr macht nicht mit. Dann seid ihr erkennbar nicht gegen rechts. Damit stellt ihr euch selber an den rechten Rand, wo wir euch sowieso haben wollen, damit ihr keine Mehrheiten mehr bekommt in diesem Land.

Nichts Effektives gegen rechtsradikale Jugendkultur und Gewalt unternehmen, gleichzeitig aber das Land im pathetischen Akt einer Staatsdemonstration zu einen und nebenbei auch noch die Opposition in eine Entscheidungssituation zu bringen, in der sie nur verlieren kann, das ist etwas für die virtuosen Spieler der Ereignisdemokratie. Da klopfen sich die Spin-Doctors des Konsenskanzlers auf die Schenkel vor Vergnügen. Und die anderen stehen da wie die Anfänger.

Angela Merkel hat mit ihren Vertrauten in der CDU-Zentrale lange und gründlich nachgedacht, was zu tun sei. Es war eine Entscheidung zwischen Skylla und Charybdis. So ist es in der Teledemokratie oft, weil ja nur noch die ganz schlichten Botschaften übermittelbar sind: Die CDU macht mit, oder sie macht nicht mit. Angela Merkel hat bei diesen Beratungen ihren Mitarbeitern von den Erster-Mai-Demos in der DDR erzählt. Das waren auch Staatsdemonstrationen, denen man sich fast nicht entziehen konnte. Außerdem gab es zehn Mark, wenn man teilnahm. Sie hat sich aber trotzdem gedrückt, wann immer es ging, hat stattdessen lieber beim Tellerabwasch geholfen im Rathaus Köpenick oder – ganz listig – einen Rechnertag eingelegt am Institutscomputer. So ein Staatsrechner musste ja schließlich ausgelastet bleiben zum Wohle des Sozialismus.

Dass sie jetzt, als CDU-Vorsitzende in einer freien, parlamentarischen Demokratie, noch einmal genötigt werden sollte, an so etwas teilzunehmen, an einer vom Staat angesetzten und organisierten Demonstration, war ihr zuwider.

Aber es ging gegen rechts. Wenn sie nicht hingegangen wäre, hätte es geheißen, die Leitkultur-CDU unter Angela Merkel ist nicht gegen Rechtsradikale. Die hat sich aus dem Konsens der Demokraten verabschiedet. Teller abwaschen oder Rechnertag einlegen ging sowieso nicht. Also hingehen, mitfinanzieren sogar, Zähne zusammenbeißen und Ohrfeige abholen. Wie Stoiber das auch tat. Nur in die erste Reihe hätte sie sich eben nicht unbedingt stellen müssen. Wenn es ein System Schröder gibt, dann war es an diesem 9. November zu besichtigen und auch, wie unheimlich gut es funktioniert. Alle haben mitgemacht. Alle waren gut gelaunt. Vor Begeisterung über den allgemeinen Konsens gegen rechts nahm kaum jemand Anstoß an den demokratietheoretischen Problemen so einer Staatsdemo.

Schröders Berater haben sich die Konsensstrategie von Bill Clinton abgeguckt. Der hatte vorgedacht und vorgemacht, mit wie viel Erfolg man Politik im postideologischen Zeitalter unter einem griffigen Schlagwort wie «Third Way» als alternativlose Pragmatik jenseits aller Ideologien präsentieren kann. «Dritter Weg», das ging in Deutschland zwar nicht, war ja als Vokabel schon etwas verbraucht. So wurde die «neue Mitte» erfunden: Wo wir sind, ist die neue Mitte der Gesellschaft. Neue Mitte bedeutet per Deklaration Konsens der Vernünftigen, bedeutet Pragmatik, Interessenausgleich, das Beste für unser Land. Bedeutet: Wer uns kritisiert oder bei unseren Vorhaben nicht mitmacht, begibt sich außerhalb dieses Konsenses, stellt sich also automatisch an den Rand. Wer gegen unsere Lösungsansätze argumentiert, ist verdächtig, sich nur profilieren zu wollen und dafür das Gemeinwohl hintanzustellen.

Nach dem Fall der Mauer und den ersten taumelnden Orientierungsjahren ins postideologische Zeitalter war es offenbar ganz einfach, einst Rechte und vor allem einst Linke mit dem einigermaßen vordemokratischen Ansatz einzulullen, es gebe von nun an in der globalisierten, ideologiefreien Welt nur noch die eine vernünftige pragmatische Lösung für ein Problem, die man nur erkennen und durchsetzen müsse. Und zu dieser einen

Lösung gibt es selbstverständlich keine Alternativen, schon gar keine konkurrierenden Gesellschaftsmodelle, keine rechte oder linke Politik, nur die richtige.

Interessanterweise konnte die rot-grüne Koalition so den Konsens gerade über die Vorhaben herstellen, die sie als Opposition verhindert oder blockiert hatte: Renten, Steuern, Gesundheit. Die meisten Spitzenbeamten, auch die Schlüsselstaatssekretäre im Verteidigungsministerium, im Arbeitsministerium und im Finanzministerium, wurden mit ihren Konzepten beim Regierungswechsel einfach übernommen. Schröders Wahlversprechen hatte ja auch geheißen: Nicht alles anders, nur vieles besser machen.

Solange es funktioniert, und in Deutschland funktionierte es nach dem holprigen Anfangsjahr der Schröder-Regierung wie geschmiert, konnten alle unbequemen Themen für «zu wichtig» oder «zu sensibel» erklärt werden, als dass sie zum Gegenstand politischer Auseinandersetzungen werden durften. Wer gegen den Einsatz im Kosovo war, schadete dem Ansehen des Landes in seiner neuen internationalen Rolle. Auch wer nur noch ein paar Fragen hatte, bevor deutsche Soldaten zum ersten Mal wieder in den Krieg zogen, stand schon da als einer, der nichts kapiert hat und der dem Land aus altmodischen ideologischen Erwägungen heraus schadet.

Schröder hatte bereits als Ministerpräsident und damals noch zum Ärger seiner Partei gesagt, es gebe doch gar keine rechte oder linke Wirtschaftspolitik, nur die richtige. Da jaulten die Linken in der SPD noch auf. Das war übrigens ungefähr zu der Zeit, als eine unbekannte, junge Physikerin im damals noch anderen Teil Deutschlands für den *Demokratischen Aufbruch* genau dasselbe sagte: Wir sind nicht rechts, wir sind nicht links, wir sind vorn.

Jetzt gibt es keine Linken mehr in der SPD. Jedenfalls keine, die man jaulen hören könnte. Jetzt gibt es nur noch nationalen Konsens. Jetzt bewundern sie Gerhard Schröder, wenn er

Richard von Weizsäcker zum Chef der Kommission für die zukünftige Wehrstruktur ernennt oder Otto Graf Lambsdorff als Unterhändler für das Abkommen zur Entschädigung ehemaliger Zwangsarbeiter bestimmt.

Burkhard Hirsch als Ermittler der dubiosen Aktenvernichtung der Kohl-Administration, Rita Süssmuth an die Spitze der Einwanderungskommission, Lothar Späth in den «Nationalen Ethikrat»: Schröder lässt sich den Konsens von leitenden Figuren der Opposition organisieren. Damit demonstriert er Führung. Er reklamiert die Mitte: Wo ich bin, ist so sehr die Mitte, dass die Vernünftigen der anderen Seite mitmachen können. Und weil er sich jeweils die Antipoden der alten Kohl-Regierung heraussucht, führt er zugleich die neue CDU als ideologisch, altmodisch und rechts vor. Vor allem, wenn sie dagegenhält. Und sie haben natürlich wie die Pawlow'schen Hunde dagegen gehalten. Bis sie kapiert hatten, was gespielt wird. Und das hat lange gedauert.

Als Rita Süssmuth die Leitung der Einwanderungskommission annahm, strich der zornige Friedrich Merz sie sogar von der Rednerliste zur OSZE-Debatte. Guido Westerwelle bot ihr daraufhin scherzhaft politisches Asyl an. Da grölten die Herren aus der CDU-Fraktion tatsächlich: «Ihr könnt sie haben.» Eine peinliche Szene. Und ein zufriedener Konsenskanzler, der hinter den Kulissen die Angelegenheit noch weiter anheizen ließ, indem seine Mitarbeiter ausgewählten Journalisten zuraunten: Eine schöne Stinkbombe haben wir da geworfen.

Angela Merkel, die bei Helmut Kohl gelernt und mit Wolfgang Schäuble die Gründe für die Wahlniederlage der CDU analysiert hat, sagte damals schon: «Wenn wir die Mitte preisgeben und auf andere Felder ausweichen, dann hat Schröder uns in der Ecke, in der er uns haben will. Und in dieser Ecke sind keine Mehrheiten zu holen.»

Friedrich Merz, Roland Koch und der Edmund Stoiber, der noch nicht über eine Kanzlerkandidatur nachdachte, waren nach der Kränkung durch den Machtverlust der Union aber ganz anderer Meinung: Opposition muss doch Draufhauen sein. Krawall. Blockade. Neinsagen. Jedem Muckser der Regierenden sofort einen überziehen. Blockieren im Bundesrat können wir mindestens so toll wie Lafontaine. Also schenkte Edmund Stoiber Angela Merkel nach ihrer Wahl zur Parteivorsitzenden ein paar rote Boxhandschuhe.

Bei den eigenen Leuten, in der Fraktion vor allem, und auch in den Springer-Zeitungen, haben sie immer sehr viel Applaus für dieses Oppositionskonzept bekommen. Und da sie sich offenbar vor allem im eigenen Milieu aufhalten, merkten sie lange nicht: Bei den Bürgern kommt das nicht so gut an. Die Union hat die Bundestagswahl 1998 in der Mitte verloren, nicht am rechten Rand. Und die vier Millionen Wähler, die der Union 1998 untreu wurden, sind durch Fundamentalopposition nicht wieder zurückzugewinnen. Die Mehrheit der Wähler im postideologisch diversifizierten Zeitalter will Konsens. Konsens und Führung. Und erstaunliche 70 Prozent der Deutschen wünschen sich von der Opposition inzwischen vor allem eines: dass sie gut mit der Regierung zusammenarbeitet. Am liebsten hätten sie eine große Koalition gehabt.

So wurden die Hardliner in der CDU Gefangene ihrer eigenen Konfrontationsrhetorik. Sie wollten durch Draufhauen der Konsensfalle ausweichen, dadurch schnappte die erst recht zu.

Angela Merkel dagegen war und ist überzeugt, dass der Weg zurück an die Macht nur über den Verschleiß der jetzigen Regierung, über langfristigen Kompetenzgewinn zu einzelnen Sachthemen und dann, irgendwann über ein besseres, moderneres und sympathischeres Personalangebot führen kann. Angela Merkels Politikbild war und ist, dass CDU und SPD immer schon um die Mitte gebuhlt haben: «Deshalb hat die SPD mit ihrem Godesberger Programm die soziale Marktwirtschaft akzeptieren müssen. Und Schröder hat gesiegt, weil er – 1998 besser als die CDU – die Mitte davon überzeugte, er stehe für die Zukunft. Auch die CDU wird nur über die Mitte gewinnen können.»

Eine Mehrheit für die Union lässt sich ihrer Ansicht nach nicht aus der Wagenburg zurückgewinnen. Und Lafontaines Blockadepolitik lässt sich schon gar nicht erfolgreich wiederholen. Nicht am Anfang einer Oppositionszeit. Erst wenn einmal Götterdämmerung sein sollte bei der Schröder-Regierung. Sie hat von Anfang an gegen diesen Rückzug in die Wagenburg plädiert. Sie hat es nur, wie so vieles, nicht entschieden genug getan. Jedenfalls hat sie sich nicht durchgesetzt.

Merz ist bis heute anderer Meinung. Und Stoiber ist so richtig erst nach der Wahl in England umgeschwenkt, als klar wurde, von rechts geht gar nichts gegen den Dritten Weg. Boxhandschuhe würde er Angela Merkel inzwischen nicht mehr schenken, und wenn, dann schwarze zum Draufhauen im eigenen Laden.

Anders als Merz und Stoiber hat Angela Merkel dann versucht, die Tabus aufzubrechen, die der Konsenskanzler aufgestellt hatte, um seine neue Mitte zwischen ihnen abzusichern. Manchmal gelang ihr das. Wenn sie sagte: Warum sollen wir nicht über Europa reden? Warum nicht über Ausländer? Warum nicht über nationale Identität? Ich lasse mir doch von dem Herrn Bundeskanzler nicht vorschreiben, über was wir diskutieren. Was heißt, das habt ihr in diesem Land zu Ende diskutiert? Jetzt diskutieren wir es eben nochmal.

Manchmal sieht dieser Wettlauf um die neue Mitte auch wie ein lächerliches Hase-und-Igel-Spiel aus. Wenn Merkel sagt: «Wir sind aber schon immer in der Mitte gewesen.»

Und Schröder antwortet: «Jetzt sind aber wir die Mitte.»

Müntefering schreibt in regelmäßigen Abständen Artikel in der *Frankfurter Rundschau*: Warum für die CDU in der Mitte kein Platz mehr ist. Und Merkel spielt in den Briefen an die CDU-Mitglieder und im Internet die trotzige Gebetsmühle: «Es gibt gar keine neue Mitte. Sondern nur die Mitte. Und das sind wir. Wir sind die einzige Volkspartei der Mitte in Deutschland.»

Das sieht wie überflüssiges Insidergeplänkel aus. Ist aber viel mehr. Es ist auch egal, ob man es bei Rohrmoser gelesen hat oder gleich bei Gramsci, ob es einem von Heiner Geißler erklärt worden ist oder von Peter Glotz: Wer die Begriffe besetzt, besetzt die Macht. Definitionshoheit bereitet Machthoheit vor.

Als George W. Bush dann zur Beunruhigung der linken Regierungen in Europa vorführte, dass man die Mitte auch wieder zurückgewinnen kann, wenn man dem reinen politischen Pragmatismus so etwas wie eine Werteorientierung hinzufügt, übersetzte Angela Merkel diesen «compassionate conservatism» in ihr Wir-Gesellschaft-Konzept, in eine moderne Marktwirtschaft, die dem Subsidiaritätsprinzip verpflichtet ist und die den Weg zu ihren pragmatischen Handlungen mit einem christlich-abendländischen Wertekompass sucht und findet.

Die Strategen in der SPD erkannten die Gefahr, die in diesem Ansatz liegt, schneller, als Angela Merkel in der eigenen Partei verstanden wurde. Sie erfanden deswegen das Projekt Wärmestrom. Sie reden nicht viel darüber, achten inzwischen aber bei allen Unternehmungen und Gesetzesvorlagen darauf, dass nicht nur nackter Pragmatismus, sondern auch ein bisschen sozialdemokratische Wärme mittransportiert wird. Und Schröder scheint plötzlich wieder zu wissen, was er an einem sozialdemokratischen Bundespräsidenten wie Johannes Rau und an einem Anwalt des Ostens wie Wolfgang Thierse hat.

Und so ist Schröder im Wettlauf um die Mitte immer der Igel, ist immer längst schon da. Das wird auch so bleiben. Jedenfalls, solange es Angela Merkel nicht gelingt, wenigstens ihrer eigenen Partei deutlich zu machen, was sie mit ihrer Wir-Gesellschaft und ihrem Wertekompass eigentlich will.

Vor jede ernsthafte Konfrontation mit dem Konsenskanzler aber hatten die Götter ohnehin die Auseinandersetzung mit dem Ex-Kanzler gesetzt. Die neue Führung der CDU kämpft seit der Wahlniederlage von 1998 genau genommen gegen zwei Systeme: das System Schröder und das System Kohl. Seitdem Angela Merkel die Parteiführung von Wolfgang Schäuble übernommen hat, geht es möglicherweise auch noch gegen ein drittes System: gegen die systematische Unfähigkeit in diesem Land, mit weiblicher Führung umzugehen.

Der Zwei-Fronten-Kampf begann gleich nach der Wahlniederlage. Und zunächst ist es Wolfgang Schäubles Kampf gewesen. Helmut Kohl gab noch am Wahlabend alle Ämter zurück, erstaunlich gefasst und ohne zu lamentieren, wie es sich in einer Demokratie nach einer solchen Niederlage gehört. Dann zog er in das bescheidene, kleine Abgeordnetenzimmer mit der Nummer SO3, in dem vorher der Abgeordnete Alfred Dregger gearbeitet hatte. Da gab es gerade mal Platz für einen großen Mann, eine Sitzecke und einen Schreibtisch, nicht aber für ein riesiges Aquarium und für die Münz- und Elefantensammlung des Helmut Kohl.

Von außen konnte man erst am Morgen der ersten Sitzung des neuen Bundestages ahnen, dass da möglicherweise doch noch etwas schief lief mit der Machtübergabe in der CDU. Helmut Kohl erschien an diesem Morgen schon um 8:55 Uhr im Plenarsaal. Und er setzte sich neben den Platz von Wolfgang Schäuble. Da sollte aber eigentlich der Parlamentarische Geschäftsführer sitzen.

Meine Güte, wie peinlich, dachte man sich da als Beobachter, haben die gar nicht besprochen, wo der Kohl sitzen soll? Und ahnte noch nicht, dass sie gar nichts besprochen hatten, nicht, wo Kohl in Zukunft sitzen sollte, und auch nicht, was seine zukünftige Funktion und Rolle sein könnte. Schäuble und

Kohl redeten ja überhaupt nicht mehr viel miteinander. Vorher schon nicht. Und jetzt erst recht nicht.

Es war wie eine Vorwegnahme von allem, was dann kommen sollte. Wie der Wahlverlierer Kohl da in seinem Kampf um die erste Reihe lamentierte: Helmut Schmidt habe doch auch immer ganz vorne gesessen, als er nicht mehr Kanzler war. Das könne man doch mit ihm nicht machen. Mit ihm nicht. Wie sie dann alle nickten, aber nichts ändern konnten. Das Problem war: Es gab da im Bonner Bundestag in der ersten Reihe für die Union nur noch vier Plätze. Die Fraktion war ja nach der Wahl nicht mehr ganz so riesig wie vor der Wahl. Also haben sie Helmut Kohl in die zweite Reihe zurückbefördert. Und wer das alles beobachtet hatte, konnte schon damals auf die Idee kommen: Das wird aber nicht gut gehen.

Es ist nicht gut gegangen. Schon bald verstanden alle, wie Kohl sich die neue Zeit vorstellte: Ich nenne mich jetzt Ehrenvorsitzender. Aber ich mache genauso weiter. Das kleine Büro des Abgeordneten Dregger wurde zu einer Art Checkpoint Helmut, es lag ja nur wenige Meter vom Plenarsaal und vom Bundestagsrestaurant entfernt. Alle mussten immer da vorbei, wo Helmut Kohl mit den Resten seines Hofstaates saß und seine gefürchteten Monologe hielt. Und Kohl konnte durch sein Fenster genau beobachten, wer wann mit wem wohin geht. Vor den Parteisitzungen hat er sich dann die Mitglieder des Bundesvorstandes in sein Büro bestellt, hat sie vergattert und eingeschworen. Wie früher. Wie immer.

Die Freunde Kohls erklärten einem damals: Was soll er denn anderes machen? Er kann doch nicht aufhören. Er hat keine Hobbys. Er treibt keinen Sport. Er reist nicht gerne, wenn er selber bezahlen muss. Die Kinder sind aus dem Haus. Was soll er denn tun?

Er konnte verhindern, dass der Neuanfang in der CDU gelang. Er konnte verhindern, dass die Union über die Gründe für die Wahlniederlage auch nur debattierte. Da ein Grund für die

Niederlage ja womöglich er, der Kandidat, gewesen war, beschloss er, noch einmal etwas im Wortsinn auszusitzen. Er saß dann also in allen Sitzungen aller Gremien. Er sagte nie etwas. Aber er kommentierte alles durch sein Mienenspiel.

«Er sitzt da und sitzt und schweigt. Aber er schweigt nur verbal. Er schüttelt den Kopf, oder er nickt. Er lacht oder greint. Es ist schwer zu ertragen», erzählte mir damals ein Vorstandsmitglied.

Und einer aus der Fraktion berichtete: «Kohl sitzt da und geht allen auf den Geist. Sitzt da als Kommentar und stört. Sitzt da als die Fleisch gewordene Frage: War was?»

Wolfgang Schäuble hatte den ehrgeizigen Plan, die nach 25 Kohl-Jahren entmündigte und traditionsversessene Partei schnell wieder fit zu machen für das 21. Jahrhundert und für die ungewohnte Rolle in der Opposition. Sie mussten ja alle erst einmal begreifen, was Opposition bedeutet, dass es da um mehr geht als um das Abnicken der Kanzlervorschläge, dass man da seine Papiere und Vorlagen womöglich selbst erarbeiten muss, weil man nicht mehr auf den Sachverstand in den Ministerien zurückgreifen kann.

Eine möglichst genaue Analyse der Gründe für die Wahlniederlage wäre hilfreich gewesen für den Neubeginn. War es zu viel Sozialpolitik? War es zu wenig? War es zu viel Wirtschaftsorientierung und Reform? War es zu wenig Rücksicht auf die Menschen? Und vor allem: Welchen Anteil hatte Helmut Kohl, der Spitzenkandidat? Welche Chance hätten wir mit einem anderen gehabt?

Diese Analyse hat nie stattgefunden. Es ging einfach nicht, wenn Kohl dabei war. Und er war immer dabei. Also wurde nicht diskutiert. Also bildeten sich zu allen diesen Fragen zwei unmoderierte Lager. Darunter leidet die Partei noch heute.

Auch Peter Hintze war nach der Wahlniederlage zäh. Er wies sogar darauf hin, dass er bis zum Jahr 2000 als Generalsekretär gewählt sei. Schäuble aber wollte einen richtigen Neuanfang. Er wollte die bisherige Umweltministerin. Er hatte Angela Merkel beobachtet, ihren politischen Instinkt, ihren Machtwillen. Er sagt: «Sie hat eine sehr rasche Auffassungsgabe. Sie ist auch sehr gebildet. Sie ist wirklich eine hochintelligente, sehr kluge Frau. Außerdem hat sie diesen interessanten spieltheoretischen Zugang zur Politik: Geht es nicht so, probiere ich es eben anders. Sie hat, was viele immer noch nicht verstanden haben, wahnsinnig viele und gute Kontakte in die Partei. Sie beherrscht den Umgang mit dem Telefon. Und vor allem steht sie für einen ganz anderen Stil der Kommunikation.»

Dass er sie zur Generalsekretärin machte, zählt Schäuble «zu den besten Entscheidungen meiner Amtszeit». Und noch im Januar 2001 sagte er: «Wenn ich der Schröder wäre, würde ich die Merkel mehr fürchten als jeden anderen.»

Weil Schäuble nur höchstes Lob für Angela Merkel hatte, habe ich ihn im Januar 2001 auch noch gefragt, woran sie seiner Meinung nach mehr interessiert ist, an dem Spiel Politik, an der reinen Macht also, oder daran, irgendetwas, wovon sie wirklich überzeugt ist, politisch umzusetzen?

Die Antwort war eine Frage: «Darf ich zwei Kreuze machen? Nein?

Also, wenn nur eine Antwort gilt, dann würde ich sagen: Sie ist mehr interessiert an der Macht.»

Und ist das eine gute Voraussetzung, um heute Politik zu machen?

Da sagte Wolfgang Schäuble: «Vermutlich schon.»

Als zum ersten Mal in der Geschichte der CDU eine Frau Generalsekretärin wurde, als sie Angela Merkel am 7. November 1998 mit 93 Prozent der Delegiertenstimmen gewählt hatten, zitierte sie in ihrer Antrittsrede Hermann Hesse: «Jedem Anfang wohnt ein Zauber inne.»

Es war ein bleierner Zauber.

Sie hat nie öffentlich darüber gesprochen, aber man konnte

239

sehen und spüren, wie Helmut Kohl ihr auf die Nerven ging. Dieses Nicht-loslassen-Können, das ältliche, selbstgefällige Männergedröhn, die ewigen immergleichen Monologe, die Dauerpräsenz in den Gremien.

Eine, die schon einmal eine scheinbar ewige Herrschaft hat enden sehen, erkennt offenbar früher und schärfer als andere, wann eine Ära zu Ende ist, wann ein Denkmal bröckelt, wann Schluss sein muss. Kaum war sie Generalsekretärin, entließ sie den noch von Kohl berufenen Parteigeschäftsführer und holte sich ihren früheren Staatssekretär Willi Hausmann ins Adenauer-Haus. Drei von vier Haupabteilungsleiterstellen besetzte sie neu. Sie verweigerte Helmut Kohl die von ihm als selbstverständlich vorausgesetzte VIP-Behandlung bei Wahlkampfauftritten. Eine eigene Lautsprecheranlage brauche er wie alle anderen nicht.

Sie suchte eine neue Werbeagentur für die CDU. Dann drehte sie Kohls Wahlkampfslogan um, nicht mehr «Sicherheit statt Risiko», sondern «Risiko statt Sicherheit». Und in das Thesenpapier zur deutschen Einheit schrieb sie «Blühende Landschaften sind nicht alles». Es gehe jetzt darum, «die Wirklichkeit wieder in uns aufzunehmen».

Als einige Kohl-Getreue meinten, so könne man mit dem Ehrenvorsitzenden doch nicht umgehen, sagte Merkel im Bundesvorstand, sie habe acht Jahre als Bundesministerin für und mit Kohl gearbeitet und brauche keine Belehrungen über dessen Verdienste.

Man spürte, sie traute sich mehr als Schäuble, schon damals. Damals dachte man, nun gut, das wird die perfekte Rollenverteilung sein zwischen dem Parteivorsitzenden, der nun einmal moderieren und die Ränder beieinander halten muss, und der Generalsekretärin, die angreifen und austeilen darf.

Es ist aber natürlich auch eine persönliche Geschichte zwischen Kohl und Merkel. Eine Geschichte, die schwer zu entschlüsseln ist. Vor allem, weil beide nicht übereinander reden.

Jedenfalls nicht öffentlich. Es ist möglicherweise eine Geschichte enttäuschter Zuneigung. Erst war sie enttäuscht, dass der große, von ihr bewunderte Helmut Kohl nicht die Größe hatte, rechtzeitig aufzuhören und so für seine Partei und seinen Nachfolger die Weichen in die Zukunft zu stellen. Dann war er enttäuscht, weil er ihre Enttäuschung spürte und als Undankbarkeit interpretierte.

«Zwei Endpunkte einer Diagonalen», so hatte Angela Merkel ein paar Jahre zuvor sich und Kohl beschrieben: «Hier die im politischen Geschäft noch Neue, dort der erfahrene Staatsmann; der Kanzler aus dem Südwesten unseres Landes, ich aus dem Nordosten; der eine katholisch geprägt, die andere im evangelischen Pfarrhaus aufgewachsen; er in ungebrochener Kontinuität der Gründergeneration Konrad Adenauers, ich dagegen mit 35 Jahren gelebter Sozialismus-Erfahrung in der DDR; hier eine Frau, die einer Generation angehört, die nur ein geteiltes Land gekannt hat, dort ein Mann, der die Schrecken des Krieges noch selbst erfahren musste.»

Kohl gehört noch zu den Politikern, die ihren Entschluss, in die Politik zu gehen, mit diesem *Nie wieder* begründeten. Und jetzt gab es da diese junge Frau aus dem Osten, die mit einem ähnlichen *Nie-wieder*-Impetus antrat. Darin waren sie verwandt. Das verband den alten Mann mit der jungen Frau, die seine Entdeckung, sein Geschöpf gewesen war.

Angela Merkel hat Helmut Kohl aufrichtig bewundert, doch daraus ist offenbar nie dieser in der CDU so verbreitete Kadavergehorsam geworden. Sie verdankte ihm fast alles. Aber nicht schon seit einer Ewigkeit, wie die anderen. Das machte sie unabhängiger als alle anderen in der CDU, die jahrzehntelang die Assistenten und Kofferträger im Kohl'schen System gewesen waren.

Schon 1991 riskierte sie Krach mit Kohl. Da war sie gerade erst seine Stellvertreterin geworden und machte gleich mit anderen CDU-Ostlern mehr Dampf für die neuen Bundesländer, als Kohl angemessen fand. Sie sagt, ihr Verhältnis zu Kohl sei immer ein «direkter und furchtloser» Umgang gewesen.

Er sagte in einem Interview mit Wolfgang Stock noch im Mai 2000, überraschend nachsichtig väterlich, fast liebevoll: «Sie hat eine große Begabung, richtig bockig zu werden, eine Trotzhaltung an den Tag zu legen ...»

Noch heute reden die beiden sehr viel häufiger miteinander, als es in der Öffentlichkeit wahrgenommen wird. Aber sie vertrauen einander nicht mehr.

Im Dezember 1998 stritten sich dann auch Wolfgang Schäuble und Angela Merkel: über die Unterschriftenaktion zur doppelten Staatsbürgerschaft. Angela Merkel war dagegen. Dann könne man ja auch gleich Unterschriften für die Todesstrafe sammeln. Plebiszite verletzen ihre Idealvorstellung einer repräsentativen Demokratie. Und außerdem war sie sauer, dass Schäuble und Stoiber das ausgekaspert hatten, ohne sie einzuweihen.

Stoiber hatte die Idee für einen Volksentscheid gehabt. Schäuble hatte ihm zur Unterschriftenaktion geraten. Und Stoiber war damit dann sofort in die Medien gegangen und hatte die CDU so ein wenig erpresst. Man hätte die Idee nur um den Preis wieder kassieren können, dass man den neuen Parteivorsitzenden der CDU beschädigte. Angela Merkel hat die Kampagne dann mitgetragen. Viele andere, die ursprünglich dagegen gewesen waren, auch. Später, zur Europa-Wahl, haben sie den Dissens zwischen Generalsekretärin und Parteivorsitzendem mit einem Plakat ironisiert: Schäuble und Merkel gucken auf diesem Plakat in verschiedene Richtungen. Darunter stand: Nicht immer einer Meinung, aber immer auf demselben Weg.

Dann gewann Roland Koch mit der Unterschriftenkampagne die Wahl in Hessen. Und dieser erste Wahlsieg nach der verlorenen Bundestagswahl verleitete die CDU zu einem Missverständnis und zu einer Heldenverehrung. Das Missverständnis heißt seither: Wir gewinnen eben doch Wahlen, wenn wir polarisieren und am rechten Rand anschärfen. Man muss bei gesunkener Wahlbeteiligung nur die eigenen Leute mobilisieren, dann klappt das. Insofern hat die Hessen-Wahl noch einmal dazu beigetragen, die für die Union notwendigen Erkenntnisprozesse weiter aufzuhalten.

Trotzdem schrieb die Generalsekretärin ihre Erfurter Leitsätze für eine Reform der Partei in der Opposition: Erste Programmkommissionen wurden eingesetzt, Quereinsteigern sollte der Weg in die Partei erleichtert und die soziale Marktwirtschaft neu definiert werden. Mehr als drei Vorstandsämter sollten zukünftig verboten und alle Tabuzonen der innerparteilichen Diskussionen aufgegeben werden. Es war ein Fahrplan zur Wiedereroberung der Mitte.

Die Delegierten des Erfurter Parteitags im April 1999 nahmen die Vorschläge an. Gleichzeitig geriet die Veranstaltung zu einem neuen Tiefpunkt im Verhältnis des Ehrenvorsitzenden zu seinem ehemaligen Kronprinzen und jetzigen Parteivorsitzenden. Helmut Kohl reiste erst am zweiten Tag an und inszenierte seinen Einmarsch wie immer. Als hätte es nie eine Wahlniederlage gegeben. Als sei immer noch er der Parteivorsitzende. Und als säße der jetzige Parteivorsitzende nicht im Rollstuhl, ohne jede Chance also auf einen vergleichbaren Auftritt. Schäuble wurde zum Statisten degradiert.

Einer, der neben Schäuble war in diesem Augenblick, fragte damals fassungslos: «Ist das nicht der Mann, wegen dem wir die Wahl verloren haben?»

Und die Schilderung dieses Parteitags ist eine der bittersten Stellen in Schäubles Buch «Mitten im Leben»: *Für Inszenierungen, das hatte ich nun gelernt, war ich also ungeeignet, und auf Verständnis in der Öffentlichkeit konnte nicht gehofft werden, wenn schon diejenigen, die es wissen mussten, keine Rücksicht nahmen.*

Dann gewann die CDU eine Wahl nach der anderen: Bremen, die Europa-Wahl, das Saarland, Brandenburg, Thüringen,

Sachsen und Berlin. Die Menschen vor ihren Fernsehgeräten gewöhnten sich an diese Generalsekretärin Angela Merkel, die nichts als Siege zu kommentieren hatte. Und sie tat das ja auch ein wenig anders, als man es von den siegreichen Herren gewohnt war in diesem Land.

Sie bremste die Euphorie. Sie wusste, was alle wussten, dass die CDU diese Siege vor allem dem chaotischen Start der Regierung Schröder verdankte. Und sie sagte das auch, sagte Sätze wie: «Die Schwäche der anderen ist noch keine Stärke.» Oder: «Wir haben die Wahl nicht gewonnen, sondern die SPD hat die Wahl verloren.» Oder: «Erst wenn die Menschen uns wieder mehr zutrauen als den anderen, können wir sie zurückgewinnen.»

Natürlich wurden in dieser glorreichen Zeit alle Ideen für einen Neuanfang wieder verdrängt und vertagt. Wer siegt, braucht doch keinen Neuanfang. Mitte Oktober fuhr die Generalsekretärin mit ihren engsten Vertrauten ein paar Tage an die Ostsee, nach Fischland-Darß. Sie beschäftigten sich da mit der Jahresplanung, machten lange Spaziergänge am Strand und überlegten, wie man die Wahlerfolge in einen kontinuierlichen Aufwärtstrend verwandeln und trotzdem die innerparteiliche Reform vorantreiben könne. Über eine Aktion für die Jugend dachten sie nach, auch über die Chancen eines Wahlsieges mit Wolfgang Schäuble schon im Jahr 2002. Die Stimmung soll gut gelaunt bis euphorisch gewesen sein.

Zehn Tage später war die gute Laune vorbei. Der 4. November wurde zum schwarzen Donnerstag, zum schwärzesten Tag in der bisherigen Geschichte der CDU. Es war der Tag, an dem Haftbefehl gegen Walther Leisler Kiep erlassen wurde, der Tag, an dem die Spendenaffäre begann.

Neuntes Kapitel

DER DEMOKRATISCHE AUFBRUCH DER CDU

WILLKOMMEN IM CLUB

Am 10. Januar des Jahres 2001, vierzehn Monate nach dem schwarzen Donnerstag der CDU, gab es in Berlin eine kleine, feine Geburtstagsfeier. Der brandenburgische Innenminister Jörg Schönbohm hatte die Laudatio gehalten. Der amerikanische Botschafter John C. Kornblum reflektierte darüber, warum es «unabhängige Geister» in der Politik so schwer haben, ganz an die Spitze zu kommen. Und Walter Scheel sagte über die «unabhängigen, aber oft unbequemen Geister» in der Politik, dass sie am Ende siegen werden, auch wenn sie durch persönliche Höhen und Tiefen gehen müssen.

Mag sein, dass die Menschen draußen im Land sich den ehemaligen Schatzmeister der CDU Walther Leisler Kiep als einen zwar sehr reichen, aber nach der Spendenaffäre doch auch irgendwie geächteten Mann vorstellten. Dass der wahrscheinlich zwar nicht im Gefängnis, aber doch wenigstens einsam und verlassen in dieser hessischen Villa hause, die das deutsche Fernsehpublikum ja sehr genau kennt, von außen jedenfalls. So ist es aber nicht. So war es schon nicht in der Bonner Bimbes-Republik. So ist es auch nicht in der Berliner Republik geworden.

Die *Welt* schrieb in ihrem launigen Bericht über die Feier zum 75. Geburtstag von Walther Leisler Kiep: *Die Staatsanwaltschaft Augsburg hat ihn medienwirksam gejagt, musste aber – ohne Medienecho – die Ermittlungen einstellen. Jetzt dankten ihm seine Weggefährten aus Politik, Wirtschaft und Gesellschaft.*

Egon Bahr, der ja selbst einige Monate Schatzmeister der SPD gewesen ist, dankte Kiep zum Beispiel für dessen guten Stil, «für Kollegialität und Vertrauen über Parteigrenzen hinweg». Und dann sagte der Sozialdemokrat Bahr leichthin diesen Satz, der sich im Laufe des Abends fröhlich weiterspann: «Eigentlich steht so ein Schatzmeister ja immer mit einem Bein im Gefängnis.» Da haben alle gelacht. Ho, ho. Und der Aufsichtsratsvorsitzende der Deutschen Bank, Hilmar Kopper, fühlte sich angeregt, seine schönen Grüße, die er vom neuen CDU-Schatzmeister Ulrich Cartellieri auszurichten habe, mit dem Satz zu verbinden, der Cartellieri wisse möglicherweise noch gar nicht, dass auch er mit einem Bein im Gefängnis stehe.

Vier Monate später wusste er es. Vier Monate später hatte der unbequeme Geist Walther Leisler Kiep aus dem schon fast vergessenen, aber keinesfalls trockengelegten Spendensumpf der CDU noch einmal eine giftige Blase aufsteigen lassen. Kiep, dem zu diesem Zeitpunkt die Steuerfahnder immer näher rückten, überwies von seinen offenbar sehr zahlreichen, weitverzweigten und auf diese Weise angeblich für einen alten Herrn auch etwas unübersichtlich gewordenen Millionenkonten eine unübersichtliche Million an die CDU. Sein knapper Begleitbrief handelte davon, dass sich Bemühungen, *die Geldbewegungen auf meinen Konten in den Jahren 1992/1993 im einzelnen aufzuklären (…), nach wie vor als äußerst schwierig* erwiesen. Und er schrieb von sich *verdichtenden Vermutungen*, dass *über meine Konten Gelder geflossen sein könnten, die nicht mir, sondern wahrscheinlich der CDU zustehen.* Weswegen er veranlasst habe, *dass vorsorglich ein Betrag von 1 Million DM auf das Konto der CDU überwiesen wird.*

Das war am 21. März des Jahres 2001. Vier Tage später, am 24. März, waren Landtagswahlen in Baden-Württemberg und Rheinland-Pfalz, ganz zufälligerweise natürlich. Wie in einem Theaterstück, wie in einer antiken Tragödie stand die ehemals heilige Jeanne d'Arc der Spendenaffäre nun vor einem Dilemma, aus dem sie nur beschädigt oder etwas weniger heilig wieder herauskommen konnte. Jetzt ging es nicht mehr ums Durchlavieren zwischen Skylla und Charybdis. Jetzt hatte sie die freie Wahl zwischen Pest und Cholera.

Und wie nur ganz selten in der Politik, aber oft auf dem Theater und in den Novellen des 19. Jahrhunderts, gewann die Geschichte am Wendepunkt dieses Dilemmas eine symmetrische äußere Anordnung, der man allzu leicht den Charme einer gewissen inneren Gerechtigkeit unterstellt. Mit einer Million von Kiep hatte am 4. November 1999 die Spendenaffäre der CDU und auch Angela Merkels grandioser Aufstieg zur Schutzpatronin der Aufrechten und Aufklärer begonnen. Und diese neue Kiep-Million vom 21. März des Jahres 2001 stutzten sie zurück auf ein: Die ist ja nun wirklich auch nicht viel anders als alle anderen.

Um das Dilemma zu verstehen, muss man Angela Merkels Alternativen durchspielen. Hätte sie tatsächlich getan, was zu ihr und ihrem Aufklärer-Image passte und was im Nachhinein alle von ihr verlangten, hätte sie also drei Tage vor den Landtagswahlen den Journalisten gesagt: ‹Liebe Freunde, es ist schrecklich. Es geht wieder los. Wir haben eine Million Mark von Kiep bekommen. Wir können Ihnen leider noch nicht genau sagen, wo das Geld herkommt und wem es gehört. Deswegen legen wir das jetzt erst einmal auf ein Sonderkonto›, dann wären genau die Leute über sie hergefallen, die ihr später vorhielten, dass sie schwieg. Dann hätte ganz sicher nicht Kiep mit seiner heimtückischen Überweisung, sondern «diese ostdeutsche Frau Saubermann» mit ihrem «Girlscamp» und ihrem «naiven und egoistischen Aufklärungs- und Parteireinigungswahn» die Wähler drei Tage vor wichtigen Wahlen an den schon fast wieder vergessenen Spendenskandal erinnert. Und so die Wahlergebnisse der CDU beschädigt. Dann hätten ihre Feinde wieder in der Partei rumtelefoniert: «Sie kann es einfach nicht. Sie verdirbt alles.» Und die meisten Kommentare hätten ihnen Recht gegeben.

Und wenn sie nur die vier Tage bis zu den Wahlen gewartet und es dann sofort veröffentlicht hätte? Dann wären die Medien und die SPD über sie hergefallen. Weil sie doch schon vor der Wahl von der Million wusste und durch ihr Abwarten also die Wahlen verfälscht hätte.

Sie machten es erst am 23. April im Bundesvorstand öffentlich. In diesem Gremium sitzen fünfzig erwachsene Personen, die die politische Elite der CDU darstellen. Personen, die später ernsthaft und unisono versicherten, sie hätten, wie Willi Hausmann und Angela Merkel selbst ja offenbar auch, überhaupt nicht so recht verstanden, wie brisant der Vorgang war.

Das muss man sich mal für einen Augenblick vorstellen, ganz egal, wie Willi Hausmann es genau formuliert hat und was Angela Merkel wusste. Da fallen anderthalb Jahre nach der gewaltigsten politischen Affäre der Nachkriegszeit die Vokabeln *Kiep* und *eine Million*, also die zwei auslösenden Stichworte dieser Affäre. Und von fünfzig Präsiden der Partei fragt nicht einer mit einem Wort nach. Ganz so, wie sie es bei Kohl gelernt hatten.

Jedenfalls war auch nach der Bundesvorstandssitzung noch einige Tage Ruhe, was schon allein deswegen seltsam anmutet, weil normalerweise ja jede Kleinigkeit r4austelefoniert ist, bevor so eine Sitzung überhaupt ihr Ende findet, auch viel kleinere Kleinigkeiten als eine kleine Million von Kiep.

Dann gelang Angela Merkel auf einem ganz anderen Spielfeld ein genialer Zug, eine Demonstration strategischer Finesse: Am Morgen der Abreise zu ihrem ersten offiziellen Besuch als Parteivorsitzende der CDU in Washington erklärte sie, dass die Frage der Kanzlerkandidatur zwischen ihr und Edmund Stoiber und niemandem sonst ausgehandelt werde. Sprach es und flog davon.

Seit Monaten waren sie alle in allen Interviews wieder und wieder gefragt worden, wer denn nun Kanzlerkandidat werden würde, Stoiber, Merz, Merkel oder am Ende doch Koch. Immer wieder hatten sie gesagt: Das entscheiden wir einvernehmlich im Frühjahr 2002. Und wenn man sich bei Angela Merkel erkundigte, ob CDU und CSU sich denn nicht wenigstens langsam mal auf ein Procedere einigen wollten, wer eigentlich wie den Kandidaten bestimmt: Die Bundestagsfraktion? Die Basis? Gemeinsame Regionalkonferenzen von CDU und CSU? – dann hatte sie so etwas geantwortet wie: Auch darüber werden wir uns schon rechtzeitig verständigen.

Und jetzt das: «Stoiber und ich». Damit war Friedrich Merz draußen und die Fraktion war draußen, die Ministerpräsidenten waren draußen und alle, die sonst noch glaubten, mitreden oder gar kandidieren zu dürfen, waren auch draußen. Und Angela Merkel saß im Flugzeug. Up and away. Nachfragen nicht möglich.

Die CDU Deutschlands sollte in Washington gerade wieder in die Weltpolitik aufgenommen werden. Merkel hatte schöne Termine bei den Republikanern, längere Gespräche sogar als Gerhard Schröder. Sie traf sich mit Henry Kissinger. Also wagte zu Hause niemand, ihr ausgerechnet jetzt etwas Übles ins Flugzeug nach Amerika nachzurufen. Ein leises Murren in der Fraktion war zu hören. Aber auch dort überwog offenbar die Gewissheit, dass die Parteibasis jeden schlachten würde, der glaubte, in dieser Situation aus dem Corpsgeist ausscheren zu können.

Das hatte sie also schlau angestellt: Führung gezeigt, sich mit Stoiber geeinigt, innerparteiliche Gegner ausgetrickst, an Parteigremien vorbei Ansprüche gestellt und den guten Zeitpunkt gewählt. Das gab Applaus und erstaunte Kommentare. Da schaut einmal her, was das Mädchen mit der Macht anstellt. Die kann es eben doch. Fast wie Kohl. Ist ja toll.

Ganz so toll blieb es dann aber nicht. Schon bei der Landung in Washington D.C. wurde Angela Merkel zwar nicht nach der Kandidatur, dafür aber nach den Kiep-Millionen gefragt. Jetzt war es also interessanterweise plötzlich draußen. Irgendjemand musste entweder auf einmal doch die Brisanz verstanden oder gedacht haben, jetzt oder nie.

Die nächsten Wochen und Monate wurden zum Glaubwürdigkeits- und Autoritäts-GAU der Angela Merkel. Geld aus dem Spendensumpf auf ein CDU-Konto übernehmen und nicht sofort die Öffentlichkeit darüber informieren, das traf ins Zentrum ihrer moralischen Integrität und damit ins Zentrum der öffentlichen Rolle, mit der Angela Merkel im Laufe der Spendenaffäre Parteivorsitzende geworden war. Die Jeanne d'Arc der Aufklärung stand auf einmal selbst unter Vertuschungsverdacht. Und plötzlich sah es so aus, als sei sie gar nicht so sehr die Musterschülerin der Demokratie als vielmehr die Klassenerste aus dem System Kohl.

Bundesgeschäftsführer Willi Hausmann nahm alles auf sich. Er habe seine Parteivorsitzende zunächst gar nicht und dann unzureichend informiert. Er habe selbst die Brisanz des Vorgangs nicht erkannt, sagte der Mann, der der Experte in der CDU für die Aufklärung der Spendenaffäre und für den Umgang mit Kiep, Lüthje und Weyrauch ist. Angela Merkel und ihre engste Umgebung schwören bis heute alle heiligen Eide, dass es genau so gewesen ist. Seit Beginn ihrer politischen Karriere sei Angela Merkel über nichts so verzweifelt und wütend gewesen wie darüber, plötzlich und zu Unrecht als Vertuscherin dazustehen. Ausgerechnet sie.

Wie immer es in Wirklichkeit war und selbst wenn es kein Dilemma, sondern nur ein dummer Fehler von Willi Hausmann gewesen sein sollte: Angela Merkels Glaubwürdigkeit war mit einem Schlag schwer beschädigt, fast vernichtet. Die ist ja auch nur wie alle anderen, hieß es. Politik deformiert auf Dauer eben auch intakte Persönlichkeiten. Vielleicht verbiegt ein Jahr CDU-Parteivorsitz einen Menschen mehr als 35 Jahre Sozialismus.

Angela Merkels Umfragewerte brachen dramatisch ein. Vor einem Jahr hatten sich noch 78 Prozent der wahlberechtigten Deutschen gewünscht, dass sie eine wichtige Rolle in der Politik spielt. Jetzt wünschten sich das nur noch 48 Prozent. Bei den CDU/CSU-Sympathisanten schrumpfte die Begeisterung von 91 auf 69 Prozent. Und das war erst der Anfang.

Wie sehr sie da in ihrer wichtigsten und für ihre politischen Gegner gefährlichsten Kernkompetenz, Glaubwürdigkeit, beschädigt war, konnte man vor allem auch daran erkennen, dass zum ersten Mal der sonst in Sachen Angela Merkel so zurückhaltende Gerhard Schröder das Gefühl hatte, es könne ihm nicht schaden, wenn er auch mal ein wenig nachtritt: «Mir fällt schon auf, dass offenkundig auch Frau Merkel erst mit öffentlichem Druck dazu gebracht werden musste, zu ihrer eigenen Verantwortung zu stehen», sagte er also. Dieses «auch Frau Merkel» war möglicherweise ganz anders gemeint und nur auf die CDU bezogen. Es hallte aber seltsamerweise ein wenig so nach, als hätte er erleichtert gerufen: Willkommen im Club.

WAR WAS?

Kieps Millionen aber verbreiteten eineinhalb Jahre nach dem Höhepunkt der Affäre noch einmal den alten Spendensumpfgestank. Im aufgeregten, hoch beschleunigten Berlin hielten für einen Augenblick alle leicht angeekelt ihre Nasen in den Wind und fragten plötzlich wieder, was nur wenige Journalisten, Staatsanwälte und Zeitungsleser nicht aufgehört hatten zu fragen: Was ist hier eigentlich seit dem Spendenskandal der CDU passiert? Wurde irgendeiner der beteiligten Damen und Herren rechtskräftig verurteilt? Ist wenigstens der Sachverhalt aufgeklärt? Hat die CDU die richtigen Konsequenzen gezogen? Hat sie überhaupt Konsequenzen gezogen? Oder sollte sich nach all der Aufregung tatsächlich wieder einmal gar nichts geändert haben im Staate Deutschland?

Der CDU-Abgeordnete und Europaausschuss-Vorsitzende des Deutschen Bundestages, Friedbert Pflüger, hat in der Zeit der Spendenaffäre ein bemerkenswertes und furioses Buch geschrieben. Es heißt *Ehrenwort – Das System Kohl und der Neubeginn* und ist von aufrichtigem Entsetzen getragen über alles, was da mit den schwarzen Kassen und Anderkonten bei der CDU zutage getreten war: *Was unterscheidet denn dieses illegale Finanzierungssystem von der Mafia? Wohl eigentlich, dass die Mafia sich kaum erdreistet hätte, jüdische Vermächtnisse als Grund für ihren Reichtum zu nennen.*

Pflüger zählte schon vor der Spendenaffäre zu den nicht korrumpierten Köpfen in der CDU. Seine Zeit als Redenschreiber bei Richard von Weizsäcker hatte ihn offenbar mit einer Art Impfschutz gegen die Verführungen von Macht und Anpassung im System Kohl versehen. Entsprechend gebremst verlief seine Karriere in der CDU, was bei einem Mann von Pflügers Format, Ehrgeiz und Fähigkeiten schon auffallend ist.

Im ersten Teil seines Buches beschrieb Pflüger, wie das System Kohl funktioniert hatte. Wie Kohl zur Absicherung seiner Macht auf allen Parteiebenen den abhängigen, jederzeit kontrollier- und steuerbaren Berufspolitiker gefördert hat. Wer obstinat unabhängig blieb in diesem System, wer innerparteiliche Missstände öffentlich benannte oder, wie Rita Süssmuth, auch noch die Frechheit hatte, populärer zu werden als der große Vorsitzende, wurde gemobbt mit dem Argument: Da hat sich einer aus der Kameradschaft verabschiedet. Zur Stabilisierung und Beherrschung dieses Systems wurden ganz schamlos Geld, Ämter und üble Nachrede eingesetzt. Außerdem hatte Kohl sich ein Feindbild gebastelt, das die Unions-Spitzenpolitiker der sechziger und siebziger Jahre bis zur Psychose gepflegt haben: Die Sozen sind gegen uns. Die Presse ist gegen uns. Das Böse siegt, wenn es jemals einen Regierungswechsel gibt. Deswegen ist Krieg. Und wenn Krieg ist, spielt es auch keine Rolle, woher das Geld für die Kriegskasse kommt.

Jeweils am Ende seiner Kapitel hatte Pflüger die psychologischen und materiellen Tricks, die Zuwendungen, die Begünstigungs-, Denunziations- und Mobbingmuster, mit denen *der De-mokrator Kohl* in 25 Jahren die schöne CDU in eine erbärmliche Truppe von Abhängigen verwandelt hat, zu einem Kanon von negativen Leitsätzen zusammengestellt. Beim Lesen dieser Leitsätze konnte man allerdings auch auf die Idee kommen, dass ehrgeizige Menschen in der Jungen Union oder im Beraterstab der Angela Merkel sie sich möglicherweise an den Spiegel hängen und auswendig lernen würden. Nicht als warnendes Exempel und zur Abschreckung, wie Pflüger es gemeint hatte, sondern im Gegenteil als eine Art macchiavellistischer Leitfaden: Wie ich auch einmal so mächtig und bedeutend werde wie Helmut Kohl.

Der Mittelteil in Pflügers Buch handelt davon, dass der furchtbare Abgrund, vor dem die CDU plötzlich stehe, auch etwas Gutes habe. Jetzt endlich müssten die Partei und das Parteiensystem reformiert, die demokratischen Institutionen erneuert und die repräsentative Demokratie wirklich von Grund auf gestärkt werden. Jetzt endlich sei die Krise wirklich zu gewaltig, als dass die aus ihr resultierende Chance wieder einmal ungenutzt bleiben könne. Und deswegen werde die CDU nun aber mal so was von voranschreiten und sich stark machen für innerparteiliche Transparenz und Demokratie, für einen freiwilligen Rückzug der Parteien aus den Institutionen des Landes, für eine Begrenzung von Amtszeiten und Ämtermenge und für eine Rekultivierung der demokratischen Spielregeln in Partei und Gesellschaft.

Also hin zu Friedbert Pflüger, Kaffeetassen zur Seite, Buch auf den Tisch, das letzte Kapitel, Seite 181, aufschlagen, es heißt *Den Neubeginn wagen*, und den Autor auffordern: Lassen Sie uns jetzt doch mal gemeinsam Punkt für Punkt durchgehen, was sich seit dem Erscheinen dieses Buches nun tatsächlich geändert hat.

Es war nicht ohne Komik, dass Friedbert Pflüger dann vorschlug, sein Buch gleich wieder einzustecken. «Der Neuanfang gestaltet sich viel schwieriger, als ich es gehofft hatte. Wir haben noch einen langen Weg vor uns. Es gibt gute Ansätze wie die Diskussion über Zuwanderung oder unseren Zukunftskongress im Juni in Berlin.»

Auch die Finanzregeln der CDU wurden verbessert. Und ein paar interne Kontrollinstanzen sind inzwischen aufgebaut. Aber in den Fragen von innerparteilicher Demokratie und Diskussionskultur hat sich nicht viel geändert.

«Wir hatten vorher einen Dominator. Jetzt haben wir Merkel, Merz, Stoiber und diverse Ministerpräsidenten, die alle als eigene Machtzentren auftreten mit eigenen Leuten und eigenen Seilschaften. Dadurch ist aber nicht die innerparteiliche Demokratie größer geworden, nur das innerparteiliche Durcheinander.»

Und deswegen ist die Sehnsucht nach einem neuen oder am liebsten gleich nach dem alten Dominator, nach einem, der ihnen sagt, wo es langgeht, also schon wieder viel größer als die Bereitschaft zum Selberdenken und zur Parteireform?

In der Fraktion zum Beispiel finden sie es wirklich toll und in Ordnung, wenn Pflüger was macht zu Europa oder Amerika. Sobald er aber auch nur ganz leise innerparteiliche Reformen anmahnen will, ist sofort Antistimmung. Das wollen sie von ihm nicht haben. Das wollen sie überhaupt nicht haben.

Und erst recht will niemand in der CDU noch etwas hören von schwarzen Kassen und Anderkonten, von diesen angeblichen Spendern, deren Namen Helmut Kohl bis heute nicht genannt hat, von mindestens 20 Millionen Mark aus Kohls Amtszeit, bei denen man immer noch weder weiß, woher sie kamen, noch, wohin sie gingen.

Das Ermittlungsverfahren in der Sache Kohl ist gegen eine Zahlung von 300 000 Mark «vorläufig» eingestellt. Was will man mehr?

Die CDU hat über 15 Millionen Mark Mitleidspenden an der Affäre verdient. Kohl hat mit seinem «Tagebuch» mehr Geld gemacht, als er zur Einstellung seines Verfahrens zahlen musste. Worüber also noch palavern?

Verschwundene Akten? Drei Gigabytes gelöschte Regierungsdaten? Bloß nicht darüber sprechen. Wenn doch sogar die Staatsanwaltschaft nur träge in Gang kommt und erst nach einem Zeitungsaufruf des emeritierten Freiburger Politikprofessors Wilhelm Hennis mehr als 3000 Beschwerden den Generalstaatsanwalt zu Köln zur Wiederaufnahme des Verfahrens zwingen.

Hessens brutalstmöglicher Aufklärer und Ministerpräsident Roland Koch, der neue Held der CDU, brachte das Jahr nach der Spendenaffäre vor allem damit zu, die Herausgabe von CDU-Akten an Untersuchungsausschüsse zu behindern. Dafür setzte er sich mit aller Kraft für die Aufklärung von Joschka Fischers Vergangenheit ein, an der es aber offensichtlich gar nichts aufzuklären gab.

Der Verdacht, dass beim Verkauf von Fuchs-Panzern, von Eisenbahnerwohnungen und der Leuna-Raffinerie immense Summen Schmiergelder geflossen sind? Nur nicht dran rühren, solange der Untersuchungsausschuss derart lust- und erfolglos im Trüben stochert. Wahrscheinlich wird er als Flop enden, wie der Ausschuss zur Aufklärung der Flick-Affäre.

Eines Tages hat Friedbert Pflüger in der Fraktion moniert, dass es doch wohl im Sinne der innerparteilichen Aufklärung und Erneuerung nicht ganz in Ordnung sei, wenn sich der CDU-Obmann des Untersuchungsausschusses, Andreas Schmidt, regelmäßig vor den Sitzungen mit Helmut Kohl trifft, um die gemeinsame Abwehrstrategie vorzubereiten. Da ist der Fraktionsvorsitzende Friedrich Merz aber mal richtig heftig geworden. Nicht gegen Schmidt. Gegen Pflüger.

Von den vollmundigen Ankündigungen aller Parteien, das Parteiengesetz schnell und umfassend zu ändern, für wirkliche Transparenz bei den Geldflüssen der Parteien zu sorgen und auch dafür, dass Spenden zum Beispiel nur noch bei einer neutralen Stelle eingezahlt und dann erst an die Parteien weitergeleitet werden dürfen, ist sowieso nichts übrig geblieben. Die Unabhängige Kommission zur Parteienfinanzierung hat vorgeschlagen, dass Verstöße gegen das bestehende Parteiengesetz künftig strafrechtlich verfolgt werden sollen. Und das Bundeskabinett hat eine «Richtlinie zum künftigen Umgang mit Regierungsakten» verabschiedet.

Es gibt auch eine Kommission «Parteireform» in der CDU. Generalsekretär Laurenz Meyer hat sie von seinem Vorgänger Ruprecht Polenz übernommen. Da haben sie zum Beispiel leidenschaftlich diskutiert, ob die Partei ihre Kandidaten für Abgeordneten-Mandate oder Parteiämter zukünftig nur noch per Urwahl ermitteln soll. Die Leidenschaft war natürlich ein wenig raus, als Angela Merkel bekannt gab, dass die Kandidatenfrage zwischen Stoiber und ihr ganz allein ausgekaspert und im Frühjahr 2002 per Akklamation entschieden werde. Als hätte auch sie sich einen von Pflügers Anti-Leitsätzen an den Spiegel gehängt. Und auswendig gelernt.

Ein Verhaltenskodex für Kandidaten von Bundestag und Landtag soll immer noch erarbeitet werden. Auch gibt es den Vorschlag, nach dem Abgeordnete der CDU in Zukunft fünf Jahre Berufserfahrung vorweisen müssen und Parteiämter nur noch bis zu neun Jahren von einer Person besetzt werden dürfen. Es ist die Debatte einer Minderheit in der Partei. Wegen der fünf Jahre Berufserfahrung sind inzwischen sogar die Mitglieder der reformwilligen Jungen Union dagegen. Viele von ihnen wollen ja selbst unbedingt gleich nach dem Studium in die Politik. Überhaupt scheinen sich alle Vorschläge und der gegen sie zu erwartende Widerspruch zu neutralisieren. Alles ist weit davon entfernt, jemals umgesetzt oder wenigstens in der Gesamtpartei ernsthaft diskutiert zu werden. Alles kann bleiben, wie es ist.

In einer Telekratie scheint ein Skandal wie die Spendenaffäre keinesfalls mehr als «Agent der Transformation der Sitten und Institutionen» zu taugen, wie Marcel Aymé 1936 schrieb. So wie die meisten Skandale der letzten Jahre gar nichts transformiert haben, nicht die Sitten, nicht die Institutionen. Sie haben weder zu einem guten Ende noch zu einer besseren Gesellschaft geführt, sondern nur dazu, dass nach einer hocherregten Empörungsphase sehr bald niemand mehr hingeschaut hat, und alles genauso weiter gehen konnte wie vor dem Skandal. Jürgen Habermas sprach schon im Jahr 2000 von einem «eigentümlichen Missverhältnis zwischen der Größenordnung der CDU-Affäre und ihrer Folgenlosigkeit».

Zum Symbol für diese Folgenlosigkeit wurde der Umgang mit dem Hauptverantwortlichen und nicht mehr Ehrenvorsitzenden. So energisch Angela Merkel Helmut Kohl in der hocherregten Phase des Skandals beiseite geschoben hatte, so klamm und allmählich erzwang er in der Alles-kann-bleiben-wie-es-ist-Zeit seine Restitution. Und diese Restitution des Alten wurde zum Symbol für die Schwäche der neuen Parteivorsitzenden.

TANZ AUF DER EISSCHOLLE

Ende Januar 2000 fragte Alfred Biolek in seiner Sendung die Generalsekretärin der CDU, ob sie denn kein bisschen Dankbarkeit verspüre gegenüber Helmut Kohl. Da schaute Angela Merkel den armen Biolek für eine halbe Sekunde so giftig an, dass ihm das Onkelhaft-Arglose seiner Frage im Gesicht einfror. Dann antwortete sie mit einer Geschichte: Als es die Sowjetunion noch gab, fuhr eines Tages ein Prawda-Reporter auf die Tschuktschen-Halbinsel. Dort fragte er einen sehr alten Mann, welche Erinnerungen an die Zeit vor der großen Sozialistischen Oktoberrevolution er noch habe. Der Alte antwortete: «Ich erinnere mich an Hunger, Kälte und Einsamkeit.»

«Und wie war es nach der Oktoberrevolution?»

«Da hatten wir Hunger, Kälte und Einsamkeit.»

«Aber irgendetwas muss sich doch verändert haben. Ist denn gar nichts dazu gekommen?»

«Doch», sagte der Alte: «Dankbarkeit.»

Die meisten Witze von Angela Merkel sind besser als die Witze über Angela Merkel. Aber sie hat sich nicht sehr oft erlaubt, so geradeheraus und vor großem Publikum zuzugeben, wie verächtlich, wie wütend und wie enttäuscht sie über Helmut Kohl dachte.

Ganz am Anfang der Spendenaffäre waren Wolfgang Schäuble und Angela Merkel ja noch bemerkenswert guter Laune gewesen. Wahrscheinlich glaubten sie: Den Schaden können wir begrenzen, und Kohl werden wir mit dieser Sache endlich los. Sehr bald muss ihnen klar geworden sein, dass sie das Ausmaß der Katastrophe unterschätzt hatten. Und noch etwas hatten sie unterschätzt: Helmut Kohl selber. Die selbstgerechte Energie, mit der Kohl seine Interessen über die seiner Partei stellen würde. Die Gutsherrenart, nach der er dachte: Wenn meine CDU glaubt, ihre Zukunft sei wichtiger als meine Reputation, dann ist es nur mehr als gerecht, wenn sie mit mir untergeht.

Angela Merkel sagte damals, das Erschütterndste sei für sie die Erkenntnis gewesen, dass Helmut Kohl es nach der Flick-Affäre nicht geschafft habe, die notwendige Konsequenz zu ziehen und die Mechanismen noch einmal zu wechseln.

«Er hat ja einfach so weitergemacht. Politisch-kulturell gesehen, ist diese Spendenaffäre die Verlängerung einer Geschichte, die eigentlich Mitte der 80er Jahre abgeschlossen war.»

Und wenn man sie damals fragte: Was ist? Reden Sie mit ihm? Versuchen Sie ihn zu überzeugen, doch noch die Namen der Spender zu sagen?, antwortete sie: «Ich bin doch nicht kindisch. Der Mann ist erwachsen. Er teilt uns per Fernsehen mit, dass er sein Ehrenwort halten will. Er lässt uns hier hängen.

Während wir jeden Tag neue Meldungen haben und ich mich fühle wie auf einer Eisscholle, auf der man nie weiß, was im nächsten Moment Schreckliches passiert. Da gehe ich doch nicht auch noch hin ‹bitte, bitte› machen. Ich habe versucht, mit meinem *FAZ*-Artikel das Ganze weg von den 27 Anderkonten auf die politische Ebene zu bringen und eine Zukunftsbotschaft zu senden.»

Angela Merkels *FAZ*-Artikel vom 22. Dezember gilt bis heute als das historische Dokument für den Bruch der CDU mit Kohl. Und er gilt als das Dokument, mit dem die Generalsekretärin ihren Führungsanspruch formulierte. Glasklar hat sie damals angesagt, dass und warum die CDU den Bruch mit dem alten Schlachtross vollziehen und sich aus der pubertären Abhängigkeit des Systems Kohl lösen müsse. Und genauso glasklar hat sie in diesem Aufsatz angekündigt, dass die CDU diesen Bruch später möglicherweise wieder ein wenig zurücknehmen könne: *... und [die CDU] wird trotzdem immer zu dem stehen, der sie nachhaltig geprägt hat, vielleicht später sogar wieder mehr als heute.*

Das war mutig. Das war weitsichtig. Niemand sonst in der CDU hatte zu diesem Zeitpunkt die innere Unabhängigkeit, so etwas zu denken, zu formulieren und auch noch der *FAZ* zum Abdruck anzubieten. Fast alle, die zuerst erschrocken und irritiert reagierten, sind später auf Angela Merkels Linie eingeschwenkt, auch die, die heute nichts mehr davon wissen wollen. Und als später einige, die übrigens ebenfalls heute nichts mehr davon wissen wollen, über das Ziel hinausschossen und Kohl verklagen und aus der Partei ausschließen wollten, war sie es, die gebremst, moderiert und Kohls Verdienste für die Partei und das Land gerühmt hat.

Es war ein großes Risiko, in dieser Situation diesen Aufsatz zu schreiben. Es war das größte politische Risiko, das Angela Merkel in ihrer bisherigen Karriere eingegangen ist. Und eigentlich müsste sie seit diesem 22. Dezember wissen, wie viel man in der Politik gewinnen kann, wenn man im richtigen Augenblick den Mut hat, ohne Rücksicht auf mutmaßliche Mehrheitsmeinungen nichts anderes zu sagen und zu schreiben als das, was man selber als richtig und notwendig erkannt hat.

Es hätte natürlich auch schief gehen können.

Es ging aber nicht schief. Die CDU folgte ihr. Und das Publikum fand, dass diese Generalsekretärin aus dem Osten eine sehr gute Figur gemacht hatte bei ihrem Tanz auf der Eisscholle.

Warum gerade sie? Warum konnte Angela Merkel so klar schreiben, was die anderen sich noch nicht einmal zu denken trauten?

Weil sie schon zehn Jahre in bundespolitischen Spitzenämtern war, gehörte sie zu den Erfahrenen in der CDU. Aber weil sie erst zehn Jahre überhaupt Politik machte, wirkte sie so offen, unverbraucht und anders, so wenig zynisch, so glaubwürdig, so gar nicht an den Machenschaften beteiligt.

Sie gehörte nicht zum System Kohl. Sie war von draußen dazugekommen. Sie kannte die Herren Waffenschieber und Finanziers nicht einmal dem Namen nach. Zu der Zeit, als Kohl nach der Flick-Affäre einfach weitermachte mit der finsteren Spendenwirtschaft, berechnete sie hinter der Mauer noch Kohlenwasserstoffreaktionen.

Nach dem 22. Dezember ist sie einmal gefragt worden, ob sie sich denn überhaupt nicht fürchte vor Helmut Kohl. Da hat sie geantwortet: «Warum soll ich mich vor ihm fürchten? Ich habe doch acht Jahre mit ihm zusammengearbeitet.» Und man konnte in ihrem Gesicht ablesen, dass sie die Frage gar nicht wirklich verstand. Noch nicht.

Damals hatte sie keine Angst. Damals ließ sie sich nicht von angelernten Verhaltensmustern der westdeutschen Politik leiten. Sie starrte nicht wie alle anderen auf die Randbedingungen der Krise. Sie beobachtete und analysierte, wie in einem naturwissenschaftlichen Experiment, die inneren Parameter der Affäre. Sie rechnete sich aus, wie es weitergehen würde. So konnte sie sich vor allen anderen an die Spitze der Entwicklung setzen.

Ausgerechnet eine aus dem Osten? Gerade eine aus dem Osten!

«Wir sind ja nicht unter Helmut Kohl aufgewachsen», sagt Merkels Physikerkollege, der heutige Theaterintendant Michael Schindhelm. «Wir haben gegenüber der angepassten Assistentengeneration der vierzigjährigen Westdeutschen einen entscheidenden Vorteil: die Erfahrung eines fundamentalen Bruchs, die Erfahrung der wirklich existenziellen, nichtaffirmativen Haltung zu einer Gesellschaft. Das hat uns darauf vorbereitet und auch legitimiert, Verantwortung zu übernehmen.»

Schindhelm kann sich noch gut erinnern, wie Richard von Weizsäcker wenige Tage nachdem die Mauer aufgegangen ist, in den Osten gerufen hat: «Freiheit heißt Verantwortung.»

«Das haben wir relativ früh akzeptieren und begreifen müssen. Und dann haben wir die Erfahrung gemacht, dass unsere Generation im Westen diesen Konnex überhaupt nicht kannte. Für die war Freiheit eben nicht Verantwortung, überhaupt nicht. Die Alten haben das ja alles geregelt, und man musste ihnen nur die Aktentasche tragen, um Karriere zu machen.»

Wenn man Angela Merkel damals fragte, warum die Menschen im Osten nahezu heiter auf die Spendenaffäre der CDU reagierten, gab sie eine Antwort, die auch eine Menge mit ihrem eigenen Selbstverständnis zu tun hatte: «Kann sein, dass Ostler es einfach ein bisschen gelassener sehen können. Es ist eben Umbruch. Und Umbruch hatten wir schon mal. Und nun haben die im Westen eben auch mal ein Problem.»

Jetzt hatte es den selbstgerechten Westen getroffen, den Kern der angeblich so sauberen Bonner Republik.

Sie war von draußen dazugekommen. Sie konnte besser sein als die anderen. Und sie war Generalsekretärin. Vieles von dem, was Angela Merkel später zur Enttäuschung vieler nicht mehr riskierte, würde sie selbst mit ihrer Rolle erklären: Als Parteivorsitzende muss man den Laden doch zusammenhalten. Als Parteivorsitzende hätte sie diesen Artikel nicht schreiben können. So wie Schäuble ihn nicht schreiben konnte.

Helmut Kohls Chargen streuen bis heute, dass Angela Merkel diesen Aufsatz mit Wolfgang Schäuble abgesprochen habe. Angela Merkel sagt, dass es nicht so war. Wolfgang Schäuble sagt, dass es nicht so war. Es gibt keine Indizien für das Gegenteil. Als der Artikel draußen war, ist Angela Merkel übrigens auch nicht zu Schäuble, sondern zu Kurt Biedenkopf gefahren, um mit ihm und seiner Frau zu beraten, wie es jetzt weitergehen könnte.

Und das konnte man in den ersten Wochen des neuen Jahres in Berlin ja sehen, wie es weitergehen würde, wenn Schäuble als Parteivorsitzender nicht zu halten sein sollte. Manchmal waren es nur Kleinigkeiten. Wie diese kleine, alles sagende Handbewegung der Angela Merkel auf einer Pressekonferenz am 24. Januar, bei der Wolfgang Schäuble versuchte, den Journalisten zu erklären, was die Wirtschaftsprüfer über die Anderkonten der CDU herausgefunden hatten. Vor allem musste er allerdings versuchen zu erklären, was sie alles nicht herausgefunden hatten.

Angela Merkel saß da neben ihrem Parteivorsitzenden mit unbeweglich zu den Kameras gerichtetem Pokergesicht, aus dem man keine Regung ablesen konnte, keine Meinung, keinen Kommentar. Aber immer, wenn Schäuble auch nur für eine Sekunde stockte, weil er vielleicht nach dem passenden Wort suchte, schob sie ihre rechte Hand behutsam und unauffällig ein paar Zentimeter nach vorn über den Einschaltknopf ihres Mikrofons, ohne den Knopf zu drücken. Das geschah einmal, zweimal, dreimal. So wie Westernhelden im Saloon sich ihrer Revolver versichern, wenn es brenzlig wird. Dann, als Schäuble gerade auf die Frage antwortete, ob in diesem Bericht nun die Namen aller bisher bekannt gewordenen Spender stünden, und er tat das etwas umständlich und ganz offensichtlich noch von der vorletzten Bemerkung eines Journalisten irritiert, da hat sie den Knopf schließlich gedrückt. Mit lauter, klarer Stimme und großer Selbstverständlichkeit fiel sie ihrem Parteivorsitzenden ins Wort und beendete mit einem einfachen Satz die noch gar nicht wirklich aufgekommene Verwirrung: «Es ist durch diesen Bericht der Name keines einzigen Spenders dazugekommen.»

Wer das sah, konnte schon sehr früh auf die Idee kommen, diese Frau ist im Begriff zu übernehmen, sie hat längst übernommen. Sie ist schon viel mehr General als Sekretärin. Sie wird die neue Parteivorsitzende der CDU werden.

22 Tage später trat Wolfgang Schäuble zurück.

Heute gibt es zumindest hinter den vorgehaltenen Händen interessierter Einflüsterer die Version, dass Angela Merkel sich schon sehr früh mit Volker Rühe besprochen habe, was eigentlich wird, wenn Schäuble nicht zu halten sein sollte. Sie habe in diesem Gespräch zu Rühes Verwunderung gesagt: Aber den Parteivorsitz mache ich. Auch hat sie sich in dieser Zeit mit Helmut Kohl getroffen. Sie habe also einen erheblichen Anteil am Sturz Schäubles gehabt.

Es ist ein schwieriges und für Interpretationen jederzeit weit offenes Kapitel, weil Angela Merkel zu diesem Thema nichts sagt. Und Volker Rühe ist neben Helmut Kohl sowieso der Einzige in der CDU, den man nicht einmal ganz allgemein zu einem Gespräch über Angela Merkel bewegen kann.

Wer Angela Merkel in den entscheidenden Tagen beobachtet hat, wer gehört hat, wie sie wütete, dass es Kohl nicht gelingen dürfe, die Hierarchie der Fehler umzudrehen, kann dieser Version nichts abgewinnen. Es könne doch wohl nicht wahr sein, dass Kohls Verfehlungen am Ende als der kleinere Fehler gälten, nur weil er der größte Staatsmann gewesen sei und weil er alle anderen sturmreif geschossen habe. Man dürfe sich nicht erpressen lassen. Solche Sachen sagte sie damals. Aber sie gab sie nie zum Zitieren frei.

Bis heute scheint es den Einflüsterern jedenfalls nicht gelungen zu sein, das Verhältnis Schäuble/Merkel ernsthaft zu vergiften. Wolfgang Schäubles überdurchschnittliche Intelligenz scheint ihn trotz allem vor Bitterkeit und Rachsucht zu bewahren. Obwohl offenbar keiner von den jungen Leuten in der CDU die Größe hat, unbefangen mit ihm umzugehen. Alles wirkt immer ein wenig verklemmt, wenn Schäuble in der Nähe ist. Als könnten sie Wolfgang Schäuble nicht vergessen, was Helmut Kohl ihm angetan hat. Er erinnert sie durch seine Existenz daran, dass sie es nicht verhindert haben.

Als Angela Merkel auf dem Jubelparteitag zu Essen mit 96 Prozent der Delegiertenstimmen zur neuen Vorsitzenden gewählt wurde, da gab es im Parkett der Grugahalle einige, die schon erste Zweifel hatten am Neuanfang der CDU. Der Jubel war so groß. Und die Nebensätze, die sich überhaupt noch mit der Spendenaffäre beschäftigten, waren so klitzeklein. Man konnte da durchaus schon auf den Gedanken kommen, dass diese CDU möglicherweise gar nicht wirklich neu anfangen, sondern nur dort weitermachen wollte, wo sie vor der Spendenaffäre so plötzlich aufhören musste. Niemand wollte sich tatsächlich vom Führerprinzip verabschieden. Sie wählten nur eine neue Vorsitzende: Mach es schnell wieder heile, glaubwürdige Angela. Auf dass sonst alles bleiben kann, wie es ist.

Es war der erste Parteitag der CDU seit 1951, an dem Helmut Kohl nicht teilnahm. 1951 war Angela Merkel noch gar nicht geboren. Und es war Wolfgang Schäuble, der in die Angie-Angie-Begeisterung hinein seine Nachfolgerin warnte vor einem «Rückfall in die alten Zeiten».

WER ANGST HAT, STÜRZT AB

Wenn man jemanden am Ende des Angie-Parteitages aus Deutschland entfernt und etwa ein Jahr später wieder in Berlin abgesetzt hätte, vielleicht am 1. Oktober und im pompösen

Lichthof vom «Haus der Wirtschaft», der hätte seinen Augen und Ohren nicht getraut. Wahrscheinlich hätte er geglaubt, man habe ihn einfach zurückversetzt in eine andere Zeit, in eine Zeit, als die CDU weder die Bundestagswahl verloren noch über Helmut Kohls Spendenaffäre an den Rand ihrer Existenz geraten war.

Oben auf dem Podium, vor 600 Gästen, die fast alle Mitglieder der CDU waren, stand der leibhaftige Helmut Kohl wie eh und je im letzten Vierteljahrhundert und hielt eine seiner gefürchteten Größter-Staatsmann-aller-Zeiten-Reden. Als ob nie etwas gewesen wäre. Und als er – die Erwartungshaltung im Raum war so, dass man dieses «er» eigentlich in Großbuchstaben schreiben müsste –, und als ER sichtlich zufrieden und schwergewichtig wankend die blau ausgelegte Treppe vom Rednerpult hinunterging, erhob sich im Saal ein Riesenapplaus.

«Lasst uns auf dem Weg in die Zukunft unserer Partei und unseres Landes gemeinsam aufbrechen», hatte er als letzten Satz gesagt. Und der eine oder andere in den ersten Reihen, der vielleicht Kohls «Wir werden ja sehen, wer übrig bleibt» noch im Ohr hatte, leistete sich trotz aller Fernsehkameras und Teleobjektive für einen Moment einen Gesichtsausdruck wie: Bitte, bloß das nicht.

Dann aber erhoben sich nach und nach die 600 applaudierenden Gäste zu stehenden Ovationen, erst die, die weiter hinten saßen, dann nach und nach, wenn auch erkennbar zögerlich und unwillig, die neue Führungsspitze der Partei in den ersten Reihen.

Wir werden ja sehen, wer übrig bleibt.

Ganz vorn links saß mit tapferem, aber versteinertem Gesicht Wolfgang Schäuble in seinem Rollstuhl. Während Kohl sprach, hatte er zur Seite oder auf den Boden geschaut, niemals zum Podium. Und jetzt zupfte er den neben ihm sitzenden Lothar de Maizière aufmunternd am Anzugärmel. De Maizière sah richtig ärgerlich aus. Und er machte auch keine Anstalten aufzustehen. Da buffte Wolfgang Schäuble ihn schließlich kräftig mit dem Ellenbogen in die Seite und zischte ihm zu: «Lothar, steh auf. Der Einzige, der das Privileg hat, sitzen zu bleiben, bin ich.»

Nachher ließ Helmut Kohl sich ostentativ neben Manfred Kanther fotografieren. Überhaupt war er umschwänzelt von allen, die ihn immer umschwänzelt hatten. Er gefiel sich im Scheinwerferlicht. Da war Schäuble längst verschwunden, Lothar de Maizière auch. Auffallend viele hatten das Haus der Wirtschaft sehr schnell wieder verlassen. Und im Rausgehen erzählte Christa Thoben noch einmal erschüttert, wie Wolfgang Schäuble vor sieben Monaten die Tränen gekommen waren, als er seinen Rücktritt ankündigte.

Es war die Parteivorsitzende Angela Merkel, die diese Ersatzfeier für Helmut Kohl arrangiert hatte. Es hatte Streit darüber gegeben, ob er zu zehn Jahren Deutsche Einheit in Dresden reden dürfe. Jetzt hob sie ihn mit einer Reihe von extra zu diesem Zweck erfundenen Ersatzveranstaltungen wieder auf den Denkmalsockel. Sie tat das möglicherweise aus nackter Not, ganz sicher aber in der Hoffnung, dass er als Denkmal vielleicht endlich Ruhe geben würde. Das war ein folgenschwerer Irrtum.

Anfangs hatte Angela Merkel möglicherweise sogar geglaubt, es könne mit Kohl so funktionieren wie mit Krause. Wie lange haben die Mecklenburger trotzig ihren Brause-Krause verehrt, als er schon lange ein Opfer selbst angerichteter Affären geworden war. Wie lange hatte sie ihren Vorgänger Krause in ihren Reden erwähnt, so wie sie jetzt bei jeder Gelegenheit Kohls große Verdienste rühmte, die man durch Aufklärung schützen müsse.

Eines Tages war der Applaus für Krause dünner geworden. Dann war auch das vorbei.

So wird es auch mit Kohl sein. Hat sie gehofft. «Haben Sie gemerkt, in Hamburg war der Applaus beim Thema Ehrenwort schon dünner», hat sie mir einmal gesagt.

Kohl machte dann – vor allem hinter den Kulissen – hinreichend deutlich, dass er seine Partei und die neue Vorsitzende nicht eher in die Zukunft entlassen werde, bis sie ihm zur Wiederherstellung seines angekratzten Ruhmes verholfen hat.

Kohls Entourage spickte Journalisten mit Informationen über angebliche Hubschrauberflüge und über eine frühe Mitwisserschaft Merkels an der ominösen 100 000-Mark-Spende. Auch flog ganz zufällig in dieser Zeit auf, dass auch der Landesverband Mecklenburg-Vorpommern 147 000 Mark aus schwarzen Kassen der Bundespartei erhalten hatte. Und das ist nur das, was man weiß. Jedenfalls konnte man in dieser Zeit von Kohl-Getreuen aus der Bundestagsfraktion unfassbar drastische Vokabeln hören: Wir zerquetschen die Merkel. Die wird getötet. Rache ist Blutwurst.

Je weniger es Angela Merkel und Friedrich Merz gelang, das gewaltige Machtvakuum und die unstillbare Führungssehnsucht, die Helmut Kohl hinterlassen hatte, auch nur annähernd zu füllen, desto dicker wurde der innerparteiliche Applaus für Helmut Kohl, desto stärker wünschten viele, sich wieder zu versöhnen mit Kohl und in Frieden zu leben mit ihm.

Und als Kohl schließlich nicht der Parteivorsitzenden oder dem Fraktionschef, sondern einem ausgewählten Kreis von Anhängern – die sich die 94er nannten – huldvoll mitteilte, er gedenke nach der Sommerpause wieder an den Fraktionssitzungen teilzunehmen, war die Sache eigentlich schon gelaufen.

Als er am 17. März zum ersten Mal wieder in den Berliner Reichstag kam, ärgerte Angela Merkel sich lautstark über die Journalisten, die ihm den Gefallen taten, einen Riesenwirbel zu veranstalten. Später, kurz vor elf, als sich längst alle wieder beruhigt hatten, geschah etwas wirklich Gespenstisches. Einer der Spiegel in der Reichstagskuppel lenkte einen Sonnenstrahl so in den Plenarsaal, dass er ausgerechnet in die sechste Reihe und auf Helmut Kohl fiel. Alle anderen saßen im Halbdunkel, er lichtüberflossen wie auf einem Heiligengemälde. Es war ein

Augenblick von grandioser Ungerechtigkeit und Prophetie. Und alle Kameraverschlüsse klickten.

Es war der Beginn eines Kohl-Revivals.

Kohl hat die neue Solidarisierung dann mit allen Mitteln befördert. Er weiß schließlich, wie es geht. Er telefonierte rum, gab Parolen aus: Die können es nicht. Er erinnerte den einen oder anderen an das eine oder andere gemeinsame Geheimnis.

Er spannte sogar die Abgeordneten von SPD und Grünen für sein Interesse ein. Unaufgefordert und angeblich «aus Versehen» legte er dem Untersuchungsausschuss seinen Terminkalender des Jahres 2000 vor. Dann lehnte er sich zurück und schaute zufrieden zu, was passierte.

Es war der Terminkalender, in dem auch vermerkt war, dass und wie oft Kohl sich mit dem CDU-Obmann Andreas Schmidt getroffen hatte, um das Vorgehen im Ausschuss zu besprechen. SPD und Grüne taten, was sie tun sollten. Sie attackierten diese Treffen als einen unglaublichen und undemokratischen Vorgang. Und die Unions-Fraktion tat ebenfalls, was sie tun sollte, was sie immer getan hatte. Sie schloss unter dem Druck der Sozen-Kritik die Reihen wieder fest zusammen. Sie solidarisierte sich mit Schmidt. Und mit Kohl.

Von diesen Machtkämpfen bekam die Öffentlichkeit nicht viel mit. Bis Angela Merkel zum 10. Jahrestag der Deutschen Einheit Helmut Kohl wieder auf seinen Denkmalsockel stellte.

Das Publikum war enttäuscht. Die Medien haben nicht einmal mehr transportiert, dass Angela Merkel bei ihren Reden nach wie vor sorgfältig und gebetsmühlenhaft zwischen Kohls Verdiensten um die Einheit und seiner schäbigen und parteischädigenden Rolle in der Schwarzgeldaffäre unterschied. Die Botschaft nach außen war: Die CDU unter Angela Merkel arrangiert sich mit Helmut Kohl. Es sah aus wie eine erneute Unterwerfung unter das System Kohl, wie der Verrat am Neubeginn, wie das Ende des demokratischen Aufbruchs. Es wurde als Schwäche interpretiert. Und Angela Merkels glänzende Glaubwürdigkeit bekam ihren ersten Kratzer.

Aber auch die schönste Glaubwürdigkeit hätte Angela Merkel nichts genutzt, wenn die Kohlianer sie einfach weggefegt hätten.

Der Bergsteiger Heiner Geißler hatte Angela Merkel gewarnt: Wer sich umdreht, dem wird schwindelig. Wer Angst hat, stürzt ab.

Angela Merkel mag gedacht haben: Wenn er erst wieder als Denkmal auf dem Sockel steht, wird er uns in Ruhe lassen. Er wird mir dankbar sein, dass ich ihn wieder dahin gestellt habe. Sie hat geglaubt, mit Helmut Kohl lasse sich ein Arrangement treffen. Sie glaubt das möglicherweise noch.

Es ist ein Irrtum gewesen, der vielleicht folgenschwerste Irrtum in der politischen Karriere der Angela Merkel.

Ohne Kohl wäre sie niemals geworden, was sie ist. Mit ihm wird sie nicht bleiben, was sie ist. Er wird es ihr nicht danken, dass sie ihn wieder auf den Denkmalsockel gestellt hat. Weil er ihr nicht vergessen kann, dass sie ihn überhaupt da runtergeholt hat.

Jetzt hängt Helmut Kohl erst recht wieder am Telefon. Jetzt verspricht er sich im Untersuchungsausschuss schon mal und sagt: «Sie haben eine Frage an den Parteivorsitzenden der CDU gestellt.»

Als er im Juni 2001 Wolfgang Schäuble als Spitzenkandidat für Berlin verhinderte und der junge Spitzenkandidat von Kohls Gnaden sagte, es sei für Berlin «eine große Ehre», wenn Kohl beim letzten Gefecht gegen Sozen und Kommunisten tüchtig mitmische, da war das System Kohl in die Bundesrepublik zurückgekehrt.

Und als Satyrspiel erklärte der unglückliche Generalsekretär Laurenz Meyer Ende Juni 2001 der *Süddeutschen Zeitung*, dass die angestrebte Parteireform leider um «mindestens ein Jahr» verschoben werde. Man müsse sich auf dem nächsten Parteitag nun einmal «auf den Abschluss der Sachfragen» konzentrieren. Vor allem aber habe man Sorge, dass man mit einer Reformdiskussion nur die Erinnerung an den Spendenskandal neu wecken könne.

Das von Angela Merkel selbst als Befreiungsschlag inszenierte Kohl-Revival wurde so zum Anschlag auf Merkels Autorität und Popularität. Und je mehr es Kohl gelang, wieder Einfluss zu nehmen, desto weniger fand der demokratische Aufbruch der CDU statt.

Mit Angela Merkel hatte sich aber nicht nur die Hoffnung auf einen demokratischen Aufbruch der CDU verbunden, sondern auch die ganz irrationale Hoffnung auf die Überführung der Bonner Bimbes-Republik in etwas Wiedervereinigtes und Besseres, etwas, das man eines Tages wirklich stolz die Berliner Republik nennen könnte. Diese hehre, politisch romantische Erwartungshaltung spiegelte sich in den hohen Umfragewerten der Angela Merkel auf dem Höhepunkt der Spendenaffäre. Sie spiegelte sich aber auch in der Tiefe ihres Absturzes, als es so aussah, als würde der demokratische Aufbruch misslingen.

Sie war die ideale Besetzung für den demokratischen Aufbruch der CDU, für die Beseitigung des Systems Kohl und für die Rückführung des Landes auf die im Grundgesetz festgelegten Regeln der Demokratie. Als der demokratische Aufbruch der CDU nicht stattfand oder vor lauter Kohl-Revival und Unionsstreitigkeiten nicht sichtbar wurde, wirkte Angela Merkel plötzlich wie eine Fehlbesetzung.

Moralisch und machttechnisch ganz ungeniert da weitermachen, wo Kohl aufhören musste, das können andere vielleicht auch wirklich besser als Angela Merkel. Roland Koch zum Beispiel kann das möglicherweise viel besser.

Zehntes Kapitel
«SONST WERDE ICH NIE CHEF»

KÖNIGIN OHNE LAND

Es ist eine Frage der Macht. Wer etwas will in der Politik, braucht Macht. Wer besser sein will als alle anderen, braucht mehr Macht als alle anderen. Und es nützt nichts, wenn man zwar nominell die ganze Macht hat, also zum Beispiel Vorsitzende einer großen Volkspartei ist, aber eines Tages erkennen muss, dass man in Wirklichkeit machtlos ist, dass jeder kleine Ministerpräsident oder Regierende Bürgermeister einem auf der Nase herumtanzen kann.

In der Woche vor der Abstimmung im Bundesrat über die Steuerreform der Schröder-Regierung war Angela Merkel unterwegs auf einer Sommertour durch Süddeutschland. Mit Betriebsbesichtigungen und Fachgesprächen sollte die Wirtschaftskompetenz der CDU und ihrer Vorsitzenden ein wenig aufpoliert werden. Das funktioniert am besten, wenn bei solchen Touren Journalisten mitfahren, die über die Betriebsbesichtigungen und Fachgespräche berichten.

Der Reisebus, mit dem wir schon seit drei Tagen unterwegs waren, der uns von IBM Stuttgart zum Gartengerätehersteller Garpa gefahren hatte und von einem Start-up-Unternehmen auf der schwäbischen Alb zum nächsten, stand an diesem Nachmittag vor der Freiburger Universität.

Angela Merkel redete im überfüllten Audimax über die neue soziale Marktwirtschaft. Sie sprach frei. Sie wirkte frisch und aufgeräumt. Die linke Hand behielt sie in der Hosentasche. Man konnte sehen und hören, dass sie gern vor einem jungen, akademischen Publikum vorträgt. Und sie hatte offensichtlich auch Spaß daran, ausgerechnet an der Freiburger Universität ihre Vision einer neuen sozialen Marktwirtschaft im Zeitalter der Globalisierung zu entwickeln. Inzwischen weiß sie ja ganz genau, was die Freiburger Schule war, und auch, wie man Müller-Armack schreibt.

Die Studenten und Gäste der Universität, einige von ihnen hatten nur noch auf den Treppen des großen Hörsaals Platz gefunden, hörten mucksmäuschenstill zu. Hier und da unterbrachen sie mit Applaus, Gelächter oder überraschtem Hört-hört-Geraune, wenn die Parteivorsitzende der CDU vom Betriebssystem Linux schwärmte oder gegen die Versklavung der Computerwelt durch Microsoft wetterte. Offenbar kennt die sich aus. Hat sogar Programmiersprachen gelernt.

Wozu ist man schließlich Physikerin?

Am Ende, in der Gibt-es-noch-Fragen-Runde, tat einer der Professoren, was deutsche Professoren immer tun, meldete sich, fragte aber nichts, sondern hielt selbst einen Vortrag zur globalisierten Weltwirtschaft, eine Art Koreferat. Sein Fachkauderwelsch bildete zusammen mit seinen barocken Schachtelsätzen noch einmal einen eindrucksvollen Kontrast zu Angela Merkels klarer, vitaler Sprache.

Im Hinausgehen fragte ich Angela Merkel, wer eigentlich leichter mitzunehmen sei auf die Reise in die neue Marktwirtschaft, ein gemischtes, akademisches Publikum wie hier in Freiburg oder die eigene Partei. Sie antwortete: «Na, diese hier natürlich.» Bei Parteiveranstaltungen säßen ja doch vor allem immer die Spione der Sozialausschüsse einerseits und der Wirtschaftsvereinigungen andererseits, um aufzupassen, dass nicht etwa der Untergang des Abendlandes verabredet wird. – Da war sie noch sehr gut gelaunt.

Als wir wieder zu unserem Bus kamen und einsteigen wollten, sagte Angela Merkel plötzlich: «Wie lange wollen Sie eigentlich noch mitfahren? Müssen Sie denn unbedingt dabei sein, wenn ich umfalle?»

Sie sagte das mit freundlicher Miene, aber scharfem Unterton. Sie sah auf einmal blass aus, enttäuscht und sehr müde. Und sie meinte ganz offensichtlich nicht umfallen, wie man es im Sinne von politisch umfallen, also plötzlich die Haltung wechseln, sagt. Sie meinte tatsächlich physisch umfallen, im Sinne von ohnmächtig werden.

Was war denn nun plötzlich los? In der Zwischenzeit war doch gar nichts passiert.

Außer zwei Telefongesprächen.

Es werden die entscheidenden Telefongespräche gewesen sein. Angela Merkel lernte in jenem Sommer des Jahres 2000 eine bittere Lektion. Die Lektion von der scheinbaren Macht. Die Lektion von der überraschenden Machtlosigkeit der Vorsitzenden einer großen Oppositionspartei.

Wer schlagartig erkennen muss, dass er ohne Macht ist, wer ganz plötzlich seine Ohnmacht fühlt, fürchtet möglicherweise tatsächlich, ohnmächtig zu werden und umzufallen. Schlimmstenfalls vor Publikum. *M. zeigt Nerven!,* steht im Notizblock von jenem Nachmittag.

Morgens in Lindau, beim Frühstück im Hotel mit Blick über den Bodensee, hatte Angela Merkel noch eher gelassen erklärt, sie habe sich für den höchst unwahrscheinlichen Fall, dass die Abstimmung im Bundesrat etwa doch noch schief laufen sollte, natürlich schon zurechtgelegt, was sie sagen werde. Auch in diesem Moment hatte das Funktelefon geklingelt. Ein junger Mann aus ihrer Presseabteilung hatte es ihr gereicht.

Es wurde sehr viel telefoniert in den Tagen vor der Abstimmung im Bundesrat. So entstand immer wieder Zeit, Angela Merkel in Ruhe zu beobachten: wie selbstverständlich und beiläufig sie es inzwischen nimmt, von Referenten, Kellnern, Serviererinnen und Hoteldienern umwieselt zu werden. Und sie nähern sich der Parteivorsitzenden ja alle in dieser devoten, Aufmerksamkeit signalisierenden Körperhaltung, die für VIPs der Stufe Alpha eins vorbehalten ist.

Alpha eins ist aber immer noch dieselbe Frau, die bei ihrem ersten Besuch hier am Bodensee stundenlang unschlüssig auf der Straße herumgelaufen sein muss, bis sie sich endlich traute, eine kleine Pension zu betreten. Weil sie nicht sicher war, ob eine allein reisende Frau im wilden Westen überhaupt riskieren könne, ein Hotelzimmer zu nehmen. Aber das war vor dem Fall der Mauer. Vor vierzehn unfassbar weit zurückliegenden Jahren, in einer Zeit, in der Angela Merkel sich damit beschäftigte, das Verhalten von Kohlenwasserstoffen zu berechnen, nicht das von Parteifreunden.

Heute hat sie nicht überlegt, ob sie sich ein Zimmer nehmen soll. Das haben andere für sie reserviert. Heute hat sie sich zurechtgelegt, was sie sagen wird, falls sie sich verrechnet hat, falls es schief geht mit der Abstimmung im Bundesrat, obwohl doch eine hinreichende Anzahl von Union-Länderchefs in der letzten Präsidiumssitzung verkündet hatten, dass sie gegen die Steuerreform stimmen werden.

Ob sie es für möglich gehalten hat, dass die so genannten Parteifreunde es tatsächlich fertig bringen, im Präsidium etwas zu verabreden und zu versprechen und dann in die Abstimmung zu gehen und das genaue Gegenteil zu tun? Dass Eberhard Diepgen sich gegen alle parteiinternen Verabredungen rauskaufen lässt? Mit Zugeständnissen, die der Bund dem Land Berlin so oder so hätte machen müssen, die Finanzminister Hans Eichel aber noch ein wenig im Körbchen zurückbehalten hatte, um sie jetzt – eins, zwei, drei – als Last-Minute-Angebot hervorzuzaubern?

«Jetzt habe ich eine Erfahrung mehr», hat sie nach der Abstimmung immer wieder und in alle Kameras gesagt: «Das war das erste und das letzte Mal, dass mir so etwas passiert ist.» Und man musste nicht sehr genau hinschauen, um hinter ihrem flauen Lächeln den Zorn zu erkennen, die Wut und die Enttäuschung über die eigene Ohnmacht. Ohnmächtig geworden ist sie aber trotzdem nicht. Jedenfalls nicht öffentlich.

Am Montag nach der Pleite im Bundesrat wurde Angela Merkel 46 Jahre alt. Zwei Tage später war sie hundert Tage im Amt, als erste Frau in der Geschichte Deutschlands, die in einer großen Volkspartei Vorsitzende geworden ist. Die 100-Tage-Bilanzen und Geburtstagsartikel waren vernichtend: Die kann es nicht. Die schafft es nicht. Die hat eben in der DDR nicht gelernt, wie man so etwas macht. Wie soll das auch einer evangelischen Frau aus dem Osten gelingen, die den katholischen Konservatismus nicht kennt? Die ist doch viel zu gut und zu lieb. Moderiert zu viel. Führt nicht. Das wäre Wolfgang Schäuble nicht passiert. Bei dem hätte der Diepgen sich das nicht getraut.

In den Zeiten der personenfixierten Medien werden ja meistens persönliche und charakterliche Gründe als Erklärungen für politische Missgeschicke gesucht und gefunden. Erst recht bei einer Frau. Nach strukturellen Gründen fragen nicht mehr viele. Wenn man aber überlegt, was ein anderer, der nicht aus der DDR und keine Frau gewesen wäre, dafür vielleicht ein langjähriger Kenner des rheinischen Konservatismus, in dieser Situation unter den gleichen Konditionen anders und besser gemacht hätte, dann wird es eigentlich erst interessant. Dann wird an diesem ersten und größten Debakel der neuen CDU-Parteivorsitzenden gleich alles deutlich, zum Beispiel auch, dass das Hauptproblem der Angela Merkel ein Konstruktionsfehler ist. Ein Konstruktionsfehler, der bis heute nicht behoben ist.

Sie hat zu wenig Macht. Sie hat nur die nominelle Macht. Sie ist nicht Fraktionsvorsitzende. Sie ist nicht Ministerpräsidentin. Sie ist nicht einmal Vorsitzende eines starken Landesverbandes. Sie ist der ungewöhnliche Fall der Parteichefin einer großen Oppositionspartei in der Bundesrepublik, die überhaupt kein anderes Amt hat außer dem Parteivorsitz. Und weil sie nach der Wende quer eingestiegen ist, hat sie, anders als alle anderen, auch keine alten Kumpane, die zu ihr halten, was immer geschieht. Sie ist ohne Seilschaften, eine Königin ohne Land. Eine Königin ohne Land und ohne Truppen.

Dafür darf sie eine Partei anführen, die nach sechzehn Jahren zum ersten Mal wieder Opposition üben muss, die die Gründe für ihre Wahlniederlage beharrlich beschweigt, die verlernt hat, politisch etwas zu entwickeln und aufzubauen. Sie wurde Vorsitzende einer Partei, die von der Spendenaffäre vollkommen paralysiert war, ohne Geld, ohne Wahlchancen, ohne Reputation bei den Wählern und kurz davor, sich selbst aufzulösen wie die *Democrazia Cristiana* in Italien nach ähnlichen Vorgängen.

Die Spendenaffäre hatte ja nicht nur die amtierende Führung, sondern gleich auch noch die zweite Reihe der CDU weggefegt. Und die ewig zu kurz gekommenen Kohl-Söhne wie Rühe und Rüttgers wollten nicht glauben, dass auch ihre Chancen verloren sind, können es ja bis heute nicht glauben. Sie hoffen immer noch auf ein Wunder. Manchmal drehen sie auch dran. Jeder in so einer Partei ist sich selbst der Nächste.

Die CDU war also in jeder Hinsicht in der vollkommen aussichtslosen und desolaten Situation, in der sogar in diesem Land auch einmal eine Frau ein Spitzenamt übernehmen darf.

Am Dienstag vor der Bundesratsabstimmung hatten sich die Managerinnen von IBM Stuttgart bei Angela Merkel beklagt, dass sie als topausgebildete Frauen in Deutschland inzwischen zwar selbstverständlich zweithöchste Positionen, aber immer noch nicht den einen Spitzenjob haben können.

Da hatte die Vorsitzende der CDU eher beiläufig gesagt: «Vielleicht muss die Firma IBM erst einmal in eine richtig große Krise kommen, damit hier auch mal eine Frau übernehmen darf.»

Und die herzhaften Lacher, die sie dafür geerntet hatte, waren etwas bitter und ratlos ausgeklungen.

Die CDU hatte in ihrer richtig großen Krise nun aber auch etwas ganz Besonderes gewagt: Sie gab nicht nur zum ersten Mal in ihrer Geschichte einer Frau die Chance, die Führung zu übernehmen. Sie trennte zugleich, zum ersten Mal in ihrer Geschichte, Fraktionsvorsitz und Parteivorsitz in der Opposition voneinander. Sie verteilte die wenige Macht also auf zwei Personen.

Deswegen kann man möglicherweise auch die ewigen Querelen zwischen der Parteivorsitzenden Angela Merkel und dem Fraktionsvorsitzenden Friedrich Merz viel schlüssiger strukturell erklären als nur mit den Charakter- und Führungseigenschaften der beiden Protagonisten.

Was hätte Angela Merkel anderes tun können? In Essen sagen: Ich nehme diese Wahl nicht an? Oder: Ich nehme den Parteivorsitz nur an, wenn Friedrich Merz mir den Posten des Fraktionsvorsitzes noch dazugibt? Mit der halben Macht ist diese Aufgabe nicht zu stemmen?

Seit der Weihnachtsfeier der CDU/CSU-Fraktion 1998 in der Stadthalle von Bad Godesberg duzen sich Friedrich Merz und Angela Merkel. Da haben die beiden lange zusammengesessen bis spät in die Nacht. Eigentlich verstehen sie sich gut seither, der Katholik aus dem Sauerland und die Protestantin aus der Uckermark. Eigentlich. Wenn nur dieser Konstruktionsfehler nicht wäre. Wenn nur nicht die Journalisten wären, die den Konstruktionsfehler kennen. Wenn nur die Einflüsterer in der jeweiligen Entourage nicht wären, die den Fehler auch kennen und nur das Beste wollen für ihren Chef und für ihre Chefin.

Einmal habe ich Friedrich Merz besucht, um mit ihm über Angela Merkel zu sprechen. Er sagte: «Seitdem wir im Amt sind, gibt es das Phänomen, dass die Medien zwischen ihr und mir Unterschiede herausarbeiten wollen. Wir haben aber eine Vertrauensbasis, die stabil ist und die wir nicht von außen kaputtmachen lassen. Wir lassen uns nicht auseinander treiben.»

Wenn er verstanden hat, wie Medien funktionieren, warum hat er dann ausgerechnet in die Plakat-Debatte hinein, als seine Parteivorsitzende für einen Augenblick sehr schwach dastand,

seinen eigenen Anspruch auf die Kanzlerkandidatur reklamiert? «Dazu ist alles gesagt», antwortete Friedrich Merz. Er
sagte es etwas kleinlaut und mit spitzer Nase. Er wusste, dass
er den Kampf mit Angela Merkel um die Kanzlerkandidatur
schon verloren hat. Außerdem wolle er das Gespräch an dieser
Stelle sowieso gern beenden, sagte er. Und plötzlich sah der
Zwei-Meter-Mann ganz klein aus vor den gewaltigen Deutsch-
land- und Europafahnen, mit denen er sein Fraktionsbüro im
Reichstag dekoriert.

Möglicherweise war Angela Merkel zunächst sogar froh,
dass ein anderer den Fraktionsvorsitz übernommen hat. Bei
245 erwachsenen Menschen, die in den Parlamentswochen sozusagen in Intensivhaltung einander häufiger sehen als ihre
Familien, ihre Frauen oder ihre Ehemänner, gibt es gruppendy-
namische Prozesse, die man kennen und beherrschen muss. Außerdem sind etwa die Hälfte der Unionsabgeordneten Ent-
machtete und Verstrickte des Systems Kohl, ehemalige
Minister, ehemalige Staatssekretäre, ehemalige Generalsekretäre und ehemalige Handlanger, die jetzt einfache Abgeordnete
sind. Sie haben ihre politische Zukunft hinter sich. Deswegen
klammern sie sich um so nachhaltiger an die Verklärung der
Vergangenheit. Und auch die andere Hälfte der Unionsabgeordneten hat sich in den langen Regierungsjahrzehnten daran gewöhnt, dass zum Wohle des großen Vorsitzenden und Bundeskanzlers immer alles längst ausgemacht und festgezurrt war,
wenn es der Fraktion zur Zustimmung vorgelegt wurde.

Wenn so eine Truppe plötzlich in die Opposition gerät, müs-
se man als Vorsitzender eine Mischung aus Zirkusdompteur,
Psychotherapeut, Pfarrer, Beichtvater und Notarzt sein, sagt
Friedrich Merz.

Und als Parteichefin fühlt man sich dort gleich ganz fehl am
Platz. Auch, weil schon ein anderer der Fraktionschef ist. Angela Merkels Freunde in der Fraktion erzählen, dass sie da immer sehr zurückhaltend, fast etwas unsicher auftrete. So lange

war sie ja noch nicht Generalsekretärin, bevor sie Parteivorsitzende wurde. Und als Ministerin sitzt man nicht in Fraktionssitzungen.

Wenn sie es einmal ganz anders probiert, mit Rücksicht auf Friedrich Merz macht sie das natürlich nicht besonders häufig, funktioniert es allerdings sofort sehr gut. Einmal, als es in der Fraktion gegen den Ministerpräsidenten des Saarlandes, Peter Müller, gegangen war, da hat Angela Merkel ein heftiges, scharfes und abschließendes Machtwort gesprochen. Und das hat allen gut gefallen. Sie sind geradezu süchtig nach Führung in dieser Fraktion.

Angela Merkel hat den Konstruktionsfehler von Anfang an bedacht. Wenn es jemals eine risikofreie Gelegenheit gegeben hätte, den Fraktionsvorsitz für sich zu reklamieren, dann hätte sie sie ergriffen. Und wenn sich so eine risikofreie Gelegenheit jemals in der Zukunft ergeben sollte, dann wird sie zugreifen.

MUT, MACHT UND MISSTRAUEN

Ihr Problem jenseits der strukturellen Bedingungen liegt in diesem Adjektiv «risikofrei». Wer in der Politik immer auf die gefahrlose Gelegenheit wartet, wer immer erst alle Risiken und Nebenwirkungen ausgerechnet haben will, bevor er handelt, wer nie spielt, wird seine Macht nicht vergrößern. Er wird sie höchstens verlieren.

Auch das war mit dem Abstimmungsflop im Bundesrat schon deutlich geworden. Angela Merkel hatte sich ja wider besseres Wissen in die Blockadepolitik drängen lassen. Sie hatte sich nur nicht wirklich getraut, ihre Meinung gegen Merz und Stoiber aufrechtzuerhalten: dass man als Oppositionspartei auch im Konsens Profil gewinnen kann. Dass Sozenhass und Fundamentalopposition im postideologischen Zeitalter gerade noch fürs Festzelt taugen, nicht aber für eine tragbare politische Strategie, nicht dafür, Gerhard Schröder die Mitte und die Bündnispartner wieder abzujagen.

Merz hatte zugespitzt: Blockieren wie Lafontaine, das können wir auch! Und Stoiber hatte Angela Merkel die Boxhandschuhe geschenkt. Seine Botschaft zu dieser Zeit ist immer klar gewesen, hinter den Kulissen noch deutlicher als davor: Hau mal drauf, Mädchen, geh klar auf Konfrontation, die Steuerreform muss kompromisslos abgelehnt werden. Die Union fühlte sich superstark.

Sie war es aber nicht. Und dann stand gerade Stoiber da zusammen mit den Jungs von den konservativen Zeitungen und war ein wenig betreten über die blutigen Nasen, die Friedrich Merz und Angela Merkel sich geholt hatten.

«Die am meisten nach dem Kampfanzug geschrien haben, sind ja jetzt als Erste umgefallen», sagte sie. Das ging gegen Diepgen und gegen Brandenburgs CDU-Innenminister Jörg Schönbohm, der erst in alle Mikrofone gerufen hat, es sei für die Union wieder mal an der Zeit, den Kampfanzug anzuziehen, der dann mit Manfred Stolpe gegen die Union gestimmt hatte und der schließlich vor laufenden Kameras auch noch ein sorgenvolles Gesicht aufsetzte und fragte, wie es in der CDU nach dieser Schlappe wohl weitergeht.

Angela Merkel hat die wenige Macht, die sie hatte, nicht wirklich genutzt. Als ob gerade sie vergessen hätte, wie sie einst als Generalsekretärin mit einem einzigen, mutigen Aufsatz und ohne Absicherung nach allen Seiten ihre Autorität, ihr Ansehen und ihre Macht vervielfältigt hat.

Sie sei eben nicht besonders mutig, sie brauche immer eine Weile, um alle Risiken abzuwägen, sagt sie. Und erinnert daran, wie sie einst in Templin 45 Minuten auf dem Sprungbrett meditiert hat. Auch da ist sie ja erst gesprungen, als es klingelte, als die Schwimmstunde eigentlich schon um war. Aber sie muss doch auch wissen, dass sie ihren bislang größten politischen Erfolg errang, als sie einmal vor allen anderen Anlauf nahm und als Erste den Sprung wagte.

Manchmal in den letzten Monaten sah es ja so aus, als stünde nicht nur die CDU, sondern das ganze Land unten am Beckenrand und warte darauf, dass Angela Merkel endlich springt. Und die Ersten gingen schon wieder nach Hause, weil es ihnen zu lange dauerte.

Mit Unbehagen haben ihre Freunde und Anhänger in der Partei beobachtet, wie die kämpferische Generalsekretärin sich als Parteivorsitzende verändert hat. Wie sie sich angebiedert hat bei den Leuten in der Partei, die nicht ihre Unterstützer waren. Wie sie die eigenen Freunde verprellt hat bei ihren Versuchen, ein paar Feinde in Freunde umzuwandeln.

Wie oft hat sie Leute vom ganz äußersten, rechten Flügel ermuntert und zitiert. Sie dachte, sie tue denen einen Gefallen. Sie dachte, sie gewinne so den rechten Flügel für sich. Aber es wurde ihr als Schwäche ausgelegt.

Sie muss doch erst einmal ihre eigenen Leute stärken, sagen dann vor allem diejenigen, die sich zu ihren eigenen Leuten zählen. Das Erste, was eine Führungsperson zeigen müsse, sei doch: Wer sich zu mir bekennt, dem geht es gut. Wenn diese Botschaft ausbleibe, gebe es doch gar keinen Anreiz, mit ihr zusammenzuarbeiten, weder für die, die immer schon für sie waren, noch für die anderen. Da sei sie nach ihrem großen Siegeszug auf eine seltsame Weise zaghaft, die eigene Machtstellung zu nutzen und auszubauen. Das mache sie alles ganz falsch.

Sie selbst sagt, eine Parteivorsitzende dürfe sich nicht auf eine Seite der Partei begeben. Das könne nur scheitern. Sie müsse versuchen, die verschiedenen Enden zusammenzuführen. Also bleibe ihr nichts anderes übrig, als diejenigen, denen sie sich politisch näher fühlt, ständig um Rücksicht zu bitten.

Ist das modernes Teammanagement oder Feigheit? Integrationskraft oder Führungsschwäche? Darüber kann man nächtelang streiten. Darüber wird in der Union nächtelang gestritten. Vielleicht konnte Angela Merkel tatsächlich nur so verhindern, dass die Flügel der CDU nach dem Absturz abbrechen und die christdemokratische Partei wie in Italien auseinander gerissen wird.

Ihr selbst hat dieser moderierende Führungsstil, zumindest in der öffentlichen Wahrnehmung, allerdings enorm geschadet: Die will nichts. Die ist programmatisch nicht konturiert. Die macht ganz lange Krakenarme, um rechts und links alle in der CDU wieder zusammenzubringen. Was sie aber selber will, ist gar nicht mehr zu erkennen. Will die überhaupt was? Und: Wollen wir so eine?

Auch diejenigen, die auf ihrer Seite sind, Leute wie Christian Wulff oder Peter Müller, wie Friedbert Pflüger oder Günter Nooke, sind vor allem immer ein bisschen enttäuscht, dass sie nicht gefragt und nicht eingebunden werden. «Sie bildet keine Beziehungen und keine Koalitionen», heißt es. «Und sie ist so irrwitzig misstrauisch.»

Überall in der CDU kann man inzwischen auf Menschen treffen, die enttäuscht sind, enttäuscht, dass sie von Angela Merkel nicht einbezogen werden, dass sie sie nicht beraten dürfen, dass die Parteivorsitzende so misstrauisch ist.

Die, die in der CDU nichts mehr werden wollen, sagen: Sie darf sich nicht aus Misstrauen einmauern. Sie braucht doch einen Brain-Trust. Sie muss sich eben nur Leute nehmen, die möglichst in dem Laden nichts mehr werden wollen.

Und die, die in dem Laden noch etwas werden wollen, sagen: Sie darf sich nicht aus Misstrauen einmauern. Sie braucht doch so eine Art Think-Tank. Und dazu braucht sie vor allem Leute, die mittendrin sind.

Andere sagen gleich ganz offen: Ich bin enttäuscht, dass sie mich so selten fragt.

Wenn man mit ihr darüber spricht, spürt man, dass sie die meisten Beschwerden einordnet in die Kategorie: persönliche

Eitelkeit. Dann gebe es da einige, die da so einen Beschützer-instinkt hätten und die deshalb für sich in Anspruch nähmen, dass sie sich mehr mit ihnen beraten müsse.

«Damit sagen sie implizit aber eigentlich auch, dass sie es mir so gar nicht zutrauen.»

Ganz am Anfang, als sie noch nicht lange Parteivorsitzende war, hat sie einmal gesagt: «Ja, es ist ein großer Unterschied, ob man Generalsekretärin oder Parteivorsitzende ist. Es gibt jetzt einfach nicht mehr die Möglichkeit zu sagen: Ich frage den Chef noch mal.»

Warum eigentlich nicht? Der Chef, das war zu ihrer Gene-ralsekretärinnenzeit Wolfgang Schäuble. Warum verzichtet sie auf die enorme analytische und intellektuelle Kraft von Wolf-gang Schäuble?

Sie verzichtet gar nicht darauf, sagt sie. Sie fragt ihn. Ab und zu. Aber eine Chefdenkerstelle hat sie ihm ja nun nicht gerade eingeräumt.

«Es wäre das falsche Signal. Ich bin nun einmal überzeugt davon, dass ich in der jetzigen Phase ganz bewusst meinen Weg gehen muss, mit allen Risiken und Nebenwirkungen, wie ich es nicht ganz ohne Ernst bei der CSU gesagt habe. Also muss ich mich auch der Tatsache aussetzen, dass jetzt ich der Chef bin. Sonst werde ich nie Chef. Entweder schaffe ich das, dann schaf-fe ich es auf meine Art. Oder ich schaffe das nicht.»

Wenn man mit Angela Merkel dieses Thema diskutiert, sagt sie allerdings noch etwas Erstaunliches: Es gebe ja auch diese ritualisierten Kontakte, dass einer nur gefragt werden möch-te, damit er gefragt worden ist. Und wenn er gefragt worden ist, sei so einer dann auch bereit, ihre Meinung zu unterstüt-zen. Und zwar ganz egal, was für eine Meinung das schließ-lich ist.

Ja, klar.

«Verstehen Sie, egal, ob meine Meinung so oder so ausfällt. Das ist etwas, das gebe ich zu, das habe ich erst lernen müssen.

Der ist dann auf meiner Seite, auch wenn ich das Gegenteil sage. Nur, weil ich ihn gefragt habe.»

Da ist sie also Parteichefin der CDU geworden und erkennt erst im hohen Alter von 46 Jahren das Grundprinzip aller männlichen Hackordnungen und Seilschaften, das Prinzip des Einbindens, das einer wie Roland Koch bestimmt schon im Kindergarten ausprobiert hat – spätestens, als er mit 14 in seinem Heimatort Eschborn die Junge Union gründete.

Natürlich will Christian Wulff irgendwann mal Kanzler werden, und Roland Koch will das sowieso. Die wollen alle Kanzler werden. Aber jetzt ist sie die Parteichefin. Und deswegen muss sie mit ihnen arbeiten, sie einbinden und souverän genug sein, zu wissen, dass an ihr, gerade wenn sie das vernünftig macht, keiner vorbeikommt.

Und das Misstrauen? Das irrwitzige Misstrauen, von dem alle immer reden?

1991 hat Angela Merkel einmal gesagt: «Ich war schon immer sehr misstrauisch, und das hilft mir auch heute im Westen.»

Ein paar Jahre später fand sie: «Ich glaube nicht, dass ich über die Maßen misstrauisch bin, sodass es meine Arbeit behindert.»

Heute sagt sie: «Manche Sachen kann ich eben nur noch mit ganz wenigen Leuten besprechen. Und ich will gar nicht abstreiten, dass eine gewisse Verschlossenheit die Folge sein kann.»

In der DDR war Misstrauen eine notwendige Überlebensbedingung, in jeder Beziehung. «Misstrauen ist die schwerste Hypothek, die wir Ostdeutschen mit uns herumtragen», sagt Lothar de Maizière.

Und Angela Merkel hat die Misstrauen-Lektion in den Lehrjahren bei Helmut Kohl vertieft. Sie hat ihn ja acht Jahre lang im Kabinett beobachtet, mit der Präzision, mit der eine Naturwissenschaftlerin sich nun einmal ein neues System anschaut.

Misstrauischer als Kohl war keiner, und mächtiger auch nicht. Jetzt, so geht die Klage in der CDU, schottet sie sich im Adenauerhaus mit fünf Getreuen ab wie einst Kohl. Bespricht sich mit keinem. Informiert niemanden. Was das Misstrauen angeht, sei sie tatsächlich das Mädchen von Helmut Kohl geblieben.

Es ist aber möglicherweise ein großer Unterschied, ob einer die ganze Macht hat und sein ausdifferenziertes Misstrauen einsetzt, um die Götterdämmerung noch etwas hinauszuzögern, oder ob eine die Macht erst erobern will. Eigentlich schade, dass Angela Merkel nicht den jungen Helmut Kohl beobachten und analysieren konnte.

Im Grunde genommen wissen sogar diejenigen, die diese Beschwerde führen, dass es gar nicht anders geht, dass eine politische Führungsfigur diesen engen Kreis loyaler und verschwiegener Mitarbeiter einfach braucht. Heutzutage erst recht. Alles, was in etwas größeren Kreisen besprochen wird, im Präsidium oder im Vorstand, ist ja eine Minute später bei den Medien.

Wolfgang Schäuble glaubt, wer mit Ratschlägen, die er Angela Merkel gibt, auf den Markt geht, komme für sie schon nicht mehr als Berater infrage. Verschwiegenheit scheint überhaupt die Bedingung zu sein, um Merkels Misstrauen zu überwinden. Deswegen hört man so wenig von den Menschen, die Angela Merkel wirklich beraten. Dass man nichts hört, darf man aber nicht damit verwechseln, dass da nichts wäre. Wenn man Kurt Biedenkopf in der sächsischen Landesvertretung besucht, wenn man mit Annette Schavan spricht, spürt man nach einer Weile: Mit denen berät sie sich schon. Sie sprechen nur nicht drüber. Leute, die sie wirklich beraten, die laufen eben nicht herum und reden darüber. Die sind im Gespräch über Angela Merkel eher spröde.

Wenn man ein bisschen herumkommt im Land, trifft man in allen Sparten und Branchen interessante Menschen, die sich regelmäßig mit Angela Merkel treffen. Leute, die von Haus aus mit der CDU nichts am Hut haben, sind ihr offenbar am liebsten. Da kann sie neue Impulse bekommen und ihre Gedanken überprüfen. Das macht sie wiederum so, als habe sie durchaus auch den jungen Helmut Kohl studiert. Sie hat exzellente Kontakte in der Wirtschaft. Sie redet mit Freya Klier und mit Thomas Brussig, sie fährt zu Volker Schlöndorff nach Potsdam-Babelsberg. Sie hat mit Ernst-Ludwig Winnacker schon über Gentechnik diskutiert, als Gentechnik noch als wunderliches Steckenpferd des *FAZ*-Herausgebers Frank Schirrmacher galt.

Nur dass sie dann ihre Erkenntnisse und Überzeugungen zu den ethischen Fragen der Genforschung nicht von oben nach unten in die Partei einspeist. Sie lässt es, wie man es sich im Schock der Spendenaffäre versprochen hatte, tatsächlich von unten nach oben diskutieren in Gremien und Kommissionen. Und in diesen Gremien und Kommissonen belauert und blockiert sich die Partei wie eh und je: Süd gegen Nord, Ost gegen West, Mittelstand, Frauen, Wirtschaft, Sozialausschüsse. Da kommen dann meistens Sachen raus, die weichgespült sind. Und vor allem: Das dauert und dauert.

Dann ist eben der Bundespräsident in der Gendebatte schneller und schärfer als die Opposition. Und alle fragen wieder einmal: Wofür eigentlich steht Angela Merkel?

Chirac, Putin, Clinton und auch die Vertreter der neuen Administration in Washington haben ihre Gespräche mit Angela Merkel höflich eröffnet mit ein paar Floskeln über Frauen in der Politik. Dann aber haben alle gefragt: Wofür steht die CDU jetzt? Immer wird sie das gefragt, von Journalisten, von Wirtschaftsleuten, auch in den Gremien der Partei, in den vielen Gesprächen und Konferenzen in allen Landesverbänden. Bis sie verstanden hatte, wie dezidiert eine auftreten muss, die die Macht hat. Es reicht also nicht zu sagen, Herr Clinton, die CDU bleibt, wie sie ist, im Übrigen haben wir verschiedenen Kommissionen installiert, die das neue Programm erarbeiten werden. Sie muss sagen: Monsieur Chirac, solange ich CDU-Vorsitzende bin, garantiere ich Ihnen, dass diese Partei ihren europapolitischen Kurs beibehält.

Eine Parteivorsitzende hat drei Wirklichkeiten zu jonglieren. Ihre eigene Wahrnehmung von Wirklichkeit, die Parteiwirklichkeit und die Medienwirklichkeit. Was sie verhindern muss, ist, dass die innerparteiliche Wirklichkeit die allein bestimmende Wirklichkeit bleibt. Dann sitzt sie in der alten Wagenburg. Je mehr Menschen, die die letzten 25 Jahre Politik mit 25 Jahren Kohl verbinden, jetzt plötzlich gezwungen werden, sich auf etwas ganz Neues einzustellen, je mehr sich Helmut Kohl als Alles-kann-bleiben-wie-es-war-Gespenst andient, umso größer wird die Gefahr, dass die CDU sich wieder einmauert. In der Unionsfraktion kann man das sehr gut beobachten: Dort ist die Welt in Ordnung. Dort herrscht noch Kalter Krieg. Dort ist Deutschland kein Einwanderungsland. Dort sagt man wie Friedrich Merz: Der Abstand zu den Sozialdemokraten muss wieder größer werden. Dort macht man es sich gemütlich mit seinen 30 bis 35 Prozent Stammwählern. Dort bleibt man gesellschaftlich isoliert und ohne Bündnispartner.

Wie aber stellt man es an, einerseits der Gesellschaft zu signalisieren: Ich, Angela Merkel, bin auf der Höhe der Zeit, ich bin weder rechts noch links, sondern vorn? Und andererseits zugleich die eigene Partei mitzunehmen, die im letzten Jahrhundert stehen geblieben ist, die sich in veraltete Dogmen und Überzeugungen verbissen hat wie in ein Glaubensbekenntnis?

Angela Merkel glaubt offenbar an die Langsamkeit. Sie glaubt, dass sie auf diesem Riesendampfer mit seinen 650 000 ohnehin tief verunsicherten Passagieren nur ganz langsam den Kurs ändern kann, weil ihr sonst der Maschinenraum um die Ohren fliegt. Oder weil sie sonst von der Brücke geschmissen wird, sobald sich einer hinstellt, der verspricht, den Kurs zu halten. Und Kurs halten würde doch nur heißen: stur geradeaus in die Vergangenheit.

Wie signalisiert man einer nach 25 Jahren Helmut Kohl hoffnungslos hinter den Themen der Zeit herdiskutierenden Partei: Fürchtet euch nicht, ich nehme euch alle mit? Wenn man andererseits in die Gesellschaft dringend mal etwas anderes funken will, als immer dieses: Als Vorsitzende dieser großen Volkspartei kann ich nun einmal nicht alles so machen, wie ich es persönlich schon lange als richtig erkannt habe?

Medienwirklichkeit bedeutet eben: Dieselbe Öffentlichkeit, die nach der Spendenaffäre erschrocken war, dass die CDU nicht diskutiert, interpretiert die langwierigen Diskussionsprozesse, denen die Partei sich jetzt unterzieht, als Streit und als Unentschiedenheit. Und als Führungsschwäche der Vorsitzenden.

Für die Partei ist das ein frustrierender Prozess. Und die Unzufriedenheit, geschürt durchaus von persönlich Unzufriedenen, von Stellvertretern und anderen zu kurz Gekommenen, entlädt sich in regelmäßigen und immer kürzer werdenden Abständen an der Vorsitzenden. Ein gefährlicher Teufelskreis.

Als Angela Merkel kurz vor der Sommerpause 2001 auf dem Niedersachsen-Parteitag in Hildesheim endlich einmal gedroht hat, als sie gesagt hat: «Wer in dieser Partei nicht begreift, wo die eigentlichen Wettbewerber und die Anzugreifenden stehen, und wer immer wieder Gift und Salz in unsere eigenen Reihen streut, der muss auch zur Verantwortung gezogen werden», da liefen unten durch die Reihen schon wieder so genannte Parteifreunde mit Stänkerparolen: Wie will sie das denn machen? Sie hat doch gar keine Macht. Sie hat doch kein Sanktionsmittel und nicht ein Folterwerkzeug.

Bis sie in Hintergrundgesprächen nachlegen ließ, dass man durchaus auch einmal kooptierte Mitglieder aus dem Parteipräsidium entfernen und das öffentlich begründen könne.

Es ist eine Frage der Macht. Und Angela Merkel arbeitet daran. Ein Machtmittel hat sie sich mit Wolfgang Schäubles Hilfe von Anfang an klug aufgebaut: die Regionalkonferenzen, Angies Roadshows. Da ist sie zur Vorsitzenden hochgejubelt worden. Da kann sie jederzeit auf Tuchfühlung gehen mit der Partei. Da kann sie sich zur Not innerparteiliche Plebiszite gegen die Fraktion abholen. Das ist jederzeit mobilisierbar. In Hildesheim konnte man besichtigen, wie leicht Angela Merkel immer noch die Basis auf ihre Seite reden kann.

Die Macht und das Mädchen. Die einzige richtige Chance für Angela Merkel, ihre Macht nachhaltig abzusichern und zu vergrößern, ist die Kandidatur zur Bundestagswahl. Und das weiß sie auch.

EINER WIRD ES MACHEN MÜSSEN

Als Johannes Rau am 23. Mai 1999 zum Bundespräsidenten gewählt war, sind die Spitzenleute der Union mit ihrer Kandidatin Dagmar Schipanski in ein gemütliches Berliner Lokal gegangen. Die Ehepartner waren dabei. Es wurde gegessen und es wurde getrunken. Dann wurde mehr getrunken. Schließlich wurden Lieder gesungen. Angela Merkel singt gern. Schipanskis singen. Schäubles singen. Sie haben das Rennsteiglied gesungen, das Badener Lied und das Brandenburg-Lied – *Steige hoch, du roter Adler*.

Dann hat Wolfgang Schäuble angefangen, Edmund Stoiber ein wenig zu piesacken. Stoiber solle doch jetzt bitte schön auch mal singen, zum Beispiel das herrliche Lied der Bayern.

Stoiber zierte sich. Schäuble aber war wie vom Hafer gestochen und ließ nicht locker. Ob Edmund Stoiber denn etwa den Text gar nicht kenne, der gehe doch so: «Gott mit dir, du Land der Bayern ...» Oder ob er nur die Melodie nicht mehr wisse? Ob er, Schäuble, schnell mal vorsummen solle? Es sei richtig lustig gewesen, erzählt einer, der dabei war.

Stoiber mag nicht singen, schon gar nicht in Berlin. Aber die anderen drängen ihn immer dazu. Es ist also mit dem Lied der Bayern wie mit der Kanzlerkandidatur. Stoiber mag nicht. Er soll aber.

Und Angela Merkel musste in der Kandidatenfrage erst gegen Friedrich Merz gewinnen. Und sie haben alle, Merkel, Merz und die gesamte CDU, viel Kraft und Ansehen verloren bei diesem stillen Kampf. Dann waren es nur noch zwei: Angela Merkel und Edmund Stoiber.

Seither belauern die beiden einander wie Oskar Lafontaine und Gerhard Schröder im Jahr 1997. Nur dass die sich darum balgten, wer die nächste Wahl gewinnen durfte. Bei Merkel und Stoiber geht es eher darum, wer 2002 für die Union verlieren soll.

Sie sind aber auch ein interessantes Paar, die Vorsitzende der CDU und der Vorsitzende der CSU. Die evangelische, nachdenkliche, unprätentiös auftretende Ostdeutsche, der es immer noch ein bisschen peinlich ist, wenn sie zu heftig im Mittelpunkt steht. Immer genau beobachtend, alles registrierend. Und der katholische, dynamische, schneidige, vor Tatendrang und Selbstbewusstsein vibrierende Edmund Stoiber. Immer auf den Zehenspitzen wippend, immer auf Angriff. Das blonde Fallbeil, wie sie ihn in Bayern nennen.

Zusammen wären sie unschlagbar, sagen die Meinungsforscher und Politikwissenschaftler. Er kann die Leute im eigenen Lager mobilisieren. Sie hätte die Chance, Wähler zu holen oder zurückzuholen, die beim letzten Mal nicht Union gewählt haben. Er zieht im Süden und bei Wirtschaftsfragen, sie im Osten und als Garantin für das Soziale an der neuen Marktwirtschaft.

Den Doppelkandidaten gibt es nicht. Einer wird es machen müssen. Als Angela Merkel sich im März des Jahres 2000 entschieden hat, Parteivorsitzende zu werden, hat sie sich natürlich auch mit der Frage der Kanzlerkandidatur auseinander gesetzt: Kann ich, wenn es sein muss, und wenn ich es will, kann ich das dann machen?

Inzwischen muss sie es fast schon machen. Je mehr geredet und geschrieben wird, Angela Merkel sei nur das nette Zwischenspiel vor Koch gewesen, desto wichtiger wird für sie diese

Kandidatur. Möglicherweise hat sie nur noch zwei Optionen: kandidieren oder mit der Politik ganz aufhören. Es sei denn, sie nimmt als letzten Ausgang die Kandidatur in Mecklenburg-Vorpommern und läuft für den Rest ihres politischen Lebens als das durch die Landschaft, was die Amerikaner eine lahme Ente nennen, *a lame duck*. Und das ist nichts für eine Frau wie Angela Merkel. Freiwillig steigt die nicht ab. Eher steigt sie aus. Sie hatte ja schon als Kind diese Bergabphobie. Aber vielleicht gibt es ja auch wieder einmal einen noch ganz anderen, dritten Weg, den noch niemand weiß oder ahnt, auch Angela Merkel selber nicht, die nur in einem ganz sicher ist: Politik ist noch etwas schwerer vorherzusagen als das Wetter.

Viele in der CDU stellen sich das inzwischen so vor: Angela Merkel, das Mädchen von Helmut Kohl, die Frau aus dem Osten, durfte in der Katastrophensituation der CDU den Laden zusammenhalten, durfte moderieren und anfangen, ihn neu zu organisieren. Aber sobald dann Geld da ist, ein potenter Bündnispartner und die Chance auf einen Wahlgewinn, werden in der CDU wieder Männer die Macht übernehmen. Am besten der Mann, der am schönsten genau da weitermachen kann, wo Helmut Kohl aufgehört hat.

Für dieses Konzept ist Edmund Stoiber der richtige Kanzlerkandidat. Soll er doch verlieren im Jahr 2002. Dann kann Roland Koch übernehmen und 2006 gewinnen. Stoiber läuft sich auch erkennbar warm. Er reist viel ins Ausland und bezieht eine Repräsentanz am Pariser Platz in Berlin. Wenn die Regierung Schröder überhaupt schwächelt, dann in der Wirtschaft und bei der sehr vorlaut angekündigten Reduzierung der Arbeitslosenzahl. Ein Ministerpräsident, in dessen Bundesland die Wirtschaft boomt und der den effizientesten Regierungsapparat der Bundesländer kommandiert, ist doch dafür der Mann der Stunde. Auch in den Umfragen wollen signifikant mehr Wähler, dass Edmund Stoiber und nicht Angela Merkel gegen Gerhard Schröder antritt. Es läuft also alles auf Stoiber zu.

Wenn man etwas genauer hinschaut, könnte das Gegenteil mindestens genauso richtig sein: In den Umfragen wird ja meistens gefragt, wie viel Prozent wollen, dass Stoiber Kanzlerkandidat wird. Wenn man fragt, wie viel Prozent den Kanzlerkandidaten Stoiber dann auch wählen würden, sehen die Zahlen schon wieder ganz anders aus. Und sehr ernüchternd für Stoiber.

Edmund Stoibers Position in Bayern und damit auch seine Macht im Bund wird nicht stärker, wenn er die Bundestagswahl verliert. Im Gegenteil: Er gewinnt gar nichts, wenn er verliert.

Angela Merkel dagegen gewinnt alles, auch wenn sie verliert. Sie muss nur ein paar Prozentpunkte mehr für die CDU holen, als Helmut Kohl bei seiner letzten Wahl hatte. Das waren nur 28,4 Prozent, das schlechteste Ergebnis der CDU überhaupt seit 1949. Dann kann sie sagen: Ich habe drei oder vier Prozentpunkte dazugewonnen, zusammen mit der CSU ist die Union nur noch knapp hinter der SPD, also beanspruche ich jetzt den Fraktionsvorsitz. Helmut Kohl hat auch erst ein paar Niederlagen gebraucht …

Die jüngere Geschichte spricht noch mit einem anderen Beispiel eher für Angela Merkel. Sie hat in einer Talksendung mit Joachim Gauck selber schon mal dezent auf die 16 Jahre hingewiesen, die die SPD in der Opposition verbracht hat, weil sie unbedingt vor jeder Wahl den Kandidaten wechseln musste.

Und falls im Frühjahr 2002 plötzlich doch eine Chance auf einen Wahlsieg besteht? Dann wird sie es erst recht dem Stoiber nicht einfach so überlassen können. Dann stehen die beiden wirklich da wie Schröder und Lafontaine im Jahr 1997. Wenn Angela Merkel dann sagt: Ich will, ich möchte Kanzlerkandidatin der Union werden, dann wird die CDU sich entscheiden müssen, ob sie ihrer Parteivorsitzenden folgt. Tut sie das nicht und findet sie dann keine andere Lösung, als zurückzutreten, dann wird es die CDU ein paar Monate vor der Bundestagswahl zerbröseln. Und Edmund Stoiber kann aus Bayern allein seinen Wahlkampf machen. Allein gegen den Rest der Welt. Dann ist er derjenige, der den Weg für Roland Koch freigeschossen hat. Dann hat er Angela Merkel auf dem Gewissen.

Und dann, plötzlich, wird großes Lamento sein im Land. Dann werden alle noch einmal den Neuanfang entdecken, den Angela Merkel bedeutet hat, bedeutet hätte. Wie modern die CDU unter Merkel geworden wäre. Wie diskussionsfreudig. Und auch die Republik wäre ja ganz gewiss ein bisschen anders und besser geworden mit Angela Merkel. Hatte es doch so ausgesehen, als könne auch einmal eine Quereinsteigerin in einer deutschen Partei etwas werden. Eine Frau. Eine evangelische Frau aus dem Osten.

Gerhard Schröder hat aus Respekt vor einem Wahlkampf gegen Merkel inzwischen auf fast jeden neu zu besetzenden Ministerposten eine Frau geholt. In der SPD kann man sich unter dem Eindruck einer CDU-Parteichefin inzwischen auch für das Amt des Bundespräsidenten nichts anderes mehr vorstellen als einen weiblichen Kandidaten.

Eine CDU, die Angela Merkel abgeschafft hat, wird also plötzlich ganz schön alt aussehen mit Roland Koch, auch wenn der 2006 erst 50 Jahre ist.

Sind Angela Merkels Chancen also wieder einmal viel besser, als es aussieht? Steht der nächste Beweis für ihre merkwürdigen Erhaltungssätze bevor? Wenn sie im Sommer 2001 einmal mehr unterschätzt wurde, wird sie dann im nächsten Jahr wieder kräftig überschätzt?

Wie ein Alien ist sie nach zwölfjährigem Dornröschenschlaf aus ihrem staubigen Labor hinter der Berliner Mauer in den westdeutschen Politikbetrieb geschleudert worden. Zu besichtigen war seither die erstaunliche Geschichte von einer, die auszog, die Macht zu lernen. Es ist die Geschichte eines Kampfes. Eines Kampfes zwischen dem idealisierten, vielleicht romantischen Staatsbild, das sich die Menschen hinter der Mauer von der Demokratie gemacht, erhofft und erträumt hatten, und der eher traurigen Wirklichkeit von Staat und Parteien in der real existierenden Bundesrepublik.

Als auf dem Höhepunkt der Spendenaffäre die Verkommenheit des Systems, die Anfälligkeit für Korruption und Machtmissbrauch für jedermann zur Besichtigung ausgestellt war, da projizierte das wieder vereinigte Land in Angela Merkel die Hoffnung, Staat und Parteien möchten nach dem Ende des Kalten Krieges wieder näher an den Idealstaat heranrücken, an den Staat, den das Grundgesetz gemeint hatte. Das politische Schicksal einer Quereinsteigerin aus dem Osten wurde so zu einer Art Prüfstein für die Regenerationsfähigkeit des politischen Systems. Zur Frage, ob wir in diesem Land angesichts der Spendenaffäre die Grundzüge unserer Demokratie noch einmal miteinander debattieren würden. Oder ob nach der Affäre wieder einmal alles ganz genauso weitergeht im Staate Deutschland wie vor der Affäre.

An Angela Merkels demokratischem Aufbruch konnte und kann man zweierlei erkennen. Das, was Politik eigentlich braucht, um wieder Zustimmung bei den Wählern und vor allem bei der Jugend zu bekommen: authentische, unverbogene, engagierte Politiker, die in ihrem Leben auch schon etwas anderes gemacht haben als Politik. Aber auch das, was die Macht aus den Menschen macht. Und wie viel leichter und sicherer es augenscheinlich ist, sich in einem System anzupassen und so zu werden wie alle anderen, als das System zu reparieren.

Wenn Angela Merkel ihre Idealisierung der Demokratie komplett zurücknimmt und sich der Westrealität anpasst, hat nicht nur sie verloren. Auch das Land hätte verloren. Wenn sie hingegen sichtbar macht, dass sie doch viel lieber die Musterschülerin der Demokratie sein will als nur das schlauste Mädchen aus dem System Kohl, ist der demokratische Aufbruch im doppelten Wortsinn gelungen.

Ihre Gegner sagen, ohne die Spendenaffäre wäre Angela Merkel niemals Parteivorsitzende geworden. Ihre Freunde entgegnen: Richtig. Aber nun ist sie es. Das sei eben wie bei Montserrat Caballé. Die sei damals in New York ja auch nur eingesprungen, weil eine Kollegin sich das Bein gebrochen hat. Und dann begann ihre große Karriere.

Montserrat Caballé, immerhin. Eine Weltkarriere also. Sie greifen hoch. Jeder Mensch erfindet sich früher oder später natürlich sogar das Ende einer Geschichte, das er für lebenswert hält.

Wenn man andererseits durch die Artikel blättert, die in den letzten Monaten über Angela Merkel geschrieben wurden, dann ist da nicht sehr viel die Rede von Weltkarriere und Montserrat Caballé: Angela Merkel kann es nicht. Sie ist am Ende, bevor sie Gelegenheit für eine erste Bewährungsprobe bekam. Sie hat keinen Führungswillen. Sie beeinflusst die Meinungsbildung in der Partei nicht genug. Sie ist zu ängstlich. Sie geht viel zu viele Kompromisse ein. Sie sollte endlich einmal mehr Durchsetzungsvermögen zeigen. Das alles ist jedenfalls nicht das, was diejenigen erhofft hatten, die sie zur Parteivorsitzenden gemacht haben.

Aber manchmal geht es eben in der Politik, wie im Leben auch, ganz anders weiter, als die geschulten Beobachter es prognostizieren: *Der neue Vorsitzende hat eine Niederlage erlitten, ehe er Gelegenheit bekam, die Bewährungsprobe zu bestehen. Er beherrscht weder die Meinungsbildung, noch zeigt er entschiedenen Führungswillen. Er ist eher zu ängstlich als zu forsch, er geht vorzeitig Kompromisse ein, und er lässt Durchsetzungsvermögen vermissen. Das ist nicht, was diejenigen von ihm erwartet haben, die ihn zum Vorsitzenden wählten.*

Der Leitartikel, den Klaus Dreher im Jahr 1973 für die *Süddeutsche Zeitung* schrieb, trug den Titel *Die CDU im Gegenwind*. Er handelte natürlich nicht von Angela Merkel. Die machte 1973 ja gerade erst ihr Abitur hinter der Mauer in

Templin. Er handelte vom neuen, jungen und so überaus ent-
täuschend schwachen CDU-Vorsitzenden Helmut Kohl.

Der blieb 25 Jahre im Amt.

Elftes Kapitel
STOIBERS CHANCE

ANDENPAKT SCHMIEDET ALPENPAKT

Die Entscheidung fiel schon ein halbes Jahr später, in der ersten Januarwoche des Jahres 2002. Am Montag dieser entscheidenden Woche war Angela Merkel im Fernsehen bei Reinhold Beckmann. Der stand noch in der Garderobentür, als Merkel ihm schon zurief: «Dass Sie es gleich wissen, Herr Beckmann: Ich werde nichts sagen. Ich sage nichts. Ich kann gar nichts sagen.» Beckmann, der nur höflich sein und seinen Gast vor der Sendung ein wenig auflockern wollte, antwortete, was ein Journalist in so einer Situation antwortet: «Aber Sie wissen auch, dass ich Sie trotzdem fragen muss, Frau Merkel. Nicht, dass Sie dann wieder Ihren Spardosenmund machen.» Da pustete Angela Merkel sich eine Strähne aus der Stirn und schaute ihn mit einem maliziösen Lächeln an, so, als wollte sie sagen, na, warten wir doch mal ab.

Von wegen Spardosenmund. Die ganze Sendung hindurch behielt sie dieses eigenartige Lächeln im Gesicht. Als Zuschauer fragte man sich, ob das jetzt das neue Pokergesicht der Angela Merkel sein sollte. Diese heitere Selbstgewissheit. Die geradezu aufreizende Gelassenheit. Dieser Ihr-werdet-euch-noch-alle-wundern-Blick.

Das war es jedenfalls, was ihre Gegenspieler in der Union trotz allem bis zum Schluss so nervös machte: Gerade erst hatten die CSU-Bundestagsabgeordneten bei ihrer Klausurtagung im oberbayerischen Wildbad Kreuth die CDU offen um Unterstützung für den bayerischen Ministerpräsidenten gebeten. Mehr Kampfansage ging doch wohl gar nicht. Aber während die Herren in Kreuth ihre Drohkulissen hin- und herschoben, während Merkels so genannte Parteifreunde einer nach dem anderen vorgesprochen und die Schlinge um den Hals ihrer Vorsitzenden noch ein wenig fester gezurrt hatten, gab Angela Merkel in den Medien immer noch die Selbstbewusst-Entspannte. Im *heute-Journal* und auch bei den *Tagesthemen* hatte sie ostentativ gelassen die Schwesterpartei fast nicht angegriffen, nur ganz leise und getarnt: Stoiber und sie hätten sich auf das verabredete Verfahren doch gar nicht erst geeinigt, «wenn wir davon ausgegangen wären, dass wir nicht die politische Führungskraft haben, um dann unseren Parteien etwas vorzuschlagen». Männliche Journalisten entdeckten an diesem Abend bei der Vorsitzenden «öfter mal ihre bekannten Grübchen».

Und von wegen, ich sage nichts. Dreimal hatte sie an diesem Abend des 7. Januar 2002 bei Beckmann das böse Wort gesagt: «Bundeskanzlerin» zum Ersten. «Ich als Bundeskanzlerin» zum Zweiten. Und nochmal, weil es so schön war: «Als Bundeskanzlerin werde ich ...» Und jedes Mal waren die Herren, die im tief verschneiten Oberbayern miteinander am Kamin saßen, zusammengezuckt. Ist es denn die Möglichkeit? Hat die es denn immer noch nicht verstanden? Gibt die denn nie auf? Sagt die doch tatsächlich: «Männer sind nun einmal viel schwatzhafter.» Und was, um Himmels willen, meint sie mit: «Es gibt einen Teil von Politik, der immer noch nicht öffentlich ist»? Glaubt die wirklich, sie kann das dem Edmund Stoiber in diesem ominösen Einzelgespräch noch abhandeln? Und wieso sieht die gerade jetzt so gut aus?

Angela Merkel war erholt und leicht gebräunt aus den Weihnachtsferien gekommen. Es gab nicht viel Schnee auf der Südseite der Schweizer Alpen, aber offenbar Sonne genug. Schon seit einiger Zeit ließ sie sich außerdem vor Fernsehauftritten sorgfältig schminken. Berlins Lieblingsfriseur Udo Walz durfte ihr neuerdings sogar die Haare machen, solange er nur versprach, sie nicht verändern zu wollen, jedenfalls nicht zu

schnell. Angela Merkel hatte zu diesem Zeitpunkt längst einge-
sehen, dass das gnadenlose Licht der Fernsehkameras und die
Bildersprache einer Mediengesellschaft von ihren Protagonisten
das eine oder andere Zugeständnis verlangt. Aber sie wusste
auch, dass ein zu schnelles Neudesign jeder eingeführten Marke schadet. Schade nur, dass der Star-Friseur genau das nicht
sofort verstand, weswegen er in den ersten Monaten gelegentlich öffentlich darüber plauderte, dass ein hell getönter Bob-
Haarschnitt das Endstadium seines großen Angela-Merkel-Stu-
fen-Relaunches sein würde.

Aber das war es natürlich nicht. Vor einer Woche hatte Merkel ihr definitives «Ich bin bereit zur Kanzlerkandidatur» in die
Welt am Sonntag gesetzt. Und schon das war eine Art Not-
bremse gewesen, der Versuch jedenfalls, doch noch die Not-
bremse zu ziehen. Allen war aufgefallen, dass sich zunächst keinesfalls ihre Gegner in der CDU gemeldet hatten, sondern eine
ganze Reihe von Anhängern, die froh schienen, sich endlich
outen zu dürfen. Seither hatte Merkel die Gebetsmühle gegeben, hatte überall und immer wieder gesagt: Es hat sich deswegen nichts geändert. Sie werde sich mit Stoiber wie verabredet
zusammensetzen. Und herauskommen werde als Kanzlerkandidat derjenige, «der die besten Chancen hat, Gerhard Schröder zu schlagen». Und immer machte sie dieses fröhlich überle-
gene Gesicht dazu.

Die *Bild*-Zeitung fragte schon ganz mitleidig, aber vor allem
auch etwas ungeduldig erstaunt: «Wie lange hält sie das noch
aus?» Und auf den Berliner Fluren hörte man dieses gönnerhafte: «Aber Nerven hat die Frau.»

Dieser 7. Januar 2002 bei Beckmann war der Beginn einer
Woche, in der der Unionsstreit um die Kanzlerkandidatur dramatisch eskalierte. Alles schien in jener Woche auf ein Desaster, einen Putsch, auf die Demütigung und möglicherweise fi-
nale Demontage der CDU-Vorsitzenden bei der Klausurtagung
der CDU-Fraktion in Magdeburg hinauszulaufen. Die Polit-

soap, mit der die Union die Medien den Sommer und Herbst über wunderbar unterhalten und von einigen anderen interessanten Themen abgelenkt hatte, diese «K-Frage», die «Sie-oder-er-Frage», die Frage, wer wird Kanzlerkandidat der Union, drohte zu einer ernsthaften politischen und menschlichen Tragödie zu werden.

Angela Merkel mag, wie alle Politprofis, keine sich lange hinschleppenden politischen Prozesse. Warum also sollte man die Kandidatenfrage klären, bevor man weiß, wie die Chancen im Wahlkampf sind und wer diese Chancen am besten nutzen kann? Eine zu frühe Klärung von Personalfragen mit der Folge, dass der Kandidat dann vielleicht zum Wahltermin schon halb verschlissen ist, davon hält sie nichts. Merkel erklärt diese Haltung immer gern am Beispiel der Kanzlerkandidatur von Johannes Rau 1987, die neben allen anderen Problemen für die SPD vor allem die Tücke hatte, viel zu lange zu dauern, weswegen am Ende nicht einmal die eigenen Leute bis zum Wahltag zu disziplinieren waren.

Also hatte Angela Merkel lange jede Auskunft über ihre Ambitionen verweigert. Edmund Stoiber machte es ganz genau so. Weil aber zu wenig Menschen in der Union den tiefen Sinn dieses Vorgehens verstanden, andere dafür nur zu gut, war der Entscheidungsdruck immer größer geworden. Schließlich hatte Angela Merkel Edmund Stoiber davon überzeugt, sich auf ein Prozedere zur Entscheidung dieser Frage festzulegen. Die beiden Parteivorsitzenden würden sich bei einem Zwiegespräch einvernehmlich einigen, und zwar im Frühjahr 2002. Diese Verabredung machte nun wiederum andere in der Union, die längst ihre eigenen Überlegungen und Spielchen vorantrieben, außerordentlich nervös.

Die Sache war aus dem Ruder gelaufen. Was als Chancen steigernde Dramatisierung und als retardierendes Moment erfunden worden war, um den Kanzlerkandidaten oder die Kanzlerkandidatin bloß nicht zu früh zu küren, war zu einer gefährlichen und nervenaufreibenden Angelegenheit für die beiden Hauptbeteiligten geworden. Das lag vor allem daran, dass die Regierung Schröder überraschenderweise im Jahr 2001 schon schwächelte. Gerhard Schröder hatte einen schlechten Start hingelegt. Rot-Grün hatte offenbar kein Regierungsprogramm in der Schublade, nicht einmal eine Idee dazu. Sie drehten hier ein kleines Stellschräubchen und dort noch eines. Es war keine Linie zu erkennen, kein Plan, keine Vision. Die Arbeitslosigkeit stieg. Jedenfalls waren die Wähler enttäuscht. Und es sah plötzlich so aus, als könnten die Wähler schon nach einer Legislaturperiode genug haben von Rot-Grün.

Ganz genau konnte Merkel sich damals trotzdem nicht erklären, warum die Medien und die Partei das verabredete Prozedere nicht aushielten, warum der Druck von Woche zu Woche gestiegen war. Sie hatte so ihre Verdachtsmomente. Offenbar hatte diese unerwartete plötzliche Chance auf einen Wahlsieg die Langzeitstrategien in allen Lagern der Union durcheinander gebracht. Aber ganz genau wusste sie, wusste auch die deutsche Öffentlichkeit erst viel später, dass in diesen seltsamen Wochen und Monaten, in denen die K-Frage eskalierte, offenbar ein ganz anderer Film ablief. Der hatte zwar auch den Titel «Die K-Frage: Ich oder sie», Autor des Drehbuchs und Hauptdarsteller in diesem ganz anderen Film war aber weder Stoiber noch Merkel. Sondern Roland Koch.

Ohne die Spendenaffäre wäre Koch, davon war und ist er überzeugt, nach Schäubles Rücktritt Parteichef geworden und hätte gute Aussichten auf die Kanzlerkandidatur gehabt. Alles hätte seine altwestdeutsche Männerordnung behalten. Die unappetitlichen Einzelheiten der hessischen Spendenaffäre, die üble Lüge von «jüdischen Vermächtnissen» und zuletzt eine Großspende über 50 000 Mark, die unter der Verantwortung des hessischen Ministerpräsidenten und CDU-Landesvorsitzenden verschleiert worden war, hatten diesen einfachen Weg verbaut. Koch würde es nicht machen können. Noch nicht. Er hatte den Skandal ja nur durch ein Bauernopfer überlebt: Als der Koalitionspartner, genauer, die hessische FDP-Landesvorsitzende Ruth Wagner, Koch signalisiert hatte, dass die christlich-liberale Koalition ohne Opfer nicht zu halten sei, war Kochs Intimus, der CDU-Fraktionsvorsitzende Franz Josef Jung – wie man heute weiß, vorübergehend – zurückgetreten, um das politische Überleben Roland Kochs zu sichern. Zweieinhalb Jahre später wird Roland Koch mit absoluter Mehrheit als Ministerpräsident in Hessen bestätigt – und Franz Josef Jung feiert ein Comeback als Vorsitzender der Landtagsfraktion. Das politische Gedächtnis einer überhitzten Mediengesellschaft ist sehr kurz. Und was noch schlimmer ist, Politiker fangen an, sich genau darauf zu verlassen.

Koch jedenfalls sah im Januar 2002 schon wieder sauber aus. Fast war es ihm gelungen, sein Aussitzen in der Spendenaffäre sogar zu mystifizieren, jedenfalls innerhalb der Union. Von der Affäre klebte kaum noch Dreck an ihm, dafür plötzlich dieser Nimbus des Helden, Wiedergängers und Stehers, dieses: Wenn einer so eine Sauerei politisch überlebt, muss er ja ein ganz toller Hecht sein. Koch wusste aber, dass er für die Vollendung dieses seltsamen Prozesses der Reinwaschung unbedingt noch eine erfolgreiche Landtagswahl benötigte. Wenn er jetzt in einen Bundestagswahlkampf gegangen wäre, hätten sie ihn wegen dieser Spendengeschichte wieder gejagt. Alle hätten noch einmal sehr genau hingeschaut, was da in Hessen eigentlich geschehen war.

Also war ein Umweg nötig, und der sollte eigentlich über Angela Merkel führen. Koch hätte sie gern in die absehbare Niederlage gegen Schröder getrieben, um dann, nach triumphaler Hessen-Wahl, die CDU und die nächste Kanzlerkandidatur zu übernehmen. Das wäre die einfachste Lösung gewesen.

Aber dann meldeten die Demoskopen hoffnungsvolle Zahlen für die Chancen der Union bei der Bundestagswahl. Eine Kandidatin Merkel hätte also plötzlich Roland Kochs Pläne für immer durchkreuzt. Wenn sie erst einmal im Kanzleramt säße, würde sie es lange bleiben, zu lange für Roland Koch. Also entwickelte Koch einen neuen Plan. Plan B hieß: Stoiber muss Kanzlerkandidat werden. Hajo Schumacher hat in seinem Buch «Roland Koch – Verehrt und verachtet» kenntnisreich und detailgenau diesen Plan beschrieben, und auch wie Koch Edmund Stoiber für diesen Plan gewann. Während nach außen die K-Frage-Show lief, hatten Koch und Stoiber sich längst darauf verständigt, dass der CSU-Chef Kanzlerkandidat werden sollte. Koch hätte dann in Hessen seine zweite Wahl gewinnen, Merkel als CDU-Chef ablösen und Kanzler Stoiber eines Tages beerben können, nach zwei Legislaturperioden zum Beispiel. So jedenfalls soll die Verabredung zwischen Koch und Stoiber gewesen sein. Kochs Nebengedanke war möglicherweise: Und wenn Stoiber die Bundestagswahl verliert, bekomme ich selbstverständlich meine Chance schon im Jahre 2006. So waren beide Seiten zufrieden. Die Machtfrage war geklärt, zuverlässig und langfristig.

Edmund Stoiber traute zu diesem Zeitpunkt, und auch noch eine Weile länger, offenbar Angela Merkel eine erfolgreiche Kanzlerkandidatur nicht zu. Von seinem ganzen Denken her schien ihm suspekt, dass eine evangelische Frau aus dem Osten so etwas können sollte. Außerdem wollte er es jetzt, als plötzlich reelle Chancen auf einen Sieg bestanden, natürlich gern selber machen. Für Koch war es möglicherweise etwas anderes. Gerade weil er es Merkel so sehr zutraute, musste er sich mit Stoiber verbünden.

Jedenfalls hatte Koch verabredungsgemäß schon im Sommer bekannt gegeben, dass er als Kanzlerkandidat nicht zur Verfügung stehe. Auch Merz kündigte an, nicht kandidieren zu wollen, was nicht ganz ohne Komik war, weil außer ihm ohnehin niemand Friedrich Merz für eine diskutable Idee gehalten hatte. Jetzt ging es also nur noch darum, Angela Merkel zu erledigen und Stoiber zu installieren. Die Büchsenspanner aus beiden Staatskanzleien begannen offen in Hintergrundgesprächen das Notwendige zu kommunizieren: Die Frau aus dem Osten, die da in Berlin herumeiere, könne doch einfach gar nichts anderes als eine Übergangslösung sein, ein historischer Betriebsunfall, dessen Folgen man nun endlich und leicht wieder loswerden würde. Sie zelebrierten einigermaßen hemmungslos und auch von niemandem gehemmt, dass sie Politik für Männersache halten. Hajo Schumacher schreibt: «Vergnügt klopfen sich die Männer auf die Schenkel, wenn Koch in Interviews Sätze sagt wie: Wir sind froh, dass wir Angela Merkel als Parteivorsitzende haben. – Da kann jeder ergänzen, was er möchte, zum Beispiel: Weil sich niemand anders bei Bedarf so schnell abschießen lässt.» – Stoiber erklärte bei Beckmann: Seine Töchter fänden, Merkel könne mehr aus sich machen. Damit sagte er etwas, was Merkel auf das Frausein reduzierte, aber er sagte es nicht einmal selbst, sondern ließ es seine Töchter sagen: gewissermaßen von Frau zu Frau. Und so weiter und so fort. Der Deal zwischen Koch und Stoiber ist ein wunderbares Lehrbeispiel dafür, wie Politik funktioniert. Und leider ist er auch ein Beispiel dafür, wie leicht Medien in so einem Spiel zu manipulieren und zu beeinflussen sind.

Jedenfalls hatte Merkel plötzlich von allen Seiten mit dem Ruf der Fehlbesetzung zu kämpfen. Sie habe doch nur zufällig da gestanden, als die Spendenaffäre über die CDU hereinbrach. Sie bekomme das nicht auf die Reihe, mache keine klaren politischen Ansagen. Und alle stimmten munter in den Chor ein, einem nach dem anderen wurde ein bisschen etwas in Hintergrundgesprächen gesteckt, alle gackerten hinterher, einer schrieb es vom anderen ab. Sogar die Experten.

«Welcher innere Kompass leitet die Vorsitzende?», fragte der Politologe und CDU-Kenner Professor Gerd Langguth. «Eine Vorsitzende, die keine Leadership in Sachfragen entwickelt, die weder Vision noch Strategie liefert, beschädigt ihr Amt durch den Machtanspruch, dem sie nicht gewachsen ist», schrieb die Politikberaterin Gertrud Höhler, die CDU-Mitglied ist. Frau Merkel habe sich in der Partei eingebunkert, fähige Köpfe vertrieben, einen kraftzehrenden Kleinkrieg mit Friedrich Merz angefangen, ihre Auftritte im Bundestag vergeigt, und vor allem habe sie schrecklicherweise die Kultur ihres fortwährenden Misstrauens überall verbreitet. Das mit dem Misstrauen war besonders interessant. Während Merkel, wie man heute weiß, gerade in dieser Phase allen Grund und offenbar den richtigen politischen Instinkt hatte, sehr, sehr misstrauisch zu sein, wurde genau diese Eigenschaft herumgereicht als fehlende politische Souveränität und Qualifikation. Bald lag Stoiber in allen Umfragen zur Kandidatenpräferenz weit vor Merkel.

Angela Merkel aber glaubte zu dieser Zeit noch fest daran, eine Chance auf die Kanzlerkandidatur zu haben. Sie hatte sich ja alles schon Anfang 2000 sorgfältig überlegt, als sie Parteivorsitzende wurde. Parteivorsitzende werden hieß für sie eben auch, Kanzlerkandidatin sein zu wollen. Sie fand und findet außerdem, es habe gute Tradition, dass die größere Partei der Union den Kanzlerkandidaten bestimmt und nicht die kleinere. Für sie war das ganz unabhängig von ihrem persönlichen politischen Ehrgeiz, eine einfache Frage der Machtarithmetik, aber auch eine, die mit dem Stolz der Volkspartei CDU zu tun hat. Die mächtige CDU muss doch selbstverständlich den Kanzlerkandidaten stellen, und nicht eine Regionalpartei, die sich zwar stark fühlen mag, in Gesamtdeutschland aber nur geteiltes Ansehen genießt. Vor allem diesen Anspruch wollte Angela Merkel bis zum Schluss nicht aufgeben. Und sie war sehr überrascht, wie schnell andere in der CDU bereit waren, ihn aufzugeben.

Außerdem glaubte sie, Jürgen Rüttgers, Christian Wulff und Peter Müller fest auf ihrer Seite zu haben, was ein gefährlicher Irrtum war. Bei Roland Koch war sie unsicher, aber es sah auch bei Koch so aus, als ob er die Sache zumindest fair und offen hielt. Koch hatte sich in Präsidiumssitzungen mit Sympathiebekundungen für den einen oder die andere immer zurückgehalten. Auch in seinen Interviews wahrte er strikt die verabredete Neutralität, aus keiner Äußerung war eine Präferenz herauszulesen.

Am Samstag, dem 8. Dezember 2001, hatte der *Tagesspiegel* dann von einem Geheimplan berichtet, den der saarländische Ministerpräsident Peter Müller im kleinen Kreis ausgeplaudert habe: Einige CDU-Präsiden, Ministerpräsidenten und Landeschefs planten, zu Parteichefin Merkel zu gehen, um sie zum Verzicht auf die Kanzlerkandidatur zu bewegen.

«Die Angst vor mir muss groß sein», spottete Merkel.

Und Müller erklärte die Meldung zur «Spekulation». Das stimmte nicht ganz. In Wahrheit hatten wichtige Männer der CDU längst gegen Angela Merkel entschieden. Sie taten das in einem informellen Gremium, das in der Folgezeit von den Medien sehr überhöht und zu einem gefährlichen Geheimbund hochgeschrieben wurde, dem Andenpakt.

Anders, als es heute oft dargestellt wird, wusste Angela Merkel vom Andenpakt. Christian Wulff hatte ihr schon vor einiger Zeit, eher beiläufig und stolz als in verräterischer Absicht, davon erzählt: Dass er und elf andere junge Christdemokraten, die auf eine glanzvolle politische Zukunft hofften, sich im Sommer 1979 während eines Flugs nach Santiago de Chile in heiterer Stimmung unter Einfluss von Scotch der Marke Chivas Regal und zunächst aus purem Spaß zu einem «Andenpakt» zusammengeschlossen hatten. Im Laufe der Zeit wurde aus dem Spaßpakt eine verlässliche Seilschaft, ein gut funktionierendes Männerbündnis. Weitere aufstrebende Christdemokraten sind dazu gekommen. Und zusammen besetzten sie nach und nach die wichtigsten politischen Posten, die die CDU zu vergeben hat: Roland Koch, Christian Wulff, Peter Müller, Matthias Wissmann, Christoph Böhr, Günther Oettinger, Friedbert Pflüger, Hans-Gert Pöttering, Franz Josef Jung und Volker Bouffier. Der Wirtschaftsanwalt Bernd Huck, «Sir Huck», wie sie ihn wegen seines Kleidungsstils nennen, ist der Generalsekretär, der die regelmäßigen, geheimen Zusammenkünfte des Andenpaktes organisiert. Einmal im Jahr bittet Huck zu einer Auslandsreise, im internen Jargon «Maßnahme» genannt. Wichtige inhaltliche und personelle Entscheidungen der CDU sind im Laufe der Jahre in diesem Andenpakt ausgekungelt worden. Entscheidender noch für die politischen Karrieren der Beteiligten ist, dass die Herren sich geschworen haben, nie gegeneinander zu kandidieren und sich niemals gegenseitig zum Rücktritt aufzufordern. Diese Verabredung mag einer der Gründe sein, warum Roland Koch überhaupt noch im Amt ist.

Angela Merkel soll später einmal gesagt haben: «Ich habe den Andenpakt unterschätzt.» Ganz sicher hat sie im Januar 2002 an der Durchschlagskraft des Andenpakts die grundsätzliche Bedeutung von Seilschaften und Bündnissen in demokratischen Organisationen verstanden.

Vor dem CDU-Parteitag im Dezember in Dresden hatte «Sir Huck» den Andenpakt zu einem Geheimtreffen zusammengerufen. Der einzige Tagesordnungspunkt ist die Kanzlerkandidatur. Die Mehrheit ist für Stoiber. Hajo Schumacher schreibt, die Entscheidung sei nicht so eindeutig ausgefallen, wie anschließend kolportiert wurde. Stoiber wird für einen erfolgreichen Macher gehalten, der viel Regierungserfahrung hat und ein stabiles Bundesland regiert, das sei gut für die Wirtschaft, für Konservative, Senioren und Westmänner südlich des Mains. Liberale, Städter, Frauen, Ost- und Norddeutsche dagegen würde er kaum begeistern können. Hier würde Angela Merkel mehr Wähler mobilisieren. Und: Ist es überhaupt schlauer, möglichst viele Stammwähler zu mobilisieren oder Wechselwähler dazuzugewinnen? «Es ging um Millimeter», habe Roland Koch später erzählt. Diese Millimeter allerdings hatte Stoiber Vorsprung: Schließlich habe Koch ja auch noch seine Privatabmachung mit Stoiber gehabt, von der seine Mit-Andinos aber offensichtlich nichts wussten.

Die Männer waren nervös, sie fürchteten einen Alleingang ihrer Parteivorsitzenden, sie fürchteten, Merkel könne, ganz gleich was man im Andenpakt beschlossen hatte, die Kandidatur in ihrem geplanten Vier-Augen-Gespräch mit Stoiber an sich reißen. Das zeigt, wie viel und was sie Angela Merkel inzwischen zutrauten. Immerhin. Und andererseits zeigt es auch, wie wenig Stehvermögen sie ihrem favorisierten Kandidaten Stoiber zutrauten. Stoibers Entourage hatte schon Nerven gezeigt. Stoiber könne doch, fanden seine Berater, erst in das Gespräch mit Merkel gehen, wenn klar ist, was die tun wird. Michael Glos hatte plötzlich Wolfgang Schäuble als dritten potenziellen Kandidaten ins Spiel gebracht. Es wird nicht das letzte Mal sein, dass Angela Merkels Gegner Wolfgang Schäuble für eine Position ins Spiel bringen, um Merkel aufs Glatteis zu führen.

Also verabredeten die Mitglieder des Andenpaktes, dass einer nach dem anderen zu Angela Merkel gehen solle, um sie behutsam aus dem Rennen zu ziehen und zum Verzicht zu drängen. Nach und nach meldeten sich die Herren tatsächlich bei ihrer Vorsitzenden an. Zu den Ersten gehörte Christoph Böhr, der rheinland-pfälzische Oppositionschef. Als einer der Letzten kam Christian Wulff. Koch hielt sich aus allem heraus. Auf ihn sollte nicht der Schatten eines Verdachts fallen. Er war praktischerweise mit seinem halben Kabinett in den Skiurlaub gefahren.

In der Woche vor der entscheidenden Präsidiumssitzung mischte sich Fraktionschef Friedrich Merz in die K-Frage ein. Merz wusste, dass die Andenbrüder für den Bayern waren. Daher war sein Vorstoß ohne Risiko. In einem Telefongespräch verabredete er mit CSU-Landesgruppenchef Michael Glos, dass die kleine Schwesterpartei Stoiber auf der Klausurtagung der Landesgruppe in Wildbad Kreuth offiziell vorschlagen solle. Dadurch wollten sie Merkel zum Aufgeben drängen.

Angela Merkel aber reagierte nicht. Im Gegenteil. Sie machte ihr «Ich bin bereit zu einer Kandidatur» öffentlich und auch, dass in der Parteizentrale bereits an einer Kampagne gebastelt werde mit dem Titel: «Eine Frau muss Kanzler werden.»

Und wann immer Merkel gefragt wurde: Wer vermittelt jetzt zwischen Ihnen und Stoiber?, antwortete sie: «Niemand. Wir sind beide erwachsen. Das haben wir nicht nötig.»

Merkel glaubte noch immer, dass sie die K-Frage gewinnen könnte. Mit ihrer Büroleiterin Beate Baumann und der Sprecherin Eva Christiansen ging sie die Liste möglicher Unterstützer durch. Doch die beiden Beraterinnen wussten nichts über die Gemütslage der CDU. Sie wussten nicht genug über die Macht des Andenpaktes. Und über die Entscheidung, die dort gefallen war, wussten sie noch gar nichts. Roland Koch, der werde Merkel unterstützen, glaubten sie. Weil Roland Koch sich noch immer nicht aus der Deckung gewagt hatte.

Wenn man in diesen Tagen in der hessischen Staatskanzlei anrief, um zu fragen: Was macht eigentlich Roland Koch?, hieß es: Der ist im Skiurlaub und kann deswegen auch leider nicht zur Klausurtagung nach Magdeburg kommen.

Da er Montag sowieso schon wieder Termine in Wiesbaden hätte, könnte er doch leicht zu einer so wichtigen Sitzung zwei Tage früher zum Wohle der Partei zurückkommen.

«Macht er aber nicht», hatte Kochs Sprecher in der Staatskanzlei noch am Donnerstagmorgen gesagt, und: «Das dürfen Sie aber nun nicht irgendwie politisch auslegen.»

Und jetzt, bei Beckmann, verhielt Angela Merkel sich so, als ließe sie die Züge aufeinander losrasen, als wollte sie um jeden Preis die K-Frage zu ihren Gunsten entscheiden. Die Herren wurden panisch. Was wäre, wenn Frau Merkel noch vor dem geplanten Putsch, noch vor der Klausurtagung in Magdeburg, in einem Vier-Augen-Gespräch mit Stoiber darauf bestehen würde, selbst anzutreten? Was, wenn Stoiber nicht scharf genug reagierte? Und was, wenn Angela Merkel dann umgehend der Öffentlichkeit die Entscheidung mitteilte? Friedrich Merz berichtete nach Tirol von Merkels beängstigendem Optimismus. Auch andere riefen Roland Koch auf der Skipiste an und beschworen ihn, endlich etwas zu tun und mit Merkel zu sprechen.

Roland Koch stimmte zu.

LAST EXIT: WOLFRATSHAUSEN

Am Mittwoch, dem 9. Januar, rief Roland Koch aus Tirol in der Berliner Parteizentrale an und verlangte, mit Angela Merkel verbunden zu werden. Neben ihm auf der Skipiste stand Franz Josef Jung. Merkel war allein in ihrem Büro. Koch sagte ohne lange Vorreden und Umschweife, dass Merkel keinen Rückhalt, keine Chance und keine Berechtigung auf die Kandidatur habe. Die Vorstands- und Präsidiumsklausur am Wochenende in Magdeburg würde Klarheit bringen. Als Merkel ihn daraufhin ruhig an das verabredete Prozedere erinnerte, gab Koch den rasenden Roland. Er fing an zu brüllen. Merkel hielt dagegen. Schließlich legte sie auf. Und sie fasste einen Plan.

Bis zu diesem Tag, so sagen es die Menschen aus ihrer engeren Umgebung, war Angela Merkel tatsächlich entschlossen, nicht aufzugeben. Und falls sie schon vorher anderer Meinung gewesen sein sollte oder auch nur Zweifel hatte, so hat sie es jedenfalls nie jemanden spüren lassen. Offenbar begriff sie erst jetzt, dass sie längst verloren hatte. Aber sie begriff auch, dass es für sie noch ein schmales Zeitfenster zum Handeln gab, einen winzigen Slot, um die Handlungshoheit zu behalten und die Interpretationshoheit möglicherweise auch.

Nach außen liefen die Vorbereitungen und die ursprüngliche Planung für die Klausurtagung von Magdeburg weiter. In Kreuth hatte die bekennende Stoiber-Anhängerin Renate Köcher vom Allensbach-Institut vorgetragen, dass und warum die Union mit Stoiber bei den Stammwählern die größeren Mobilisierungschancen habe. Jede andere Parteichefin würde nun in Magdeburg ein neues Meinungsforschungsinstitut mit Gegenzahlen aufwarten lassen. Es sollte aber auf Wunsch Angela Merkels Renate Köcher noch einmal auftreten. Sie sollte die Zahlen vortragen, die sie auch der CSU vorgetragen hatte. Aber es würde möglicherweise anders klingen als in Kreuth, wenn sie darüber sprach, dass eine Union, die wirklich über 40 Prozent der Stimmen holen wollte, nicht nur ihre Stammwähler mobilisieren, sondern auch noch Wechselwähler gewinnen und Nichtwähler zurückholen musste: junge Leute in den Städten zum Beispiel oder die Ostdeutschen, und vor allem Frauen zwischen 30 und 50, die der Union in Scharen davongelaufen waren.

Angela Merkel sollte morgens eine Zuckerfabrik besuchen für den Wahlkampf in Sachsen-Anhalt und für die Fernsehbilder. Damit den Journalisten auch die passenden Metaphern einfielen, hieß das Tagungshotel in Magdeburg «Herrenkrug». Alles war klar. Alles schien klar. Man verließ Angela Merkel an diesem Tag mit dem Gefühl: Dieses Mal vertut sie sich wirklich. Jetzt pokert sie zu hoch. Schon morgen wird sie eine geschwächte Parteivorsitzende sein, eine lahme Ente. Und das wird es dann wohl gewesen sein mit dem Mädchen und der Macht.

Am Morgen, war wieder einmal alles anders, ganz anders, als alle erwartet hatten. Wenn Angela Merkel in der Politik etwas gelernt hat, dann das, dass man auch in der übelsten Lage noch die Handelnde bleiben muss, das Subjekt des politischen Prozesses. Wer zugibt, dass er zum Objekt geworden ist, wer als Objekt wahrgenommen wird, hat seinen Führungsanspruch verloren. Also muss man, selbst und gerade in der größten Bedrängnis, immer agieren, nie reagieren. Auch wenn es wie Harakiri aussieht. Gerhard Schröder kann das. Der handelt immer und wird auch noch in der größten Katastrophe als Handelnder, als Macher, als Führer wahrgenommen. Helmut Kohl konnte das auch. Und Angela Merkel, das weiß man seit jenem Tag, weiß auch ziemlich genau, wie man so etwas macht.

Eingeweiht waren nur Büroleiterin Beate Baumann, Pressesprecherin Eva Christiansen, Geschäftsführer Willy Hausmann und Generalsekretär Laurenz Meyer. Und wenn man sich im Nachhinein von einem dieser vier Merkels Reise am Donnerstag, den 10. Januar 2002, nach München erzählen ließ, klang es wie die letzten, schnellen Szenen vor dem Showdown in einem Krimi: Die Chartermaschine musste heimlich besorgt werden. Dann wurden die Beamten vom BKA ausgetrickst, die für Angela Merkels Sicherheit zuständig waren. Denn die hätten sonst die Polizei in München gebeten, die Sicherheit zu übernehmen. Die Polizei in München hat aber Kontakte zu Zeitungen, und zur Staatskanzlei bestimmt auch. Deswegen kam auch keines der Münchner Innenstadt-Hotels in Frage. Also unter anderem Namen ins Airport-Hotel, da kann man gleich durch die Tiefgarage ins Zimmer verschwinden.

In der Zwischenzeit telefonierte Angela Merkel mit Stoiber. Sie wolle ihn noch am Donnerstagabend in München treffen. – Der Herr Ministerpräsident hat Donnerstagabend aber seinen Neujahrsempfang. – Dann eben danach. – Danach kann der Ministerpräsident nicht weg, außerdem will er auf keinen Fall in Frack und mit Orden behängt noch einmal in seinem Büro aufkreuzen, um in diesem Aufzug und nach Mitternacht historische Entscheidungen zu treffen. – Vom Flughafen rief Angela Merkel Stoiber per Handy ein letztes Mal an: Ich bin schon unterwegs. – Dann also morgen früh, bei mir zu Hause.

Zwischen Merkels Anrufen hat Edmund Stoiber unentwegt mit seinen engsten Beratern Besprechungen angesetzt. Und telefoniert hat er. Weswegen der Skiurlaub von Roland Koch plötzlich doch etwas früher zu Ende war …

Alles andere ist bekannt: Am nächsten Morgen um acht Uhr, als Angela Merkel in Wolfratshausen bei Stoibers an der Wohnungstür klingelte, hat Karin Stoiber den Tisch gedeckt: Ei und

Semmeln, Honig, Marmelade, Wurst, Käse und Orangensaft. Nach einer Stunde war klar: Edmund Stoiber ist der Kanzlerkandidat der Union. Die Vorsitzende der CDU hat dem Vorsitzenden der CSU die Kanzlerkandidatur angeboten.

Viele dachten und kolportierten später, Angela Merkel habe an diesem Morgen Stoiber auch noch den Fraktionsvorsitz für die Zeit nach der Wahl abgehandelt. Friedrich Merz denkt das heute noch. Es stimmt nicht. Angela Merkel mag keine Kompensationsgeschäfte. Beim Stichwort Kompensation hört sie immer auf zu lächeln und sagt sehr ernst: «Die Frage von irgendwelchen Kompensationsgeschäften ist an Absurdität nicht zu überbieten», und: «Diese Diskussion schädigt die Würde der jeweiligen Ämter. Sie macht mich mehr als wütend!» – In Wahrheit war sie zum Zeitpunkt des Frühstücks in Wolfratshausen auch schon gar nicht mehr in der Position, eine Kompensation zu verlangen oder irgendetwas anderes. Nicht mehr. Noch nicht wieder.

Merkel tat bei diesem Frühstück etwas, was im Nachhinein von vielen Beobachtern als einer der schlauesten Züge ihrer Karriere angesehen wird. Sie eroberte die Handlungshoheit zurück. Es sah so aus, als habe sie allein entschieden. Und man konnte sogar dabei zusehen, wie sie ihre Enttäuschung bezwang und innerhalb von vierundzwanzig Stunden auch die Interpretationshoheit zurückgewann. Ernst und gefasst trat sie im Hotel «Herrenkrug» vor die Kameras, um endlich zu verkünden, was sich im Laufe des Tages herumgesprochen hatte. Sie wirkte gelassen, nicht wie eine Verliererin, eher wie eine, die weiß, dass sie gerade nochmal die Kurve gekriegt hat. Sie sagte: «Ich glaube, verantwortlich gehandelt zu haben, und bin deshalb auch ein Stück stolz.» Und als sie gefragt wurde, ob sie sich jetzt nicht davor fürchten müsse, als Parteivorsitzende geschwächt zu sein und …, da unterbrach sie den Frager und sagte: «Ich fürchte mich vor gar nichts.» – Und man glaubte ihr, nach allem was war, aufs Wort.

Showdowns in der Politik funktionieren wie Showdowns im Western. Einer ist um die entscheidende Sekunde schneller als der andere. Und nichts ist, wie es vorher war. Aber alles ist klar: Die Fernsehzuschauer sahen auf allen Kanälen immer wieder die süßliche und von den Kameras so wunderbar entblößte Schafpelzigkeit, mit der die Herren Koch und Merz gar nicht mehr aufhören konnten, von der gestärkten, ja nun geradezu «unumschränkten» Macht der Parteivorsitzenden zu sprechen, die jetzt «eine große Rolle in herausgehobener Position» spielen werde.

Beide ahnten zu diesem Zeitpunkt noch nicht, wie wahr ihre hingeheuchelten Sätze wenige Monate später werden sollten.

Kandidat Stoiber meldete sich erstaunlich fahrig und bescheiden aus dem Münchner Studio. Er hatte sich offenbar vorgenommen, sofort alle seine Wahlkampfargumente auf einmal aufzusagen, erst im ZDF, dann in der ARD. Und zwar ganz gleich, was die Journalisten fragten. Im Laufe des Abends hat er immer selbstbewusster und klarer vorgetragen: Deutschland nach vorne bringen. Ökosteuer weg. Atomausstieg rückgängig machen. Betriebsverfassungsgesetz novellieren.

In jedem Interview konnte man aber auch spüren, dass Edmund Stoiber mehr als alle anderen an 1980 dachte. Und sich vor den Parallelen fürchtete. Davor, wie der Wahlkampf eines CSU-Vorsitzenden funktionieren soll, wenn die CDU-Vorsitzende gegen ihn agiert und die große Bundespartei nicht mitzieht. Deswegen sagte er ungefragt immer wieder: Diesmal gibt es keinen Unterlegenen. Diesmal haben wir eine völlig andere Situation.

Auch er sollte sich in den nächsten Monaten noch wundern, wie wahr seine Sätze wurden. Angela Merkel legte mit großem Einsatz und eiserner Loyalität einen erstaunlichen Wahlkampf für den einstigen Rivalen hin. Sechs Monate lang gab es nicht einen Querschuss aus der CDU. Merkel ließ sich aber auch nicht in Stoibers Kompetenzteam für ein Fachressort eines

Schattenkabinetts verheizen, sondern agierte als Nummer 1 B. Sie gab die exzellente Teamspielerin, stellte sich mit beispielhafter Solidarität an die Seite Stoibers und ließ sich kein böses oder unpassendes Wort gegen den Bayern entlocken, obwohl es alle immer und immer wieder versucht haben.

Sogar als Stoiber in dieser unvergesslichen Christiansen-Runde, bei der ein unsichtbarer Sigmund Freud mit am Tisch saß, Sabine Christiansen zweimal mit «Frau Merkel» angeredet hatte und damit nach Ansicht des Rhetoriktrainers Karsten Bredemeister schon die wahlentscheidenden fünf Prozentpunkte vergeigt hatte, tippte Merkel zwar eine SMS in ihr Handy: «Herr, hilf!», aber niemals, zu keinem Journalisten, hat sie je eine Bemerkung über diesen Freud'schen Versprecher verloren. Und sie legte mit diesem Verhalten in den Monaten des Wahlkampfes einen weiteren Grundstein für die Erfolge der nächsten Zeit.

Roland Koch dagegen zog als Verlierer ab. Er machte in den nun folgenden vierundzwanzig Stunden Fehler. Fehler, die Angela Merkels Chancen noch vergrößerten. Man konnte ihm die Verstimmung darüber ansehen, dass plötzlich alles anders gelaufen war, als er sich das vorgestellt hatte. Er outete sich vor den Kameras im «Herrenkrug» als Stoiber-Fan. Heute denkt Koch, er hätte als CDU- und Merkel-Mann auftreten und zumindest eine künstliche Distanz zu Stoiber halten müssen.

Aber damals hatte er offenbar noch nicht verstanden, was geschehen war. Und er machte den nächsten Fehler, weil er Merkels vermeintliche Entmachtung vorantreiben wollte. Er spürte gar nicht, dass dafür der denkbar falscheste Zeitpunkt war. So geschwächt, wie er glaubte, war die CDU-Vorsitzende nicht. Die Entscheidung Merkels hatte bei vielen Präsiden und vor allem an der Parteibasis Respekt hervorgerufen.

Und hätte er in dieser Situation den Rat der Naturwissenschaftlerin Angela Merkel eingeholt, hätte die ihm möglicherweise gesagt: Lass es bleiben. In diesem Moment verrechnest du dich, Junge. Die Gewichte haben sich soeben verschoben. Bis jetzt warst du für Stoiber sehr wichtig, weil er Kandidat werden wollte. Nun bin ich für ihn die Wichtigere, weil er Kanzler werden will.

Koch holte sich keinen Rat. Und er verlangte, dass sein Intimus Franz Josef Jung in der Berliner Parteizentrale die Wahlkampfkommission leiten sollte, ausgerechnet der Franz Josef Jung, der für ihn zurückgetreten war. Darauf habe er sich schon vorher mit Stoiber geeinigt, sagte er. Merkel und ihr Generalsekretär Laurenz Meyer mussten sich gar nicht lange gegen diesen Plan zur Wehr setzen. Ein hessisches U-Boot in der Zentrale als Symbol und Fanal einer schleichenden Machtübernahme. Das hätte ihnen gerade noch gefehlt. Stoiber gab ihnen sofort Recht. Er brauchte die CDU-Chefin jetzt für einen harmonischen Wahlkampf. Er sagte, dass er viel dringender einen Medienberater haben wolle als einen Wahlkampfmanager aus Hessen. Koch hatte sich verrechnet. Er spielte plötzlich keine wichtige Rolle mehr für Stoiber. So kann es gehen in der Politik. Angela Merkel war jetzt Edmund Stoibers wichtigste Partnerin, bis zum Wahltag jedenfalls.

Auch die Berichterstattung an diesem 11. Januar war so etwas wie das Hologramm von vielem, was sich in den nächsten Monaten erst noch entwickeln sollte. Die Kommentare der Fernsehkollegen änderten sich schon im Laufe des Abends. Sie wurden sich auch immer ähnlicher. Erst gab es noch Stimmen, die Merkel als lahme Ente aus Magdeburg watscheln sahen. Bald setzte sich eine andere Einschätzung durch: Sie hat das Klügste getan, was man in ihrer Situation tun konnte. Wenn Stoiber siegt, wird es auch ihr Sieg sein. Wenn er verliert, wird es nicht ihre Niederlage sein.

Sogar für das Geschichtsbuch war gesorgt: Der 11. Januar ging nicht als «der Putsch von Magdeburg», sondern als das «Frühstück von Wolfratshausen» in die Schlagzeilen und damit in die Unions-Geschichte ein, als eine Sache zwischen Angela

Merkel und Edmund Stoiber. Nicht als eine zwischen einem Männerbund der CDU und der Parteivorsitzenden. Das «Frühstück von Wolfratshausen» ist ein wirklich interessanter Beleg dafür, wie viel in der Politik noch zu drehen ist, wenn sich einer oder eine in aussichtsloser Lage befindet, aber dann entschieden handelt.

Der Wahlkampf lief gut, bis der Irakkrieg kam. Angela Merkel positionierte sich gegen die Stimmung im Land für den Einmarsch der Amerikaner. Sie hatte jetzt zu oft in den Zeitungen gelesen, keine Meinung zu gar nichts zu haben. Hier hatte sie eine. Aus ihrer Geschichte in der totalitären DDR und aus dem Antiamerikanismus seiner Machthaber lässt sich wahrscheinlich am besten erklären, warum sie so eindeutig und gegen alle Meinungsumfragen im Land für Amerika war. Das Jahrhunderthochwasser im August und Schröders Talent, in dieser Situation genau das Richtige zu tun, schwächten die Chancen der Union weiter.

Und trotzdem kam es am 22. September 2002 zum spannendsten Auszählungsmarathon, den Deutschland je erlebt hat. Stoiber saß mit seinen Leuten in dem kleinen Wahlkampfbüro, das sie ihm in der Berliner CDU-Zentrale überlassen hatten. Merkel saß mit ihren Leuten in ihrem Büro. Noch vor den ersten Prognosen, zwischen 16.50 Uhr und 16.55 Uhr, einigten sich Merkel und Stoiber in einem sehr kurzen Zwiegespräch, dass Angela Merkel Fraktionsvorsitzende werden würde, so oder so. Jetzt war es keine Kompensation mehr, sondern die selbstverständliche Konsequenz aus den Monaten der engen, loyalen und erfolgreichen Zusammenarbeit. Anschließend beschlossen die beiden, den Rest des Wahlabends zusammen in Merkels Büro zu verbringen. Und sie sind in ein Wechselbad der Gefühle getaucht: Angela Merkel, Merkels Mann, Professor Joachim Sauer, Edmund Stoiber, Karin Stoiber und die engsten Mitarbeiter.

Mehrere Fernseher waren gleichzeitig an. Also holten sie sich auch mehrere Gefühle gleichzeitig ab. In der ARD erklärte dimap, Stoiber habe gewonnen. Das ZDF hatte Zweifel. In diesem Moment war der Druck schließlich so hoch, dass alle sich umarmt haben. Ja, auch Edmund Stoiber und Angela Merkel. Ganz emotional und herzlich sei es gewesen, überhaupt nicht hölzern und völlig ohne Krampf, berichten diejenigen, die dabei gewesen sind. Und sie bekommen leicht heisere Stimmen, wenn sie davon erzählen.

Um 19.30 Uhr sind sie runter ins Foyer zu den Journalisten. Etwas später haben sich Angela Merkel, Edmund Stoiber und Friedrich Merz zurückgezogen ...

Am Ende der Fraktionssitzung zwei Tage nach der verlorenen Wahl war Friedrich Merz dann auch offiziell den Fraktionsvorsitz los.

Angela Merkel war in einer einflussreicheren Position als je zuvor. Nicht mehr die Königin ohne Land, sondern eine Parteivorsitzende, die auch Fraktionsvorsitzende ist, wie sich das gehört. Der knapp geschlagene Stoiber kehrte nach München zurück. Johannes Leithäuser von der *FAZ* hat sehr anrührend die Abschiedsszene beschrieben, die sich nach dem Ende dieser entscheidenden Fraktionssitzung ergab. Im Hinausgehen habe Stoiber seiner Vorsitzendenkollegin, mit der er jetzt ein halbes Jahr fast täglich kommuniziert, sich beraten und auseinander gesetzt hatte, unvermittelt und ruckartig die Hand entgegengestreckt und hastig gesagt: «Alsdann, Frau Merkel, auch weiterhin alles Gute.»

Zwölftes Kapitel
AUF DEM WEG INS KANZLERAMT

IM OKTOBERSTURM

Das Frühstück in Wolfratshausen und der loyale Einsatz im Stoiber-Wahlkampf hatten sich gelohnt. Aus der lahmen Ente war die «Haifischdompteuse» geworden. Spätestens nach ihrem Einlenken im Streit um das Vorziehen der Steuerreform im Sommer 2003 galt Angela Merkel in der Öffentlichkeit als die legitime Herausforderin Gerhard Schröders. Und in der Union erst recht. Im September 2003 wurde sie mit 93,7 Prozent der Stimmen als Fraktionsvorsitzende bestätigt. Die CDU unterzog sich einer aufrichtigen Wahlanalyse: Vor allem in den Großstädten und bei jungen Frauen hatte sie verloren. Merkel nutzte diese Phase für eine geradezu revolutionäre und visionäre Erneuerung des Parteiprogramms. Auf dem Parteitag von Leipzig, Ende November, waren die Delegierten ihr begeistert gefolgt, stimmten euphorisch für das radikal vereinfachte Steuersystem des Friedrich Merz, das angeblich auf einem Bierdeckel zu skizzieren war. Sie stimmten sogar für die wirklich einschneidenden Vorschläge der Herzog-Kommission zur «Zukunft der sozialen Sicherungssysteme» einschließlich der Idee eines Prämienmodells in der Krankenversicherung, das bald unter dem Namen «Kopfpauschale» eine traurige Karriere machte. Aber schon in Leipzig konnte man den Eindruck gewinnen, dass sich die meisten Parteitags-Delegierten nicht bewusst waren, wie radikal und modern das Programm war, das sie soeben alle miteinander und in euphorischer Stimmung verabschiedet hatten.

Die Medien waren beeindruckt. Das *Handelsblatt* schrieb,

Merkel sei nun auf Augenhöhe mit dem Kanzler. Als sie dann noch im Poker um die Nachfolge von Bundespräsident Johannes Rau in enger Abstimmung mit FDP-Chef Guido Westerwelle ihren Kandidaten Horst Köhler durchgesetzt hatte, nannte die *Zeit* sie bewundernd eine «Spielerin der Macht». Es begann eine Angela-Merkel-Superstar-Phase. Aber sie sollte nicht lange dauern.

Weil es offenbar viel einfacher ist, Zustimmung und Applaus für einen neuen, visionären Kurs auf einem Parteitag zu bekommen, als einen Riesentanker wie die CDU tatsächlich auf diesen neuen Kurs zu bringen. Vor allem wenn im Maschinenraum Heizer sitzen, die sich in Wahrheit als Bremser betätigen. Wenn dann noch das weiß-blaue Lotsenboot mit voller Kraft in die entgegengesetzte Richtung zieht, muss man auf der Kommandobrücke schon sehr gute Nerven haben.

Außerdem sollte Angela Merkel zu spüren bekommen, dass es Menschen gibt, die einem zwar nichts mehr nützen, sehr wohl aber noch schaden wollen: Gegner, Unterlegene, sogar die, die sich nur unterlegen fühlen, muss man entweder einbinden oder sehr gut im Auge behalten. Gerhard Schröder musste das in einer bitteren Lektion an Oskar Lafontaine lernen: Wer sich als Opfer stilisieren kann oder auch nur von den Medien zum Opfer geschrieben wird, möchte später gern auch einmal den Rächer spielen dürfen.

Und auch Angela Merkel hat immer die Doppelpackung bekommen: den Parteivorsitz und einen auf ewig bitteren Wolfgang Schäuble. Den Fraktionsvorsitz und den auf Rache sinnenden Friedrich Merz. Den Triumph über Roland Koch und einen sich selbst besser findenden Gegenspieler. Das Konzept einer zukunftsorientierten Krankenversicherung und den täglich explodierenden Horst Seehofer. Die Chance, die nächste Kanzlerkandidatin zu werden, und einen Edmund Stoiber, der sich genau damit nicht abfinden konnte.

Es war im Oktober des Jahres 2004. Alle hatten längst verstanden, dass es nicht ganz so einfach sein würde, wie es auf dem Parteitag ausgesehen hatte. Dutzendweise rannten die Lobbyisten der Sozialszene den Abgeordneten die Bude ein. Außerdem werden die modernsten Unions-Ministerpräsidenten vor Wahlkämpfen gern noch einmal entschieden sozialdemokratisch, sozialdemokratischer sogar, als es im Programm der SPD steht. Und es hatte sich im Vorfeld bereits abgezeichnet, dass sich in der Zeit zwischen den Wahlen möglicherweise alle, die sich als Opfer der Angela Merkel fühlen, noch ein letztes Mal aufbäumen würden. Vor allem Edmund Stoiber hatte sich mit seiner neuen Rolle noch nicht abgefunden. Und nach seinem großen Sieg bei der Landtagswahl in Bayern fühlte er sich wieder richtig stark.

Es begann mit kleinen Hickhacks aus der CSU. Dann hatten sie Wolfgang Schäuble nach Kreuth eingeladen und informell zum Präsidentschaftskandidaten gekürt. Das war der scheinheilige Versuch, Merkel für Schäuble als Bundespräsidenten zu gewinnen, mit dem Hintergedanken, sie könne sich den Vorschlag zu Eigen machen und dann an der vorhersehbaren Gegnerschaft in der CDU scheitern.

Anschließend begann ein furioser und vollkommen sinnloser unionsinterner Streit um die Gesundheitsreform. Ein Streit, wie ihn die Republik noch nicht oft erlebt hatte. Ein Streit wohlgemerkt, bei dem die Union, die Opposition also, sich mit nahezu tödlicher Schärfe um eine Gesundheitspolitik stritt, die sie erst 2008 und dann nur möglicherweise, laut Herzog-Konzept sogar erst im Jahr 2013 beginnen wollte, natürlich nur, wenn man bis dahin die Wahl gewonnen habe. Und nur, wenn der potenzielle Koalitionspartner FDP mitmachen würde.

Nun sind die Wähler nicht so blöd und auch nicht so vergesslich, wie einige in der Union offenbar glaubten oder hofften. Sie verstanden, dass führende Politiker der Opposition ein in der Tat für die Zukunft des Landes wichtiges Sachthema benutzten, um mit erschreckendem Destruktionspotenzial ihre banalen Machtfragen auszutragen. Dass ein persönlicher, hand-fester, vor allem aber unehrlich ausgetragener Macht- und Geltungskampf notdürftig mit dieser Geisterdebatte um die Gesundheitsreform getarnt wurde. Dass sich die politische Berichterstattung von der Union über Wochen mit Marginalien und Eventualitäten bannen und beschäftigen ließ, als ob es nichts Aktuelles, Reelles und Wichtigeres gäbe in einem Land mit fünf Millionen Arbeitslosen.

In der Folge dieses Streites sackte die demoskopische Zustimmung zur CDU vollkommen in sich zusammen. Aber Edmund Stoiber war erst zum Einlenken zu bewegen, als die schlechten Umfragewerte schließlich auch ihn und die CSU in Bayern ereilten.

Als das alles einen für Angela Merkel wirklich gefährlichen Kulminationspunkt erreicht hatte, trat auch noch Friedrich Merz von allen seinen Ämtern zurück. Einfach so. Per Ansage in der *Bild*-Zeitung. Und er hatte sich nicht einmal die Mühe gegeben, auf einen sachpolitischen Konflikt mit seiner Parteivorsitzenden zu warten.

Einen Tag nach dem Rücktritt, am 14. Oktober, in den Fraktionsräumen der Union, vor Angela Merkels Büro, begrüßten einen durchaus heitere Menschen auf die Frage, wie denn die Stimmung sei, mit Galgenhumor-Sätzen wie: «Danke, gut. Was kann denn jetzt schon noch passieren?»

Erstaunlich, wie ruhig es sein kann im Auge des Orkans. Draußen, im wilden Medien-Sturm, türmten sich die Ereignisse zu bedrohlich finsteren Schlagzeilen für den nächsten Tag: «Merkel von Merz verlassen» – «Merkel vom Glück verlassen» – «Umfragewerte der Union im Sinkflug» – «Putschen die Männer jetzt Frau Merkel weg?»

Drinnen schenkte die von Friedrich Merz, guten Umfragewerten und angeblich nun auch noch vom Glück verlassene Partei- und Fraktionschefin Kaffee ein und schaute mich mit diesem verschmitzt gelassenen Angela-Merkel-Lächeln an, das sie den Fernsehkameras so oft vorenthält, als wollte sie sagen: Ist schon gut. Alles im Griff. Alles berechenbar.

Es gehe ihr gut, behauptete sie, gemessen an den Umständen sogar sehr gut. Und als ich sie fragte, wo auf einer persönlichen Gefahrenskala von null bis sechs sie die Situation am Tag eins nach Friedrich Merz' Rücktritt einordnen würde, schüttelte sie den Kopf.

Sie ordnet sich die Lage nicht mit dem Katastrophenseismographen, lieber in einem Zeitmodell. Sie habe immer geahnt, sagte sie, dass sich nach den für die Union verlorenen Landtagswahlen in Brandenburg und Sachsen und den Kommunalwahlen in Nordrhein-Westfalen ein kurzes Zeitfenster auftun könnte für alle, die noch einmal ein paar Schrauben drehen, alles in Frage stellen oder ihr zum Parteitag am 6. Dezember wenigstens einen möglichst kräftigen Dämpfer verpassen wollten. Wenn nicht die Gesundheitsreform, dann wäre es eben etwas anderes geworden.

Und jetzt Friedrich Merz? Dass ausgerechnet der jetzt auch noch hinschmeißt? Und es ihr mal eben über die *Bild*-Zeitung mitteilt? Er, der in der Sache doch eigentlich auf ihrer Seite stehen müsste.

Friedrich Merz hatte angerufen und um ein Gespräch gebeten. Und als sich wegen der Regionalkonferenzen, die Merkel zur Abwehr allen Übels wieder einmal angesetzt hatte, nicht gleich ein Termin für Merz fand, hatte man ein Telefongespräch für Dienstag verabredet. Montagabend saß Angela Merkel dann auf dem Podium der Regionalkonferenz in Sindelfingen, als ihr Handy brummte und sie per SMS aus ihrem Büro erfuhr, warum Merz sie so dringend sprechen wollte. Die *Bild*-Zeitung wusste schon Bescheid und hatte es an die Agenturen gemeldet.

Am nächsten Mittag um 12 Uhr in Köln gab es dann erst das vereinbarte Telefongespräch, von dem Angela Merkel abends auf der Regionalkonferenz in Mainz einem sehr betretenen Publikum berichtete: Sie habe lange und ausführlich mit Merz gesprochen. Sie habe seine Entscheidung ausdrücklich bedauert, und, ja, sie fände diese Entscheidung auch ein wenig traurig, gerade weil sie ihn jetzt bei der Auseinandersetzung mit der CSU so dringend gebraucht hätte.

Ein wenig traurig. Angela Merkel ist nicht die Frau, die bittet und bettelt, wenn einer sich entschieden hat. Und Friedrich Merz hatte offenbar nicht mehr den Sound in der Stimme, den einer hat, der umgestimmt werden möchte. Es war, erzählen einem die Menschen, die Friedrich Merz gut kennen, dieses Mal wirklich entschieden und endgültig. Schließlich war es ein Rücktritt mit drei Anläufen. Schon gleich nach der verlorenen Bundestagswahl hatte Merz alles hinwerfen wollen, als Stoiber und Merkel ihm den Fraktionsvorsitz genommen hatten. Dann gab es in der Nacht der Bayernwahl noch einmal ein ähnliches Ereignis, das Parteifreunde den «24-Stunden-Rücktritt des Friedrich Merz» nennen. Alle waren schon in Schock-Starre verfallen. Aber am anderen Morgen war es vorüber. Merz sei für einen Politiker nun einmal sehr emotional, erzählen sie. Außerdem habe er hohe moralische Ansprüche an sich selbst. Er habe es nicht ausgehalten, dass er es nicht aushielt, loyal sein zu müssen. Und schon gar nicht hat er ausgehalten, in noch einem Wahlkampf den eloquenten Wirtschaftsfachmann zu geben und dann den Posten des Superministers schließlich doch an Stoiber abgeben zu müssen.

Dabei hat das Strukturproblem, das sich im Amoklauf der Union durchs Unterholz einer potenziellen Gesundheitsreform manifestierte, mit ihm offensichtlich höchstens indirekt zu tun. Es war eher das Resultat anderer, schlecht gepflegter Feinde und Opfer sowie das Resultat einer kleinen Dreiecksgeschichte, deren Hauptpersonen Angela Merkel, Edmund Stoiber und Guido Westerwelle hießen.

Einer größeren Öffentlichkeit war das Problem seit dem Tag bekannt und bewusst geworden, an dem Edmund Stoiber die rote Linie überschritten hatte. Sticheleien, Finessen, kleine Kränkungsversuche gegen die Unions-Schwester und die FDP gehören, erklären die CSU-Experten, seit Strauß in Bayern zur selbst reinigenden Folklore, vor allem wenn der CSU-Parteivorsitzende gerade eine Bundestagswahl verloren hat. Zwischen Stoiber und Merkel gab es in diesem Spiel seit ihren gemeinsamen Erfahrungen im Wahlkampf aber immer eine feine Grenze. Man wurde niemals persönlich ausfallend. Und keiner tat etwas, was die Union als Ganzes beschädigen konnte.

Bis zu dem Tag in diesem Sommer 2004, als Stoiber sagte, Merkel und Westerwelle könnten Schröder und Fischer nicht das Wasser reichen, weil die letzteren beiden nun einmal keine Leichtmatrosen seien. Es wird erzählt, dass Angela Merkel über diesen nur halbherzig dementierten Satz so wütend und zornig gewesen sei, dass sie sich weigerte, zu reagieren. Sie blieb einfach mit ihrem Mann in den Dolomiten. Wandern, abwarten und Wut abbauen.

Klar, Stoiber war gekränkt durch die knapp verlorene Bundestagswahl. Er wurde erneut gekränkt und vorgeführt, als es ihm und Roland Koch nicht gelungen war, Merkel bei der Bundespräsidentenwahl mit dem Namen Schäuble aufs Glatteis zu führen. Und ein weiteres Mal, als es ihr zusammen mit Guido Westerwelle glückte, den eigenen, inzwischen außerordentlich erfolgreichen Kandidaten aus dem Hut zu zaubern.

Stoiber hatte außerdem ein Riesenproblem damit, die Bundespolitik wieder loszulassen. Im Landtagswahlkampf hatten seine Mimik und Gestik oft verblüffend andere Antworten und Erkenntnisse zu diesem Thema gegeben als seine vorsichtigen Sätze. Zum Beispiel, wenn man ihn in seinem Wahlkampfbus gemeinerweise etwas fragte, von dem man annehmen konnte, dass er am liebsten laut und befreiend mit «Ja, ja, ja» geantwortet hätte. Also zum Beispiel: Haben Sie nicht, weil Sie so knapp um Ihren Wahlsieg betrogen wurden, ein natürliches Recht auf eine zweite Kandidatur, vor allem wenn Sie jetzt in Bayern so haushoch siegen?

Stoiber, der mit aufgelegten Händen am Tisch gesessen hatte, ließ sich in die Tiefe der Sitzbank zurückfallen, verschränkte die Arme eng über dem Brustkorb, legte einen Zeigefinger auf den Mund und sagte dann erst: «Die Kandidatenfrage stellt sich zurzeit nicht. Wir werden sie 2005 beantworten.»

Auch die rhetorische Figur der Stoiber'schen Wahlkampfreden folgte seiner persönlichen Entwicklung im zurückliegenden Jahr. Vom bayerischen Separatisten zum Kanzler- und Allgemeinwohlkandidaten, zurück zum Sonthofener Krieger und wieder zurück zum Retter des großen Bundes-Ganzen. Das ging im Bayernwahlkampf dann immer so: Bayern war einmal das Schlusslicht der deutschen Bundesländer. Jetzt ist Bayern Spitze, dank des unermüdlichen Einsatzes des leitenden Angestellten und Managers der Staatspartei CSU. Und wenn Bayern auf einem Gebiet nicht mehr Spitze ist, liegt es am Bund. Weswegen das niedrig verschuldete Bayern sich auf keinen Fall beteiligen wird an Strafzahlungen wegen Verletzung der Maastricht-Kriterien. Und am meisten Applaus bekam Stoiber in allen Bierzelten Bayerns, wenn er richtig Bundestagswahlkampf betrieb und der «Quatsch-Truppe» in Berlin zurief: «Packt endlich an. Oder tretet ab. Aber verschont uns vor weiterem Durcheinander und endlosem Gequatsche. Finito Dilettanti.»

Es sah aus wie ein Landtagswahlkampf. Es fühlte sich auch so an. Es schien aber für Stoiber immer um etwas anderes zu gehen. Nicht um den Sieg in Bayern und auch nicht um die absolute Mehrheit. Das war beides sowieso klar, auch ohne Stoibers Marathon-Engagement. Es ging für Stoiber darum, wie hoch der Sieg sein wird und welche bundespolitischen Konsequenzen sich daraus herleiten lassen würden.

Das andere war: Edmund Stoiber hatte sich verändert seit der verlorenen Bundestagswahl. Anfangs war er enttäuscht und hat sich das auch anmerken lassen. Inzwischen sagt er, dass er nichts so verachte wie Menschen, die mit Niederlagen nicht fertig werden. Aber die Bundespolitik ließ ihn nicht mehr los. Genauer gesagt: Er ließ die Bundespolitik nicht mehr los. Täglich kümmerte er sich um Berlin. «Stündlich», sagt Seehofer.

Die bayerische Staatskanzlei ist einer der Top-Politikapparate in Deutschland, voll gestopft mit ehrgeizigen, hoch motivierten, sich gegenseitig kontrollierenden und in Schach haltenden Elitejuristen und Spitzenbeamten. Auch die hatten Spaß daran gefunden, Bundespolitik zu machen. Die Telefonkonferenz, die man im Bundestagswahlkampf zur Koordination der Aktivitäten von CDU und CSU erfunden hatte, wurde also beibehalten. Angela Merkel betrachtete den ritualisierten Dialog als Frühwarnsystem, Edmund Stoiber als bundespolitisches Machtmittel. Und auch als psychologische Stütze, um sich weiter so wichtig zu fühlen wie im Bundestags-Wahlkampf.

Als Stoiber in den Sommerferien in der Toskana saß und für diese Zeit die täglichen Schaltkonferenzen eigentlich abgesagt hatte, meldete sich eines Morgens um 7.45 Uhr doch die bayerische Staatskanzlei in Berlin. Der Herr Ministerpräsident wünsche bitte jetzt sofort seine Schalte. Angela Merkel saß aber im Flugzeug nach England. – Dann bitte sofort nach der Landung. – Ob der Herr Ministerpräsident vorschlage, dass Frau Merkel ihren Besuch bei Tony Blair ein wenig verschiebe, fragten die Merkel-Menschen dann genervt und durchaus in ironischer Absicht. – Ja, bitte, später ist jedenfalls schlecht, war die Antwort. Da frühstücke der Ministerpräsident mit seinen Enkeln.

Es stimmt ja auch: Wenn gleich nach dem 21. September Bundestagswahlen gewesen wären, dann wäre ein Edmund Stoiber, der die Zweidrittelmehrheit in Bayern geholt hatte, möglicherweise noch einmal der Kandidat der Union geworden. Jetzt schienen die nächsten Bundestagswahlen aber weit entfernt. Und in der CDU hofften nicht wenige, dass Edmund

Stoiber langsam anfangen würde zu verstehen, dass er es trotz allem nicht noch einmal sein werde.

Jeder hatte aus den Ereignissen und Erfahrungen der letzten zwei Jahre andere Konsequenzen gezogen. Roland Koch zum Beispiel war ostentativ loyal. Vielleicht wollte er auch nur gut vorbereitet und sauber in der Kurve stehen, aus der Angela Merkel jetzt vielleicht doch rausfliegen würde. Auf der Regionalkonferenz in Mainz unterstützte er die Positionen seiner Parteichefin jedenfalls offensiv und feurig. Gegen Ende seiner Rede konnte man sogar den Eindruck gewinnen, dass er sich ein wenig zurücknahm, um Angela Merkel nicht die Show und den Applaus zu stehlen.

Vielleicht spürte Koch in diesen Monaten auch, dass er sich nicht zu sehr in den Vordergrund spielen durfte. Und auch, dass er nicht länger auf blinde Gefolgschaft der anderen Ministerpräsidenten setzen durfte. Angela Merkel hatte das geschickt gemacht. Sie hatte gar nicht erst angefangen, den Geheimbund zu bekämpfen. Das wäre ja auch aussichtslos und deswegen dumm gewesen. Nein, sie hat diesem Andenpakt einfach einmal einen Besuch abgestattet. Und seither hat sie in gezielten Einzelgesprächen einen Andino nach dem anderen für sich eingenommen. Sie hat dann meistens die Herren gefragt, wie denn in der Partei der deutschen Einheit jemals jemand gegen so einen Pakt gleichberechtigt Politik machen könne, der, so wie sie oder wie Thüringens Ministerpräsident Althaus, aus dem Osten kommt und damals nicht dabei war. Hat gesagt: Wenn ihr wollt, könnt ihr mich immer verhindern. Dann kann ich es auch gleich lassen. Die Herren hatten sich betroffen gezeigt.

Christian Wulff, glaubte sie, hat sie bereits für sich gewonnen. Auch Matthias Wissmanns Ansehen im Andenpakt war geschwunden, weil er derjenige war, der die Parteivorsitzende in den geheimen Kreis eingeladen hat. Friedbert Pflüger, Gründungsmitglied des Paktes und außenpolitischer Sprecher der Fraktion, war während der Irak-Debatte auf ihrer Seite.

Und die Herren waren sich sowieso nicht mehr immer einig. Teile und herrsche. Über die Jahre haben sie sich, bei aller Freundschaft, politisch auseinander entwickelt. Wulff ist eher liberal. Koch stramm konservativ. In der Türkei-Frage soll der Pakt niemals einen Konsens gefunden haben. Auch das Thema Zuwanderung war umstritten. Die Verbundenheit reichte auch nicht mehr so weit, dass alle Mitglieder Koch automatisch in seinem Wunsch nach der Kanzlerkandidatur unterstützten, zum Koch-Wahlverein wollte man sich auch nicht machen lassen. Inzwischen traute außerdem auch Christian Wulff sich das Amt des Bundeskanzlers zu.

Weil Angela Merkel Physikerin ist, wird ihr von vornherein das instabile Moment eines Paktes unter Gleichen klar gewesen sein. Ein Bund unter Gleichen verändert sich selbstverständlich dramatisch, wenn einer der Gleichen plötzlich der Anführer sein will und von den anderen Gleichen bedingungslose Gefolgschaft verlangt. Wenn dann noch ein zweiter aus der Runde stärker wird als die anderen, heben die Kräfte sich gegenseitig auf und neutralisieren sich möglicherweise.

Solche Überlegungen mögen der Grund dafür gewesen sein, dass Angela Merkel die Bedeutung des Andenpakts öffentlich immer heruntergespielt hat, und auch, dass sie später nicht nervös wurde, als ihr mit Christian Wulff ein zweiter, starker Konkurrent gegenüberstand. Ganz im Gegenteil.

Koch konnte sich auf die Mechanismen des Paktes nur verlassen, solange sie geheim blieben. Ihn störte sehr, dass Mitglieder des Paktes zu plaudern begonnen hatten. Und der ansonsten sehr redegewandte Karrierepolitiker soll äußerst einsilbig geworden sein, wenn man ihn auf die Macht des Paktes angesprochen hat. Dann habe Koch die Lippen vorgewölbt, auf seine Hände geschaut und kühl gesagt: «Bei solchen Fragen pflege ich Gespräche mit Journalisten abzubrechen.»

Der Andenpakt bekam ein Rüchlein von Rückwärtsgewandtheit. Und inzwischen erhält Angela Merkel, wann immer die

Herren sich zu einer «Maßnahme» verabreden, eine ordentliche Mitteilung und Abmeldung: Wir reisen im Juni 2005 nach Kroatien. Im Anhang schickten sie ihr die detaillierte Reiseplanung. Und anschließend einen Bericht. Das hatte sie also im Griff.

Bei Edmund Stoiber war es ganz anders. Misstrauisch und missmutig hatte er seit dem Jahreswechsel die Annäherung und Führungsübernahme von Angela Merkel und Guido Westerwelle beobachtet. Und kommentiert. Vor allem, seitdem Westerwelle sein «Meisterstück», die Bundespräsidentenwahl, und seine Duz-Freundschaft mit Angela Merkel etwas sehr penetrant zelebrierte.

Auf Angela Merkels 50. Geburtstag, den Westerwelle zu seinem Coming-out nutzte, überbrachte Stoiber dann unbeholfen und hölzern «als Schwester – äh – schwesterliche Grüße» der CSU und sagte dann Sätze, die später zu seinem Entsetzen als Merkels inoffizielle Kür zur Kanzlerkandidatin interpretiert wurden. Stoiber wirkte da ein wenig wie der alte Onkel aus Bayern, der einerseits Angst hat, nicht mehr richtig dazu zu gehören bei den Jungen in Berlin, die alles ganz schnell anders machen wollten. Und der sich andererseits aber auch wirklich nicht sicher war, ob er es diesen Jungen überhaupt zutrauen konnte.

Man darf das nicht falsch verstehen. Merkel und Stoiber kommen gut miteinander klar. Sie informieren und beraten sich. Sie telefonierten selbst in diesen heißen Zeiten regelmäßig. Sie können einander inzwischen wohl auch ganz gut ausrechnen. Fremd aber scheinen sie sich zu bleiben. Und als Westerwelle mit seiner Freundschaft zu Angela zu heftig kokettierte, wurde er für diese Fremdheit mit instrumentalisiert. In Stoibers Umfeld wurden in jener Zeit alle Arten von delikaten Vokabeln für einen Homosexuellen und eine in zweiter Ehe verheiratete Protestantin aus dem Osten ausprobiert.

Diese Fremdheit: Stoiber duzt alle Ministerpräsidenten. Merkel duzt sich mit Merz und mit den anderen Ministerpräsidenten, außer mit Koch. Sie duzt sich mit Westerwelle. Stoiber und Merkel duzen sich nicht. Er hat ihr nie das Du angeboten, sagt sie. Und man kann mit Angela Merkel eine ganze Weile darüber diskutieren, ob nicht sie, die Frau, dem Stoiber das Du hätte anbieten müssen. Sie sagt dann, dass Stoiber doch so viel älter sei als sie und so lange schon Ministerpräsident. Ihre Hamburger Mutter, die sich in solchen Fragen gut auskenne, sei deswegen der Meinung, Stoiber müsse ihr das Du anbieten. – Es ist auch nicht wichtig, weil man sich sowieso nicht wirklich vorstellen kann, dass Angela Merkel eines Tages zu ihm sagt: Hi, Edi, wie geht's?

Es war dann jedenfalls auch auf Merkels Geburtstag, als Michael Glos mit bayerischer Hinterfotzigkeit ihren Jagdinstinkt lobte – «Sie weiß, Auerhähne schießt man am besten beim Balzen», sagte er und wies noch einmal auf die stattliche Strecke der schon erlegten Hähne hin. Er überreichte eine Flasche Jägermeister mit den Worten: «Für die größte Jägermeisterin aller Zeiten.» Dann erklärte er, derzeitige und zukünftige Querschüsse aus Bayern seien bitte sehr weder feindliches noch «friendly fire». Es würde damit lediglich «die Truppe in Übung gehalten für den Ansturm 2006».

Womit wir bei der Türkei wären, dem letzten Truppenübungsplatz des Herbstes 2004. Als Michael Glos mitten in den Kalten Krieg der Union hinein die Lunte des nächsten Sprengsatzes anzündete und eine Unterschriftenaktion für eine privilegierte Partnerschaft der Türkei forderte, hatte Angela Merkel nur drei Möglichkeiten: erstens eiern. Die Journalisten hätten dann so lange nachgefragt, bis sie gesagt hätte: Nein, mit mir keine Unterschriftenaktion für eine privilegierte Partnerschaft. Dann wäre der nächste Unionskrach da gewesen. Oder sie hätte gesagt, was sie wirklich denkt und was sie deswegen auch sofort sagen konnte: Warum eigentlich nicht? Kann man drüber nachdenken und ankündigen vielleicht sogar auch. Zumal man Schröder damit wunderbar Druck machen kann. Aber es zu tun, das wäre ihr überhaupt nicht in den Sinn gekommen.

Sie stand seit Merz' Rücktritt wirklich noch einmal im Sturm. Aber sie wirkte dabei wie neu belebt und wild entschlossen. Und wieder sollten es die Roadshows richten. Wieder wollte Merkel sich bei ihrer eigentlichen Machtbasis, bei den Menschen in der Partei, versichern, sich Rückhalt und Zustimmung abholen.

Auf der ersten Regionalkonferenz in Hamm hatte sie dann so gut wie alles falsch gemacht, was eine erfahrene Politikerin falsch machen kann: Der Zeitpunkt war dumm. Die Parteibasis in NRW war müde und verkämpft von der Kommunalwahl. Dann war sie auch noch zu spät angekommen. Und schließlich beging sie den Fehler, aus lauter Harmoniestreben die Bundesregierung nicht anzugreifen.

Später machte sie es anders. Und wenn sie energisch und ironisch attackierte, wenn sie von 1500 Arbeitsplätzen sprach, die in diesem Land Tag für Tag wegbrechen, wenn sie dann die Zukunft eines prosperierenden, besseren Deutschlands ausmalte, wenn sie mit diesem «Ärger macht stark»-Gesicht sagte: «Besser, wir diskutieren unser Programm jetzt als nach der Wahl», dann waren die Menschen in ihrer Partei, ein Landesverband nach dem anderen, offenbar bereit, ihr wieder Vertrauen zu schenken, sich zu disziplinieren und genau hinzuhören. Zum Beispiel, warum es wirklich «Quatsch» sei zu behaupten, der Chef und die Sekretärin zahlten beim Prämienmodell das Gleiche. Man konnte dabei zusehen, wie sich in dem einen oder anderen Gesicht die Skepsis verwandelte in ein: Ach, so ist das!

Und wenn man sie in jenen Tagen fragte, ob sie Edmund Stoiber diese Rede wohl schon einmal gehalten hat? Und wenn ja, ob es genutzt hat? Dann sagte die Naturwissenschaftlerin Angela Merkel, sie habe schon als Umweltministerin lernen müssen, dass man Überzeugungen erstaunlicherweise nicht durch wissenschaftliche Beweisführung verändern kann. Deswegen ärgere sie sich auch so darüber, wie sehr diese wichtige Zukunftsdebatte ins Unterholz der Zahlen geraten ist; ob es nun 169 oder 179 Euro Gesundheitskosten pro Person sind. Und dass in einem Medienzeitalter, in dem jede Modellrechnung als Endstand genommen wird, überhaupt Zahlen herumgereicht werden für eine Sache, die sie doch erst 2008 mit den dann gültigen Eckdaten machen können, und auch nur, falls sie an die Regierung kommen. Am meisten ärgerte sie sich, wenn sie sich vorstellte, wie Schröder und Müntefering sich darüber freuten. Die waren in der Regierung und hatten keine einzige Zahl hineingeschrieben in ihr Papier zur Bürgerversicherung.

Und dann sagte sie noch, was sie auch Edmund Stoiber schon gesagt hatte: Wenn man zu einer gemeinsamen Wanderung aufbricht, muss man sich über den Weg nicht von Anfang an einig sein, nicht einmal unbedingt über das Ziel. Aber es wäre schon mal ganz schön, wenn man den Punkt vereinbart, von dem aus man losmarschieren will. Sonst wird keine gemeinsame Wanderung daraus.

Wer sich im Herbststurm des Jahres 2004 an das Jahr 1976 erinnerte, das Jahr, in dem Franz Josef Strauß die Fraktionsgemeinschaft im Bundestag spaltete und üblere Sachen über Kohl sagte als «Leichtmatrose», der konnte auf die Idee kommen, dass alles auch noch schlimmer hätte werden können. Andererseits wiederholt sich die Geschichte nicht, und wenn, dann nur als Farce.

Auf einer der Regionalkonferenzen jedenfalls war eine junge Frau aufgestanden, die sich als Christiane Rudolf aus dem Lautertal vorstellte, als «Hausfrau, Ehefrau und Mutter von vier Kindern». Und sie beschrieb die Gefühlslage der CDU in diesem Sturm offenbar sehr gut, als sie sagte: «Wenn ich mich mit meinem Mann vor den Kindern streiten würde, dann verunsichert die das doch nur. Dann beginnen die, an Rädern zu drehen.» Und dann rief sie: «Frau Merkel, vielleicht finden Sie mit

Edmund Stoiber Wege, sich befruchtend zu streiten, wenn die Kinder schlafen.»

Frau Rudolf bekam an diesem Abend den meisten Applaus. Und Angela Merkel antwortete: «Ich bin zwar nicht die Mutter der Partei, und wenn, dann wären die Kinder ja auch schon ziemlich groß und haben also nur noch sehr kurze Schlafzeiten. Aber ich denke, ich habe verstanden, worauf es Ihnen jetzt ankommt.» Da lachten alle im Saal noch einmal sehr heftig. Wie erleichtert. Und es liefen auf Angela Merkels Roadshows ja auch genug Menschen aus Bayern durch die Gänge, die dem Papa Stoiber berichten würden, wie die Kinder in Deutschland neuerdings so drauf waren.

Es ist dann doch noch so etwas wie eine gemeinsame Wanderung geworden. Die Fachleute aus beiden Parteien hatten noch einmal eine Weile gerechnet und beraten. Und schließlich einigten sich Angela Merkel und Edmund Stoiber auf ein modifiziertes Prämienmodell mit einem einkommensteuerfinanzierten Sozialausgleich, ein Modell, das dem Herzog-Vorschlag sehr ähnlich sah. Die CDU nannte es auch so: «Unser modifiziertes Prämienmodell». Die CSU sagte, dass es sich bei diesem modifizierten Prämienmodell in Wahrheit um etwas handelt, das dem ursprünglichen CSU-Modell aber doch viel ähnlicher sei als Merkels Prämienmodell.

Die Wähler aber konnten es nicht mehr verstehen. Sie konnten es nicht mehr hören. Sie hatten sich längst abgewendet, je nach dem Grad ihrer Politisierung angeekelt, verzweifelt oder gleichgültig. Und wenn Stoiber gedacht hatte, sich durch seine Störmanöver erneut zum Kanzlerkandidaten zu machen, so hatte er sich gründlich verrechnet.

Im Gegenteil: Noch bevor der Streit um die Gesundheitsreform beigelegt war, kamen die ersten CDU-Landeschefs aus der Deckung. Sie hielten sich mit weiteren Details zur Gesundheitsreform gar nicht mehr auf, sondern forderten Edmund Stoiber zum Verzicht auf. Forderten ihn auf, endlich einzusehen, dass er es nicht noch einmal wird und dass er deswegen bitte schön bald den Rückzug von solchen Ambitionen bekannt geben solle. Damit rissen sie den lumpigen Vorhang aus angeblichen Sachfragen weg und gaben den Blick frei auf die nackte, banale Machtfrage: Merkel oder Stoiber.

Erst die Sache? Dann die Partei? Dann die Person? Die verkommene Realität von Politik in Deutschland ist augenscheinlich genau umgekehrt. Das war die Botschaft, die am Ende des Sturms und am Ende dieser großartigen Debatte um die Gesundheitsreform an allen hängen blieb, auch an Angela Merkel, auch an der Politik an sich und an der Demokratie in diesem Land.

Der Sturm aber hatte sich gelegt. Die Aufräumarbeiten konnten beginnen. Die CSU nutzte die Gelegenheit zur Jahreswende nochmals zu rebellierendem Spott. Die CDU versuchte, sich von dem Schock zu erholen und zu verstehen, was passiert war. Und dann zeigte sich in jenen Wochen nach dem Jahresbeginn wieder, wie gründlich die Vorsitzende ihre Loyalität für den Augenblick – jedenfalls für das erste Halbjahr 2005 – in ihrer Partei, der CDU, verankert hatte. Es war noch einmal, wie es in der Union vor wichtigen Wahlen immer ist: Es hielt die Ruhe als erste Mitgliederpflicht. Sie machte den knappen Erfolg in Schleswig-Holstein möglich, und dann auch den großen, alles verändernden Erfolg in Nordrhein-Westfalen.

DER KALTSTART ZUR KRÖNUNGSMESSE

Es ist der 29. Mai des Jahres 2005: Eine dunkle Limousine fährt in der Abenddämmerung über die Autobahn aus Vielank in Mecklenburg-Vorpommern zurück Richtung Hauptstadt. Im Fond sitzt Angela Merkel, die Frau, die auf dem Weg zur Macht ist, auf dem Weg, in Berlin das Kanzleramt zu erobern.

Die Frau im Fond telefoniert. Sie spricht sehr ruhig. Sie wirkt heiter und konzentriert. Es ist Freitagabend, das Ende der erstaunlichsten Woche, die das politische Berlin seit dem Umzug aus Bonn erlebt hat.

Am Wochenende will sie deswegen ein wenig ausruhen, sich sammeln und noch einmal über alles nachdenken. Spätestens Sonntag wird das Tempo wieder anziehen: Ein lange geplanter Auftritt vor dem Parlamentskreis Mittelstand, letzte Telefonate, neueste Meldungen, Abstimmungen und Gespräche.

Montag wird Angela Merkel sich offiziell zur Kanzlerkandidatin von CDU und CSU nominieren lassen. Die Veranstaltung wird ganz banal Pressekonferenz heißen, sich aber eher wie eine Krönungsmesse anfühlen. Das Treppenhaus der CDU-Zentrale an der Klingelhöferstraße wird voller jubelnder Menschen sein, die sich diesen besonderen, historischen Moment in der Karriere der Angela Merkel und in der Geschichte der Union nicht entgegen lassen wollen: Aus der Bundestagsfraktion werden fast alle kommen, dazu die Präsiden, Ministerpräsidenten und ehemalige Ministerpräsidenten, die Mitarbeiter und Mitglieder aus der Berliner und Potsdamer CDU. Schnittchen und Getränke sind vorbereitet, auch das ist eher ungewöhnlich bei politischen Pressekonferenzen.

Sonntagabend aber will Angela Merkel trotz allem wie geplant ins Konzert gehen. Claudio Abbado ist in der Stadt. Er wird seine Philharmoniker noch einmal dirigieren. Mahlers Vierte. Das möchte sie sich nicht entgehen lassen. Ihr Ehemann, Joachim Sauer, dieser sportliche Professor für Quantenchemie, von dem es immer heißt, er zeige sich der Öffentlichkeit nur einmal im Jahr in Bayreuth, wird neben ihr sitzen. Wie so oft. Möglicherweise gehen Boulevard-Fotografen einfach viel zu selten ins Konzert.

Wie sie sich wohl fühlt zur Abwechslung mal als Wähler- und Medienliebling? Ob sie Momente hat, in denen sie ein wenig erschrickt, weil es jetzt wirklich wahr werden könnte? Und ob sie sich fragt, was sie tun kann, um die neue Stimmung zu halten bis zum 18. September?

Wenn man Angela Merkel mit all diesen Überlegungen auf einmal bestürmt, sagt sie: «Ihre letzte Frage ist die eigentlich relevante.»

Manchmal in den beschleunigten Zeiten der Politik ist es außerordentlich beruhigend, naturwissenschaftlich denken zu können. Man wendet dann im größten Chaos, während alle anderen durcheinander plappern und hektisch jeder allerneuesten Wendung hinterherlaufen, ganz einfach die Brown'sche Beschreibung für Molekularbewegung an und den Gleichverteilungssatz der Energie. So kann man sich in aller Gelassenheit das Resultat als Summe der Störungen ausrechnen und weiß bald nach den ersten Prognosen einer Landtagswahl: Jetzt bin ich Kanzlerkandidatin.

Der 22. Mai 2005 in Berlin ist so ein dramatisch beschleunigter Tag gewesen. Eine Sensation, die normalerweise den bundesdeutschen Medienbetrieb über Tage genährt und gemästet hätte, wurde schon nach wenigen Minuten von der nächsten Sensation gefressen, eine Schlagzeile von der anderen kannibalisiert. Erst: «Sensation! Die SPD verliert nach 39 Jahren die Macht in ihrem Stammland Nordrhein-Westfalen». Dann: «Viel größere Sensation! Schröder will Neuwahlen in Deutschland».

Und Angela Merkel? Freute sich wie ein Lausbub, verschmitzt, entspannt, um Jahre verjüngt, wie man sie schon lange nicht mehr gesehen hat. Angela Merkel ist gewohnt, die Dinge von ihrem Ende her zu denken. Robert Browns Bewegungsmodell ist die Formel ihres Lebens. Sie stellt sich das politische Geschäft einer Mediengesellschaft in Erhaltungssätzen vor. Sie weiß: Die Summe der Energie bleibt gleich. Hitze und Kälte, Tempo und Stillstand, Bewunderung und Verachtung, Auf und Ab, Gutes und Schlechtes hält sich die Waage, jedenfalls vom Ende des Experiments her gesehen. Nur so hat sie die Höhen und Tiefen der letzten Jahre, die Attacken der Medien und der von ihr entmachteten Unions-Männer überhaupt aushalten können.

Und während die juristisch oder sozialwissenschaftlich geschulten Akteure und Beobachter des Berliner Politikbetriebs an jenem Sonntag noch aufgeregt und ohne erkennbare Richtung hin und her zitterten wie die Molekularteilchen bei Robert Brown, wusste Angela Merkel schon, dass die große Neuwahl-Sensation bald verschluckt und verdaut sein würde von der nächsten Schlagzeile. Dieser einen Schlagzeile, auf die sie so lange hingearbeitet hat und die die bisher wichtigste Zwischenetappe ihres erstaunlichen politischen Experiments erfolgreich abschließen soll: «Angela Merkel ist Kanzlerkandidatin der Union.»

Auch die nächsten Schlagzeilen konnte sie sich sofort vorstellen, Schlagzeilen für Menschen, die einen Sinn für politische Symmetrie und Ästhetik haben: Angela Merkel ist die erste Frau in der Geschichte, die fünfzehn Jahre nach dem Fall der Mauer Chancen hat, Regierungschefin in Deutschland zu werden. Oder: 60 Jahre nach dem bei seinem Amtsantritt bisher ältesten aller CDU-Kanzler, dem rheinländischen Katholiken Konrad Adenauer, könnte eine evangelische Frau aus dem Osten die jüngste CDU-Kanzlerin Deutschlands werden.

Im Vorstand der CDU hat Bernd Neumann sie gleich am Montag nach der NRW-Wahl zur Kanzlerkandidatin ausgerufen. Wer anderer Meinung sei, soll es jetzt sagen. Alle haben geklatscht. Niemand hat widersprochen. Neumann fragte dann: «Oder widersprechen Sie, Frau Merkel?» Da hatte Angela Merkel gelacht und gesagt: «Aber Herr Neumann, wie könnte ich Ihnen widersprechen.»

Alle waren begeistert, oder zumindest verhalten sich alle so, als ob sie begeistert seien. Roland Koch sagte später in die Kameras: «Sie ist eben gut.» Und er sagte es mit aller Glaubwürdigkeit und Überzeugung, zu der er sein Gesicht und seine Stimme bewegen kann.

Dienstag in der Fraktion hat Michael Glos sie dann aus Versehen zur CSU-Vorsitzenden befördert, als er die großen Verdienste «unserer CSU-Parteivorsitzenden Angela Merkel» pries. Und weil sich keiner traute, richtig laut zu lachen, hätte Glos draußen vor den Journalisten seinen Versprecher beinahe wiederholt. Er sagte dann so etwas wie: Unsere CSU-Partei-, ähm, CDU/CSU-Fraktionsvorsitzende.

Schon eigenartig. Im Oktober war sie noch die berechnende eiserne Lady, der ein Mann nach dem anderen wegläuft. Da hieß es wieder einmal: Die kann es nicht. Die Unions-Männer werden sie nun aber wirklich wegputschen. – Und jetzt? Jetzt können sie alle gar nicht so schnell vor die Kameras rennen, wie jeder der Erste sein will, der Angela Merkel lobt und preist. Jetzt plötzlich wollen 50 Prozent der Deutschen sie als Kanzlerin, nur noch 44 Prozent sind für Schröder. Vergleichbare Popularitätswerte hatte Edmund Stoiber in seinem ganzen Wahlkampf gegen Gerhard Schröder nie. Wenn am Sonntag gewählt würde, wäre die Sache schon gelaufen.

Es wird aber nicht am Sonntag gewählt. Obwohl die Ausgangsposition für die Union auch längerfristig nicht schlecht ist: die SPD im Chaos. Die Lage im eigenen Laden seit ein paar Monaten einigermaßen entspannt. Hartnäckige Widersacher wie Friedrich Merz oder Horst Seehofer haben sich zurückgezogen, andere wie Roland Koch hielten sich nicht nur sehr klug zurück, im Gegenteil: Koch sollte sich, als plötzlich schnell aus allen Politikfeldern ein Wahlkampfprogramm zusammengeschustert werden musste, als außerordentlich hilfsbereit und kompetent erweisen.

Die Legende vom Girls-Camp an der Klingelhöferstraße ist sowieso längst überlagert von der Entdeckung und Beschreibung des neuen Boys-Camp. Merkel hat inzwischen eine Gruppe ehrgeiziger, kluger, jüngerer Bundestagsabgeordneter um sich geschart. Ein loyales, hoch einsatzbereites und vor allem eisern verschwiegenes und erfahrenes Team, mit dem sie alle politischen Entscheidungen von den Sachthemen bis zu den strategischen Fragen diskutiert: Peter Hintze, der ehemalige

CDU-Generalsekretär und Erfinder der schrecklichen «Rote-Socken-Kampagne», der nach der verlorenen Bundestagswahl 1998 für die Öffentlichkeit in der Versenkung zu verschwinden schien, in Wahrheit aber als Vizepräsident der Europäischen Volkspartei Merkels erster Netzwerker in der Europäischen Union ist. Norbert Röttgen, Merkels erster parlamentarischer Geschäftsführer. Ronald Pofalla, seit dem Rückzug von Friedrich Merz stellvertretender Fraktionsvorsitzender für Wirtschaft und Arbeit. Peter Altmaier, Merkels neuer Justitiar. Und Eckhart von Klaeden, der parlamentarische Geschäftsführer. Nach dem Sturz von Generalsekretär Laurenz Meyer, der nach seinem Wechsel in die Politik hohe Zuwendungen von seinem früheren Arbeitgeber RWE angenommen und diese Zahlungen nur nach und nach eingeräumt hatte, ist der parlamentarische Geschäftsführer der CDU, Volker Kauder, sein Nachfolger geworden.

In dieser Runde kann sie alle wahlkampfstrategischen und politischen Entscheidungen, die plötzlich so schnell gefasst und verabschiedet werden müssen, verlässlich diskutieren.

Und alle anderen stehen jetzt Gewehr bei Fuß, gerade auch die Ministerpräsidenten, die bald eigene Neuwahlen zu bestehen haben. In der Krönungsmesse teilte Edmund Stoiber mit, das Präsidium von CSU und CDU habe Merkel «einmütig und einstimmig» zur Kanzlerkandidatin der beiden Schwesterparteien nominiert. Und weil er für den eigentlich entscheidenden und für ihn offenbar immer noch schwer auszusprechenden Satz noch einen kleinen Anlauf brauchte, ein paar umständliche Floskeln, blieb Zeit, über dieses «einmütig und einstimmig» eine Weile nachzudenken: Es ist also eine Entscheidung per Akklamation gewesen, und das ist immer auch gefährlich, weil die Gegner sich nicht sichtbar machen müssen. Während man also möglicherweise darüber nachdachte, ob elf Unions-Ministerpräsidenten im Bundesrat für eine CDU-Regierungschefin nicht auch eine Blockademehrheit darstellen, eine Blockademehrheit der ganz neuen Art, sagt Edmund Stoiber: «Ich werde alles tun, dass Sie die erste Bundeskanzlerin der Bundesrepublik Deutschland werden.»

Wenn Stoiber diese Zusage einhält, wenn auch die anderen Ministerpräsidenten sich so verhalten, wenn es gelingt, die Wechselstimmung zu halten. Wenn, wenn, wenn …

Angela Merkel dämpfte also den tosenden Beifall und sagte: «Unser Wahlprogramm wird ein Wahlprogramm mit Mut zur Ehrlichkeit sein.» Kein Problem werde schöngeredet, kein Patentrezept versprochen, wenn es in Wahrheit keine Patentrezepte gibt. Und dann sagte sie diesen ungewöhnlichen und mutigen Satz, den man schon sehr lange von keinem Politiker mehr gehört hat. Einen Satz, bei dem man sich plötzlich vorstellen kann, dass doch noch einmal etwas anders wird in diesem Land: «Wir wollen Deutschland dienen. Ich will Deutschland dienen. Deutschland kann es schaffen, und gemeinsam werden wir es schaffen.» – Und dann wollten die Menschen in der Klingelhöferstraße gar nicht mehr aufhören zu klatschen und zu jubeln.

Wie es wohl ist, zu spüren, dass sich die Teile des Betriebs, die sich immer nach der Macht ausrichten, langsam neu und auf einen selbst zu orientieren beginnen? Das habe ich die Frau auf ihrem Weg zur Macht auch noch gefragt.

Angela Merkel erinnert daran, dass sie schon viele Höhen und Tiefen durchlebt hat, daran, wie sie damals, nach der Spendenaufarbeitung, schon mal die Königin der Herzen war. Dann ist sie die eiskalte Dame geworden. Und jetzt ist wieder dieser Ausschlag in die andere Richtung, was Angela Merkel natürlich ein bisschen beruhigt. Sie ist sicher, dass sich diese Pendelausschläge nach und nach immer mehr annähern werden zu einem etwas realistischeren Gesamtbild: «Ein glückliches öffentliches Leben hat, wer am Ende die Zusammenfügung der divergierenden Komponenten schafft.»

An solchen Sätzen merkt man es wieder: Angela Merkel ist

Physikerin. Vielleicht sollten die Kamerateams und Exegeten, die jetzt wieder nach Templin pilgern, um das Geheimnis des unaufhaltsamen Aufstiegs der Angela Merkel aufzudecken, einen kleinen Abstecher nach Adlershof unternehmen, zur Akademie der Wissenschaften, an der Angela Merkel acht Jahre lang experimentiert, promoviert und geforscht hat. In Templin kann man lernen, dass Angela Merkel immer schon den Vorteil einer hatte, die von außen dazugekommen ist und die deswegen noch was merkt. Möglicherweise ist es aber noch viel mehr dieser etwas andere und sehr befreiende Denkansatz einer Naturwissenschaftlerin, der ihr in einem Milieu von Juristen und Sozialwissenschaftlern gelegentlich diesen kleinen, entscheidenden Vorsprung verschafft hat.

Als sie am 22. Mai abends beim ZDF in der Maske saß, als erst eine SMS von Peter Hintze und dann auch gleich der Anruf aus ihrem Büro kam: Schröder will Neuwahlen, da sagte sie als Erstes: Das darf aber kein Fake sein. Also bitte checken, checken, checken.

«Nichts ist schlimmer», erklärt sie, «nichts ist peinlicher für einen Politiker, als wenn man besondere Ereignisse kommentiert, die dann gar nicht stattfinden.»

Aber es war kein Fake. Also begann, wie sie sagt, ein sehr ruhiges Rattern in ihrem Kopf. «Ich neige ja nicht dazu, zu schnelle Schlussfolgerungen zu ziehen. Ich denke lieber noch einmal darüber nach, wo ein Haken sein könnte.»

Der Haken und die Chancen. Was immer Gerhard Schröder sich gedacht haben mag, er scheint sich verrechnet zu haben. So jedenfalls sieht es in den ersten Wochen nach dem Coup aus. Vielleicht hat er geglaubt, die Union in Zugzwang zu setzen, hat gedacht, dann müssen die eine Kanzlerkandidatin ausrufen und kriegen sich bestimmt in die Haare, außerdem müssen die ganz schnell programmatisch zu Potte kommen, das gibt bestimmt Krach. Vielleicht unterstützt auch der Süden den Norden wieder nicht richtig …

Merkel weiß, dass Schröder das Talent und den Drang hat, aus einer noch so schlechten Situation etwas zu machen und neue Optionen zu öffnen. Er will aus diesem Erdbeben nicht mit hängendem Kopf gehen, braucht etwas, um die Schockstarre in eigene kreative Kraft umzuwandeln. Sie habe es ja immer schon für falsch gehalten, dass Schröder den Parteivorsitz niedergelegt hat, weil er damit die Demut und das Gefühl für seine eigene Partei aufgegeben hat.

Schröder hat offensichtlich auch das, was Merkels Leute immer «ihr Startmomentum» nennen, falsch eingeschätzt. Und er hat nicht damit gerechnet, dass die Deutschen so heiß auf Neuwahlen sind. Das eigene Volk ist ihm ja inzwischen schon zur Geißel geworden.

Wäre denn die Kandidatenfrage nach diesem Riesenwahlerfolg in Düsseldorf nicht sowieso fällig und geklärt gewesen? – Natürlich nicht. «Man muss so etwas vom Ende her denken. Das heißt von dem Willen, die Bundestagswahl 2006 zu gewinnen, und dafür wäre der Zeitpunkt jetzt eindeutig zu früh gewesen.»

Auf dem Kirchentag in Hannover hätten begeisterte Menschen sie erdrückt, wenn die Bodyguards sich nicht so rabiat dagegengestemmt hätten. Vor allem Frauen sind es, die sich immer wieder zu ihr vorkämpfen. Mädchen in bauchfreien Tops rufen: «Angie, cool.» Ältere Damen sagen: «Wir sind alle so stolz auf Sie, dass Sie für uns in den Löwenkäfig gehen.» Und die typischen Kirchentagsfrauen sagen mit diesem unbeschreiblichen Kirchentagsblick: «Der Herr sei mit Ihnen.»

Und wenn man Angela Merkel an die Szenen erinnert, sagt sie: «Wir sind uns im Zweifelsfall ja einig, dass die Tatsache, dass ich eine Frau bin, nicht immer nur ein Vorteil ist. Wenn jetzt der Initialstart aber sogar eine kleine zusätzliche Faszination bei den Frauen entfaltet, dann hat das doch auch was Schönes.»

Im Brauhaus in Vielank war es wieder so. Sehr ungewöhnliche Szenen, wenn man bedenkt, wie Mecklenburger sonst so sind. Jetzt suchen sie ihre Nähe, wollen nette Sachen sagen, jetzt laufen sie wie Jünger in einem Pulk von mehr als hundert Menschen hinter ihr her.

Und man sieht, dass sie es genießt. Wie sehr sie es genießt.

Wenn man sie dann aber fragen will, ob sie angesichts dieser Begeisterung und der neuesten Umfragewerte Momente hat, an denen sie denkt, jetzt könnte es also wirklich wahr werden, ich, Angela Merkel, könnte 15 Jahre nach der Wiedervereinigung die erste Frau in der Geschichte ...

Dann unterbricht Angela Merkel schnell und sagt: «Sekunde mal. Ich habe Momente, wo ich die Größe der Aufgabe, die vor uns liegt, in vollem Umfang begreife.» Theoretisch macht sie sich das zwar andauernd klar. Jetzt ist es etwas näher gerückt. Sie ist die Letzte, die sagt, wir haben das Ding gewonnen. Aber es gibt diese reale Chance, zu gewinnen. Also muss sie sich mit der realen Möglichkeit auseinander setzen, Bundeskanzlerin zu sein. Und dafür ist es schön, dass es in der Bevölkerung eine gewisse Zustimmung gibt. Dadurch entsteht eine Rückbindung, von der sie zwar weiß, dass sie möglicherweise nur so lange hält wie das Wetter. Aber dass es diese Zustimmung im Prinzip geben kann, hat offensichtlich mit dem zu tun, was sie gern tun möchte für Deutschland, und damit, dass sie offenbar daran glaubt, dass dieses Land besser dastehen könnte.

In ihren Reden wird wenig vorkommen, was eine finanzielle Versprechung bringt, außer dass die Leute Studiengebühren zahlen müssen, sagt sie. Sie wird wie Köhler sagen: Wir müssen so viel besser sein, wie wir teurer sind. Und trotzdem wird sie versuchen, aus dem allgemeinen Fatalismus eine Hoffnung zu machen. Deutschland ist ja so fatalistisch geworden, sagt sie. Die Chinesen sind so viel besser? Na, dann ist es eben so. Und die Amerikaner auch? Da können wir auch nichts machen. Mal gucken, was wir noch retten können. Wir haben ja noch unsere Kultur. Dabei hat Deutschland doch die Kraft mitzuziehen. Wir können uns doch nicht einfach aufgeben wie einst die Mayas oder das Römische Reich.

Sie glaubt daran, dass dieses Land viel besser dastehen könnte. Und deswegen ist sie auch wütend über Gerhard Schröder, dass er die Menschen nicht das gelehrt hat, was sie wissen müssen, um zu verstehen, warum welche Reformen passieren. Die Reformen stehen so wie kalte Steinsäulen im Weg, als würde durch sie alles nur noch schlechter, dabei soll es doch besser werden durch Reformen. Die SPD sage immer: Das müssen wir jetzt mal machen und das vielleicht auch. Aber niemand weiß, ob die SPD selber daran glaubt, ob das nun was bringt oder nicht. Das verströme aber keine Hoffnung und keine Verheißung. Wenn man erklärt, ich weiß genau, warum ich das eine Element hinstelle und das andere, dann kann man auch wieder Verheißung und Hoffnung erzeugen. Ein Regierungschef hat doch eine völlig andere Möglichkeit, den Menschen zu sagen, wie es gehen könnte.

Angela Merkel sagt jetzt in allen Interviews: Wir bereiten uns seit sieben Jahren vor. Wir haben alles fertig in den Schubladen. Inzwischen sind aber schon ein paar Schubladen aufgegangen. Und siehe da: Aus jeder ist etwas anderes herausgefallen.

Es sind fast immer ihre Freunde gewesen, die was ausgepackt haben. Maria Böhmer hat das Bildungsministerium gekippt, ihr Fraktionsvize Ronald Pofalla hat die Eigenheimzulage zum Steinbruch erklärt. Pofalla war offenbar gar nicht darauf vorbereitet, dass seine Worte plötzlich wichtiger genommen werden als die von Wolfgang Clement. Das hatte er doch alles letzte Woche auch schon gesagt und vorletzte auch, und jetzt plötzlich wird es Schlagzeile.

Die Leute sind einfach alle in einem Zustand, den Merkel «den dritten angeregten Zustand» nennt. Sie sind engagiert, würden am liebsten morgen loslegen, sagt sie. Und durch den rapiden Machtverfall der Regierung werde die Union bei den Journalisten und Beobachtern wie eine quasi schon im Amt befindliche Regierungspartei behandelt.

Das findet sie sehr interessant. Da gehe auch mal was durch-

einander. Das müsse jetzt wieder gebündelt werden, aber über-
streng müsse sie jetzt auch nicht gerade sein.

Sie nimmt es also milde. Sie erinnert sich wahrscheinlich
noch sehr gut daran, wie Kohl sie anfangs immer beschimpfen
musste, wenn sie wieder einmal in bester Absicht etwas Falsches gesagt hatte. – Helmut Kohl. – Ohne ihn kann man Angela Merkel nicht verstehen. Er hat ihr politisches Talent erkannt.
Er hat sie gefördert. An ihm ist sie gewachsen. Bei ihm hat sie
gelernt, wie eine parlamentarische Demokratie in einer Mediengesellschaft funktioniert. Es ist der späte Helmut Kohl gewesen, der sich vor allem anderen um Machterhalt und Macht-
sicherung gekümmert hat.

Und, wenn wir schon einmal beim Deuten und Erklären sind
– noch etwas wird plötzlich sehr klar: Angela Merkel hatte ja
immer auch den Vorteil, unterschätzt zu werden. Nach dem
22. Mai und auch noch den ganzen Juni des Jahres 2005 hindurch fragten wieder alle Sender und Zeitungen des Landes:
Wer ist diese Angela Merkel eigentlich? Wie hat die das gemacht? Und: Kann man ihr die Kanzlerschaft zutrauen?

Wahrscheinlich muss, wer den unaufhaltbaren Aufstieg der
Angela Merkel an die Macht erklären will, noch einmal ihr Leben und einige Besonderheiten reflektieren: der andere und
sehr befreiende Denkansatz einer Naturwissenschaftlerin in einem Milieu von Juristen und Sozialwissenschaftlern. – Die Förderung von Helmut Kohl. Das analytische Lernen von Politik
am Objekt Kohl. – Und beides gekoppelt mit dem Vorteil von
einer, die mit einer Idealvorstellung von Demokratie von außen
dazugekommen ist und die deswegen noch was merkt, die sich
noch über alles wundern kann, über den Graben zwischen Anspruch, Sonntagsreden und Wirklichkeit zum Beispiel.

Nur, weil sie von außen kam, weil sie den westdeutschen Politikbetrieb in seinem Reagenzglas beobachtete und kühl analysierte, konnte diese Frau aus dem Osten an den anderen vorbeiziehen. Und was ihr vor allem geholfen hat, ist, dass die

anderen sie immer unterschätzt haben. Weil sie aus dem Osten kam, weil sie keine Seilschaften hatte und, ja, doch, vor allem, weil sie eine Frau ist, wurde sie seither immer wieder und immer weiter unterschätzt, von den Männern in der Union, wie von den Männern in den Medien, die sie bis heute wie einen Betriebsunfall der Geschichte ansehen. Trotz ihrer erstaunlichen Karriere. Obwohl sie einen nach dem anderen entmachtet hat und alles selber wurde: Parteivorsitzende, Fraktionsvorsitzende. Jetzt sogar Kanzlerkandidatin.

Wahrscheinlich unterschätzen viele sie noch immer: Wie erstaunt sie waren über den bis zur letzten Minute geheim gehaltenen Coup, mit dem Angela Merkel Horst Köhler zum Bundespräsidenten gemacht hat. Wie verblüfft sie reagieren konnten, wenn sie mal eben Schröder und Chirac ausgetrickst hat bei der Wahl des EU-Kommissionspräsidenten. Wahrscheinlich hat noch niemals vor ihr ein Politiker in Deutschland so davon profitiert, permanent und immer wieder aufs Neue unterschätzt zu werden.

Frauen werden in Deutschland immer unterschätzt. Es gibt in diesem Land keine Rollenmuster für Frauen in wirklichen Machtpositionen. Und wenn Frauen dann trotzdem so erfolgreich sind wie Angela Merkel, gibt es nicht die üblichen Bewunderungsrituale, nur Klischees: Dann kann das Medien-Mantra «Die kann es nicht» mit seinen immer etwas mitleidigen Geschichten über die «tapfere» und «tüchtige», aber leider unfähige Frau Merkel innerhalb von einer Woche umkippen ins: Ah, sie ist also in Wirklichkeit eine eiskalte, berechnende eiserne Lady, an deren Wegesrand links und rechts Leichenberge liegen von gemeuchelten Männern. Schon eine Woche später können sie dann wieder umschalten auf die Vokabeln, die nur für Frauen vorgesehen sind, auf die «tapfere», «tüchtige» und «streitbare» Angela Merkel.

Wenn man den Schreibblock ostentativ zur Seite legt, erzählt Angela Merkel durchaus auch von ihren Erfahrungen als Frau in der Politik. Von gönnerhaften, eitlen Männern, die mangelnde Sachkenntnis und schlechte Vorbereitung jederzeit durch rüpelhaft eingesetzte Körper- und Stimmgröße überdecken. Davon, wie anders es ist, einen Parteitag zu entern, wenn man eine Frau ist und keine Lust hat, sich von acht Bodyguards den Weg und die Bedeutung bahnen zu lassen.

Sie sagt, man muss als Frau in der Politik immer daran denken, dass vieles ein wenig anders ist, weil man eine Frau ist. Aber dann muss man es auch wieder vergessen. Und man sollte möglichst nie öffentlich darüber sprechen. Sonst heißt es schnell: Das Mädel beschwert sich. Wer sich beschwert, wird in den Medien zum Objekt und strahlt keine Führungsqualität aus.

Es gibt einen zuverlässigen Gradmesser für Angela Merkels in den zurückliegenden Jahren so sehr stark schwankende Popularität in Deutschland. Das sind die Bilder. Die Fotos, die von ihr auf die Titelseiten gedruckt, die Sequenzen aus Pressekonferenzen, die von ihr in den Nachrichten gesendet werden. Es gibt bei jedem Termin immer zwei Sorten Bilder, die man von Angela Merkel bekommen kann: Die doofen, das Pokergesicht mit dem Spardosenmund, den nach unten gezogenen Mundwinkeln und den hängenden Backen, und die anderen, die verschmitzteren, lockeren, gelösten. An der Bildauswahl kann man erkennen, welchen Popularitätswert Merkel gerade hat. Die Fotografen und Kameraleute haben immer beides im Kasten, weil es keine zehn Minuten gibt, in denen Merkel nicht beide Arten von Gesichtern macht. Aber der Redakteur nimmt das Hängegesichtsfoto, wenn gerade Hängepartie angesagt ist, und die strahlende Angela Merkel, wenn sie gerade Kanzlerkandidatin geworden ist.

Seit dem 22. Mai 2005 haben wir für eine Weile mal wieder das andere Merkel-Bild: Verschmitzt lächelnd, bubenhaft grinsend. So locker und gelöst strahlt die Kanzlerkandidatin der Union von den Titelseiten. Dabei gab es auch am Tag ihres großen Triumphes, am Tag, als sie die Kandidatin wurde, wieder lange Momente, an denen man die ganz anderen Fotos schießen kann: Angela Merkel konzentriert, nach innen gekehrt. Bilder eines Menschen, der sich im Triumph der großen Verantwortung und Herausforderung bewusst ist. Das schmallippige Pokergesicht einer Frau, die sehr genau weiß, was sie tut, und die deswegen noch Nerven behalten will.

Obwohl es ja immer wieder vorkommt, besonders bei Naturwissenschaftlern und bei Frauen, die die Führung übernommen haben, dass sie ihre Angelegenheiten und Aufgaben in aller Gelassenheit vom Ende her denken, und deswegen noch gar keine Nerven verbrauchen an Stellen, an denen andere sie längst verloren haben.

Jetzt also die lachende Angela Merkel. Und weil man sie von Anfang an unterschätzt hat, wäre es nach den Regeln der Erhaltungssätze langsam ganz in Ordnung und im übrigen für Angela Merkel auch überaus willkommen zur schnellen Bundestagswahl, wenn sie zum Ausgleich jetzt einmal ein wenig überschätzt würde.

Wie es sein wird mit einer Regierung Merkel? In der Außenpolitik ist alles klar, Außenpolitik kann sie. Außenpolitik findet sie auch nicht wirklich schwer, das hat sie gezeigt, als sie Ende April 2001 in den USA zu Gesprächen mit US-Vizepräsident Dick Cheney, US-Außenminister Colin Powell und Notenbankchef Alan Greenspan zusammentraf. Richard Perle hat schon mitgeteilt, die deutsch-amerikanischen Beziehungen würden sich durch einen Merkel-Wahlsieg verbessern und sogar auch die Chancen auf einen Sitz im Sicherheitsrat. Mit ihrer Türkei-Position steht sie möglicherweise, nach der Ablehnung der EU-Verfassung durch die Volksabstimmungen in Frankreich und Holland, gut da. Die negativen Volksentscheidungen dürften zu einer stärkeren Renationalisierung der Europapolitik führen, weniger Brüssel, mehr Berlin. Längst kursieren in der Union Überlegungen, das EU-Geschäft einem eigenen Europaministerium anzuvertrauen, oder aber, falls dies am Koalitionspartner FDP scheitern sollte, im Kanzleramt einen Europastaatssekretär zu installieren. Das würde eine erhebliche Aufwertung der Rolle des Kanzleramtes bedeuten; Angela Merkel hätte dann direkten Zugriff auf alle Bereiche des täglichen Europa-Geschäftes.

Aber Innenpolitik? Arbeitsmarkt, Sozialpolitik, Wiedereinstieg in die Atomenergie?

«Unser Wahlprogramm wird am 11. Juli vorgestellt.» Sie sagt das kühl und souverän, aber sie weiß auch: Gar nichts liegt fertig in den Schubladen. Alles muss jetzt mit der heißen Nadel zusammengeflickt werden.

Die Familienkommission?

Muss beschleunigt werden. Das Familiengeld ist nicht mehr zu finanzieren, also muss eine Alternative gefunden werden.

Das Steuerkonzept?

Auch Friedrich Merz wird früher liefern müssen als geplant.

Und die Gesundheitsprämie wird so gemacht mit diesem komischen Kompromiss?

«Das bleibt so. Der Kompromiss ist auch nicht komisch, sondern wird offensiv vertreten.»

Matthias Geis von der Zeit hat Roland Pofalla eine Art Skizze des Regierungsprogramms entlockt: Steuerreform, Gesundheitsreform, Rentenreform und die Reform der Pflegeversicherung – alles soll, nein, «muss» sofort auf den Weg gebracht werden. Und Angela Merkel wird dazu mit ihrer naturwissenschaftlichen Erkenntnis zitiert: «Die Summe der Erregung» bleibe gleich, ob man nun ein oder vier Großprojekte in Angriff nehme. Möglicherweise setzt sie darauf, dass die Enge der Zeit den nötigen Druck in der Union erzeugt, der Abstimmungsprozesse erleichtert.

Und wie kommuniziert man bis dahin die Sachen, die eben doch noch nicht fertig in der Schublade sind?

Man müsse in einigen Dingen sehr konkret werden, sagt Angela Merkel. Und bei anderen eben nicht bis zum letzten Spiegelstrich. Dann lenkt sie ab und sagt: «Vor allem dürfen wir den anderen die Blockadelegende nicht durchgehen lassen: 87 Vermittlungsausschussverfahren hat es gegeben, eines davon ist gescheitert, das Tierarzneimittelgesetz, und 86 sind gelungen. Die Blockadehaltung der Union im Bundesrat ist eine Chimäre.»

Fragen wir also etwas ganz anderes. Fragen wir nach ihrem Mann, was sagt der zu alledem?

Angela Merkel sagt, dass sie ihren Mann unter anderem auch in seiner Eigenschaft als kühl beobachtender Bürger schätzt. Und der sagt jetzt vor allem: Hoffentlich macht ihr es besser. Ansonsten haben die beiden eine Art Einverständnis aus der Wendezeit darüber, dass sie in die Politik geht. Auch wenn beide 1990 natürlich nicht ahnen konnten, was daraus werden würde. Joachim Sauer, Achim, wie sie ihn nennt, unterstützt sie. Aber er möchte selbstverständlich auch seinen Beruf behalten. Er erwartet nichts von ihr, was mit der Politik-Profession nicht vereinbar wäre. Und sie weiß genau, dass auch Wissenschaft den ganzen Menschen fordert, und tut das umgekehrt auch nicht. Es scheint, dass die beiden sehr gut klar kommen damit.

Als Dagmar Schipanski Bundespräsidentin werden sollte, hat Joachim Sauer sich bei deren Mann erkundigt, was er denn als Gatte der Bundespräsidentin machen würde. Herr Schipanski war damals stellvertretender Landrat. Solche Leute haben Zeit und können mit gutem Gewissen antworten: Müttergenesungswerk. Joachim Sauer würde auf dieselbe Frage antworten: Ich werde meinen Job weitermachen.

Es gibt Fragen, die man der Frau auf ihrem Weg nach Berlin Anfang Mai gar nicht stellen darf, jedenfalls nicht, wenn man eine Antwort will: Schattenkabinett zum Beispiel. Oder Mehrwertsteuer. Oder große Koalition.

Auf dem Kirchentag hat sie über zwei Stunden mit Franz

Müntefering auf dem Podium gesessen. Und als die beiden eine Weile nicht dran waren und sich ein bisschen gelangweilt haben, ist Müntefering etwas näher gerückt, hat gescherzt und gelacht. Angela Merkel hat zurückgelacht. Und die Fotografen hatten wenigstens schon mal sehr hübsche Bilder zur großen Koalition. Man muss allerdings auf eine Kleinigkeit achten: Angela Merkel hat auf diesen Bildern eine Wasserflasche in der Hand, aus der sie das Glas von Franz Müntefering füllt. Es ist ja auch in einer großen Koalition nicht ganz unwichtig, wer wem einschenkt.

Und die Reaktionen auch in diesem Publikum fühlten sich schon so an, als seien die Menschen in Deutschland vor allem damit beschäftigt, sich an den Gedanken zu gewöhnen, eine Frau als Kanzler zu bekommen. Oder sagt man dann eigentlich Kanzlerin?

Dreizehntes Kapitel

DIE MÄCHTIGSTE FRAU DER WELT

DAMENWAHL

»Erst dachte ich, ich bin im falschen Film. Das ist hier eine Begegnung der dritten Art.«

Und dann?

»Dann habe ich überlegt, ob ich eine Facette nicht bedacht habe: Habe ich irgendwie falsch addiert? Weiß der was, was du nicht weißt? Wenn ein anderer so dezidiert auftritt, prüfe ich immer erst einmal, ob an dessen Argumentation etwas dran ist, was ich möglicherweise übersehen habe. Die Hochrechnungen waren ja auch noch ein bisschen hin- und hergehend, und deshalb ging mir vor allem durch den Kopf: Hast du etwas übersehen?«

Nein, sie hatte nichts übersehen. 87 Jahre nach Erringung des Frauenstimmrechts, 56 Jahre nach der Verankerung der Gleichheit von Mann und Frau im Grundgesetz und 16 Jahre nach dem Zusammenbruch der DDR übernimmt am 22. November des Jahres 2005 zum ersten Mal in der deutschen Geschichte eine Frau, eine Physikerin aus Ostdeutschland, das Amt des Bundeskanzlers. Nach Ansicht von *Forbes* und *Wall Street Journal* ist Angela Merkel damit die »mächtigste Frau der Welt«. Bei ihrer Vereidigung ist sie 51 Jahre alt. Kein deutscher Bundeskanzler war jünger. Und Bundeskanzlerin wird das Wort des Jahres.

In der Wahlnacht am 18. September aber hatte sie nicht wirklich wie die mächtigste Frau der Welt ausgesehen. Eigentlich hat man Angela Merkel noch nie zuvor oder seither wieder mit einem derart entgeistert konsternierten Gesichtsausdruck im Fernsehen gesehen wie in diesem Augenblick, als Gerhard Schröder sagte: »Frau Merkel wird keine Koalition unter ihrer Führung mit meiner sozialdemokratischen Partei hinkriegen. Das ist eindeutig.« – Und: »Glauben Sie im Ernst, dass meine Partei auf ein Gesprächsangebot von Frau Merkel bei dieser Sachlage eingínge, in dem sie sagt, sie möchte Bundeskanzlerin werden?«

Im Laufe der Sendung erst habe sie wirklich verstanden, welche Nummer Schröder da abzog. Und dann, so hat Angela Merkel ein Jahr später bei einem unserer Gespräche für den ZDF-Film »Die Kanzlerin« erzählt, habe sie vor allem aufpassen müssen, nicht zu lachen, und auch nicht dazwischenzugehen, »sondern das einfach wirken zu lassen«. Während des gesamten Wahlkampfes hatte sie mit einem solchen Auftritt Gerhard Schröders gerechnet. Nun kam er eben am Wahlabend.

Gerhard Schröder hat an jenem Abend eine Menge Reputation verspielt. Angela Merkels Mutter zum Beispiel, die als SPD-Mitglied auf lokaler und auch auf Kreisebene politisch aktiv und erfolgreich gewesen ist, hat gleich am nächsten Morgen ihr Parteibuch zurückgegeben.

Menschen, die Gerhard Schröder gut kennen und in der Wahlnacht dabei gewesen sind, erzählen inzwischen, dass doch auch Alkohol im Spiel war. Jede einzelne der politischen Niederlagen seines Lebens habe er bisher selbst umgedreht und ungeschehen gemacht. Jetzt aber musste er verstehen: Das hier hat eine andere Qualität. Es ist die Niederlage meines Lebens. Diese Frau aus dem Osten ist diejenige, die mich endgültig geschlagen hat. Genau so, wie sie es ihm angekündigt hatte vor beinahe zehn Jahren, als er, damals Ministerpräsident des Landes Niedersachsen, Helmut Kohls von allen unterschätzte Umweltministerin bei den Verhandlungen um den Energiekonsens nach allen Regeln der Kunst hereingelegt hat. Wie erstaunlich das klingt im Nachhinein und mit dem Wissen darüber, wie die Geschichte zwischen den beiden nun also ausgegangen ist: »Ich habe ihm gesagt, dass ich ihn irgendwann genauso in die Ecke stellen werde. Ich brauche dazu noch Zeit, aber eines Tages ist es so weit. Darauf freue ich mich schon.«

Weil es noch nie zuvor einen seltsameren Auftritt eines Wahlverlierers im deutschen Fernsehen zu sehen gab, ist schon fast vergessen, dass dieser Abend und der Wahlausgang eigentlich vor allem ein Desaster für die Demoskopen und Meinungsforschungsinstitute gewesen ist, die seither zur Rettung der Ehre ihrer Zunft und mit erstaunlichem Erfolg behaupten, es habe sich um einen einfach unberechenbaren »last minute swing« gehandelt.

Es war aber kein last minute swing. Es war ein Denkfehler, ein dramatischer Denkfehler. Die Bindung der Menschen an politische Parteien ist seit den neunziger Jahren des letzten Jahrhunderts immer lockerer geworden. In Zeiten der allgemeinen Entideologisierung und Diversifizierung gibt es keine wirklich berechenbaren Wählerkohorten mehr. Deswegen gilt als die einzig vernünftige Arbeitsthese zur Entstehung von Wahlentscheidungen nur noch die Theorie vom Herstellen kognitiver Harmonie. Danach geht es in der Schlussphase eines Wahlkampfes darum, zu wessen Gunsten sich kognitive Disharmonien in den Köpfen der noch Unentschiedenen bis zum Wahltag auflösen. Jede Kleinigkeit kann in jeder beliebigen Wählergruppe diese Harmonie – und damit die Wahlentscheidung – stören oder herstellen.

Schon die Wahl 2002 ist von den Frauen entschieden worden. 32,2 Millionen der 61,9 Millionen Wahlberechtigten in Deutschland sind weiblich. Das sind 52 Prozent. Ein großer Teil dieser 52 Prozent waren sich erst gegen Ende des Wahlkampfes 2002 darüber klar geworden, wie sie wählen wollten. Edmund Stoiber hatte bei diesen unentschiedenen Frauen die höheren Kompetenzwerte, Schröder die höhere Sympathie. Diese Disharmonie hat sich erst durch Schröders Haltung im Irak-Konflikt zu seinen Gunsten aufgelöst.

Und jetzt war wieder Damenwahl, eine Damenwahl im doppelten Wortsinn. Angela Merkel war überzeugt: Das Wahlverhalten von Frauen unterscheidet sich nicht signifikant vom Wahlverhalten der Männer, schon gar nicht in Bezug auf das Geschlecht des Kanzlerkandidaten. Sie sagte: »Der Geschlechterunterschied wird natürlich wahrgenommen, aber am Ende zählen Kompetenzzuordnungen.«

Dann aber haben immer neue Umfragen ein paar Feinheiten und Ausnahmen von dieser Grundthese zutage gefördert. Überraschende 20 Prozent der weiblichen Menschen sagten den Meinungsforschern, sie glaubten, dass eine Frau besser regieren könne als ein Mann. Und noch einmal zehn Prozent sagten, dass das Geschlecht des Spitzenkandidaten eine Rolle für ihre Wahlentscheidung spiele.

Fast ein Drittel der Briefe und E-Mails, die Angela Merkel in dieser Zeit erreichten, waren von Frauen. Und sehr viele fingen so an: »Ich habe noch nie CDU gewählt, aber dieses Mal …«

Deutschlands erfolgreichste Filmproduzentin Regina Ziegler gab bekannt, dass sie wegen Angela Merkel zum ersten Mal in ihrem Leben CDU wählen wolle. Andere prominente Frauen taten das auch, zum Beispiel Martine Dornier-Tiefenthaler, die als FDP-nah galt und gilt. Sogar Kristina Gräfin Pilati, immerhin die Gattin eines ehemaligen SPD-Vorsitzenden, setzte sich öffentlich für die CDU-Kanzlerkandidatin ein. Friede Springer, Liz Mohn, Ann-Katrin Bauknecht, Inga Griese-Schwenkow, Patricia Riekel, Brigitte von Boch und 33 weitere einflussreiche Frauen luden unter dem Kürzel MFM (Mehr für Merkel) in Berlin, in Stuttgart, in München, in Frankfurt, in Leipzig, sogar auf Sylt bedeutende Menschen zu Abendessen, Salons und Empfängen, bei denen man die Kanzlerkandidatin kennen lernen konnte. Viele der Gäste trugen anschließend eine noble, kleine Bekenner-Anstecknadel, ein strassbesetztes »V« – für Victress, Siegerin. Auch der russische Botschafter lief mit so einer Pro-Merkel-Nadel durch den deutschen Wahlkampf.

Alice Schwarzer ist ein wunderbares Beispiel für eine Frau, deren kognitive Disharmonie sich gegen Ende des Wahlkampfes zugunsten von Angela Merkel aufgelöst hat. Schwarzer hatte im Editorial von Emma, in Aufsätzen für die Frauen-Union und auch bei einem Live-Auftritt nach dem großen TV-Duell zwischen Merkel und Schröder von ihrem Stolz auf die Kandidatin erzählt und davon, wie wichtig eine erste Kanzlerin für die Frauenbewegung wäre.

Daraufhin sind die Führungsfrauen von SPD und Grünen bitter und furios über Schwarzer hergefallen. Sie »erliege einem Personenkult und opfere dafür die Ziele der Frauenbewegung«, sagte Renate Schmidt. Und Renate Künast schrieb in einem offenen Brief, Schwarzer sei »offenbar betört von der Idee, es könnte zum ersten Mal eine Bundeskanzlerin geben«.

Nach diesen Reaktionen war sie es dann wirklich. Auch so kann man kognitive Disharmonien in unerwünschte Richtungen auflösen.

Die Meinungsforscher jedenfalls gingen plötzlich und bis in die Wahlnacht davon aus, dass Weiblichkeit bei Wahlen in Deutschland ein Pluspunkt sei, zumindest bei weiblichen Wählern. Sie hatten so etwas Ähnliches schon bei Heide Simonis gemessen und rechneten bei ihren Umfragen deswegen immer zwei bis drei Prozentpunkte Frauenbonus blind hinzu.

Das Gegenteil wäre richtig gewesen. Weil zum eigentlichen Problem für die Demoskopie etwas ganz anderes wurde. Manfred Güllner, der das Meinungsforschungsinstitut Forsa leitet, sagt es so: »Wir können immer nur Stimmungen messen, nicht Stimmen am Wahltag vorhersagen. Wir wissen, was Menschen behaupten zu denken und zu tun, nicht, was sie in Wahrheit denken und tun werden.«

Keiner, kein Mann und keine Frau, hat den Umfragern im Wahlkampf 2005 offen gesagt: Ich wähle grundsätzlich keine Frau in so ein Spitzenamt. So wie bei Wahlen in den USA immer schon kaum jemand zugegeben hat, einen Schwarzen allein wegen seines Schwarzseins nicht zu wählen. In Amerika haben die Meinungsforscher schon vor Obama gelernt, diesen Flunkerfaktor politischer Korrektheit in ihre Umfragen einzubauen. In Deutschland müssen sie es nach 2005 noch dazulernen: Sehr viele unionsnahe Frauen und Männer haben den Meinungsforschern offenbar gesagt, dass sie Union wählen wollen, obwohl oder weil eine Frau Spitzenkandidatin ist. Und dann haben sie es einfach nicht getan.

Es war ein Irrtum, eine falsche Voraussetzung, kein last minute swing. Aber es wurde zum Offenbarungseid auch für alle Journalisten, die ihr Denken, Berichten und Meinungsäußern allein auf die Zahlen der Meinungsforschung gegründet und Gerhard Schröder schon als klaren Verlierer abgeschrieben hatten.

Der klare Verlierer aber hatte in sieben Wochen Wahlkampf noch einmal gezeigt, was für eine instinktsichere Wahlkampfmaschine er ist. In mehr als 100 Veranstaltungen holte Gerhard Schröder nach, was ihm in seinen Regierungsjahren nicht gelungen war: wenigstens der eigenen Partei zu erklären, warum seine Reformen notwendig und gerecht und also auch sozialdemokratisch waren. Angela Merkel, die sich auf dem Leipziger Parteitag 2003 als Radikalreformerin profiliert hatte, werde jedenfalls mit Hilfe der FDP stramm neoliberal in »sozialer Kälte« noch sehr viel schlimmere Reformen durchziehen.

Beinahe hätte es funktioniert. Auch, weil ein alter Bekannter Schröder zu Hilfe kam: Edmund Stoiber. Stoiber, der seither als Lehrbeispiel dafür gilt, wie ein intelligenter, machtbewusster und erfolgreicher Politiker sich selbst zu Fall bringen kann durch Eitelkeit, Zögerlichkeit, falschen Machtabsicherungswahn und falsche Einflüsterer, hatte eine Art Superministerium für sich reklamiert: das Wirtschaftsministerium plus die Europazuständigkeit aus dem Finanzministerium plus die Luft- und Raumfahrttechnologie aus dem Wissenschaftsministerium. Gleichzeitig aber legte er sich nicht fest, ob er es im Fall eines

Wahlsiegs mit seinem Ego vereinbaren könnte, seinen schönen Ministerpräsidentenposten aufzugeben, um unter Merkel Superminister zu werden, oder lieber doch nicht.

Merkel saß damit in einer Zwickmühle. Sie brauchte für ihr »Kompetenzteam« genanntes Schattenkabinett jemanden, der von den Wählern als Wirtschaftsexperte anerkannt wurde. Sie konnte diese Aufgabe aber, nach allem, was war, nicht Friedrich Merz andienen und sie ihm dann wieder wegnehmen, falls es Stoiber einfallen würde, sein Superministerium auch wirklich haben zu wollen. So kam Paul Kirchhof ins Spiel.

Eigentlich war das schlau überlegt: Auf den Verfassungs- und Steuerrechtler Kirchhof hätte Merkel ohne Schaden wieder verzichten können, wenn Stoiber sich nach der Wahl entscheiden sollte, Superwirtschaftsminister werden zu wollen. Was Merkel nicht einkalkuliert hatte, ist, dass man einen Theoretiker, einen von seinen Thesen und Überlegungen überzeugten unabhängigen Professor, offenbar nicht wirklich parteipolitisch einbinden kann, nicht einmal im Wahlkampf. Zwei, drei Tage lang wurde er von den durch seine Nominierung überraschten Journalisten hochgeschrieben: Da, schau her. Respekt. Dann aber machte er alles falsch, was ein Nichtparteimann in einem Wahlkampf falsch machen kann. Er stritt für seine Variante einer radikalen Steuerreform und verwickelte sich dabei in Widersprüche zum Wahlprogramm der CDU, die Schröder instinktsicher aufgriff. Wenn Kirchhof zum Beispiel ankündigte, alle 418 Subventionen und Ausnahmezustände im Einkommens- und Körperschaftssteuerrecht abzuschaffen, sagte Schröder, dann solle »der Professor aus Heidelberg« doch mal seine Streichliste vorlegen.

Der Professor aus Heidelberg und Edmund Stoiber, davon ist Gerhard Schröder bis heute überzeugt, »wurden zu meinen besten Wahlhelfern«. Und beinahe hätte es ja dann auch noch einmal gereicht für Gerhard Schröder.

Als es dann aber nicht reichte, für ihn nicht und für Angela

Merkel auch nicht wirklich, hat ausgerechnet Gerhard Schröder ihr mit seiner rüpelhaften Hirschnummer am Wahlabend erst so richtig ins Amt geholfen: Westerwelle, der sichtlich angewidert war von Schröders Auftritt, ließ sich zu dem Satz provozieren, dass die FDP auf keinen Fall mit der SPD verhandeln werde. Und weil die FDP gerade erst den Nimbus der Umfaller-Partei losgeworden war, konnte Westerwelle das nun nicht mehr zurücknehmen.

Angela Merkel konnte dann noch ein zweites Mal auf die solidarisierende Wirkung des Schröder-Auftritts setzen, als sie am Dienstag nach der Wahl das Risiko einging, sich in der vom Wahlergebnis tief enttäuschten Unionsfraktion zur Wahl zu stellen. Die Solidarität gegen Schröder war viel stärker als die Enttäuschung über Merkel, die mit 98,6 Prozent der Stimmen zur Fraktionsvorsitzenden gewählt wurde. Und damit war eigentlich schon alles klar.

So kann es gehen in der Politik. An jenem Abend des 18. September, als Angela Merkel dachte, sie ist im falschen Film, lief schon längst genau der richtige für sie.

VOM ZAUBER DES ANFANGS

Es ist der 22. März 2006. In der kleinen Abfertigungshalle vom militärischen Teil des Flughafens Tegel sitzen eine Journalistin, ein Kameramann, zwei Sicherheitsbeamte, ein Parteisprecher und eine Bundeskanzlerin, die eigentlich zum US-Luftwaffenstützpunkt Spangdahlem fliegen will. Von dort soll es mit dem Hubschrauber – den die Kanzleramtsmenschen liebevoll Hubi nennen – nach Trier gehen zu einer Wahlkampfveranstaltung.

Eben noch hat Angela Merkel erzählt, dass die Logistik zu den deutlichen Vorteilen des Kanzlerdaseins gehört. Man kann jederzeit die Regierungsmaschine nehmen, und wenn es sinnvoll ist, landet der Hubi auch gleich hinter dem Kanzleramt, weswegen eine Kanzlerin, auch an Tagen mit Auslandseinsätzen, viel öfter zu Hause in Berlin-Mitte bei ihrem Mann übernachten kann als eine Parteivorsitzende.

Nur, dass heute die Regierungs-Challenger nicht freigegeben wird. Ein Notsignal hat sich eingeschaltet und ist offenbar nicht wieder abzuschalten. Und wenn wir mit diesem Notsignal trotzdem losfliegen würden, kämen uns Abfangjäger begleiten. Also wird eine Ersatzmaschine aus München organisiert, mit der Wolfgang Tiefensee heute Morgen geflogen ist. Der Minister muss dann sehen, wie er nach Hause kommt. Die Kanzlerin tippt ihm schon eine SMS.

Pannen dieser Art bringen den strammen Ablaufplan so eines ganzen Tages durcheinander. Angela Merkel nimmt es gelassen, fast heiter, wie so vieles, seitdem sie Kanzlerin ist. Schon gleich in den ersten Wochen nach der Wahl konnte man beobachten, wie sie unter der neuen Aufgabe nicht verkrampfte oder erstarrte, sondern ganz im Gegenteil lockerer wurde und ihren geschönten Wahlkampfplakaten immer ähnlicher. Als wäre dieses Amt, das Helmut Schmidt ein schlimmes Amt nannte, für sie eine Art Jungbrunnen. Wenn man sie so sah, dachte man, die wird in diesem Amt wachsen und nicht unter ihm zusammenbrechen.

Dabei hatten die Wähler dafür gesorgt, dass es nichts wurde mit dem angekündigten »Durchregieren«. War ja ohnehin eine eher ungeschickte Formulierung für eine Kanzlerkandidatin, die in einem Land mit Verhältniswahlrecht antritt, das nun einmal Koalitionen erzwingt – und manchmal eben auch eine Große Koalition.

Interessanterweise erzählt Angela Merkel, dass sie sich in den Zeiten der Großen Koalition noch bewusster geworden ist, warum sie in keiner anderen Partei als der CDU ist: »Das hat sehr tiefliegende Gründe, die alle mit der Frage zu tun haben, was traue ich dem Einzelnen zu und wie weit glaube ich, dass die Gesellschaft Schutzmechanismen entwickeln muss. In fast allen Grundsatzdiskussionen, die wir mit der SPD jetzt haben, schlagen sich diese Unterschiede im Freiheitsverständnis nieder. Und vielleicht ist es ja auch von hohem Wert für die Republik, sich am Anfang des einundzwanzigsten Jahrhunderts noch einmal zu vergegenwärtigen, warum es zwei große Volksparteigruppierungen gibt.«

Koalitionsverhandlungen muss man sich vorstellen wie ein Spiel, wie eine Mischung aus Schach, Mühle, Pokern und Mikado: hart verhandeln, die eigene Strategie verbergen, die Dinge vom Ende her denken, moderieren und in der Sache Unterlegenen beim Gesichtbewahren helfen. Das sind, wie man inzwischen weiß, die politischen Spezialbegabungen der Angela Merkel, weswegen sie in jenen Wochen auch mit einiger Glaubwürdigkeit behaupten konnte, dass Koalitionsverhandlungen richtig Spaß machen oder, wenn sie es kanzlermäßiger staatstragend ausdrücken wollte, »doch eine sehr interessante Herausforderung« seien.

Und, wie sind sie dann so ganz aus der Nähe, die Feinde von einst, die SPD-Menschen?

»Wie überall. Es gibt solche und solche.«

Es war ein interessanter Annäherungsprozess, auch menschlich. Franz Müntefering fing plötzlich an, von Angela Merkel zu schwärmen, wie toll und verlässlich sie schweigen könne zum Beispiel.

Aber das kann Müntefering auch, oder?

»Ja, da nehmen wir uns nichts.«

Weswegen auch immer nur wenig herausgedrungen ist aus den Verhandlungen zur zweiten Großen Koalition in Deutschland. Einmal soll Heidi Wieczorek-Zeul unter die Decke gegangen sein. Das war, als Roland Koch immer und immer wieder Sätze sagte wie: Ihr Sozialdemokraten seid schuld an der Misere. Heulen und Zähneklappern wird es geben.

Wenn das alles so sei, brauche man nachher ja auch nicht miteinander essen zu gehen, hat die rote Heidi daraufhin gesagt. Und dieser kleine Gefühlsausbruch hat dann geholfen, dass sich alle doch noch einmal zusammengesetzt und Formulierungen für den Koalitionsvertrag gefunden haben, mit denen beide Seiten weiterleben – und sogar wieder miteinander essen gehen – konnten.

Ein anderes Mal hat der designierte Innenminister Wolfgang Schäuble den Sozialdemokraten sogar richtig gedroht. Er könne ja auch zurückziehen. Dann bekämen sie eben ihren Schily wieder. Auch das hat gewirkt.

Dann flogen plötzlich über die Parteigrenzen und alten Schützengräben hinweg die »Dus« nur so hin und her. Man glaubte schon, seinen Ohren nicht mehr trauen zu können: Der stockkonservative Sozenfresser Volker Kauder duzte plötzlich den Olaf (Scholz) und auch den Peter (Struck). Der CSU-Abgeordnete Dr. Peter Ramsauer hieß jetzt auch bei Sozialdemokraten »der Ramsauer-Peter«. Das nahm seinen Höhepunkt, als Edmund Stoiber so weit ging, mit einem Glas Rotwein in der Hand seiner zukünftigen Kanzlerin feierlich das Du – wie soll man es ausdrücken –, nun ja, anzubieten.

Die SPD hatte in diesem Spiel zwei taktische Vorteile. Je länger und intensiver der Wahlverlierer Gerhard Schröder auf seinem absurden Machtanspruch bestand, desto mehr musste die Union der SPD inhaltlich entgegenkommen. Und dann musste Merkel ja auch noch dieses Superministerium für Stoiber aushandeln, weswegen die Sozialdemokraten schließlich nicht nur das Finanzministerium, sondern auch andere sogenannte Schlüsselressorts erbeuten konnten.

Trotzdem geriet dann ausgerechnet die SPD aus dem Tritt, verweigerte ihrem zukünftigen Vizekanzler Franz Müntefering während der Koalitionsverhandlungen die Zustimmung zu seinem Wunschgeneralsekretär und nötigte ihn so zum Rücktritt vom Parteivorsitz. Offenbar funktioniert eine politische Partei wie ein lebendiger Organismus mit einer verletzbaren Seele und möchte auch so behandelt werden. Alles hatten sie weggesteckt: Schleswig-Holstein verlieren wider Erwarten und Münteferings Heuschreckenkampagne machen müssen, ohne jede operationalisierbare Folge, das Stammland NRW verlieren, aber nicht trauern dürfen, weil noch am selben Abend der vorgezogene Bundestagswahlkampf ausgerufen wurde, den Kanzler verlieren, sich trotzdem auf die Palme seiner völlig unrealistischen Ich-bleibe-aber-doch-Vorstellung schicken lassen und von dieser Palme wieder runtergeholt werden auf den harten Boden der Realitäten des Landes, die in den Koalitionsverhandlungen mit der Union offenbar wurden.

Wenn eine derart strapazierte Partei dann aus dem *Spiegel* und per Fax erfährt, wen sie zum Generalsekretär zu wählen hat, kann schon einmal das falsche Ventil aufgehen, das hätte Franz Müntefering wissen müssen. Als er dann am 31. Oktober als Parteivorsitzender zurücktrat, geschah noch etwas erstaunlich Irrationales. Der große Zöger- und Zaudermeister Edmund Stoiber sagte plötzlich – oder auch endlich, jedenfalls ohne nachvollziehbare aktuelle Begründung–: »Dann bleibe ich auch in Bayern.«

Und das war dann noch ein Lehrstück in politischer Psychologie: Wie Stoiber damit auf einen Schlag nicht nur seine eigene politische Reputation vernichtete, sondern letztendlich auch den Mythos und die absolute Mehrheit der CSU in Bayern. Und wie andererseits Müntefering mit seinem so harten wie konsequenten Rücktritt die Voraussetzung schuf für seine glanzvolle Wiederkehr als Parteivorsitzender, nachdem die SPD auch noch Matthias Platzeck und Kurt Beck verschlissen hatte.

Für Angela Merkel war dieser 31. Oktober des Jahres 2005 ein harter Tag. Sie konnte ja schlecht noch mal das Verhandlungspaket aufschnüren und sagen: Gilt alles nicht mehr, Stoiber bleibt in Bayern, wir verteilen die Posten neu. Michael Glos musste seinen behaglichen Job als CSU-Landesgruppenchef aufgeben und für den desertierten Superwirtschaftsminister einspringen. Wie überfordert Glos damit war und wie empfindlich Stoiber das Kabinettsgleichgewicht durcheinandergebracht hatte, zeigte sich erst so richtig, als im Herbst 2008 die große Weltfinanzkrise über Deutschland kam, ausgerechnet die Union niemanden in Merkels Kabinett hatte, der finanz- oder wirtschaftspolitische Kompetenz ausstrahlen konnte, und der neue CSU-Chef Horst Seehofer Michael Glos im Februar 2009 schließlich aus dem Amt mobbte.

Union und SPD schlossen trotz allem nach vier Wochen die Koalitionsverhandlungen mit einem respektablen Vertrag ab, den sie »Gemeinsam für Deutschland – mit Mut und Menschlichkeit« nannten. Sie wählten Angela Merkel zur Bundeskanzlerin. Und dann geschah etwas Erstaunliches. Dieses »Gemeinsam für Deutschland« befeuerte in der ersten Phase der Großen Koalition alle: die beteiligten Politiker, die Journalisten und, wie man bald an den Umfragen ablesen konnte, auch die Wähler. Für einen historischen Moment sah es so aus, als könnten die führenden Köpfe aus CDU und SPD und sogar die CSU in gemeinsamer Verantwortung für das Land ihre große Regierungsmehrheit nutzen, um am Gemeinwohl orientierte vernünftige Politik zu organisieren und zum Beispiel endlich den hochverschuldeten Haushalt zu konsolidieren und eine ernsthafte Föderalismusreform in Angriff zu nehmen, was in anderen Konstellationen niemals gelungen wäre.

Bis tief in das Frühjahr 2006 hinein gab es auf einmal so etwas wie eine neue, leise Hoffnung in die Machbarkeit von Politik, eine regelrechte Die-packen-das-jetzt-Stimmung. Der Ifo-Geschäftsklimaindex stieg. Die Wirtschaftsinstitute hoben ihre Wachstumsprognosen. Der Verzicht auf große Schritte wurde als Pragmatismus bewertet. Und schon mit 1,4 Prozent Wachstum waren plötzlich alle zufrieden. Es wurde deutlich: Die Mehrheit der Menschen erwartet offensichtlich gar nicht so sehr viel von Politik, wenn die Politiker nur nicht Größeres ankündigen und versprechen, als sie halten können, und wenn nicht ständig alles schlecht- und kleingeredet wird oder im Streit zerfällt.

»Das Kabinett funktioniert wunderbar«, sagte Angela Merkel: »Wir haben sehr, sehr tiefgehende Diskussionen und lesen wenig darüber in der Zeitung, was Sie vielleicht aus journalistischen Gründen nicht so erfreut, was aber für die Arbeitsatmosphäre sehr gut ist. Ich habe in diesem Kabinett viele Diskussionen erlebt, in denen es überhaupt nicht darum ging, Stellungskriege zwischen CDU, CSU und SPD zu machen, sondern nur darum, den für das Land richtigen und besten Weg zu finden.«

Die Umfragen und Medien steigerten sich in den ersten Monaten der Großen Koalition zu einer regelrechten Merkelmania. Die heftigsten Elogen bekam Merkel jetzt von denen, die noch vor der Wahl gefragt hatten: Kann die das überhaupt? Und wenn man sich mit den Mitgliedern der Regierung Merkel unterhielt, die schon unter Gerhard Schröder oder Helmut Kohl Minister gewesen waren, klang es wie aus den Vereinsnachrichten eines Angela-Merkel-Fanclubs.

Die SPD-Entwicklungshilfeministerin Wieczorek-Zeul lobte Angela Merkels »kooperativen Diskussionsstil«. Die Kanzlerin sei positiv eingestellt, lasse ausreden, kümmere sich, vermittle und baue Schwellen ab.

Die SPD-Justizministerin Brigitte Zypries erzählte, es sei im Kabinett Merkel einfach offener als unter Schröder. Jeder dürfe jederzeit was sagen. Und es gebe keine Hackordnung.

Im Schröder-Kabinett hat offenbar immer nur Schröder etwas gesagt, erstens Schröder, zweitens Schröder und drittens … – Fischer und Schily. Alle anderen haben sich gelegentlich wie lästiges Beiwerk gefühlt. Zypries jedenfalls saß schon eineinhalb Jahre am Kabinettstisch, bis Joschka Fischer den ersten Satz mit ihr gesprochen hat.

»Ich bin da gerne«, sagte auch Ulla Schmidt, die SPD-Gesundheitsministerin. Angela Merkel und Gerhard Schröder, sagt sie, das sei wie Schwarz und Weiß. Merkel nehme sich sehr zurück, höre zu, führe zusammen. Es gebe keine Show mehr, sondern eine offene, intensive und höfliche Diskussion unter Gleichberechtigten, die sich ja auch erst noch kennen lernen mussten. Dagegen sei es im Schröder-Kabinett zugegangen wie in manchen Familien: Man kennt sich gut, man muss die Argumente nicht mehr austauschen, man weiß sowieso schon, wie der andere reagiert und argumentiert, deswegen hört auch keiner dem anderen mehr zu. Merkel könne das, auch mal eine halbe Stunde lang zuhören, ohne ihrem Gegenüber zu erklären, wie die Welt eigentlich in Wirklichkeit ist.

Wenn Finanzminister Steinbrück nach seiner letzten Brüssel-Reise spätabends noch im Kabinett vorbeischaut, sagt Angela Merkel: »Das ist doch toll, so ist Steinbrück, der kommt noch mal her.«

Wenn Ulla Schmidt sich tapfer gegen die Gesundheitslobby schlägt, sagt Merkel: »Sie sind offenbar ganz einfach angstfrei.«

Wenn Michael Glos von der CSU und Sigmar Gabriel von der SPD sich mittelkleine Gefechte liefern, wer jetzt die Federführung für den Energiegipfel hat, entscheidet Merkel schließlich: »Wenn Herr Glos einverstanden ist, sind beide gleich federführend.«

Ursula von der Leyen, die mit eigentlich sozialdemokratischer Familienpolitik in dieser ersten Phase zu einer Art Star des Kabinetts wurde, fiel zu Merkels Kabinettstil eine schöne Familienmetapher ein: Eine Große Koalition, das sei doch ein bisschen so etwas wie eine Patchwork-Familie. Da kann die neue Mutter auch nicht eines der Kinder bevorzugen. Schon gar nicht ein eigenes Kind.

Ist das mütterlich? Ist das weiblich? Oder ist es – in einer Großen Koalition zumal – ganz einfach nur klug? Es ist jedenfalls das, was in Managementseminaren moderierende, diskursive Führung genannt und allgemein sehr empfohlen wird. Das kann gelegentlich etwas mehr Zeit kosten. Andererseits hat es so, wie es die Alpha-Jungs im Kabinett Schröder gemacht haben, noch viel mehr Zeit gekostet, weil immer wieder die Nachbehandlung von Kränkungen und Missverständnissen notwendig war.

Angela Merkel sagt: »Ich sehe mich eben manchmal noch aus der Perspektive der Frauen- oder Umweltministerin an Helmut Kohls Kabinettstisch sitzen. Ich weiß, wie schwer es mir manchmal gefallen ist, wenn ich mich lange und sorgfältig darauf vorbereitet hatte, die aus meiner Sicht wichtigen und richtigen Überlegungen im Kabinett vorzutragen, und kaum hatte ich schließlich gerade begonnen zu sprechen, waren auch schon wieder der Innenminister oder der Außenminister mit etwas vermeintlich viel Wichtigerem dran. Das fand ich nicht schön. Deswegen mache ich heute genau das auch bewusst ein bisschen anders und gebe den Ressorts, die unter Kohl und offenbar ja auch unter Schröder eher wenig zu Wort gekommen sind, die Möglichkeit, ihre Beiträge im Kabinett zu leisten, weil diese Beiträge genauso wichtig sind wie die der anderen.«

Wenn man Wolfgang Schäuble, den einzigen Minister der Großen Koalition, der schon im Kabinett Kohl saß, in dieser Anfangszeit um einen Vergleich der Führungsstile von Kohl und Merkel bat, sagte er: »Merkel ist informiert, kümmert sich um alles und hat eine hohe Arbeitsdisziplin.«

Und das ist wieder einmal so ein Schäuble-Satz, der immer interessanter wird, je länger man ihn anschaut.

»Müntefering ist im Kabinett in die Rolle des Co-Moderators gegangen«, sagte Ulla Schmidt. »Und wie das alles noch werden wird, wenn es mal zum Schwur kommt, das weiß natürlich noch kein Mensch.«

Wenn es zum Schwur kommt. Das hieß: Wenn den Parteien das eigene Profil und die Wirkung bei den Wählern wieder wichtiger wird als das Gemeinwohl. Wenn es erst einmal richtigen, unversöhnlichen Dissens gibt in der Sache. Und vor allem, wenn erst wieder Wahlen anstehen.

Leider stehen im föderalen System der Bundesrepublik Deutschland fast immer Wahlen an. Also wurde es pünktlich zu den Landtagswahlen im Frühsommer 2006 wieder ungemütlich und mühsam. Union und SPD stellten widerwillig fest, dass man in einer Großen Koalition auch einmal das Gegenteil von dem verteidigen muss, was man im Wahlkampf noch verkündet hat. Die SPD verkraftete plötzlich nicht mehr, dass sie im Wahlkampf »Mit uns keine Erhöhung der Mehrwertssssteuer um zwei Prozent« gesagt und jetzt eine Mehrwertsteuererhöhung sogar um drei Prozent zu vertreten hatte. Noch schwerer schluckte sie an der »Rente mit 67«, zumal Oskar Lafontaine alle heimatlos gewordenen »linken« Politikversprechen sofort für seine neue Partei einsammelte und die SPD damit unter enormen Druck setzte. Die Union war befremdet von Antidiskriminierungsgesetz und Mindestlohn, musste die sehr sozialdemokratische Familienpolitik der CDU-Frau Ursula von der Leyen schlucken und auch, dass im Regierungsprogramm gar nichts vom stramm neoliberalen Kurs des Leipziger Parteitages übrig geblieben war.

Bei den Wahlkampfveranstaltungen des Frühjahrs 2006 in Trier und anderswo konnte man regelrecht spüren, dass das alles nur noch einmal hält und trägt, weil die parteivorsitzende Kanzlerin so großartige Meinungsumfragen hat und nur mit ihr Wahlen gewonnen werden können. Weil der Wirtschaftsflügel der Union durch den Rückzug von Friedrich Merz auch noch seine Führungsfigur verloren hatte, gab es in der CDU immer mehr Menschen, die nach dem dritten Bier von Revolte und Parteineugründung redeten.

Und dann hatte die Große Koalition auch noch den so ehrgeizigen wie unglücklichen Plan, aus zwei diametral entgegengesetzten politischen Konzepten zur Reform des Gesundheitssystems etwas Gemeinsames basteln zu wollen unter großer Anteil- und Einflussnahme aller betroffenen Lobbygruppen. Die Euphorie flachte ab. Die Große Koalition geriet in die Mühen der Ebene.

Angela Merkel aber erschien wie abgehoben, jetzt erst recht. Sie genoss den Zauber des Neuanfangs noch einmal auf der glanzvollen Bühne der internationalen Weltpolitik. Gleich im Dezember 2005 hatte sie beim EU-Gipfel in Brüssel alle verblüfft durch ihr zähes, geschicktes und diskretes Verhandeln, mit dem sie nicht nur den EU-Haushalt bis 2013 sicherte, sondern auch vorführte, dass diese neue deutsche Regierung die Kohl'sche Rücksichtnahme auf die Kleinen und Neuen in Europa offenbar verbinden möchte mit Schröders Linie vom neuen deutschen Selbstbewusstsein im internationalen Geschäft. Das war Merkels so einfache wie erfolgreiche Methode: Alles, was Kohl und Schröder richtig gemacht haben, auch so machen. Alles, was Kohl oder Schröder falsch gemacht haben, anders machen, besser.

Also war Merkel sofort nach Amtsantritt in Paris, Brüssel und London gewesen, hatte Amerika entkrampft und die »strategische Partnerschaft« mit Russland ausgebaut, nicht ohne hier wie dort überraschend deutlich die schwierigen Themen anzusprechen. Helmut Kohl war in internationalen Gremien gefürchtet für seine endlosen historischen Vorträge. Gerhard Schröder schwieg oder polterte und drohte öffentlich. Merkel bemühte sich um diskrete Sachlichkeit und hohe Effizienz.

Der Zufall wollte es so, dass Deutschland ausgerechnet jetzt, in den Anfangsmonaten der neuen Bundeskanzlerin, die EU-Ratspräsidentschaft übernahm. Dann der G-8-Gipfel, für den noch Gerhard Schröder sich Heiligendamm als Tagungsort ausgedacht hatte, und schließlich das Jubiläum der Römischen Verträge, das in Berlin groß gefeiert wurde. Die Kanzlerin hatte ihre großen Auftritte auf großen Bühnen. Selten zuvor ist es einem deutschen Regierungschef so schnell gelungen, im Kreise der Staatenlenker als Gleicher unter Gleichen akzeptiert zu werden.

Und wenn es jemals für Angela Merkel ein Vorteil war, eine Frau zu sein, dann jetzt, dann in diesen internationalen Gremien. Merkels unspektakuläres, direktes und uneitles Vorgehen wurde im Kreis der selbstverliebten Staats- und Regierungschefs offenbar schnell als so ungewöhnlich angesehen, dass die Kanzlerin mit Lob geradezu überhäuft wurde.

Damals sagte sie: »Manchmal habe ich den Eindruck, dass ich zum Beispiel auch deswegen gegenüber den anderen Staatschefs die Dinge einfach viel direkter ansprechen kann, weil das Rollenmuster Bundeskanzlerin noch nicht ausgeprägt ist.«

Natürlich verdankte sie ihre exponierte Stellung auch der Schwäche der anderen Regierungschefs. Jacques Chirac, der hilflos die Machtkämpfe der Nachfolgekandidaten für das Präsidentenamt verfolgte, wurde im eigenen Land längst als Auslaufmodell angesehen. Blair verbrauchte seine politische Kraft in den Abwehrkämpfen gegen seinen Herausforderer Gordon Brown und war schwer angeschlagen durch seine Irak-Politik. Berlusconi und Zapatero galten als Leichtgewichte, George W. Bush als lahme Ente, der die neue deutsche Kanzlerin umwarb, weil er verstanden hatte, dass die Briten ihm die gewünschte europäische Unterstützung nicht liefern konnten. Die Mittlerrolle Deutschlands zwischen Ost und West wurde in Washington, Brüssel und Moskau nicht nur gleichermaßen anerkannt, sondern mit Wünschen und Hoffnungen geradezu überfrachtet: Lösung der EU-Verfassungskrise, Vermittlung im Iran-Konflikt, Ausgleich mit Russland.

Die Menschen in Deutschland gewöhnten sich nicht nur daran, von dieser Frau aus dem Osten regiert zu werden. Ihnen gefiel, dass ihre Kanzlerin in Amerika auch über Guantanamo sprach und dass sie sich, nach dem Besuch bei Putin, mit Oppositionellen und nicht linientreuen Journalisten traf. Was ihnen auch gefiel, waren Jacques Chiracs onkelhafte Handküsse, die Nackenmassageattacke von George W. Bush auf dem G-8-Gipfel oder wenn Mick Jagger auf seiner Deutschland-Tour das »Lied von eine deutsche Magdschen« ankündigte, bevor er »Angie« sang. Und während die Koalition immer weiter an Zustimmung verlor, gewann die Außenkanzlerin Merkel noch tüchtig dazu. 80 Prozent der Deutschen fanden, dass die Kanzlerin ihre Sache richtig gut macht.

Wenn man die Bundeskanzlerin auch nur für ein oder zwei ganz normale Tage begleitet, ist man anschließend reif für ein langes Wochenende. Auslandsreisen und Parlamentswochen, EU-Räte, Besuche von Politikern aus anderen Ländern in Deutschland mit militärischen Ehren und gemeinsamem Lunch, dann die Akten, die vielen Briefe, dazwischen eine Parteiveranstaltung in Rheinland-Pfalz, eine Besuchergruppe, eine Entscheidung zur Rente mit 67 oder zur Gesundheitsreform, ein Besuch in einer Landesgruppe, ein Auftritt im Parlament, abends die Verleihung eines Preises, dann vielleicht noch einer Museumseröffnung. Geht das immer so?

»Solche Tage fangen in der Regel um halb acht Uhr an, hören meistens auch nicht vor 22 Uhr auf, und dann habe ich häufig noch eine Menge zu telefonieren. Oft geht es auch bis Mitternacht, aber das fällt mir nicht schwer, es macht mir sogar Freude. Es ist jedenfalls ein Plus in einem Amt wie diesem, Schlaf sammeln zu können. Ich habe da so eine Art Kamelkapazität.«

Am Ende so eines ganz normalen Tages im Frühsommer 2006 sitzt die Kanzlerin dann doch erkennbar müde und angestrengt in der Regierungsmaschine. Sie schaut eine Weile aus dem Fenster hinunter auf Deutschland. Bald lehnt sie sich zurück, schließt die Augen und führt vor, was es mit dieser Kamelkapazität auf sich hat: Sie schläft sofort ein.

IM ZENTRUM DER MACHT

Wer Gerhard Schröder im siebten Stock des Berliner Kanzleramts besuchte, musste in diesem 140-Quadratmeter-Zimmer einen pathetischen Weg von achtzehn Schritten gehen, an dessen Ende der Kanzler hinter seinem gewaltigen Schreibtisch thronte. Wenn man heute reinkommt, erkennt man die Raumsituation und auch diesen Trumm von Kanzlerschreibtisch gleich wieder. Die Kanzlerin aber sieht man möglicherweise erst auf den zweiten Blick, weil sie gleich rechts hinter der Tür sitzt und einen natürlich längst im Auge hat.

Schröder saß mit dem Rücken zu der Fensterfront, durch die er zum Reichstag hätte schauen können. Er hatte den Blick ins Innere des Kanzleramts gerichtet, auf das eigene Machtzentrum also. Merkel schaut auf das Parlamentsgebäude mit seinem mahnenden Eingangsfries »Dem deutschen Volke«. Sie hat ihr Machtzentrum im Rücken. Eigentlich ist damit schon fast alles gesagt.

Von außen sieht das Kanzleramt aus wie vorher – je nach Perspektive und Geschmack des Betrachters grandios, architektonisch interessant oder bombastisch aufgeblasen wie die Käthe-Kollwitz-Figur in der Neuen Wache. Die Waschmaschine haben sie es genannt, die weiße Sphinx von der Spree, brandenburgisches Taj Mahal würde auch passen. Innen hat sich einiges geändert.

Regierungswechsel in Deutschland funktionieren anders als in Amerika. Das Weiße Haus wird, bevor ein neuer Präsident einzieht, bis auf den letzten Mann leer geräumt. Barack Obama musste 9000 Leute neu benennen, bevor er mit dem Regieren anfangen konnte. Im Kanzleramt sind von 450 Mitarbeitern fast alle geblieben. Nur die oberste Leitungsebene wird in Deutschland ausgewechselt. Und sogar bei den Neubesetzungen werden gerne Menschen genommen, die das Kanzleramt schon kennen. Es behält so seinen Geist, sein institutionelles Gedächtnis und seine Schlagkraft. Ein neuer Kanzler kann vom ersten Tag an mit dem Regieren loslegen.

In den ersten Wochen nach dem Regierungswechsel haben dann alle im Amt vorführen wollen, wie wichtig sie sind. Im Referat Innerer Dienst wurden zum Beispiel sehr schöne Modelle gebastelt für die neue Inneneinrichtung im Kanzlerzimmer. Die neue Bundeskanzlerin wollte aber gar keine neue Inneneinrichtung. Deswegen gab es bald in Berlin dieses Gerücht über die Unverrückbarkeit des Schröder'schen Kanzlerschreibtisches. Er sei 4 Meter lang, 1,30 Meter breit und tonnenschwer, was auch stimmt. Außerdem sei er fest in den Boden eingelassen und deswegen niemals wieder aus dem Kanzleramt zu entfernen, ohne das ganze Gebäude einzureißen. Daran stimmt nichts. Man könnte ihn jederzeit abtransportieren, mit einem Kran, so, wie er hereingekommen ist, wie auch die großen Kunstwerke in die obersten Etagen gelangen.

Angela Merkel hat Schröders Kanzlerschreibtisch stehen lassen. Er passt gut in die Dramaturgie dieses Raumes, findet sie. Aber sie sitzt nie daran. Sie arbeitet und empfängt ihre Besucher am Besprechungstisch, den sie in unmittelbare Nähe der Eingangstür hat rücken lassen.

»Ich habe immer schon am liebsten in der Nähe der Tür gearbeitet«, sagt sie, »und noch nie, in keiner Funktion, habe ich die Sekretärin über das Telefon gerufen. Ich gehe da lieber hin oder rufe was durch die offene Tür.«

Es ist aber mehr. Es ist eine ganz neue und bewusst andere Inszenierung von Macht. Es gab vor Angela Merkel in Deutschland kein Rollenmuster für eine regierende Frau. Also kann sie sich aus dem Instrumentenkasten der Macht die passenden Utensilien und Werkzeuge selbst zusammenstellen: Nicht zu viel Maggie Thatcher. Keine Handtasche. Keine Basta-Attitüde. Wenig Zurschaustellung, schon gar nicht von Privatem.

Am Anfang sind die Bodyguards vom BKA immer vorneweg gestürmt in die Säle und haben sich dann gewundert, wo ihre Kanzlerin bleibt. Das war lustig anzusehen. Dann haben sie verstanden: Wir gehen jetzt langsam. Wir kommen unauffällig. Diese Kanzlerin mag keine martialischen Machtgesten.

Weswegen Angela Merkel ihre Besucherin auch gleich darauf hinweist, dass das Kanzleramt immer noch ein paar Meter niedriger ist als die Kuppel des Reichstages. Helmut Kohl habe den Architekten zu dieser Geste gedrängt. Wahrscheinlich stimmt es. Aussehen tut es auch von da oben immer noch so, als könne man den kleinen Reichstag mal eben in das große Säulenmaul des Kanzleramts schieben, das ihn mit einem einzigen Schmatz verspeisen kann.

Ob es gut ist für die Politik, so hoch und abgehoben zu residieren, dass die Menschen und Autos wie winziges Spielzeug aussehen? Ob es normal ist, wenn schon nach vier Jahren Wasser durchsickert an den Spezialsäulen der Tiefgarage, durch die die Bäume der Nordallee wurzeln? Darf ein Architekt für Jahrzehnte und bis ins letzte Detail festlegen, wie die Arbeitsräume eingerichtet sein müssen, einer wie der andere? Nichts darf verändert werden. Nicht einmal Bilder kann man hängen.

Viele im Kanzleramt hadern mit der Architektur. Überall dieses Porschetürkis, metalloxidgrün mit der Seriennummer 6D762-1339-9. Nur weil der Architekt 1964 einen Porsche in dieser Farbe gefahren hat, müssen sie diese Privatmetaphorik jetzt jeden Tag anschauen. Und natürlich feixen sie, wenn Axel Schultes wieder einmal kommt, um einem Besucher sein Kanzleramt zu zeigen, und die Wachleute ihn dann wie die ganz normalen Besuchergruppen nur bis zu dem rot-weißen Band in die sechste Etage vorlassen.

Die Erste, die sich unbekümmert über den Architekten hinweggesetzt hat, ist Doris Schröder-Köpf gewesen. Sie ließ das Schultes-Inventar aus dem sogenannten Interviewzimmer im sechsten Stock des Leitungsgebäudes ausräumen und stellte sich weiße Möbel hinein. Später wurde dieses Kanzlergattinnen-Zimmer von Christina Rau benutzt, als sie die Nothilfe für die Tsunami-Opfer organisierte. Jetzt sieht wieder alles aus wie von Axel Schultes geplant. Beate Baumann residiert dort, die Büroleiterin und engste Vertraute der Kanzlerin, immer beschäftigt mit dem, was sie selbst »Unter- und Hintergrundarbeit« nennt, »damit das Laufwerk läuft und Frau Merkel sich so frei und unbelastet wie irgendwie möglich auf die Sache konzentrieren kann und nicht dieses und jenes auch noch immer nebenbei machen muss.«

Beate Baumann sagt: Frau Merkel. Angela Merkel sagt: Frau Baumann. Die beiden kennen sich jetzt seit 15 Jahren. Christian Wulff hatte die damals 29-jährige Sprachwissenschaftlerin empfohlen, als die Familienministerin Angela Merkel stellvertretende Parteivorsitzende wurde und eine halbe Planstelle erobert hatte. Fünfzehn Jahre, das ist eine lange Strecke. In der Politik ist es eine sehr lange Strecke. In Angela Merkels politischem Leben ist es fast die ganze Strecke. Beate Baumann ist also viel mehr, als der Titel »Büroleiterin« preisgibt. Sie ist die engste Vertraute und eigentliche Kanzleramtschefin. Niemand in Berlin weiß besser, wie die Kanzlerin tickt.

Und weil sie so diskret wie effektiv im Hintergrund agiert, bekommt Beate Baumann in diesem neuen Amt jetzt plötzlich seltsame Beinamen: Merkels Schatten, das Phantom in der Kulisse, die zweitmächtigste Frau Deutschlands, Merkels Alter Ego, Rasputina, Königskobra, Zerbera. Alles Unsinn. Und alles auch ein bisschen wahr.

Angela Merkel sagt es so: »Beate Baumann ist meine Büroleiterin. Und sie ist schon eine der wichtigen Bezugspersonen. Sie pflegt mit mir und ich mit ihr ein sehr offenes Wort, wir reden über die Dinge, kritisch und positiv. Man kann sich ärgern und freuen. Wir haben die Fähigkeit behalten, uns gegenseitig auch die Wahrheit zu sagen.«

Wenn man Angela Merkel fragt, was der wichtigste Moment in ihrem ersten Amtsjahr gewesen ist, zögert sie keine Sekunde: »Das war ein Telefonanruf aus Chile, Außenminister Frank-Walter Steinmeier, der sagte, die Geiseln sind frei.« Eine unglaubliche Last sei da von ihr abgefallen nach dreizehn Wochen der Ungewissheit und Sorge um die beiden im Irak entführten Leipziger Ingenieure.

»Ich habe es mir in den vielen Wochen, die das dauerte, zwar nicht jeden Tag präsent gemacht, aber es war immer da, es hat mich ständig bedrückt. Gespräche mit dem Krisenstab, Gespräche mit dem Außenminister, es hat schon zu unserem Leben hier im Kanzleramt gehört, dass wieder ein Video auftaucht und angesehen werden muss, dass man irgendeine Nachricht bekommt und dass etwas zu bedenken ist. Und gleichzeitig sind unendlich viele Tage einfach vergangen, an denen wieder nichts passiert ist und man überhaupt nicht wusste, was Sache ist. Ich konnte ja auch nur im Kreis derer, die damit befasst sind, darüber sprechen. Haben wir alles gut überlegt? Haben wir alles gemacht, was man tun könnte? Haben wir alle Möglichkeiten abgeklopft?«

In der Geheimetage im vierten Stockwerk, ganz im Inneren des Hauses, noch hinter der kleinen Kanzler-Küche, gibt es eine unauffällige Tür. Wenn man sie öffnet, steht man in einem Raum, der wie eine moderne Polizeiwachstube aussieht: ein Bürotresen, dahinter vor Computermonitoren zwei Männer, die die Nachrichtenlage der Welt beobachten. Links neben dem Tresen liegt hinter dickem Panzerglas ein Besprechungszimmer. Von dort aus geht man durch eine kleine Technikkabine in den abhörsicheren Raum: ein Tisch, drei Stühle, ein Flachbildschirm. Kein Tageslicht. Keine Fenster. Hier hat die Kanzlerin die schwersten Stunden ihres ersten Regierungsjahres erlebt. Hier hat sie die bedrückenden Videos der Geiselnehmer angesehen. Es ist der einzige abhörsichere Raum im Kanzleramt, er gehört zum Lagezentrum.

An vieles haben Bauherr und Architekt Mitte der neunziger Jahre gedacht bei der Planung des Kanzleramtes: an die Wiedervereinigung Deutschlands, an das Ende des Kalten Krieges, an das Zusammenwachsen der beiden Teile Berlins, an eine Zukunft, die man sich offensichtlich nur großartig vorstellen konnte. Etwas wie der 11. September lag im Bereich des Undenkbaren. Terrorszenarien und Geiselnahmen gab es nur noch im Kino. Architekt Axel Schultes sagt, das Haus sei ein »Kind der Nachwende-Euphorie«.

Der neue, hohe Eisenzaun, der das Kanzleramt inzwischen umgibt und Schultes architektonischen Gedanken der Öffnung zur Stadt zerstört, wurde zum sichtbarsten äußeren Zeichen für Mentalitätswandel und Nachrüstung auch im Inneren des Hauses. Wenn Staatsbesuch ist, hängen Berliner und Touristen jetzt wie die Affen am Gitter, wundern sich, wie schnell so eine Ehrengarde sich schnurgerade ausrichtet oder wie wenig die Bundeskanzlerin im Takt der Marschmusik gehen kann. Sie können nicht sehen, dass in die Bodenquader aus Stein drei dünne Linien eingefräst sind, an denen die Soldaten ihre Zehen ausrichten. Sie wissen nicht, dass die Bundeskanzlerin sich vorgenommen hat, bloß nicht im militärischen Takt über den roten Teppich der Macht zu marschieren, was ganz schön schwer ist, wenn man musikalisch ist.

»Können Sie zu Hause mit ihrem Mann über so etwas wie die Geiselnahmen sprechen?«

»Ja sicherlich, das kann ich. Genau dafür braucht man auch mal einen freien Samstagabend. Es ist wichtig, dass Politiker nicht nur noch wie in so einem Hamsterrad hin und her laufen, sondern Zeit haben zum Nachdenken. Geiselnahmen, Bundeswehreinsatz im Kongo, die Libanon-Frage. Da hängen Menschenleben dran. Davon hängen Familienschicksale ab, ob Kinder ihre Eltern ein halbes Jahr nicht sehen. Ich habe sehr gute Berater. Aber ich muss die Entscheidung am Ende verantworten.«

»Am Ende entscheidet man immer einsam?«

»So ist es.«

»Wie groß ist eigentlich der Kreis der Menschen, die die Handynummer der Bundeskanzlerin haben und Sie also jederzeit anrufen oder SMS schicken dürfen?«

»Es sind nicht so viele, ein überschaubarer Kreis, der mit meiner Handynummer auch sehr verantwortungsvoll umgeht.

Seitdem ich Bundeskanzlerin bin, hat es eher abgenommen. Am Anfang hat es mir sogar fast ein bisschen gefehlt, dass Volker Kauder oder Norbert Röttgen mal eine SMS schicken, als wenn so ein Wassergraben gegraben wurde zwischen Kanzleramt und denen, mit denen ich früher jeden Tag kommuniziert hatte. Ich bin mir fast vorgekommen wie die Prinzessin auf der Erbse. Aber das hat sich dann wieder sehr schön eingespielt.«

Wer wissen will, wer zum engsten Kreis im Zentrum der Macht gehört, muss einen Blick auf die Morgenlage werfen, das ist eine Konferenz von maximal einer Dreiviertelstunde, in der über alles, was wirklich wichtig ist, gesprochen wird. Da sitzen der Kanzleramtschef Thomas de Maizière, der »Chef BK«, wie ihn hier alle nennen, dann der Chef des Planungsstabes, Merkels Hauptredenschreiber Matthias Graf von Kielmansegg und der Regierungssprecher Ulrich Wilhelm. Ronald Pofalla, Volker Kauder und Norbert Röttgen kommen dazu, wann immer sie wollen und können. Eva Christiansen gehört dazu, Merkels Medienberaterin und Journalistenflüsterin, und Beate Baumann natürlich.

Regelmäßigen Kontakt mit der Kanzlerin haben sonst nur noch die Abteilungsleiter. Und auch hier hat sich etwas geändert: Unter Kohl und Schröder benahmen sich Abteilungsleiter im Kanzleramt wie Kurfürsten, die eifersüchtig darauf achteten, ihr Terrain und ihre Wichtigkeit gegeneinander abzustecken. Sie nannten sich so lange »Kanzler-Berater«, bis es so auf den Visitenkarten stand. Und sie waren in allerlei Intrigen und Männerspiele untereinander verbissen, die für Journalisten immer hoch interessant waren.

Die jungenhaft wirkenden Männer, die jetzt hier die Abteilungen leiten, sind in der Öffentlichkeit kaum bekannt. Sie geben keine Interviews, laden höchstens zu sehr diskret gehandhabten »Unter-drei-Gesprächen«, aus denen nicht wörtlich zitiert werden darf, und bleiben ansonsten vollkommen im Hintergrund. Und es ist fast schon verdächtig, wie unaufgefordert jeder von ihnen erzählt, was für ein wunderbares Team sie alle miteinander sind. Man kann an ihnen studieren, wie jemand sein muss, der bei dieser Kanzlerin Karriere machen will: exzellent ausgebildet, mit internationalen Erfahrungen, Kontakten und Referenzen, effektiv, schnell, an Außenwirkung nicht interessiert und immer loyal. Elite-Eierköpfe würde man in Amerika sagen, und das ist keine Beleidigung. Normalerweise hat ein Abteilungsleiter eben nur zwei Sätze, um seinem Kanzler ein Problem und den Lösungsvorschlag mitzuteilen, bei Merkel sind es nur eineinhalb.

Michael Wettengel, der bereits im Konrad-Adenauer-Haus und in der Bundestagsfraktion für Merkel gearbeitet hat, leitet die Hauptabteilung. Uwe Corsepius, Merkels Abteilungsleiter für Europa, war zu Helmut Kohls Zeiten schon sieben Jahre im Kanzleramt. Er hat sich um die Euro-Einführung gekümmert und stieg unter Schröder zum Referatsleiter für EU-Wirtschaft auf. Jens Weidmann, der Abteilungsleiter Wirtschaft, kam mit allerersten Referenzen von der Bundesbank, Abteilung Geldpolitik. Er sollte Merkels wichtigster Mann werden, als die Finanzkrise über das Land kam.

Wenn man Christoph Heusgen, den Abteilungsleiter Außenpolitik, ein gutes Jahr nach der Regierungsübernahme fragte, was die Buchstaben und Zahlen an seiner Zimmertür bedeuten, sagte er fröhlich, dass er davon leider überhaupt keine Ahnung habe. Sein Büro muss auf der Südseite liegen, das weiß er inzwischen. Im Sommer hatte er hier gefühlte 51 Grad.

Am 21. November 2005 hat er in Brüssel seine Kisten gepackt und sich von seinem Chef Javier Solana verabschiedet. Am 22. November ist er in Berlin und im Kanzleramt angekommen. Er hatte zwei Stunden, um sich von seinem Vorgänger das Wichtigste erklären zu lassen. Am 23. November ist er dann mit der Kanzlerin auf die erste Auslandsreise nach Paris, Brüssel und Warschau gefahren. Seither war er nur unterwegs oder an diesem Schreibtisch. Also kommt man als Besucherin in die seltsame Lage, einem hochrangigen Bewohner den Baukasten der Macht zu erklären, diese wundersame Welt der Kanzleramtstechnik zum Beispiel, die es im zweiten und dritten Obergeschoss zu bewundern gibt: das Biokraftwerk. Die chipgesteuerte, hauseigene Rohrpostanlage, deren Schaltplan aussieht wie die U-Bahn-Karte von London. Sie können einem damit sogar ein kleines Diktiergerät zum Ausgang an die Polizeipforte schießen, falls man es in der sechsten Etage vergessen hat. Und dann gibt es noch den Computer, der Temperatur und Klima in jedem Raum und an jedem Ventil des Hauses ablesen und steuern kann. Im Büro der Bundeskanzlerin zum Beispiel hatte es eben noch 21 Grad Celsius und 49 Prozent relative Luftfeuchtigkeit.

Offenbar hat in den gewöhnlichen Büros das Geld nicht mehr gereicht für eine ausgewachsene Klimaanlage. Der Computer weiß zwar, wenn dort 40 Grad sind, aber er kann nichts dagegen unternehmen. Die genormten Büros sind wie gläserne Streichholzschachteln übereinandergestapelt in den beiden Längsgebäuden links und rechts vom Leitungskubus des Kanzleramtes: 19,85 Quadratmeter, halbkreisförmige Schreibtische aus orangeroter Buche, orangerote Regale, schwarze Stühle.

Niemand benutzt die angeblich so kommunikativen Wintergärten. Die 370 orangerot gebeizten Buchenholztüren öffnen sich überhaupt nur selten, um die Mittagszeit etwas häufiger. Der lange, schmale Gang bis zur Kantine an der Südspitze des Baus ist für die, deren Büros im Norden sind, fast ein Kilometermarsch. Da ist man schon wieder hungrig, wenn man zurück im Büro ist. Und heiser sowieso vom vielen »Mahlzeit« sagen.

Die Kanzlerin hat ihre eigene Küche. Im Vorbeilaufen kann man dort auch noch in den Kochtopf gucken: Eine dicke Zwiebel schwimmt mit ein paar Lorbeerblättern in kochendem Sud. »Für Königsberger Klopse«, erklärt Gabriela Przybylski, die Gastronomiechefin. Merkel mag wie Schröder am liebsten die ganz normalen Gerichte.

Große Essen mit Staatsgästen werden oben im Bankettsaal serviert. Außer einem Aufzug gibt es leider nur eine absurd schmale, gerade mal schulterbreite Treppe von der Küche in den Bankettsaal. Ein Mann mit je einem großen Teller in jeder Hand muss da schon sehr aufpassen. Gegenverkehr ist ganz unmöglich. Sie schaffen auf diese Art zwar tatsächlich fünf Gänge für 160 Leute rauf. Allerdings muss ein Tisch nach dem anderen anfangen zu essen. Zum Glück gibt es unter den Protokollchefs der Welt inzwischen Abrüstungsgespräche. Bald werden sich überall Drei-Gang-Menüs durchgesetzt haben.

Ab 18 Personen ist Schröder immer in den Bankettsaal gegangen. Angela Merkel dagegen bewirtet noch bis zu 30 Gäste oben im achten Stock in den Privaträumen, einer eleganten Wohnhalle nach Süden mit der spektakulärsten Terrasse Berlins. Die Kanzlerin lädt gerne dorthin ein. Es ist das Privileg einer Regierungschefin, Menschen, die sie kennen lernen oder deren Meinung und Rat sie einholen will, zu sich zu bitten. Und es wird im Land längst als eine Art geheimes Adelsprädikat aufgefasst, schon einmal da oben gewesen zu sein.

Angela Merkel gilt als charmante und witzige Gastgeberin. Sie kann Stoiber nachmachen und Sarkozy oder Berlusconi, der offenbar gelegentlich ins Telefon singt, wenn er die deutsche Bundeskanzlerin anruft: »Angela, oh Angelina«.

Wenn es locker zugeht, steht Angela Merkel nach jedem Gang auf und tippt einen ihrer Gäste auf die Schulter, um den Platz mit ihm zu tauschen. So hat am Ende jeder einmal ganz nah bei der Kanzlerin gesessen. Es gibt in Berlin inzwischen einige Damen und Herren, die diese Art Reise nach Jerusalem für ihre eigenen Gastlichkeiten übernommen haben.

Außer einer fensterlosen Küchenzeile, den Toilettenräumen und einem Bad gibt es ganz oben im Kanzleramt auch noch diesen kleinen Raum nach Osten, den Kanzler Schröder als Schlafzimmer benutzt hat. In einer der anrührendsten Passagen seines Buch über die rot-grünen Regierungsjahre beschreibt

Gerhard Schröder, wie das war, dort zu wohnen, allein nachts in diesem Riesengebäude, wenn alle nach Hause gegangen waren. Wie er da oben nächtelang rumgegeistert ist, »schlaflos im Kanzleramt«. Wie er auf die Lichter Berlins geschaut und nachgedacht hat, ob es richtig war, Neuwahlen anzusetzen.

Schröders kleines Schlafzimmer ist nach und nach zu einer Art Schmink- und Umkleidezimmer der Bundeskanzlerin umfunktioniert worden. Angela Merkel hat noch nie im Kanzleramt übernachtet. Sie fährt immer nach Hause, ganz egal, wie spät es wieder einmal geworden ist.

Es ist ja schon bei Tageslicht besehen ein kaltes, seltsames Haus, dieses Kanzleramt. In der Eingangshalle, in den Konferenzsälen und oben in der Sky Lobby spürt man nichts als die Höhe, die Weite, die Stille und die groß inszenierten Durchsichten der Architektur. Dazu dieses ständige Heulen und Singen des hauseigenen Windes, diese Kanzleramtsthermik, die im Herbst dramatisch anschwellen kann.

Man kann das Kanzleramt nicht verlassen, ohne noch einmal an den allegorischen Farbräumen vorbeizukommen, die Markus Lüpertz an die Wände gezaubert hat: Blau für Weisheit, Umbra für Stärke, Ocker für Gerechtigkeit, Grün für Klugheit und Rot für Tapferkeit, was ein Künstler und Staatsbürger seinem Regierungschef nun einmal so alles wünscht. Schon witzig, dass Lüpertz in diese Farbräume von Anfang an keinen männlichen Denker gestellt hat, sondern eine überlebensgroße, nackte Philosophin. Sie sieht allerdings nicht besonders philosophisch aus, eher so, als telefoniere sie ständig. Mit dem Handy.

EIN SOMMERMÄRCHEN

Schlusspfiff. Ende. Aus. Drei zu eins gegen Portugal. Und dann die Umarmung in Großaufnahme. Wer genau hingeschaut hat, als Jürgen Klinsmann Angela Merkel so innig in seine Arme schloss nach dem Spiel um den dritten Platz in Stuttgart, konnte dem ehemals bekennenden Schröder-Wähler Klinsmann von den Lippen ablesen, wie er sagte: »Meine Kanzlerin!«

Ihr Spiel hatte sie da schon längst gewonnen, es hieß: Stell dir vor, wir haben die Fußballweltmeisterschaft im Land, und der Kanzler ist eine Frau.

Eigentlich hatte sie keine Ahnung von Fußball. Sie musste sich vom stellvertretenden Regierungssprecher und Schröder-Vertrauten Steg auf einem Blatt Papier aufmalen lassen, wie eine Viererkette eigentlich aussieht und wie eine Raute daraus wird, wenn man den einen ganz einfach nach vorne und den anderen nach hinten schickt. Kann sein, dass sie solche Angriffsmodelle auch politisch-strategisch interessant fand.

Außerdem war sie ja schon als Kind eher »ein kleiner Bewegungsidiot«, kein »Acker« wie Schröder oder auch nur eine mittelmäßige Mittelstürmerin beim TuS Templin. Zum Affen lässt sie sich sowieso nicht machen. Es half im WM-Sommer also schon mal sehr, dass Angela Merkel so anerkannt unsportlich ist oder jedenfalls nicht so ambitioniert sportlich wie Ursula von der Leyen, die im Torwandschießen sogar gegen Franz Müntefering gewann. Es hielt Merkels Berater davon ab, überhaupt auch nur über Anfragen nachzudenken, ob die Kanzlerin nicht für das ZDF wenigstens einmal im Kabinett einen Ball zu Müntefering rüberkicken könnte oder einen Schuss auf die Torwand riskieren. Nach den so ewigen wie ungebrochen selbstbewussten Fehlversuchen der Herren Schröder und Stoiber konnte man das durchaus auch als einen Beitrag zur Rückgewinnung der politischen Würde in Zeiten des Fußballfiebers betrachten. Die Zeiten, in denen Politiker gefielen, die sich hemmungslos an den Fußball und seine Stars anwanzen, schienen ohnehin ein wenig vorbei zu sein. Angela Merkel hatte also keine Alternative. Und darum konnte sie eigentlich auch nichts falsch machen.

Und trotzdem hat sie vor allem Glück gehabt, dass Schröder

rechtzeitig vor der WM hingeworfen hatte und sie schon Kanzlerin war, als sie auch noch die Fußballrolle für sich erfinden musste. Wenn die Mikrophone ausgeschaltet sind und die Kameras auch, gibt sie zu: Wahlkampf gegen Gerhard Schröder im WM-Jahr wäre für sie nicht gut ausgegangen. Keine Chance hätte sie gehabt gegen den ausgewiesenen und in dieser Rolle authentisch leidenschaftlich agierenden Fußballexperten Schröder.

Schröders Wahlkampagne war ja auch längst fertig gewesen. Sie hieß »FC Deutschland 06«. Und im Foyer des Kanzleramts konnte man schon Monate vor der WM besichtigen, wie er das gemacht hätte, welche Rolle Gerhard Schröder der Weltmeisterschaft in diesem Wahlkampf zugewiesen hätte. Kunstrasen war da auf graue Stellwände geklebt mit Bildern und Devotionalien aus der deutschen Fußballgeschichte: der Weltmeisterball von 1954, Franz Beckenbauers schmales Trikot aus dem Jahr 1974, Klinsmanns Hemdchen von 1990. Die Ausstellung, die Gerhard Schröder noch selbst bestellt hatte, war Programm und hieß: »Fußball und Zeitgeschichte – Von Bern 1954 bis Berlin 2006«.

Wenn Schröder also nicht geschmissen hätte. Wenn während der Weltmeisterschaft Wahlkampf gewesen wäre. Wenn …

Aber dann war nicht Wahlkampf, als die Fußball-Weltmeisterschaft über das Land kam, sondern Angela Merkel war längst Kanzlerin. Und weil schon die Idee eines Wettkampfes zwischen Nationen immer auch eine politische Dimension hat, muss jeder Regierungschef, und also auch eine Regierungschefin, für sich eine Fußballrolle finden, festlegen oder ausprobieren, wie weit man den Sport politisch instrumentalisieren kann.

Wie Schröder konnte es Angela Merkel schon mal nicht machen. Wie Helmut Kohl auch nicht. Der war ja immer sofort zur Stelle, wenn er einen Fußballspieler und eine Kamera auch nur witterte. Kohl war Weltmeister im Verlierertrösten, obwohl das immer eher wie Verliererzerdrücken ausgesehen hat. Als

Zuschauer dachte man gelegentlich, das tut sicher mehr weh, als einfach nur gegen Argentinien zu verlieren.

Willy Brandt und Helmut Schmidt waren die beiden Kanzler, die den Fußball als politisches Instrument noch mit einiger staatsmännischer Zurückhaltung und Vorsicht angefasst haben. Eine sehr sympathische Variante ist das gewesen.

Und Adenauer hatte es sowieso ganz leicht. Der hat 1954 nur ein Telegramm geschickt. Damals brauchte man noch keine Bilder, um Kanzlernähe zum Trainer zu dokumentieren. Man könnte die Entwicklung der repräsentativen Demokratie über die Mediendemokratie zur Mediokratie möglicherweise auch sehr schön am Ausmaß der Anbiederei von Politik an den Fußball und seine Stars erzählen.

Und jetzt also Angela Merkel. Zuerst hat sie dafür gesorgt, dass rechtzeitig vor der WM hier und da Episoden auftauchten, die eine gewisse Nähe Merkels zum Fußball belegten: dass sie sich schon seit ihrem siebten Lebensjahr für Fußball interessiere. Wie doll sie als Studentin im Leipziger Zentralstadion gefroren hat beim Spiel DDR gegen England. Wie aufregend es war, als sie 1996 als Umweltministerin den Halbfinalkrimi von Wembley in einer Bonner Kneipe angeschaut hat. Und auch, dass sie in ihrem Wochenendhaus keinen Fernseher hat, weswegen sie sich beim Endspiel der Europameisterschaft 2002 im Dorf »durchgefragt« habe, »wo ich mich dazugesellen kann«.

Das sollte zeigen: Als Privatperson bin ich immer schon interessierter Laie. Im Interview mit den Fußballexperten Johannes B. Kerner und Reinhold Beckmann sagte sie: »Ich bin tendenziell fußballbegeisterter als mein Mann.«

Und in ihrer Neujahrsansprache zum WM-Jahr hieß es: »Die Frauenfußball-Nationalmannschaft ist ja schon Weltmeister, und ich sehe keinen Grund, warum Männer nicht das Gleiche leisten können wie Frauen.«

Es gibt Frauen, auch SPD-Frauen im Kabinett Merkel, die können diesen Satz bis heute auswendig aufsagen.

Damit war das Instrumentarium festgelegt für ein Experiment, für eine Gratwanderung zwischen Nähe zum Fußball und Distanz, eine Übung in Äquilibristik. Als Stilmittel zur Herstellung von Distanz hatte Angela Merkel also die Ironie gewählt. Wobei sich die wahre Ironie des »tendenziell fußballbegeisterter als mein Mann« vor allem denjenigen erschloss, die wussten, dass Professor Joachim Sauer der Obermuffel ist unter den real existierenden Fußballverweigerern Berlins.

Die Nähe organisierte die Kanzlerin durch Fußballgipfel im Kanzleramt, Treffen mit Klinsmann, Abendessen mit der Nationalmannschaft und durch ihre Anwesenheit auf der Tribüne bei allen wichtigen Spielen, bei denen sie dann von mehr Wählern gesehen wurde als in jeder politischen Politikberichterstattung.

Sie hatte – was mutig und klug war – schon zu einem Zeitpunkt öffentlich zum Bundestrainer Klinsmann gehalten, als alle Sportexperten noch einhellig gegen ihn waren. Trotzdem konnte man beim Fußball-Gipfel Mitte März im Kanzleramt eine gewisse physische Peinlichkeit zwischen Kanzlerin und Spielern spüren, und auch, wie weit voneinander entfernt diese beiden Welten eigentlich sind.

Als sie dann die Mannschaft zum Abendessen im Trainingslager Schlosshotel Grunewald besuchte, war das Fremdeln schon fast weg. Da saß sie am Tisch der Trainer und hatte ganz einfach gute Laune. Ihr gefiel offensichtlich die Intelligenz und die eingeschworene Gemeinschaft der Herren Klinsmann, Löw und Bierhoff. So macht sie es mit ihrer kleinen Kanzleramtsmannschaft ja auch. Sie bewunderte die Unerschrockenheit und Unbekümmertheit von Schweinsteiger und Podolski, dieses: Jetzt putzen wir erst mal Costa Rica weg und dann geht's gegen Polen. Davon hätte sie gerne selbst ein bisschen mehr.

Sie fragte viel, ließ sich alles erklären. Wenn es für die Jungs gegen Polen ging und für sie gegen Ausländerhass, erkundigte sie sich ostentativ nach den Lebensgeschichten von Miroslav

Klose und von Lukas Podolski. Und wenn Bastian Schweinsteiger gleich nach dem Dessert artig an ihren Tisch kam und sagte: »Frau Bundeskanzlerin, ich muss jetzt leider gehen, ich möchte mich verabschieden«, dann fragte sie staatsmütterlich fürsorglich: »Was haben Sie noch vor?«

Und er antwortete: »Ich muss Basketball gucken, Frau Bundeskanzlerin!«

Draußen erzählte Lukas Podolski dann den Journalisten: »Das war ein lockerer Abend. Die Kanzlerin war sehr offen und hat sich auch nicht eingemischt in fußballerische Sachen.«

Und dann sah die Nation eine enthemmte Bundeskanzlerin im Dortmunder Stadion, die eine Brille trug, sich in den Handrücken der geballten linken Faust biss, den Mund sperrangelweit aufriss, hochsprang, die Arme in die Höhe warf und sich, als der Ball von der Latte des polnischen Tores zurücksprang, enttäuscht wieder zurücksinken ließ neben den kleinen dicken Lech Kaczynski. Mit diesem so ganz offensichtlich nicht geplanten und dafür nur um so wirkungsmächtigeren Ausflippen beim WM-Spiel gegen Polen war das Fußballimage der Kanzlerin fertig und gefestigt: Mutter Courage und ihre Buben. Zusammen wurden sie die Weltmeister der Herzen.

Und was wirklich interessant ist: Seither macht keiner in diesem Land mehr ein Thema daraus, von einer Frau regiert zu werden. Der gönnerhafte Tonfall ist verschwunden. Auch haben fast alle gemerkt, welche Vokabeln nicht mehr passen, »Merkels Büchsenspanner« zum Beispiel liest man nur noch selten. Und wenn überhaupt noch Sakkos, Frisur und Dekolletés der Kanzlerin diskutiert werden, dann, so viel Wahrheit muss sein, meistens von Frauen.

Aber dann ist eines Tages der Montag danach, ein warmer, friedlicher Morgen. Und es ist, wie es immer ist nach großartigen Festen. Man wird wach, reibt sich die Augen, gähnt und schaut sich um: Muss jetzt wirklich der blöde Alltag weitergehen? Dann staunt man, weil offenbar irgendwer das Gröbste schon weggeräumt hat. Der Müll ist längst zusammengekehrt. Kräftige Männer zerlegen die Imbissbuden und Großleinwände der Berliner Fanmeile vor dem Brandenburger Tor. Kletterma-xe kauern angeseilt in den Baugerüsten und schrauben die schweren Teile auseinander.

Je mehr sie aber wegräumten vom Fest, je weiter sie die Ge-rüste und potemkinschen Fassaden der Fanmeile zurückbauten, desto freier und deutlicher wurde der Blick auf das andere Ber-lin, auf Reichstag, Paul-Löbe-Haus und Kanzleramt.

Am Tag nach dem Sieg über die polnische Mannschaft haben sie die größte Steuererhöhung seit Beginn der Bundesrepublik verabschiedet, die Mehrwertsteuer erhöht und die Pendlerpau-schale gekürzt. Außerdem kam über das Land, was einmal eine große Gesundheitsreform werden sollte. Und falls beabsichtigt war, das alles unbemerkt und im Schatten der Spiele durchzu-ziehen – das ist misslungen.

Es konnte gerade wegen der WM nicht gelingen. Die All-macht des Fußballs hat die Ohnmacht der Politik geradezu aus-gestellt. Fußballspiele dauern 90 Minuten, dann steht der Sie-ger fest. Und dann ist es auch vorbei. Politik geht immer und immer weiter. In der Politik gibt es, außer an Wahlabenden, im-mer nur Zwischenergebnisse. Es ist ein eigentlich medienunge-eignetes langsames Bohren dicker Bretter, die Suche nach Aus-gleich und Kompromiss, die immer schwieriger wird, wenn jeder, der den Ausgleich boykottieren, den Kompromiss beein-flussen oder auch nur ein Zwischenergebnis hinausposaunen will, jederzeit einen Verstärker bekommt und eine Schlagzeile.

Das Geschacher um die Gesundheitsreform wurde zum De-saster, zum Musterbeispiel dafür, was eine Große Koalition eben nicht kann: aus diametral entgegengesetzten Politikvor-schlägen durch kleinteilige Kompromisssuche und unter dem Geschrei der Lobbyisten eine vernünftige Lösung basteln.

Noch heute kann die Kanzlerin richtig fuchsig werden, wenn man sie auf die Gesundheitsreform und das vernichtende Urteil der Öffentlichkeit anspricht: »Es kann keiner seine Hand auf den Tisch legen und sagen, hier kommt wie vom Zauberstab heraus die neue Gesundheitsreform. Wohlverpackt. Schöne Schleife drauf. Und Applaus von allen Seiten. Das wird's nicht geben. Die Dinge werden sich immer erst zeigen in ihrem Erfolg, wenn sie wirken.«

Die Kommentare in den Medien jedenfalls waren so vernichtend, dass die Kanzlerin sogar für eine Weile aufgehört hat, Zeitung zu lesen. Im Kanzleramtsjargon hieß die Gesundheitsreform zu dieser Zeit nur noch: der Tsunami. Damals ahnte man noch nichts von der großen Weltfinanzkrise und also auch nichts davon, wie sich ein wirklicher Tsunami erst anfühlen würde.

Der Fußballrausch aber war vorbei. Der allgemeine Kater groß. Auch die Umfragewerte der Großen Koalition waren pünktlich zum WM-Abfiff auf dem traurigen Tiefstand der Vorgängerregierung angekommen. Und weil Christdemokraten und Sozialdemokraten zu diesem Zeitpunkt noch nicht begriffen hatten, dass Streit und Misstöne für beide Seiten einer Großen Koalition alles nur noch schlimmer machen, fielen sie übereinander her, als hätten sie nicht vor, das Land noch ein paar Jahre gemeinsam weiter zu regieren. Peter Struck wollte »lieber wieder Gerhard Schröder als Kanzler«. Der Kanzlerin war das »scheißegal«. Und auch die Unionsministerpräsidenten bemühten sich vorzuführen, dass sie sich unter Teamgeist etwas ganz anderes vorstellen als Jürgen Klinsmann.

Wenn man Angela Merkel zum Ende des Sommermärchens nach Parallelen fragte zwischen Fußball und Politik, winkte sie ab und sagte: »Sie müssen beides mit Leidenschaft machen. Sie müssen an die Grenzen Ihrer Fähigkeiten gehen und sich wirklich völlig verausgaben. Das haben Fußball und Politik gemeinsam. Und noch etwas: Zwischen auf und ab, zwischen hoch und runter kann es ganz kurze Zeitspannen geben, die man nutzen muss. Risiko wird belohnt. Und damit hat es sich dann aber schon mit den Parallelen. Politische Prozesse sind auf sehr lange Dauer angelegt. Außerdem müssen Sie nicht nur eine Mannschaft von Ihrer Methode überzeugen und einen Deutschen Fußball-Bund, sondern 80 Millionen Menschen.«

Oder wenigstens einen Teil davon.

Vierzehntes Kapitel
POLITIK IN DER KRISE

EISVERKÄUFER AM STRAND

Hannover im Dezember 2007, Parteitag der CDU. Die Parteivorsitzende Bundeskanzlerin Angela Merkel steht vor einer
blauen Projektionsfläche, auf der in weißen Buchstaben nur ein
Wort zu lesen ist: »Mitte.«

Mitte. Punkt. Basta. Sie sagt: »In der Mitte sind wir und nur
wir. Wir sind die Mitte. Wo wir sind, ist die Mitte.« Sie sagt
diesen Satz in allerlei Variationen immer und immer wieder.
Die Journalisten greifen sich an den Kopf und fangen an zu zählen. Am Ende wird Merkel in dieser gar nicht langen Grund-
satzrede zum neuen Parteiprogramm der CDU 35- mal das Wort
Mitte benutzt haben. Fünfunddreißig Mal!

Am nächsten Tag ist Aufruhr in Mitte, vor allem in Berlin-
Mitte. Die SPD-Gesundheitsministerin Ulla Schmidt erklärt:
»Wir sagen aber auch, wir sind die Partei der Mitte. Wenn man
die solidarische Mehrheit hat, dann hat man auch die Mitte die-
ser Gesellschaft.« Thomas Oppermann (SPD) sagt: »Die Mitte
bleibt umkämpft, und wir sind dabei. Mitte ist dort, wo die
Menschen sind, die Kinder erziehen, die Alte pflegen, die jeden
Tag zur Arbeit gehen.« Alle sagen jetzt was. Volker Kauder
(CDU) zum Beispiel: »Wenn die SPD jemals in der Mitte war,
ist sie weit aus der Mitte abgerückt. Jetzt sind wir die Mitte.«

Und der geneigte Konsument von Politik dachte möglicherweise: Haben die alle einen Knall? Oder haben die nichts Besseres zu tun? Sind wir im Kindergarten? Wer aber das Spiel
schon etwas länger beobachtet, weiß: Sie haben keinesfalls einen Knall. Sie wollen nur diesen einen Begriff besetzen und an
der Stelle in den Boden rammen, an dem sie ihn gebrauchen
können. Einen Begriff, mit dem sie glauben, den entscheiden-

den Teil der 80 Millionen und damit also Wahlen gewinnen zu können. Die Mitte. Wieder einmal. Schon wieder. Noch immer. Mitte reloaded.

Und manche erinnerten sich: wie im Jahr 1998 Franz Müntefering, damals nur Bundesgeschäftsführer, aber auch schon der große Wahlkampfguru der SPD, nach sechzehn bitteren Oppositionsjahren und mit entschlossener Geste einen roten Schal über die linke Schulter geworfen, den langen Leimbesen genommen und vor bestellten Fotografen ein großes Plakat an die Wand gekleistert hatte. Und wie die seinerzeitige CDU-Umweltministerin, als sie dieses Plakat zum ersten Mal sah – rote Sonne auf blauem Grund, dazu in weißen Buchstaben das Wahlkampfmotto »Die Neue Mitte.«, einfach so, mit Punkt –, grimmig in die Runde ihrer Mitarbeiter geschaut und gesagt hatte: »Damit haben sie uns. Das war es dann wohl.«

Helmut Kohl wurde tatsächlich abgewählt. Gerhard Schröder wurde Bundeskanzler. Die CDU-Umweltministerin wurde Generalsekretärin und maulte in Dutzenden von Interviews: »Wir sind aber schon immer in der Mitte gewesen« oder: »Es gibt gar keine neue Mitte. Sondern nur die Mitte. Und das sind wir. Wir sind die einzige Volkspartei der Mitte in Deutschland.«

Gerhard Schröder antwortete in ebenso vielen Interviews: »Jetzt sind aber wir die Mitte.«

Schröder machte dann bekanntermaßen auch vieles andere richtig – und manches falsch, weswegen die CDU im Jahr nach der Bundestagswahl hintereinander eine ganze Reihe von Landtagswahlen gewinnen konnte. Da ließ Angela Merkel eines Tages diesen Umzugswagen an der SPD-Parteizentrale vorfahren und Kartons ausladen. Auf dem Wagen stand »Die neue Mitte zieht um«, auf die Kartons hatten sie »Verantwortung« geschrieben, »Vertrauen« und »Hoffnung«. Dann wurden die Kisten, in Anwesenheit von bestellten Fotografen, eingeladen in den Umzugswagen und schräg gegenüber – so eng war ja seinerzeit in Bonn die Topographie – vor der CDU-Parteizentrale wieder ausgeladen. Wer es immer noch nicht verstand, dem wurde erklärt: Wir haben die Mitte nach Hause geholt, zurück zur CDU, wo sie hingehört, weil sie bei den Sozialdemokraten keine neue Heimat gefunden hat.

Nehmen wir einen Strand. Er ist 10 Meter breit und 100 Meter lang, im Osten und Westen begrenzt durch Felsen, im Norden durch das Meer und im Süden durch eine Uferpromenade. Der Strand ist gleichmäßig gefüllt mit Badegästen. Und es gibt zwei Eisverkäufer. Beide wollen möglichst viel Eis verkaufen.

Das können sie rein rechnerisch am besten, wenn sie sich den Strand in eine rechte und eine linke Hälfte von jeweils 50 Metern aufteilen und ihren Eisstand in der Mitte dieser Hälften – bei Meter 25 also und bei 75 Meter – aufbauen. Sie haben dann beide gleich große Einzugsgebiete, werden gleich viel Eis verkaufen, und kein Badegast muss sich die Füße verbrennen, weil er einen zu langen Weg zum Eisstand hat.

Wenn jetzt aber der Eisverkäufer in der rechten Strandhälfte gerne mehr Eis verkaufen möchte als sein Konkurrent, was wird er tun? Er wird innerhalb seiner Strandhälfte ein wenig weiter nach links rücken, um dem Eisverkäufer in der linken Strandhälfte noch ein paar Kunden abzujagen. Wenn der Eisverkäufer in der linken Strandhälfte das bemerkt, so wird er seinerseits etwas nach rechts wandern. Darauf wird der Rechte wieder reagieren und noch ein Stück nach links rücken. Bis beide ihr Eis in der Mitte des Strandes verkaufen.

Näher als dicht zusammenrücken aber können sie ihre Eisbuden nicht. Dafür ist das Einzugsgebiet der beiden Eisverkäufer jetzt wieder das gleiche wie am Anfang. Beide verkaufen auch gleich viel. Für die Badegäste aber, die sich am Rand des Strandes befinden, ist der Weg zu den Eisverkäufern in der Mitte nun zu weit. Obwohl sie vielleicht ein Eis kaufen wollen, werden sie sich keines kaufen, wenn sie dafür so weit durch den heißen Sand laufen müssen. Fazit: Beide Eisverkäufer machen weniger Umsatz als am Anfang. Die In-die-Mitte-rücken-Strategie hat allen Beteiligten, außer den Kunden in der Mitte des Strandes, nur geschadet. Erst recht, wenn dann am linken oder rechten Rand des Strandes plötzlich jemand mit einem kleinen Bauchladen auftaucht und eigenes Eis anbietet.

Harold Hotelling, einer der wichtigsten Statistiker und Ökonomen des frühen 20. Jahrhunderts, hat mit seinem Aufsatz »Stability in Competition« im Jahr 1929 dieses Modell von den Eisverkäufern am Strand in die Spieltheorie eingeführt, um die Frage nach der optimalen Standortsuche unter marktwirtschaftlichen Bedingungen zu klären. Es funktioniert aber auch wunderbar und erkenntnisstiftend mit politischen Parteien, wenn man die am Rand nicht mehr bedienten Badegäste definiert als Nicht- oder Protestwähler und Anhänger kleinerer Parteien.

Deswegen müssen viele Studenten der Politikwissenschaft in ihrem Statistiksemester ausrechnen, was passiert, wenn einer der beiden Eisverkäufer die Mitte freiwillig wieder räumt, weil draußen am linken Rand seiner Strandhälfte sein ehemaliger Kompagnon mit einem eigenen Bauchladen aufgetaucht ist. Die Statistik sagt: Wenn er das tut, wenn er also nach links rückt, wird er keinesfalls mehr Eis verkaufen, sondern zusammen mit dem Bauchladen-Oskar nur so viel wie vorher allein in seiner Hälfte. Der Eisverkäufer in der rechten Hälfte aber wird, wenn er schlau ist, sofort ins Linke nachrücken – und den großen Reibach machen.

Genau das ist passiert: Sozialdemokraten und Linkspartei sind zusammen nicht stärker geworden, sondern verkaufen zusammen nur genau so viel wie früher die SPD allein. Die CDU rückt in den frei gewordenen Raum nach links. Und gewinnt dazu.

So einfach ist das: Wenn die SPD nach links rückt, wenn sie den alten Kampfbegriff »demokratischer Sozialismus« reanimiert, den schon Willy Brandt sicherheitshalber ins Geschichtsbuch entsorgen wollte, dann ist die Mitte, um die Schröder so instinktsicher und erfolgreich gekämpft hat, plötzlich wieder frei. Ein schöneres Geschenk hätte die SPD Angela Merkel nicht machen können. Sie hatte es ja, aufgeschreckt vom Wahlergebnis, ohnehin längst verstanden, hatte den seit dem Leipziger Parteitag so hochgepriesenen rechten Strandrand wieder verlassen und drängte zurück in die Mitte. Und kaum hatte Angela Merkel das Zauberwort zurück, verwandelte sich die programmatische Beliebigkeit und Widersprüchlichkeit der CDU mitsamt der ökosozialen Themenpiraterie ihres vier Kilo schweren und 770 Seiten dicken Grundsatzprogramms und seinen 2400 Änderungsanträgen in die Klarheit und Kraft der Mitte, in der alles Konsens ist, weil alles geht und alles gut ist: der Kampf gegen sittenwidrige Löhne und die Ablehnung eines allgemeinen Mindestlohns, die Verteidigung des Rechtsstaats und der Einsatz von Bundeswehrsoldaten im Innern, moderne, ökologisch verantwortliche Klimapolitik und Festhalten an der Kernenergie.

Alles war offenbar jetzt richtig. Weil alles »Mitte« ist. Wer will schon dem Konsens der Mehreren widersprechen? Auf dem Parteitag der CDU schon mal fast keiner. Die Wirtschaftsliberalen schluckten, dass das große Thema Steuersenkungen nur noch pro forma vorkommt, Bierdeckel oder Kirchhoff sind vollkommen non grata, und Friedrich Merz war zum Parteitag erst gar nicht angereist. Die Konservativen müssen sich damit abfinden, dass Leitkultur und Patriotismus nur noch pflichtschuldigst im Programm auftauchen, dass die Herren Ministerpräsidenten sich einer nach dem anderen scheiden lassen und die Ehe als Ort und Hort von Familie nicht mehr zum Alleinstellungsmerkmal der Christenpartei erklärt werden kann.

Nur um die Konservativen nicht noch mehr zu brüskieren, war Merkel beim Thema Herdprämie noch einmal in die Bütt gegangen. Alle wussten, Merkel hält den Vorschlag aus der CSU für bildungspolitischen Unsinn, der ohnehin nicht kommt, auch nach 2013 nicht. Alle wussten, das war jetzt nur die Morgengabe für die CSU, nichts als ein politisches Symbol, wie die

Reichensteuer bei der SPD. Und trotzdem nahmen sie es der neuen Herrin der Mitte ab.

Die meisten in der CDU sind nach wie vor davon überzeugt, dass Leipzig richtig war. Jetzt wissen sie, Leipzig mag politisch richtig gewesen sein, wahltaktisch war es falsch – zu weit weg von der Mitte. Merkel hätte also auch sagen können: Die Mitte, meine Damen und Herren, liebe Parteifreunde, die Mitte ist jetzt nun einmal links von Leipzig, das haben wir aus der Bundestagswahl gelernt.

Physiker wissen, dass die Mitte nichts Statisches ist, dass man deswegen ruhig mal versuchen kann, sie ein wenig zu verschubsen. Sie verschiebt sich aber auch gern selbst. Der Mittelpunkt der Welt zum Beispiel, der magnetische Nordpol, der die Erde im Gleichgewicht hält, verändert ständig seine Position. In den vergangenen Jahren, das haben sie im Geoforschungszentrum Potsdam herausgefunden, bewegte sich die Mitte der Welt sogar besonders heftig und schnell. Bis zu 40 Kilometer pro Jahr ist sie herumgesprungen vor den eisbedeckten Inseln, die dem kanadischen Festland vorgelagert sind.

Wenn die CDU jetzt nach links nachrückt, in den Raum, den die SPD freigegeben hat, nimmt sie – erklären einem die Alten – ohnehin nur wieder die Stelle ein, an der sie über Jahrzehnte erfolgreich Mehrheiten eingesammelt hat. Die Union war ja ursprünglich keinesfalls ein Verein zur Förderung der Wirtschaftsinteressen. Sie war, in ihren erfolgreichen Jahren, immer auch eine Partei, die half, den Wohlstand gerecht zu verteilen, das Kapital zu bändigen, den Arbeiter und den kleinen Mann zu fördern. Wenn man jungen Menschen das Ahlener Programm der CDU vorlegt, das jetzt 60 Jahre alt ist, sagen die: Das muss der Oskar Lafontaine aufgeschrieben haben.

Das Politikbild der Physikerin Angela Merkel war und ist, dass CDU und SPD immer schon um die Mitte gebuhlt haben. Im Jahr 1999 sagte sie: »Deshalb hat die SPD mit ihrem Godesberger Programm die soziale Marktwirtschaft akzeptiert. Und

Schröder hat gesiegt, weil er die Mitte davon überzeugt hat, er stehe für die Zukunft. Auch die CDU wird nur über die Mitte gewinnen können.«

Wer das verstanden hat, schreibt, ob er nun Helmut Kohl heißt, Gerhard Schröder oder eben Angela Merkel, zwar keine ideologisch klaren oder zackigen Parteiprogramme. Aber er gewinnt Wahlen. Weil ja zu den Erkenntnissen der Physik noch etwas gehört: Dort, wo viel ist, kommt immer mehr dazu. Deswegen ist die Mitte so erfolgreich, sogar die behauptete Mitte. Vieles bindet sich an sie, wird von ihr angezogen. So wird sie immer schwerer, dichter und konzentrierter.

Bis das Ganze eines Tages implodiert. Dann driftet alle Materie wieder an die Ränder. Und auch das ist es, wovor man sich in der großen Weltwirtschaftskrise wahrscheinlich am meisten fürchten muss.

DAS ZEITALTER DER MAVERICKS

Die meisten Franzosen erinnern sich genau, wann sie ihren Präsidenten zum ersten Mal gesehen haben. Das war im Jahr 1993. Ein Mann, der sich »Human Bomb« nannte, hatte sich Sprengstoff um seinen Körper gebunden, war im noblen Pariser Vorort Neuilly in einen Kindergarten gestürmt, hatte dort 21 Kinder und ihre Erzieherin als Geiseln genommen und stellte wirre Forderungen. Zwei Tage lang war das Gebäude umstellt von verzweifelten Eltern, ratlosen Polizisten, Reportern und den Fernsehkameras der Nation. Dann bot sich der junge Bürgermeister von Neuilly zum Austausch für die Kinder an und ging hinein. Er fragte den Geiselnehmer, was mit ihm los sei und was um Himmels willen man für ihn tun könne.

Eine halbe Stunde später kam Nicolas Sarkozy, so hieß der junge Bürgermeister, aus dem Gebäude, ein Kind auf dem Arm, ein anderes an der Hand, ein drittes klammerte sich ängstlich an sein Hosenbein. Nach und nach holte er alle Kinder und die Erzieherin raus. Dann schickte er – und das gehört eben auch zu dieser Geschichte – die Polizei rein, die den Mann erschoss.

Wahrscheinlich ist es zwischen Bürgern und ihren Politikern wie in jeder anderen Beziehung auch: In der ersten Begegnung ist wie in einem Hologramm das Zukunftsmuster erkennbar. Und dieser Nicolas Sarkozy war offenbar risikobereit, spontan, mutig, überzeugungsfähig. Und knallhart.

In Deutschland können die meisten Menschen sich nicht mehr genau erinnern, wann ihnen eigentlich Angela Merkel zum ersten Mal in den Abendnachrichten aufgefallen ist. Irgendwann, bald nach der Wende, muss sie doch schon da gewesen sein als Pressesprecherin von Lothar de Maizière. Oder war es später, 1991, als Helmut Kohl ein Ministerium zerschlug, um drei seiner Mädchen eine Ministerchance zu geben: Gerda Hasselfeldt, Hannelore Rönsch und Angela Merkel. Noch später? 1993 als Landesvorsitzende der CDU in Mecklenburg? Oder erst 1994, als sie als Umweltministerin diesen Riesenärger mit undichten Castorbehältern hatte?

Angela Merkel war einfach da. Sie wurde immer wichtiger und immer mächtiger. Leise, vorsichtig, nie auftrumpfend, immer unterschätzt von Freund und Feind, immer von dieser Unterschätzung profitierend.

Nicolas Sarkozy und Angela Merkel. Das ungarisch-jüdisch-griechische Einwandererkind und das Mädchen aus dem Osten. Man würde ja zu gern mal lauschen, wie diese beiden sich unterhalten, wenn die Mikrophone ausgeschaltet sind in Brüssel, Paris oder Berlin. Was man aus der Entfernung sieht und kennt, ist: Sie busseln sich, sie knuffen sich, sie duzen sich, sie schäkern miteinander. Die Zeit der onkelsteifen Chirac-Handküsse ist vorbei. Sie nennen sich bei den Vornamen, Nicolas und Angela. Sie sind fast gleich alt. Sie haben in vielen Punkten gemeinsame Ziele, Orientierungen und Glaubenssätze. Innenpolitik. Europa. Amerika.

Vor allem aber haben sie eine erstaunliche Schnittmenge biographischer Ähnlichkeiten. Und möglicherweise lässt sich mit diesen Ähnlichkeiten auch erklären, warum es ausgerechnet diese beiden sind, die Deutschland und Frankreich, den Kern Europas, ins 21. Jahrhundert führen. Zumal auf der anderen Seite des Atlantiks noch ein ganz anderer die Grundprägung dieser biographischen Ähnlichkeit auf überraschende Weise mit beiden teilt: Barack Obama, der Präsident der Vereinigten Staaten von Amerika.

In Europa ist es so: Auf den ersten Blick sieht man bei Angela Merkel und Nicolas Sarkozy nichts als Gegensätze. Größere Unterschiede im politischen Temperament sind gar nicht denkbar: Speedy Sarko, der kleine Mann mit dem leichten Gehfehler und dieser stürmischen, immer etwas lächerlichen Hoppla-jetzt-komm-ich-Pose. Impulsiv und risikofreudig setzt er sich und die Welt ständig mit neuen Ideen unter Strom. Kein Mensch weiß, was seine normale Betriebstemperatur ist und ob es so etwas überhaupt gibt.

Angela Merkel dagegen: immer besonnen und vorsichtig vom Ende her denkend in ihrer maliziösen Ruhe und mütterlichen Ironie, mit der sie schon ganz andere sanft vom Pferd gehoben hat. Wenn er in der ersten allgemeinen Aktionismusphase der Weltfinanzkrise sagt: »Frankreich handelt. Deutschland denkt.« – Oder: »Bush ist am Ende, Blair nicht mehr im Amt und Merkel, nein, das ist auch nicht das Richtige. Es gibt nur mich.«

Dann lächelt sie nachsichtig, sagt: »Einige haben ein kleineres Ego, andere eben ein größeres«, und lässt genau die richtigen Journalisten wissen, dass die deutsche Bundeskanzlerin sich im Kanzleramt schon Filme mit Louis de Funès angeschaut hat, um etwas mehr über hyperventilierende Franzosen zu erfahren.

Es ist kein größerer Unterschied denkbar zwischen zwei Politikern im Auftritt, in der Show und der Zurschaustellung des

Privaten. Sarkozy trägt Rolex, liebt dicke Zigarren und speist mit seinen Millionärsfreunden vor bestellten Fotografen in der berühmten Brasserie »Fouquet's«, wo sie für ihn eigene silberne Serviettenringe bereithalten, mit Gravur. Die Brioni-und-Cohiba-Phase, mit der Gerhard Schröder in seiner ersten Regierungsperiode ausprobierte, was in Deutschland geht und was nicht, war dagegen lachhaft brav und bieder. Sarkozy erlaubte der Theaterautorin Yasmina Reza, ihn im Wahlkampf rund um die Uhr zu begleiten und in einem Buch zu beschreiben. Er sagte: »Selbst wenn Sie mich demolieren, kann es meinen Ruf nur mehren. Durch Sie werde ich unsterblich.« Zusammen haben sie Harry Potter vom Platz eins der Bestsellerliste gestürzt. Und für alle Franzosen, die 1993 noch zu jung waren, wird jetzt auch die Human-Bomb-Geschichte verfilmt.

Die Szenen seiner Ehen hat Sarkozy als großes Kino inszeniert, atemberaubend öffentlich, dick, laut und honigsüß. Zuerst Cécilia. Wie sie sich kennen gelernt haben 1984. Vor dem Traualtar! Sie war schwanger und heiratete den 24 Jahre älteren Fernsehstar Jacques Martin. Er war der Bürgermeister von Neuilly. Er hat sie getraut, obwohl er auf den ersten Blick wusste: Diese Frau ist für mich.

Die Hochglanzfotos der Sarkozys mit seinen beiden schönen blonden Söhnen und ihren beiden schönen blonden Töchtern, der gemeinsame Sohn Louis unterm Schreibtisch spielend, waren ikonographisch gezielt gesetzt zwischen die alten Gemälde französischer Königsfamilien und den berühmten Schwarz-Weiß-Fotografien der Kennedys. Und noch als es, wie man heute weiß, eigentlich schon aus war mit dem Traumpaar, sagte er: »Sie haben Jackie Kennedy geliebt, sie werden Cécilia Sarkozy zu Füßen liegen.«

Dann war es plötzlich Carla Bruni. Und alles wurde noch lauter und dicker und honigsüßer. Man würde das alles ja auch gar nicht glauben, wäre es nicht gerade eben erst passiert im

Nachbarland. Sarkozys Mutter erklärt die Charakterstruktur ihres Sohnes in Interviews so: »Er ist cholerisch, hat viel gekämpft mit seinen Brüdern. Aber vor allem hat er vor überhaupt nichts Angst.«

Angela Merkels Mutter sagt den Medien gar nichts. Die Journalisten haben es aufgegeben, nach Templin zu pilgern. Es gibt keine Show, keine Soap, nichts Privates. Durch beharrliche Verweigerung hat Angela Merkel es sogar geschafft, dass die Medien sich nicht mehr für ihren Mann interessieren, obwohl der Biographiedienst Munzinger neuerdings sogar vermutet, dass der Quantenchemiker Joachim Sauer Chancen auf den Nobelpreis habe.

Diese Kanzlerin mit eingeschaltetem Mikrophon auch nur fragen zu wollen, wie es ihrem Mann mit dem Job seiner Frau geht, ist die Garantie für einen sehr spärlichen Dialog. Sie antwortet dann zum Beispiel: »Ich hoffe, gut.«

»Ich hoffe, Sie wissen das.«

»Gestern Abend ging es ihm jedenfalls gut.«

»Funktioniert diese sehr ostentative öffentliche Zurückhaltung Ihres Mannes?«

»Ich finde, ja.«

Es gibt also ganz offensichtlich auch die Möglichkeit, sich als Kanzlerehepaar dem Durchlauferhitzer einer Ereignisdemokratie zu widersetzen und einen eigenen Weg zu finden, der am Ende von allen respektiert und von manchen sogar bewundert wird.

Um sich wirklich klarzumachen, was dagegen mit Sarkozy in Frankreich passiert ist, muss man die Sache nur einmal umdrehen und auf Deutschland übertragen: Angela Merkel hätte also vor der Wahl angekündigt, nach dem Sieg eine Weile im Kloster zu verschwinden, um über Deutschland nachzudenken. Dann aber hätte sie sich auf der vor Sylt kreuzenden Sechzig-Meter-Yacht einer befreundeten Industriellen bewundern lassen. Anschließend würde sie bei den europäischen Finanzministern einrauschen, um für ihre im Wahlkampf versprochenen Steuererleichterungen mal eben die Regeln des Stabilitätspakts außer Kraft zu setzen. Zwischendurch schickt sie ihren Professor Sauer mit der Zusage für ein kleines Waffengeschäft und einem Vertrag über nukleare Zusammenarbeit nach Libyen, die bulgarischen Krankenschwestern zu befreien, für deren Freilassung andere seit Monaten mit Gaddafi verhandelt hatten. Und noch eine Woche später reicht sie die Scheidung ein, um Til Schweiger zu heiraten oder Daniel Brühl. Da wäre aber mal was los gewesen im Staate Deutschland.

Leider ist Angela Merkel schrecklich diskret, wenn man sie nach Nicolas Sarkozy fragt. Man kann gerade noch raushören, dass Sarkozy ihr gelegentlich auf die Nerven geht, was aber ganz offenbar auf Gegenseitigkeit beruht. Andererseits hilft er, nicht nur den europäischen Laden auf Trab zu bringen. Merkel arbeitet, man hat das in Heiligendamm gesehen, in Lissabon und erst recht in der Finanzkrise, gern mit jemandem zusammen, der auch was will.

Und er? Würde am liebsten auch mal was mit Deutschland im Alleingang machen. Er findet Merkel ein bisschen sehr langsam und vorsichtig, immer will sie erst alles mit den anderen Europäern besprechen. Kann halt nicht, wie sie will, hat keine absolute Mehrheit wie er, sondern nur Große Koalition. Außerdem kommt sie aus dem Osten. Muss er seine Alleingänge eben ohne sie versuchen.

Wenn man in Merkels Umgebung die in Berlin allgegenwärtige These testet, dass Edmund Stoiber mit seiner unberechenbaren Hyperaktivität nur eine Art Sparringspartner und die vergleichsweise leichte Vorübung für die Sarkozy-Zeit gewesen ist, dann sagen sie: Ja. Aber Sarkozy ist intelligent.

Sarkozy verhandelt hart. Er weiß genau, wo die rote Linie ist. Wenn jemand klar nein sagt, dreht er bei. Und dann ist es auch gut.

Womit wir bei den Gemeinsamkeiten wären. Sarkozy wurde

am 28. Januar 1955 geboren. Merkel ist ein halbes Jahr älter. Beide sind entwurzelte Kinder des Zweiten Weltkriegs, Verschleppte, wenn man so will, Außenseiter. Sarkozy ist der Sohn des ungarischen Adeligen Paul Sarkozy de Nagy-Bosca, der nach dem Einmarsch der Roten Armee 1944 über Österreich nach Baden-Baden floh und sich dort der französischen Fremdenlegion andiente. In Marseille verliebte sich Vater Paul in die Tochter eines zum Katholizismus konvertierten jüdischen Arztes aus Griechenland, der einer der wenigen Überlebenden der jüdischen Gemeinde von Saloniki war. Sie bekamen einen Sohn, Nicolas. Als der fünf Jahre alt war, zog der Vater weiter westwärts, in Kennedys Amerika, wo er noch zweimal heiratete. Den kleinen Sohn ließ er in Frankreich zurück. Weswegen jeder Küchenpsychologe erklären kann, warum Sarkozy sich in seinem ersten Urlaub als Präsident in New Hampshire bei Bush um die Ecke in eine 1200-Quadratmeter-Villa einquartieren musste, mit Kino, Whirlpool und Privatstrand. Er gab dann in Amerika 16 Kommuniqués und ein halbes Dutzend Pressekonferenzen. Und er bretterte mit dem Speedboot so lange und so viel fotografiert über das Wasser, bis Bush ihn schließlich zum Lunch einlud. Sarkozy erfand dann die französisch-amerikanischen Beziehungen mal eben ganz neu und reklamierte nebenbei die Führungsrolle Frankreichs in allen Weltkonflikten. Deutschland als Vermittler zwischen Russland und Amerika, als Moderator im Nahen Osten? Wird nicht mehr gebraucht.

Die Gefahr eines ernsthaften Wettlaufs der Eitelkeiten aber besteht nicht. Angela Merkel lässt sich auf so etwas gar nicht erst ein. Und dann wird es Nicolas Sarkozy bald auch keinen Spaß mehr machen. Sie werden ohnehin letztendlich gemeinsam definieren müssen, was die Rolle Europas in der globalisierten Welt nach der großen Finanzkrise sein kann.

Sie, Angela Merkel, wuchs ja wie Nicolas Sarkozy auf in dem Bewusstsein, von außen zu kommen, nicht wirklich dazuzugehören. In der DDR nicht, weil sie in Hamburg geboren, im Alter von drei Wochen nach Templin verschleppt wurde, um dort von außerhalb der Templiner Stadtmauern aus dem Kirchenreich des Vaters in die kommunistische Schule und an die Universität zu gehen. Und dann, nach dem Mauerfall, war sie wieder diejenige, die von außen kam, als Physikerin und Frau aus der DDR in das von westlichen Männern und juristischem Denken geprägte System der CDU, das sie lange als Außenseiterin und Alien behandelt hat.

Sarkozy und Merkel sind Mavericks, die die Brandzeichen und Scheuklappen der Systeme, in denen sie schließlich so erstaunlich reüssieren sollten, nicht tragen. Und genau das scheint in der Politik der westlichen Systeme des 21. Jahrhunderts ein großer Vorteil zu sein. Glaube, Interpretation von Realitäten und kollektive Fiktionen sind fester Bestandteil unseres Bewusstseins. Kognitiv-emotionale Systeme wie Länder, Parteien, religiöse oder ethnische Mehrheiten bilden ihre Deutungen, ihre Fühl- und Denk- und Handlungsweisen gegenüber allem, was ihnen begegnet, aus den Systemelementen, welche sie bereits in sich tragen. Die Aufmerksamkeit des Einzelnen passt sich mit der Zeit dem System an und wird dadurch verengt. Gehirnforscher haben in Experimenten bewiesen, dass Anpassung an ein Kollektiv und Kooperation nichts anderes bedeutet als Verlernen. Von allen Individuen in Kollektiven und Systemen werden bestimmte Sachverhalte ausgeblendet und das Bewusstsein auf Tunnelblick gestellt.

Menschen, die von außerhalb neu in so ein System kommen, erkennen und durchschauen die Verengungen, Beschränkungen und Ausblendungen, die durch Kooperation und Anpassung an das Kollektiv entstanden sind, sofort und glasklar. Merkel und Sarkozy sind Beispiele dafür, wie man mit dem Blick von draußen Systeme viel besser durchschauen und nutzen kann als diejenigen, die immer schon dabei waren. Und wenn die Systeme, in denen Kollektive agieren, alt, überladen, marode und schwerfällig geworden sind, wenn sie nicht mehr wirklich in

das neue Jahrtausend passen, können Menschen, die das Brandzeichen so eines Systems noch nicht tragen, seine Gesetzmäßigkeiten und Mängel ganz offensichtlich gerade deswegen
umso besser verstehen, nutzen, verändern, sich als Krisentalen-
te profilieren und so selber innerhalb des Systems hochbeschleunigte Karrieren machen.

Merkel und Sarkozy sind die beiden europäischen Beispiele
für diese Art von politischen Mavericks. Beide haben 1973 Abitur gemacht. Beide sind in allem und überall die Jüngsten und
die Besten. Er studiert Jura und wird mit 28 Jahren der jüngste
Bürgermeister Frankreichs. Sie ist Schulbeste und studiert Physik, da konnten die Kommunisten nicht reinreden. Er ist der
erste französische Spitzenpolitiker, der nicht die Eliteschule
ENA besucht hat und trotzdem Präsident wird. Sie hat mit dem
Ende der DDR die Grunderfahrung gemacht, dass auf immer
angelegte Systeme zusammenbrechen können. Sie wurde die
erste Frau in Deutschland, die es ganz nach oben schafft, in einer CDU, in der alle davon ausgingen, dass Helmut Kohls
Nachfolger selbstverständlich nur ein Mann und ein amtieren-
der, im Andenpakt organisierter Ministerpräsident sein kann.
Beide wurden im Jahr 1998 Generalsekretäre ihrer Parteien.
Beide repräsentieren am Ende des 20. Jahrhunderts das Neue,
den schon lange fälligen Bruch mit verkrusteten Systemen, die
vor allem die Zukunft ihrer Bürger kolonialisieren. Beide haben in den alten Systemen ihre großen Förderer gefunden: Jacques Chirac und Helmut Kohl. Und beide entmachten ihren
Mentor eines Tages, um schließlich selbst an die Macht zu kommen und das System für das 21. Jahrhundert zu öffnen und zu
verändern. Sarkozy setzt im Präsidentschaftswahlkampf 1995
auf Chiracs Rivalen Balladur. Merkel schreibt auf dem Höhepunkt der CDU-Spendenaffäre einen Aufsatz in der FAZ, der
Kohls Ende einleitet. Der gezielte Tabubruch bei Nicolas Sarkozy. Das gekonnte Spiel mit dem System bei Angela Merkel.
So ist es geblieben seither. Sarkozys Methode ist möglicherwei-

se beeindruckender, Merkels Methode risikoärmer. Zusammen sind sie ein bemerkenswertes Paar: der ungestüme starke Franzose mit Migrationshintergrund, wie man in Deutschland schrecklicherweise sagen würde, und seine große vernünftige Schwester, die erstaunliche Frau und Physikerin aus der ehemaligen DDR.

Jetzt müssen beide nur noch herausfinden, ob sie voneinander was lernen wollen, ob sie sich aufeinander verlassen können. Und auch, ob sie in der globalen Wirtschaftskrise gemeinsam zu einem wirklich neuen Systemansatz finden, vielleicht zusammen mit dem Sohn einer Amerikanerin und eines Auslandsstudenten aus Kenia, der in einer nahezu ausschließlich weißen Community auf Hawaii aufwuchs und der erste schwarze Präsident der Vereinigten Staaten von Amerika wurde.

IM AUGE DES TAIFUNS

»Was ist der Unterschied zwischen Sozialismus und Kapitalismus?«

Das ist Angela Merkels Lieblingswitz zur Finanzkrise, und er geht so weiter: »Im Sozialismus wird erst verstaatlicht und dann ruiniert.«

Kaum hatten die Damen und Herren Bankiers und Finanzexperten, die Anfang Januar 2009 auf Einladung des Bankhauses Metzler nach Frankfurt gekommen waren, die boshafte Wahrhaftigkeit dieses kleinen Wortspiels ihrer Bundeskanzlerin verarbeitet, sagte Merkel: »Es gibt das Gerücht, dass Staaten nicht pleitegehen können. Dieses Gerücht stimmt nicht.«

Und das war jetzt kein Witz mehr. Niemand konnte Anfang 2009 wissen, wie schlimm es noch werden würde. Auf der ganzen Welt wurden Banken verstaatlicht. Börsenkurse stürzten ab. Staaten standen vor dem Bankrott. Es fühlte sich an wie das Ende der freien Marktwirtschaft und der Anfang von etwas, dem noch niemand einen Namen geben konnte, ein historischer Umbruch ins Unbekannte. Millionen Menschen auf der bisher wohlhabenden Hälfte der Weltkugel waren plötzlich bedroht von Arbeitslosigkeit und Verarmung. Die Wirtschaftsexperten widersprachen einander nur noch oder gaben endlich zu, dass sie keinen Rat mehr wussten. Die Regierungen der Welt hatten längst umgeschaltet auf Blindflug.

Niemand konnte zu diesem Zeitpunkt wissen, ob die Bundesregierung das Richtige getan hatte, ob der Schutzschirm für die Banken, die Konjunkturprogramme mit ihrer unfassbar gewaltigen Verschuldung wirklich helfen und ob man eines Tages sagen würde, dass Angela Merkels Timing gut und richtig oder wenigstens nicht ganz falsch gewesen war. In den Salons und auf den Podien des Landes redeten alle von der Rückkehr des Politischen, die offenbar schon allein darin bestehen sollte, dass eine Große Koalition, deren Hauptziel es doch gewesen war, 2011 einen schuldenfreien Bundeshaushalt vorlegen zu können, virtuelles Geld in unvorstellbaren Mengen genau in den virtuellen Geldkreislauf drückte, der doch soeben an seiner Virtualität zusammengebrochen war.

Sie hatte noch gezögert, als Sarkozy und Brown bereits mit den ersten Steuermilliarden ihre eigene Unsicherheit beruhigten. Sie sagte, sie wolle die Nerven behalten. Sie sagte: »Es kommt doch nicht darauf an, wer als Erster alle Staatsfinanzen im Strohfeuer von Konjunkturprogrammen verbrannt hat, sondern wer im richtigen Moment noch etwas übrig hat und am Ende möglichst wenig beschädigt aus der Krise wieder rauskommt.«

In Wahrheit wusste sie wie alle anderen nicht, was gut und richtig sein könnte. Also war es für einen kurzen Moment noch einmal wie damals auf dem Dreimeterbrett in Templin. Als Physikerin versteht Angela Merkel das Wort Krise naturwissenschaftlich, also wörtlich. Sie weiß, dass Versuchsanordnungen sich ändern, wenn unbekannte Katalysatoren hinzugekommen sind. Als Bürgerin der DDR ist sie aus dem Zusammenbruch des Landes direkt in die Politik und zur CDU gekommen. Aus der dramatischen Schwäche und dem drohenden Untergang der Spendenaffären-CDU heraus ist sie Parteivorsitzende und Bundeskanzlerin geworden. Sie hat also Erfahrung mit kreativen Auswegen aus existenziellen Krisen. Sie hat die Begabung und den Anspruch, aus solchen Krisen etwas zu machen, »damit die Dinge sich nicht wiederholen, damit es nach der Krise besser wird, als es vorher war«.

Sie ist also gesprungen. Als dann aber andere noch wie unter Schock über die Tabubrüche der freien Marktwirtschaft palaverten und verhandelten, forderte sie auf dem Wirtschaftsforum in Davos schon einen Weltwirtschaftsrat der Vereinten Nationen, der eine für die ganze Welt verbindliche Charta des nachhaltigen Wirtschaftens und ein international kontrolliertes Finanzsystem entwerfen soll: »Wir sind aufgefordert, aus der Krise institutionelle Konsequenzen zu ziehen, so wie es nach dem Ende des Zweiten Weltkriegs geschehen ist.«

Wenn man um diese Zeit fragte, wann die Kanzlerin eigentlich zum ersten Mal gespürt hat, dass da etwas ganz Besonderes heraufzieht, der Anfang vom Ende eines Systems möglicherweise, erzählte sie von jenem Tag im Juli des Jahres 2007, als Jens Weidmann, der Abteilungsleiter für Wirtschaft, mit einem DIN-A4-Blatt kam, auf das er handschriftlich alle Argumente für zwei Handlungsmöglichkeiten geschrieben hatte.

Bis zu jenem Tag hatte die Krise am amerikanischen Markt für Immobilienkredite vor allem US-Spezialbanken in Schwierigkeiten gebracht. Jetzt aber war die Deutsche Industriebank IKB durch Fehlspekulationen mit diesen schlecht abgesicherten amerikanischen Hypothekenkrediten in erhebliche Schwierigkeiten geraten und stand praktisch vor dem Aus. Die zwei Handlungsmöglichkeiten hießen: Soll man die IKB in die Insolvenz gehen lassen, wie es der reinen Lehre der freien Marktwirtschaft entspricht? Oder ist es ordnungspolitisch zwingend notwendig, diese Insolvenz zu verhindern?

Die Entscheidung der Kanzlerin präludierte das Handlungsmuster der kommenden Monate: Dieses ist ein Ausnahmezustand. Wir müssen das machen. Wir machen das. Die staatliche KfW-Bank springt ein, organisiert einen Risikoschirm in Höhe von 3,5 Milliarden Euro und übernimmt später 90 Prozent der Anteile.

»Deutschland ist nur durch das Eingreifen des Staates einer möglichen schweren Krise des Bankensektors entgangen«, meldete die Süddeutsche Zeitung. Und niemand konnte wissen, dass es jetzt erst richtig losging. Erst ruinieren, dann verstaatlichen.

Im September stürmten besorgte Kunden die Schalter der britischen Bank Northern Rock und hoben innerhalb von vier Tagen zwei Milliarden Pfund ab. Im Frühjahr 2008 muss die amerikanische Regierung Kreditrisiken in Höhe von 30 Milliarden Dollar übernehmen, um den Notverkauf der Investmentbank Bear Stearns an JP Morgan Chase zu ermöglichen. Am 7. September werden die beiden größten amerikanischen Baufinanzierer Freddie Mac und Fannie Mae wegen drohender Zahlungsunfähigkeit unter staatliche Aufsicht gestellt. Zehn Tage später rettet die Notenbank Federal Reserve den Versicherungsriesen AIG mit einem 85-Milliarden-Dollar-Kredit und verstaatlicht das Unternehmen.

Als dann am 14. September 2008 Lehman Brothers vor der Pleite steht und George W. Bush die gravierende Fehlentscheidung trifft, nicht zu intervenieren, ist kein Halten mehr. Und alles andere versinkt aus der Sicht der Bundeskanzlerin im Vergleich zu dieser unvorstellbaren Krise in der relativen Unbedeutsamkeit: dass die CSU in Bayern die absolute Mehrheit verliert und Horst Seehofer zum Ministerpräsidenten macht. Die Wahl in Hessen, bei der Roland Koch erst abgewählt und dann, als Andrea Ypsilanti alles verzockt und Kurt Beck als Parteivorsitzender zurückgetreten ist, doch wieder gewählt wird. Dass Franz Müntefering noch einmal Vorsitzender der SPD wird. Die Erste Lesung des Bundeshaushalts. Die Verlängerung des Bundeswehreinsatzes in Afghanistan. Der Streit über die Erbschaftsteuer sowie über den Einsatz der Bundeswehr im Inland.

Am 29. September 2008 bürgt die Bundesregierung für 26,6 Milliarden Euro, die ein Bankenkonsortium dem angeschlagenen Immobilienfinanzierer Hypo Real Estate leiht. Das steht, wie alles andere, auch genau so in den Zeitungen. Die Bürger aber fangen erst an zu verstehen, was passiert, als eine abgekämpfte Kanzlerin, flankiert von ihrem ungewöhnlich graugesichtigen Finanzminister Peer Steinbrück, am 5. Oktober vor die Presse tritt, um mitzuteilen: »Wir sagen den Sparerinnen und Sparern, dass ihre Einlagen sicher sind.«

Was niemand wusste, ist, dass Angela Merkel ein paar Tage später zu ihrem Kanzleramtschef sagte: »Mach mir mal einen Plan für ein Gesetzgebungsverfahren in kürzester Zeit, aber absolut geheim.«

Das hieß: keine Mails, keine Unterlagen, nur handschriftlich. Wenn es rauskommt, kracht die Börse.

De Maizière machte sich an die Arbeit. Das Gesetz zum 500-Milliarden-Euro-Rettungsschirm für die deutschen Banken wurde zum Beleg dafür, was eine Große Koalition in der Krise leisten kann und mit welcher Geschwindigkeit. Montag: Kabinettsbeschluss. Dienstag: Beschluss in den Fraktionen. Mittwoch: Erste Lesung. Donnerstag: Beratungen in den Ausschüssen. Freitag: Zweite und Dritte Lesung, Zustimmung des Bundesrates, Unterschrift des Bundespräsidenten.

Alle waren aufgeregt an jenem Freitag. Alles musste funktionieren. Jeder einzelne war jetzt besonders wichtig: der Bote, der das Gesetz zum Bundespräsidenten brachte, der Mann, der die schwarz-rot-goldene Kordel herstellt. Angela Merkel bekam, obwohl das gar nicht verabredet war, von jeder Station, die das Gesetz nahm, eine Bestätigungs-Mail: Jetzt ist es beim Bundespräsidenten. – Der Bundespräsident hat unterschrieben. – Jetzt steht es im Bundesgesetzblatt. Diese letzte Mail hat Beate Baumann bis heute nicht aus ihrem Rechner gelöscht. So wie sie den Moment nicht mehr vergisst, als es angeschoben war, das schnellste Gesetz aller Zeiten. Und Angela Merkel sagte: »Ich habe Hunger.«

In der Kanzleramtsküche gab es noch etwas tiefgefrorenen Linseneintopf. Der wurde aufgetaut. Im siebten Stock des Kanzleramtes war es jetzt vollkommen ruhig und still, wie im Auge des Taifuns. Die Kanzlerin und ihre Büroleiterin saßen vor zwei dampfenden Tellern Linsensuppe, und Angela Merkel sagte: »Unglaublich, was wir hier machen.«

NO! WE! CAN'T!

Es war ein Moment von so peinlicher wie richtungweisender Wahrhaftigkeit, als Hubertus Heil ein paar Monate vor der Wahl des neuen amerikanischen Präsidenten auf der Bühne des Nürnberger SPD-Parteitages stand und sagte: »Ich würde von euch gerne einmal ganz kurz etwas hören, was Barack Obama jetzt dauernd sagt, nämlich yes, we can. Also sprecht mir mal nach: Yes. We. Can.«

Stille. Die Kameras schwenkten erschrocken in den Saal und zeigten sozialdemokratisch abgekämpfte Grauköpfe, die verlegen zur Seite schauten oder trotzig stier nach vorne und überhaupt gar nichts nachsprachen.

»Das war ein bisschen leise. Also! Könnt ihr das lauter? Yes?! We?! Can?!«

Sie können das nicht. Und sie wollen das auch gar nicht. Es war die Zeit, in der in den Kommentaren und Kantinengesprächen dieses Hätten-wir-doch-auch-so-einen Mode war, die Sehnsucht nach anderer, junger, starker, neuer Politik und dem einen charismatischen Führer. Es war die Zeit, in der die Politprofis von »grass-root-efforts« schwärmten und »consumer generated campaigns«, die Zeit, in der sogar Roland Koch das Twittern lernte. Es war die Zeit eines großen Missverständnisses.

Ein banales Missverständnis, das möglicherweise die eigentliche Ursache ist für das, was Politologen und Sonntagsredner hier in Deutschland »Politikverdrossenheit« nennen und was sich in Wahlenthaltung manifestiert: Die Menschen, die Barack Obama an der Berliner Siegessäule zujubelten, hätten gerne ein anderes politisches System, ein anderes Wahlrecht, sie wissen es vielleicht nicht. Das macht die Sache kompliziert.

Selbst wenn eine gute Fee Frank-Walter Steinmeier oder Angela Merkel in charismatische Ausnahmeerscheinungen verzaubern würde, deren Weltführersätze alle von den Stühlen reißen, selbst wenn Franz Müntefering in der Nordkurve des Willy-Brandt-Hauses den Internetwahlkampf des Jahrhunderts aufzöge, selbst wenn die SPD bis September lernen würde, Sätze gemeinsam im Takt zu brüllen, wie wir das von ganz anderen Nürnberger Parteitagen gewohnt sind, sogar dann, wenn Helmut Schmidt der Kanzlerkandidat der deutschen Sozialdemokraten wäre oder Barack Obama für die Union ins Rennen ging – es würde nicht funktionieren.

Weil es nicht funktionieren soll. Weil die Architekten des politischen Systems der Bundesrepublik Ende der vierziger Jahre lange nachgedacht und dann alles dafür getan haben, dass es nicht funktioniert. Weil sie neben anderen Führerbremsen, Föderalismus zum Beispiel und Bundesrat, dem neuen Land ein Verhältniswahlrecht gaben und nicht, wie in England, in Amerika, Frankreich oder Kanada ein Mehrheitswahlrecht, das Zweiparteiensysteme und eindeutige Führung befördert. Bei der Bundestagswahl wird nicht der Kanzler direkt gewählt, sondern die Bundestagsabgeordneten mit gemischtem Persönlichkeits- und Verhältniswahlrecht. Dieses Verhältniswahlrecht erlaubt nicht nur kleine Parteien, es züchtet sie. Wir haben dieses derzeitige Fünfparteiensystem also nicht, weil der Wähler neuerdings so störrisch ist, sondern weil wir dieses Wahlrecht haben: Es produziert Ergebnisse, die eher keine der Parteien mit einer eindeutigen absoluten Mehrheit ausstattet, sondern zu Koalitionen zwingt. Bis zu 19 Parteien könnten es theoretisch werden, wenn jede Partei nur die notwendigen 5,1 Prozent der Wählerstimmen bekäme.

Belgiern, Holländern und Italienern muss man das nicht erklären. Die Wahlergebnisse der sechziger, siebziger und achtziger Jahre des letzten Jahrhunderts in Westdeutschland mit nur drei, später vier Parteien und klaren Lagern haben sich aber immer ein bisschen wie im Mehrheitswahlrecht angefühlt. Das ist Teil des Problems. Weil es die Ausnahme war, und ein Glücksfall, wenn man so will. Große Koalitionen, oder auch Koalitionen zwischen drei oder noch mehr Parteien, sind im Verhältniswahlrecht aber keine Zufälle oder böse Launen der Wähler, sondern die Norm.

Das kann man bedauern. Das kann man versuchen zu ändern, wie Helmut Schmidt und Rainer Barzel es während der ersten Großen Koalition vergeblich versucht haben. Roman Herzog, Lord Dahrendorf, Hans Herbert von Arnim, Hans-Ulrich Klose und andere vernünftige Menschen sind bis heute dafür, auf ein Mehrheitswahlrecht umzustellen. Die kleinen Parteien waren aber schon immer dagegen und auch alle Abgeordneten, die über die Listen in den Bundestag gewählt sind. Wer schafft sich schon freiwillig selber ab?

Wenn man es aber nicht ändern kann, dann sollte man auch nicht so tun, als ob es anders wäre. Dann sollte man nicht Wahlkampfformen aus Ländern kopieren, die ein Mehrheitswahlrecht haben und dazu auch noch ein präsidiales System. Eines der größten Probleme der Politik in Deutschland ist, dass die zur Mediokratie verkommene Mediendemokratie – vor allem in Wahlkampfzeiten – Politiker befördert, die sich mit persönlichen, emotionalen, massendemagogischen und polarisierenden Mitteln als starke Führer und Problemlöser anbieten. Nach der Wahl müssen sie sich dann kleinlaut auf die Verfassungsrealität zurückziehen, darauf, dass sie, zwischen ihren Koalitionspartnern und den 16 Ministerpräsidenten im Bundesrat eingeklemmt, am machtvollen Führen und autonomen Problemlösen geradezu gehindert werden.

Die Enttäuschung beginnt für viele Erstwähler dann, wenn sie auf dem Wahlzettel nicht Merkel oder Steinmeier finden, sondern die Namen von Menschen, die sie noch nie bei Anne Will gesehen haben, sowie eine obskure »Landesliste«. Wie enttäuscht werden sie erst sein, wenn sie sich für ihn und gegen sie entschieden haben, für Steinmeier und gegen Merkel. Und dann wird er doch wieder Außenminister in ihrer Regierung.

Wenn man Nicht-mehr-Wähler und Noch-nie-Wähler in Deutschland fragt, warum sie nicht zur Wahl gehen, sagen sie: Enttäuschung über »die Politik« und »die Politiker«. Enttäuscht werden aber kann nur, wer sich getäuscht hat – oder wer getäuscht wurde. Durch großspurige Wahlkampf- und Weltrettungsversprechungen zum Beispiel, von denen eigentlich alle wissen, dass sie nach der Wahl doch nicht erfüllt werden, unter anderem, weil sie in einer Koalition nicht erfüllt werden können.

Die Notwendigkeit, Koalitionen zu bilden und also Kompromisse aus mindestens zwei Wahlprogrammen finden zu müssen, wird, auch von politisch gebildeten Menschen, inzwischen aber schon gar nicht mehr als gewollte Folge des politischen Systems erkannt, sondern als mieser Kuhhandel angesehen, mit dem »die da oben sich nur ihre Pöstchen sichern wollen«. Und sogar Politprofis fordern, wenn sie sich im Klein-Klein des vom System gewollten checking and balancing wieder einmal ein wenig verloren haben, gerne, jetzt müsse die Kanzlerin aber mal ganz dringend ein Machtwort sprechen.

Diese Kanzlerin aber, unsere Musterschülerin der Demokratie, weiß genau, dass sie in den meisten Fällen so ein Machtwort gar nicht sprechen kann, weil die im Grundgesetz für den Bundeskanzler vorgesehene Richtlinienkompetenz nicht ausreicht, um sich innerhalb einer Großen Koalition dann auch tatsächlich gegen den Willen der SPD, der CSU oder auch nur der eigenen Ministerpräsidenten im Bundesrat durchzusetzen.

Für die Politik und das Politikverständnis in einem System mit Verhältniswahlrecht ist schon ein auf zwei Personen konzentrierter Lagerwahlkampf eine Vorform der Täuschung. Weil es eben nicht um ihn oder sie allein geht. Es geht vielleicht um sie mit Westerwelle oder um ihn mit Westerwelle und den Grünen oder um sie mit Westerwelle und den Grünen oder auch doch wieder um sie mit ihm als Außenminister. Das ist zwangsläufig. Das ist so gewollt.

Für Angela Merkel mag die Sache nicht besonders kompliziert sein: Reicht es am 18. September zu Schwarz-Gelb, wird Schwarz-Gelb gemacht. Reicht es nicht, bleibt es bei der Großen Koalition. Und über einen Wahlsieg der SPD wird gar nicht erst nachgedacht, jedenfalls nicht öffentlich.

Für die Wähler in einem Land mit Verhältniswahlrecht ist es schon etwas komplizierter: In einer Zeit, in der die Menschen Angst haben um die Zukunft, um ihre Geldrücklagen und Arbeitsplätze, wollen sie – das legen zumindest die Meinungsumfragen nahe – offensichtlich keine instabilen Dreierkoalitionen, weder Ampel noch Schwampel, und auch keine starken Linkspopulisten. Noch nicht.

Sie haben gesehen, dass diese Große Koalition mit ihrer eindeutigen Mehrheit der Glücksfall Deutschlands gewesen ist für die Politik in der Krise, in einer Weltfinanzkrise, die wirklich alle politischen und parteipolitischen Glaubenssätze und Tabus innerhalb von wenigen Wochen atomisierte. Nicht auszudenken, was in dieser singulären Alptraumsituation los gewesen wäre mit einer Regierung, die nur eine schwache Mehrheit im Parlament, dafür aber eine starke Opposition gehabt hätte.

Es könnte also sein, dass viele Wähler die Große Koalition

behalten wollen. Es kann aber auch sein, dass diese Wähler gar nicht wissen, wie sie dann wählen müssen. Rechnerisch, wahlarithmetisch, ist es nun einmal so: Wer die Große Koalition behalten will, muss die kleinen Parteien wählen. Werden die Kleinen stark, reicht es für die Großen nur zusammen. Und umgekehrt: Ein Wähler, der rauswill aus der Großen Koalition, muss bei einer der Parteien der Großen Koalition sein Kreuz machen, bei CDU oder SPD.

Der Ausgang des Superwahljahrs 2009 und damit auch die politische Zukunft Angela Merkels könnte also vor allem davon abhängen, wie viele Wähler diese originellen Zusammenhänge durchschauen.

NACHSATZ

Ein biographisches Porträt über eine Person der aktuellen Zeitgeschichte ist nicht wirklich fertig, sobald es erschienen ist. Wenn es Bestand und Gültigkeit hat und behalten soll, muss man es fortschreiben. Die ersten zehn Kapitel, die im Herbst 2001 unter dem Titel »Das Mädchen und die Macht« erschienen sind, habe ich deswegen für diese erweiterte Neuausgabe geringfügig verändert übernommen. Kapitel elf und zwölf habe ich im Juni 2005, Kapitel dreizehn und vierzehn im Februar 2009 neu geschrieben.

Evelyn Roll

DANKSAGUNG

Bedanken möchte ich mich bei allen meinen Gesprächspartnern für ihre Offenheit und die Zeit, die sie mir geschenkt haben.

Matthias Landwehr danke ich fürs Mitdenken, Siv Bublitz für ihre anfeuernde Begeisterung, für ihre Einwände und Anregungen, für Zuversicht und Kritik.

Und Ingo Hermann danke ich sowieso für alles.

NAMENREGISTER

Abbado, Claudio 336
Adenauer, Konrad 17f., 59, 118, 131, 145, 169, 224, 244, 247, 338, 386
Altenburg, Horst 85, 86
Althaus, Dieter 328
Altmaier, Peter 340
Arnim, Hans Herbert von 415
Augstein, Rudolf 210
Aymé, Marcel 257

Balladur, Édouard 407
Bahr, Egon 246
Bahro, Rudolf 80
Barbe, Angelika 116
Bartsch, Dietmar 185
Barzel, Rainer 83, 415
Bauer, Gabi 161
Bauknecht, Ann Kathrin 356
Baumann, Beate 154, 169, 309, 312, 375f., 379, 413
Beck, Kurt 364, 411
Beckenbauer, Franz 385
Becker, Boris 202, 218, 222
Beckmann, Reinhold 297–399, 304, 309, 386
Beeskow, Hans-Ulrich 31ff., 40f.
Benn, Erika 31
Bergmann-Pohl, Sabine 142
Berlusconi, Silvio 371, 382

Biedenkopf, Kurt 47, 104, 164f., 219f., 262, 285
Bierhoff, Oliver 387
Biolek, Alfred 195, 219
Birthler, Marianne 27, 113, 122f., 224
Bissinger, Manfred 161
Blair, Tony 327, 371, 401
Blüm, Norbert 162
Bloch, Brigitte von 356
Böhm, Franz 130
Böhme, Ibrahim 121
Böhmer, Maria 345
Böhr, Christoph 306, 308
Bouffier, Volker 306
Brandt, Willy 59f., 138, 159, 386, 396, 414
Bredemeister, Karsten 315
Bresser, Klaus 161
Brown, Gordon 371, 409
Brown, Robert 110, 337ff.
Brühl, Daniel 404
Bruni, Carla 402
Brussig, Thomas 286
Bulgakow, Michail A. 81
Bush, George 87
Bush, George W. 51, 131, 235, 371, 401, 405, 411

Caballé, Montserrat 294f.
Cartellieri, Ulrich 11

Cheney, Richard 349
Chirac, Jacques 286, 347, 371, 400, 407
Christiansen, Eva 155, 309, 312, 379
Christiansen, Sabine 150, 153, 180, 315
Clement, Wolfgang 345
Clinton, Bill 131, 230, 286
Corsepius, Uwe 380

Dahn, Daniela 119
Dahrendorf, Ralf 415
Der, Ralf 71 ff.
Diepgen, Eberhard 31
Donnermeyer, Michael 52
Dregger, Alfred 236 f.
Dornier-Tiefenthaler, Martine 356
Dreher, Klaus 295
Dubcek, Alexander 55

Eckstein, Wolfgang 146
Eichel, Hans 274
Eissler, Kurt 167
Elizabeth II. 151
Eppelmann, Rainer 22 ff., 113, 116 ff., 124 ff., 134, 156
Erhard, Ludwig 74, 82, 130 f.
Eucken, Walther 130

Faludi, Susan 152
Fink, Ulf 32
Fischer, Joschka 37, 45 ff., 57-62, 65, 82, 100, 110, 132, 218, 255, 325, 366
Forck, Gottfried 16
Foster, Norman 45
Fraenkel, Ernst 81
Friedman, Michel 110

Friedrichs, Hanns Joachim 161
Funès, Louis de 401

Gabriel, Sigmar 367
Gaddafi, Muammar al 404
Gauck, Joachim 6, 92, 113, 115, 122 f., 292
Gehler, Matthias 144
Geis, Matthias 350
Geisler, Hans 121
Geißler, Heiner 52, 104, 149, 162 ff., 175, 235, 269
Genscher, Hans-Dietrich 145
Globke, Heinrich 58
Glos, Michael 167, 308, 331, 338 f., 364 f., 367
Glotz, Peter 235
Goebbels, Joseph 214
Goethe, Johann Wolfgang von 30 f., 104, 167
Gogol, Nikolaij 92
Goppel, Thomas 157
Gorbatschow, Michail 80, 85
Gramsci, Antonio 235
Grass, Günter 59
Greenspan, Alan 349
Griese-Schwenkow, Ina 356
Großkopf, Aribert 146
Güllner, Manfred 357
Gysi, Gregor 121, 142, 222

Habermas, Jürgen 136, 257
Hager, Kurt 85
Hamm-Brücher, Hildegard 224
Hasselfeldt, Gerda 161, 169, 400
Hausmann, Willi 155, 165 ff., 172 f., 240, 248, 250, 312
Havemann, Robert 65, 80, 93
Havemann, Utz 65

Hegel, Georg Wilhelm Friedrich 141
Heinemann, Gustav 17
Heil, Hubertus 413
Hennis, Willhelm 255
Herzog, Roman 207, 319, 321, 334, 415
Hesse, Hermann 239
Heuss, Theodor 180
Heusgen, Christoph 380
Hildebrandt, Regine 169 ff., 224
Hilsberg, Stephan 42
Hintze, Peter 119, 166 f., 238, 339, 342
Hirsch, Burkhard 232
Höhler, Gertrud 305
Honecker, Erich 15, 23, 36, 88 f., 108
Horn, Charly 37 ff.
Hotelling, Harold 396
Huck, Bernd 306 f.
Hülsemann, Wolfram 124

Ihrke, Bodo 33 ff., 42
Ihrke, Doris, geb. Schulz 35
Illner, Maybrit 161

Jagger, Mick 371
Johnson, Uwe 81
Jung, Franz Josef 302, 306, 310, 316

Kaczynski, Lech 388
Kannegießer, Karlheinz 70
Kanther, Manfred 81, 83, 101, 266
Kasner, Herlind, geb. Jentzsch 41
Kasner, Horst 13, 17 ff., 21 ff., 30, 38 ff., 42, 54
Kasner, Marcus 25
Kauder, Volker 340, 383 f.
Kennedy, Jackie 402
Kennedy, John F. 104

Kerner, Johannes B. 386
Kiep, Walther Leisler, 81, 83, 101, 244 ff., 250 f.
Kirchhoff, Paul 397
Kirchner, Martin 122
Kissinger, Henry 249
Klaeden, Eckhart von 340
Klier, Freya 286
Klinsmann, Jürgen 372
Klose, Hans-Ulrich 415
Klose, Miroslaw 387 f.
Koch, Roland 51, 150, 188, 214, 232, 242, 248, 255, 270, 284, 290 f., 293, 301–310, 312, 314 ff., 320, 325, 328 f., 331, 338 f., 362, 411, 414
Koecher, Renate 310 f.
Köhler, Horst 320, 344, 347
Koelbl, Herlinde 19, 64, 183, 224
Kohl, Helmut 22, 32, 34, 45, 52, 56, 64, 75, 78, 80 ff., 87 f., 101, 106, 115, 119, 121 f., 136, 143, 151, 155, 158, 160 ff., 165 f., 168 f., 171 f. 174 f., 181, 184, 187 f., 191, 194, 209, 211–220, 223 f., 232, 236 ff., 240–243, 248 ff., 252–255, 257 ff., 262–270, 284–287, 292–296, 311, 346, 354, 366, 368, 370, 375, 379, f., 385, 394, 399 f., 407
Kopper, Hilmar 246
Kornblum, John C. 245
Krause, Günther 6, 95, 142, 147, 155, 166, 209 ff., 222, 266
Künast, Renate 357
Kunze, Rainer 76

Lafontaine, Oskar 190 f., 218, 233 f., 280, 290, 292, 320, 369, 398
Langguth, Gerd 303

Lambsdorff, Otto Graf 83, 232
Leithäuser, Johannes 318
Lengsfeld, Vera 57, 119, 128
Lenin, Wladimir Iljitsch 60
Leyen, Ursula von der 367, 369, 384
Löschke, Harald 35
Löw, Joachim 387
Löwenthal, Richard 137
Lueg, Heiner 155
Lüpertz, Markus 383
Lüthje, Uwe 250
Luhmann, Niklas 179

Mahler, Gustav 336
Maischberger, Sandra 161
Maizière, Lothar de 54, 87, 96, 104,
    121, 140–147, 155, 158, 160,
    163, 168f., 209, 211, 265 f., 284,
    400
Maizière, Thomas de 120, 379, 412
Marcinkiewicz, Kazimierz 368
Marcuse, Herbert 80
Meckel, Markus 142
Meisner, Joachim 154
Merkel, Ulrich 63f.
Merz, Friedrich 9f., 48, 53, 110, 134,
    138f., 152, 232, 234, 248f., 254f.,
    267, 277–280, 287, 290, 303, 305,
    308f., 313f., 318–320, 322–324,
    331f., 339f., 350, 359, 369, 397
Meyer, Hans 141
Meyer, Laurenz 39, 48, 155 ff., 269,
    312, 316, 340
Mitterrand, François 147
Mohn, Liz 356
Molkentin, Wolfhardt 221
Morgenstern, Christian 38
Müller, Hildegard 155
Müller, Peter 138, 279, 282, 305 f.

Müller-Armack, Alfred 130, 272
Müntefering, Franz 61, 110, 159,
    178, 196, 234, 333, 352, 362ff.,
    368, 384, 394, 412, 414

Naumann, Michael 180
Neubert, Ehrhart 113ff., 118f.,
    122f., 129
Neumann, Bernd 338
Niemetz, Alexander 157
Nooke, Günter 24f., 40, 96, 119,
    134, 282
Novotný, Antonín 55

Obama, Barack 358, 373, 401, 413f.
Oberländer, Theodor 58
Oettinger, Günther 306
Oppermann, Thomas 393
Osten, Hans-Jörg 63f., 82, 96ff.,
    103

Perle, Richard 349
Pflüger, Friedbert 251–256, 282, 306,
    328
Pierer, Heinrich von 188
Pilati, Kristina Gräfin 356
Platzeck, Matthias 364
Podolski, Lukas 387f.
Pofalla, Ronald 340, 345, 350, 379
Polenz, Ruprecht 256
Ponto, Jürgen 82
Poppe, Gerd 128
Popper, Sir Karl Raimund 80
Pöttering, Hans-Gert 306
Powell, Colin 349
Preschle, Klaus 155
Pryzybylski, Gabriela 381
Putin, Wladimir 286, 371

Raab, Stefan 201
Rakete, Jim 198
Ramsauer, Peter 363
Rau, Christina 375
Rau, Johannes 206 f., 210, 236, 300, 320
Rehberg, Eckhardt 223
Reich, Jens 142
Reinhardt, Max 141
Rexrodt, Günter 160
Reza, Yasmina 402
Riekel, Patricia 356
Riester, Walter 50
Ringstorff, Harald 221
Rönsch, Hannelore 161, 400
Röttgen, Norbert 340, 379
Rohrmoser, Günter 235
Rudolf, Christiane 333 f.
Rühe, Volker 11, 110, 119, 156, 213, 263, 276
Rüttgers, Jürgen 156, 159, 276, 305

Sacharow, Andrej 27, 80
Sahler, Gertrud 185, 192
Sarkozy, Nicolas 399–409
Sarkozy, Cécilia 402
Sauer, Joachim 93, 103, 154, 317, 336, 351, 387, 403 f.
Schabowski, Günter 124
Scharping, Rudolf 218 f.
Schäuble, Wolfgang 56, 79, 101, 104, 155, 165 f., 175, 213–216, 224, 232, 236, 238 ff., 242 ff., 258, 262–266, 269, 275, 283, 285, 288 f., 301, 308, 320 f., 325, 363, 368
Schavan, Annette 155, 207, 285
Scheel, Walter 245
Schily, Otto 363, 366

Schindhelm, Michael 84 ff., 92, 94, 102, 261
Schipanski, Dagmar 289, 351
Schirrmacher, Frank 286
Schlauch, Rezzo 61, 199
Schleyer, Hanns-Martin 82
Schlöndorff, Volker 286
Schmidt, Andreas 255, 268
Schmidt, Helmut 59, 180, 237, 361, 386, 414 f.
Schmidt, Renate 357
Schmidt, Ulla 366 ff., 393
Schneider, Frank 65, 93
Schnoor, Steffie 223
Schnur, Wolfgang 42, 117 ff., 126, 155
Schönbohm, Jörg 245, 280
Schönherr, Albrecht 23, 39
Schorlemmer, Friedrich 113, 118 f.
Schreiner, Ottmar 141
Schrempp, Jürgen 211
Schröder, Gerhard 46 ff., 52, 110, 120, 137, 152, 161, 178, 180, 183 f., 189 ff., 199 ff., 218, 227 f., 228, 230–236, 238 f., 244, 249, 251, 271, 280, 290–293, 299, 301, 311, 317, 319 f., 325, 332 f., 337, 339–341, 345, 347, 354 f., 357–360, 363, 366 ff., 370, 373 ff., 379–385, 390, 394, 396, 399, 402
Schröder, Richard 142
Schröder-Köpf, Doris 375
Schultes, Axel 375, 378
Schumacher, Hajo 303 f., 307
Schwanitz, Rolf 142
Schwarzer, Alice 149 ff., 160, 357
Schweiger, Til 404
Schweinsteiger, Bastian 387 f.
Seehofer, Horst 320, 327, 339, 365, 411

Seite, Berndt 212 f.
Sethe, Paul 17
Simonis, Heide 159, 175, 375
Solana, Javier 380
Späth, Lothar 232
Spiegel, Paul 227 ff.
Springer, Axel 137
Springer, Friede 356
Steinbrück, Peer 367, 412
Steinmeier, Frank-Walter 376, 414, 416
Steffel, Frank 215, 224
Stock, Wolfgang 194, 242
Stoiber, Edmund 52 f., 139, 150, 153, 155, 172, 188, 227, 230, 232 ff., 242, 248 f., 254, 256, 279, 289–293, 297–301, 303 f., 307–310, 312–322, 324–328, 349 ff., 355, 358 f., 363 ff., 382, 384, 404
Stoiber, Karin 312, 317
Stollmann, Jost 180
Stolpe, Manfred 39, 121, 280
Strauß, Franz Josef 211, 333
Stroetmann, Clemens 48, 185 f.
Struck, Peter 199, 363, 390
Süssmuth, Rita 159 f., 162, 171, 224, 232, 252

Teufel, Erwin 51, 174
Thatcher, Margaret 105, 151, 374
Thielen, Michael 155
Thierse, Wolfgang 132 ff., 235
Thoben, Christa 266
Tibi, Bassam 138
Tiefensee, Wolfgang 361

Töpfer, Klaus 184 ff.
Trittin, Jürgen 46, 185, 189

Ulbricht, Klaus 103, 106 f., 115 f.
Ulbricht, Walter 15, 82

Vogel, Bernhard 116, 164 f.
Vogel, Hans-Jochen 116

Wagner, Ruth 302
Wallraff, Günter 82
Walz, Udo 298
Weidmann, Jens 380, 410
Weizsäcker, Richard von 22, 80, 82, 86, 141, 232, 252, 261
Westerwelle, Guido 110, 178, 180, 195, 201 ff. 205 f., 232, 320, 324 f., 330 f., 360, 417
Wettengel, Michael 380
Weyrauch, Horst 250
Wickert, Ulrich 161
Wieczorek-Zeul, Heidemarie 362, 366
Wilhelm, Ulrich 379
Will, Anne 416
Winnacker, Ernst-Ludwig 286
Wissmann, Matthias 306, 328
Wulff, Christian 282, 284, 305 f., 308, 328 f., 376

Ypsilanti, Andrea 411

Zapatero, José Luis Rodriguez 371
Ziegler, Regina 356
Zypries, Brigitte 366

Richard Dawkins

Der Gotteswahn

ISBN 978-3-548-37232-7
www.ullstein-buchverlage.de

»Religion ist irrational, fortschrittsfeindlich und zerstörerisch.« Richard Dawkins, einer der einflussreichsten Intellektuellen der Gegenwart, zeigt, warum der Glaube an Gott einer vernünftigen Betrachtung nicht standhalten kann. Ein wichtiges Buch, das zu einem brennend aktuellen Thema eindeutig und überzeugend Position bezieht – brillant und bei aller Schärfe humorvoll.

»Der Evolutionsbiologe Richard Dawkins hat das aufregendste Buch des Jahres geschrieben: Eine Generalabrechnung mit der Religion.« *Welt am Sonntag*

»Darf man aber dann noch sagen, dass es an ein Wunder grenzt, dass so ein vernünftiges Buch ein Bestseller ist?« *Der Tagesspiegel*

ullstein

US317

Max Otte

Der Crash kommt

Die neue Weltwirtschaftskrise und wie Sie sich darauf vorbereiten
Aktualisierte und erweiterte Ausgabe

ISBN 978-3-548-36975-4
www.ullstein-buchverlage.de

Die nächste Weltwirtschaftskrise steht unmittelbar bevor.
Es deutet viel darauf hin, dass spätestens 2010 die Globa-
lisierungsblase platzt – mit dramatischen Folgen: Sparver-
mögen werden radikal entwertet, die Heizungs- und Ener-
giekosten explodieren, der Welthandel bricht zusammen.
Der renommierte Wirtschaftsprofessor Max Otte erklärt,
warum ein ökonomisches Erdbeben bevorsteht und wie
sich jeder dagegen wappnen kann.
Seit Monaten auf den Bestsellerlisten von *manager magazin* und *Handelsblatt*

»Ein Manifest gegen den grassierenden Leichtsinn.
Definitiv lesenswert!« *manager magazin*

US281